新唯識論

熊十力 著

貴州出版集團
貴州人民出版社

圖書在版編目（CIP）數據

新唯識論 / 熊十力著 . -- 貴陽 : 貴州人民出版社 ,
2024. 9. -- ISBN 978-7-221-18630-0

Ⅰ . B946.3

中國國家版本館 CIP 數據核字第 2024E2V870 號

新唯識論

熊十力　著

出 版 人　朱文迅
責任編輯　馬文博
裝幀設計　采薇閣
責任印製　衆信科技

出版發行　貴州出版集團　貴州人民出版社
地　　址　貴陽市觀山湖區中天會展城會展東路 SOHO 辦公區 A 座
印　　刷　三河市金兆印刷裝訂有限公司
版　　次　2024 年 9 月第 1 版
印　　次　2024 年 9 月第 1 次印刷
開　　本　710 毫米 ×1000 毫米 1/16
印　　張　24
字　　數　144 千字
書　　號　ISBN 978-7-221-18630-0
定　　價　88.00 元

出版説明

《近代學術著作叢刊》選取近代學人學術著作共九十種，編例如次：

一、本叢刊遴選之近代學人均屬于晚清民國時期，卒于一九一二年以後，一九七五年之前。

二、本叢刊遴選之近代學術著作涵蓋哲學、語言文字學、文學、史學、政治學、社會學、目録學、藝術學、法學、生物學、建築學、地理學等，在相關學術領域均具有代表性，在學術研究方法上體現了新舊交融的時代特色。

三、本叢刊遴選之近代學術著作的文獻形態包括傳統古籍與現代排印本，爲避免重新排印時出錯，本叢刊據原本原貌影印出版。原書字體字號、排版格式均未作大的改變，原書之序跋、附注皆予保留。

四、本叢刊爲每種著作編排現代目録，保留原書頁碼。

五、少數學術著作原書内容有些許破損之處，編者以不改變版本内容爲前提，稍加修補，難以修復之處保留原貌。

六、原版書中個别錯訛之處，皆照原樣影印，未作修改。

由于叢刊規模較大，不足之處，懇請讀者不吝指正。

目次

熊十力著

中國哲學叢書
甲集之一

新唯識論

中國哲學會
中國哲學研究委員會主編

商務印書館印行

新唯識論

（語體文本）

新唯識論全部印行記

己卯夏。余有嘉州之行。適遇寇機。頻年積稿盡燬。友好多傷之。翌年。本書，上卷成。得呂生漢材，印如干部。辛巳冬。中卷成。復慮轟炸。老友居覺生先生募資，合上卷付印。昨春。下卷成。復取上中卷。稍易數處。而以全書，由中國哲學會，付商務印書館出版。老當國難。精力日衰矣。平生心事，寄之此書。世或罪以謗佛，則豈識予心者哉。有問。此書，非佛家本旨也。而以新唯識論名之何耶。曰。吾先研佛家唯識論，曾有撰述。漸不滿舊學。遂毀夙作。而欲自抒所見。乃爲新論。夫新之云者，明異於舊義也。異舊義者。冥探眞極。（此語吃緊。苟非自窮眞極。而徒欲泛求之百氏。則陷於雜博，未能臻至理也。）而參驗之此土儒宗，及諸鉅子。抉擇得失。辨異觀同。所謂觀會通而握玄珠者也。（玄珠，借用莊子語。以喻究極的眞理或本體。）破門戶之私執。契玄同而無礙。此所以異舊義而立新名也。識者，心之異名。唯者，顯其殊特。即萬化之原，而名以本心。是最殊特。言其勝用，則宰物而不爲物役。亦足徵殊特。新論，究萬殊而歸一本。要在反之此心。是故以唯識彰名。或曰。新論不亦談妄識乎。豈盡說本心耶。曰。異哉汝之固也。辨妄，正所以顯本。妄之不明，本不可見。汝以爲著書，將只單提一義，而不可涉及餘義乎。道理那得如是簡單。世俗每不悟新論所由立名。輒爲無謂之非難。故略說如右。

中華民國三十三年一月二日黃岡熊十力記於陪都近區北碚勉仁書院

初印上中卷序言

是書原本，係文言文。於民國十二年頃，講授於國立北京大學。後多所改定。以二十一年十月，自印行世。無錫錢學熙常欲迻譯英文，未果。二十七年春，余避難入蜀，寓居璧山。學熙亦至。是冬，學熙欲償夙願。因先用國文，翻成語體文。以資熟練。義有增損，則余所隨時口授，學熙無擅改也。僅翻至轉變章首節。學熙因事離川。又不獲譯。迄二十八年秋。萊蕪韓裕文從遊。因囑裕文續學熙稿。將別爲語體文本。裕文面受裁決，遂完成轉變章，輯爲上卷。未幾，裕文以生事窘束，離去。余孤羈窮鄉破寺中。老來顛沛。加復貧困，乃彊自援筆，續繙功能章上下。以三十年孟秋脫稿，輯爲中卷。預計全書若成，當不過三卷。下卷起草，須稍待也。中卷，申明體用。因評判佛家空有二宗大義，而折衷於易。易者，儒道兩家所統宗也。既已博資羣聖，析其違，乃會其通。（其相違處，辨而析之。其大通處，可融會也。學窮其至，可守一家言乎。）實亦窮極幽玄，妙萬物而涵衆理。（理極其玄，則衆理無所不包，故曰涵衆理。玄者萬物之所共由，故曰妙萬物。）上卷所陳義趣，至此，而後見其根極。夫泥曲者難期以超悟。（曲者偏曲。謂俗學只從枝節處索解。泥於此者，未能脫然超悟。）守文者無冀夫懸解。世固有莫逆予心者乎，吾姑俟之而已，中卷甫脫稿，將合上卷，先付印如干部。以防散失。印費綦難。舊友廣濟居覺生先生籌募而資之。翼此變經，無廢且夕。（易經窮極變化之道。阮嗣宗稱以變經。此借用之。）

是書卷面，簽題新唯識論語體文本。卷內題名仍舊。（新唯識論）以避繁重。

原本擬爲二部。曰境論（境者，所知名境。本佛典。今順俗爲釋。如關於本體論，及宇宙論，人生論等，有其所知，所見，或所計持者，通名爲境。）曰量論（量論，相當俗云知識論或認識論。量者，知之異名。佛家有證量及比量等，卽關於知識之辨析也。）只成境論一部分。量論猶未及作。今本（此次語體文本，稱今本，下倣此。）則不欲承原本之規畫。如將來得成量論時，即別爲單行本。故今本亦不存境論之目。上境量二論，相待立名。今境論既不屬本書組織之內。則量論之名，亦不容孤立故。本書根本問題，不外體用。立言自有統紀，一依原本之底蘊。（學者如透悟體用義，即於宇宙人生諸大問題，皆能解了，無復疑滯。）

本書雖是語體文。然與昔人語錄，不必類似。此爲理論的文字。語錄只是零碎的記述故。又與今人白話文，尤不相近。白話文，多模倣西文文法。此則猶秉中文律度故。大抵此等文體，不古不今，雖不敢云創格，要自別成一種作風。

本書發端於錢君。初非有意爲此。繼念原本簡括。（文不繁重曰簡。義綜綱要曰括。）欲因錢稿，而續成語體文本。歷時幾四載，成茲二卷。上卷之文，既非一手。（余頗有核定但損益無多）中卷，則余親秉筆。而流亡困厄，意興蕭索。老來精力，益復無幾。寫稿斷難一氣貫注。然義有據依。（非由意想妄構故）詞必精覈。（詞必足以完全表達其所詮之義，無有漏略。且正確而不容誤解。乃云精覈。）要歸無苟。則非文章之士所與知也。嘗與朱孟實光潛書云。哲學之事，基實測以遊玄。從觀象而知化。（大易之妙在此）窮大，則建本立極，冒天下之物。通微，則極深研幾，洞萬化之原。解析入細，繭絲牛毛喻其密。組織精嚴，縱經橫緯盡其巧。思湊單微。言成統類。此所以能羣言而成一家之學。其業誠無可苟也。焉得知言者，而與之遊於玄圃。

中華民國三十一年一月十五日熊十力識

附原本緒言節存

本書於佛家，元屬造作。凡所用名詞，有承舊名而變其義者。（舊名，謂此土故籍，與佛典中名詞，本書多參用之。然義或全異於舊，在讀者依本書立說之統紀，以求之耳。如恆轉一名。舊本言賴耶識。今以目本體。則視舊義根本不同矣。此一例也。餘準知。）有採世語而變其義者。（世語謂時俗新名詞）自來專家論述，其所用一切名詞，在其學說之全系統中，自各有確切之涵義，而不容泛濫。學者當知。然則何以有承於舊名，有採於世語乎。名者公器。本乎約定俗成。不能悉自我制之也。舊名之已定者，與世語之新成者，皆可因而用之，而另予以新解釋。此古今言學者之所同於不得已也。

書中用自注。或有辭義過繁，不便繫句讀下者。則別出爲附識，亦注之類也。每下一注，皆苦心所寄。（今本上卷，有譯者按，及繙者按等文。爲上卷以下所無者，蓋錢韓兩君所附加者。此亦與附識同例，無須改削。）

本書評議舊義處，（舊義謂印度佛家）首敍彼計。必求文簡而義賅。（注語尤費苦心）欲使讀者雖未研當學，亦得於此，而索其條貫，識其旨歸。方瞭然於新義之所以立。

附筆札

科學承認有外界獨存，自科學言之，固應假定如此。而哲學家談本體者，亦將本體當做外界的物事來推度，卻成顛倒。明宗及唯識兩章，須曠懷潛玩始得

來問，唯識章，只不承有外境，卻不謂境無。何以成唯識。此正未了本書意思耳。書中明言，唯者，殊特義，非唯獨義云云。（詳唯識章）本書，明翕闢成變。即依翕上，假說境物。（詳轉變成物兩章）前後意思儘一貫。（以上答鍾定欣）

內心外物，分成兩界對立。此於眞理太悖。悟到心境渾融，方是實際理地。

近世哲學，不談本體，則將萬化大原，人生本性，道德根底，一概否認。此理本平常，本著顯。直緣人自錮於知見，不能證得。

知識論所由興，本以不獲見體，而始討論及此。但東方先哲，則因知識不可以證體，乃有超知而趣歸證會之方法。西人則始終盤旋知識窠臼，茫無歸着，遂乃否認本體。明者辨識此中得失，方信本論所爲作，是不容已。

來問，明宗章有云。吾人必須內部生活淨化，和發展時，這個智才顯發的，云云。淨化一詞，似採用時下

新名詞。或須加注，方免誤會。所見極是。西洋談心理者，以爲吾人之本能遇阻遏，或下等欲望不遂者，必別求補償於高等精神活動之中。是謂淨化。今在本文中所云淨化，其意義自別。蓋必保任本心，卽固有性智，而勿失之。則中有主宰，而一切下劣的本能或欲望，自受裁制，而不至橫溢爲患。如是。欲皆從理，無有迷妄。故此云淨化，乃自有眞宰，而能保任勿失，始有此效。若不悟眞宰，只謂卽下等衝動，可轉而高尙化。此乃吾先哲所謂百姓日用而不知者也。豈究理之談耶。學熙譯本文時，未及注別。得子抉發，所關不淺。（以上答黃艮庸）

新論原本，轉變章，動點之說。吾自潛玩及此。宇宙原是大用流行。不妨說爲一大動力。（一者，絕對義。大者，無所不包含義。動者，神變無窮義，此動非與靜爲對待之詞。力者，言乎神變無窮之勢用也。此力字，勿作物理學上所謂力能來理會。）只此動力，無別實在的物質，動力不凝攝，則空蕩無物，將何所藉以自表現耶。其凝攝也，則分爲衆多之點滴然。由此點滴，漸漸轉麤，而形成所謂原子電子，乃至展轉形成物質宇宙。故推迹物質，本非實有。吾自信理當如是。後聞學熙言，西哲已有言及動點者。吾不能讀西籍。未知其立說之體系如何。其根底意思如何。但彼既有此說，則吾不欲與之雷同。故語體文本，已不用動點一詞。（以上答鄧子琴）

本論，明變，而表以數。立二數或三數以示之，至道無餘蘊矣。二者，一翕一闢也。三者，恆轉是一。其現爲翕，則二也。復現爲闢，則三也。（須詳玩轉變章。恆轉亦名功能，相當易之太極，春秋之元。）夫言二，非無一也。恆轉本寂寞無形。而不能不現爲一翕一闢，故稱萬法實體。是以不言一而一固存矣（吃緊）大易以二數明化。至矣妙矣。子雲太玄以三，猶符易旨。邵堯夫以四，則已滯於象，而難與究玄矣。近人嚴又陵猶識此意。本論初出，世或以黑格爾辨證法相擬。實則本論，原本大易。其發抒易老一生二，二生三之旨。若與辨證法有似者。但吾書根本意思，要在於變易而見眞常。於反動而識冲和。（老曰，反者道之動。冲和卽仁也。）於流行而悟主宰。其於黑格爾氏，自有天壤懸隔處。非深於易者，終不解吾意耳。

易曰，天下之動，貞夫一者也。老子天得一以清章，善發斯旨。數立於一。一者，絕待也，虛無也。（無形無象故名）無在無不在也。自一而二，以之於三，皆稱體起用之徵符。至無而妙有也。至虛而善動也。是故擬之以象。（實無固定之象，故曰擬也。）自此以往，而數不勝紀，則有待之域，不可以見玄也。（以上與牟宗三唐君毅）

不喜談本體論。向者學熙亦如此。彼初聞新論，卻沒意趣。久之，屏除成見。時於虛靜中，體玩此理。漸有解悟。至於欲罷不能。乃信此學，是窮萬化之奧妙。是一切學問之歸墟。

讀本書者，若於佛家大乘學，及此土三玄，（大易老莊）幷魏晉宋明諸子，未得其要。則不能知本書之所根據，與其所包含，及融會貫通處。其輕詆，亦宜也。吾未嘗自矜己見。平生讀前哲鉅典，不肯用經生家技倆。只曠懷冥會，便覺此理不待求索。六通四闢，左右逢原，實有此事，古人不我欺也。（以上答雲頌天張俶知）

來函云，明宗章，直指本心，說為宇宙實體。驟聞之殊不契。細玩之，覺其理無可易。足徵虛懷之益。本體不是外在的物事。更不是思惟中的概念，或意念中追求的虛幻境界。唯反己深切體認，便自識本來面目。

本書，談生滅，是就一翕一闢之勢用新新不住而言。換句話說，即顯大用流行，無有些子滯積而已。易所謂妙萬物而為言者此也。本書，不是就個體的物事上談生滅。而是就所謂個體的物事上，明其都無實物可容暫住。於此可見神化之不息，與大用之不測。此與某書談生滅的意思自不同。須曠懷冥會始得。（以上答楊生）

虛妄的心，（亦云妄識。亦省言識。）別於本心或真心而言之也。若就其辨物析理的等等作用而言，則曰量智或理智。隨義異名，所目則一。

嘗怪西洋哲學家談理智，似是無根的東西。彼所謂理智，既不同吾儕所云性智。卻又不問他（理智）是如何而有的。學者於此無疑問，何耶。吾人承認有本來固具的性智。則說理智亦是性智的發用。但他是流行於官體中，而易為官能假之以自逞，又有習染之雜。他畢竟不即是性智。這是不可混淆的。（參看明宗章談量智處一段文）又唯識下章，結處有云。第三章雖云心無自體。然許心有因緣，即是他有其本身的自動的力云云。此下文字，俱須細看。須知，妄識亦依性智故有。譬如浮雲，雖無根底。亦依太空故有。所謂依真起妄者是也。

（以上答張得鈞）

上卷初出。偶酬諸子問難。頗有關大義者。節存如右。

目次

新唯識論

卷上

第一章　明宗

今造此論，爲欲悟諸究玄學者，令知一切物的本體，非是離自心外在境界，及非知識所行境界，唯是反求實證相應故。

譯者按，本體非是離我的心而外在者。因爲大全（大全卽謂本體，此中大字不與小對）不礙顯現爲一切分。而每一分，又各各都是大全的。如張人，本來具有大全。故張人不可離自心而向外去求索大全的。又如李人，亦具有大全。故李人亦不可離自心而向外去求索大全的。各人的宇宙，都是大全的整體的直接的顯現。不可說大全是超脫於各人的宇宙之上而獨在的。譬如大海水（喻本體）顯現爲衆漚。（喻衆人或各種物）卽每一漚，都是大海水的全整的直接的顯現。試就甲漚來說罷。他（甲漚）是以大海水爲體，卽具有大海水的全量的。又就乙漚來說罷。他（乙漚）也是以大海水爲體，亦卽具有大海水的全量的。丙漚，丁漚，乃至無量的漚，均可類推。據此說來。我們若站在大海水的觀點上。大海水，是全整的現爲一個一個的漚。不是超脫於無量的漚之上而獨在的。又若站在漚的觀點上。卽每一漚，都是攬大海水爲體。我們不要當他（每一漚）是各個微細的漚。實際上每一漚都是大海水的全整的直接的顯現着。奇哉奇哉。由這個譬喻，可以悟到大全不礙顯現爲一切分。而每一分又各各都是大全的。這眞是玄之又玄啊。

又按本體非是理智所行的境界者。熊先生本欲於量論，廣明此義。但量論既未能作，恐讀者不察其旨。玆本熊先生之意而略明之。學問，當分二途。曰科學。曰哲學。（卽玄學）科學，根本從實用出發。易言之，卽從日常生活的經驗裏出發。科學所憑藉以發展的工具，便是理智。這個理智，只從日常經驗裏面歷練出來。所以要把一切物事，看作是離我的心而獨立存在的，非是依於吾心之認識他而始存在的。因此，理智祇是向外去看，而認爲有客觀獨存的物事。科學，無論發展到何種程度，他的根本意義，總是如此的。哲學，自從科學發展以後。他（哲學）的範圍，日益縮小。究極言之，祇有本體論，是哲學的範圍。除此以外，皆是科學的領域。哲學所窮究的，旣是本體。我們要知道，本體的自身，是無形相的。而却顯現爲一切的物事。但我們不可執定一切的物事，以爲本體卽如是。譬如假說水爲冰的本體，但不可執定冰的相狀，以爲水卽如冰相之凝固者然。本體是不可當做外界的物事去推求的。這個道理，要待本論全部講完了才會明白的。然而吾人的理智作用，總是認爲有離我的心而獨立存在的物質宇宙。若將這種看法來推求本體。勢必發生不可避免的過失。不是把本體當做外界的東西來胡亂猜擬一頓。就要出於否認本體之一途。所以說，本體，不是理智所行的境界。我們以爲科學，哲學，原自分途。科學所憑藉的工具（卽理智）拿在哲學的範圍內，便得不着本體。這是本論堅決的主張。

是實證相應者，名爲性智。（性智亦省稱智）這個智是與量智不同的。云何分別性智和量智。性智者，卽是眞的自己的覺悟。（此中眞的自己一詞，卽謂本體。在宇宙論中，賅萬有而言其本原，則云本體。在人生論中，剋就吾人當躬而言其本原，則名眞的自己。卽此眞己，在量論中，說名覺悟，卽所謂性智。此中覺悟義深，本無惑亂故云覺，本非倒妄故云悟。）易言之，這個覺悟，就是眞的自己。離了這個覺悟，更無所謂眞的自己。此具足圓滿的明淨的覺悟的眞的自己。本來是獨立無匹的。以故，這種覺悟，雖不離感官經驗，要是不滯於感官經驗而恆自在離繫的。他元是自明，自覺。虛靈無礙。圓滿無缺。雖寂寞無形，而秩然衆理已畢具。能爲一切知識底根源的。

量智，是思量和推度，或明辨事物之理則，及於所行所歷，簡擇得失等等的作用故。故說名量智。亦名理智。此智，元是性智的發用，而卒別於性智者。因爲性智作用依官能而發現，即官能得假之以自用。（此中得者，言其可得，而非恆然。若官能恆假性智以自用，即性智畢竟不得自顯。如謂奴恆奪主，無有主人得自行威命者，此豈應理之談。）易言之，官能可假性智作用以成爲官能之作用，迷以逐物，而妄見有外。（性智作用，以下省云性用。見有外者，以物爲外故。）由此成習。（習者，官能的作用，迷逐外物，此作用雖當念遷謝，而必有餘勢續流不絕也。即此不絕之餘勢名爲習。）而習之既成，則且潛伏不測之淵。（不測之淵，形容其藏之深也。）常乘機現起，益以障礙性用而使其成爲官能作用。則習與官能作用恆叶合爲一，以追逐境物。極虛妄分別之能事，外馳而不反，是則謂之量智。（以上意思，俟下卷明心章當加詳。）故量智者，雖原本性智，而終自成爲一種勢用，迥異其本。（量智即習心。亦說爲識。宗門所謂情見或情識與知見等者，皆屬量智。）吾嘗言，量智是緣一切日常經驗而發展。其行相恆是外馳。（此中行相一詞，行謂起解。相者相狀。行解之相曰行相。外馳者，唯妄計有外在的物事而追求不已故。）夫唯外馳，即妄現有一切物。因此，而明辨事物之理則，及於所行所歷，簡擇得失而遠於狂馳者，（狂馳猶俗云任感情盲動者也）此固量智之懸解。（懸解借用莊子語。量智有時離妄習纏縛而神解昭著者，斯云懸解。懸者形容其無所繫也。解者超脫義，離繫故云超脫。）然以爲眞解則未也。（非眞離繫，即非眞解。必妄習斷盡，性智全顯，量智乃純爲性智之發用，而不失其本然。始名眞解。此豈易言哉。上云懸解者，特習根潛伏未甚現起耳。且習有麤細。麤者可暫伏。細者恆潛運而不易察也。）量智唯不易得眞解故，恆妄計有外在世界，攀援構畫。以此，常與眞的自己分離，（眞己無外。今妄計有外，故離眞己。）並常障蔽了眞的自己。（攀援構畫。皆妄相也。所以障其眞己而不得反證。）故量智畢竟不即是性智。此二之辨，當詳諸量論。今在此論，唯欲略顯體故。（本體亦省言體。后凡言體者倣此。）

哲學家談本體者。大抵把本體，當做是離我的心而外在的物事。因憑理智作用，向外界去尋求。由此之故，哲學家各用思考去構畫一種境界，而建立爲本體。紛紛不一其說。不論是唯心唯物，非心非物，種種之論，要皆以向外找東西的態度來猜度。各自虛妄安立一種本體。這個，固然錯誤。更有否認本體，而專講知識論者。這種主張，可謂脫離了哲學的立場。因爲哲學所以站脚得住者，只以本體論是科學所奪不去的，我們正以未得證體，才研究知識論。今乃立意不承有本體。而只在知識論上鑽來鑽去，終無結果。如何不是脫離哲學的立場。凡此種種妄見，如前哲所謂道在邇而求諸遠，事在易而求諸難。此其謬誤，實由不務反識本心。易言之，卽不了萬物本原，與吾人眞性，本非有二。（此中眞性卽謂本心。以其爲吾人所以生之理則云眞性。以其主乎吾身則曰本心。）遂至妄臆宇宙本體爲離自心而外在。故乃憑量智以向外求索。及其求索不可得，猶復不已於求索，則且以意想而有所安立。學者各憑意想，聚訟不休，則又相戒勿談本體。於是盤旋知識窠臼，而正智之途塞，人顧自迷其所以生之理。古德有騎驢覓驢之喻，（言其不悟自所本有而妄向外求也）慨斯人之顚倒，可奈何哉。

前面已說，本體不是離我的心而外在的。這句話的意思，是指示他們把本體當做外界獨存的東西來推度，是極大的錯誤。設有問言。既體非外在，當於何求。應答彼言。求諸己而已矣。求諸己者，反之於心而卽是。豈遠乎哉。不過，提到一心字，應知有本心習心之分。唯吾人的本心，才是吾身與天地萬物所同具的本體。不可認習心作眞宰也。（眞宰者本心之異名。以其主乎吾身，而視聽言動一皆遠於非禮，物欲不得而干。故說爲眞宰。）習心和本心的分別，至後當詳。（下卷明心章）今略說本心義相，一，此心是虛寂的。（無形無象故說爲虛。性離擾亂故說爲寂。）寂故，其化也神。（不寂則亂，惡乎神，惡乎化。）虛故，其生也不測。（不虛則礙，奚其生，奚其不測。）二，此心是明覺的。（離闇之謂明。無惑之謂覺。）明覺者，無知而無不知。（無虛妄分別故云無知。照體獨立，爲一切知之源故云無不知。）備萬理而無妄。具衆德而恆如。是故萬化以之行，百物以之成。羣有不起於惑，反之明覺，不亦默然深喻哉。（哲學家談宇宙緣起，有以爲由盲目追求的意志者。此與數論言萬法之生亦由於闇，伏曼容說萬事起於惑，同一謬誤。蓋皆以習心測化理，而不會識得本心，故鑄此大錯。易曰乾知大始。乾謂本心，亦卽本體。知者明覺義，非知識之知。乾以其知而爲萬物所資始，孰謂物以惑始耶。萬物同資始於乾元，而各正性命，以其本無惑性故。證眞之言莫如易，斯其至矣。）是故此心（謂本心）卽是吾人的眞性，亦卽是一切物的本體。或復難曰。黃蘗有言。深信含生同一眞性。心性不異，卽性卽心云云。此與孟子所言盡心則知性知天，遙相契應。（宋明理學家，有以爲心未卽是性者。此未了本心義。本心卽是性，但隨義異名耳。以其主乎身曰心，以其爲吾人所以生之理曰性，以其爲萬有之大原曰天。故盡心則知性知天，以三名所表，實是一事。但取義不一而名有三耳。盡心之盡，謂吾人修爲工夫，當對治習染或私欲，而使本心得顯發其德用無有一毫虧欠也。故盡心，卽是性天全顯。故曰知性知天。知者證知，本心之烱然內證也，非知識之知。由孟子之言。則哲學家談本體者，以爲是量智或知識所行之境，而未知其必待修爲之功篤實深純，乃至克盡其心，始獲證見。則終與此理背馳也。黃蘗言卽心卽性，是有當於孟子。）然在我之心（本心亦省云心，他處準知）云何卽是萬物之本體。此猶難喻。答曰。汝所不喻者，徒以習心虛妄分別，迷執小己而不見性故也。（性字注見前）夫執小己，則歧物我，判內外。（內我而外物兩相隔截）故疑我心云何體物。（體物猶云爲萬物之本體）若乃廓然忘己，而澈悟寂然非空，生而不有，至誠無息之實理，是爲吾與萬物所共稟之以有生，卽是吾與萬物所同具之眞性。此眞性之存乎吾身恆是虛靈不昧卽爲吾身之主，則亦謂之本心。故此言心，實非吾身之所得私也，乃吾與萬物渾然同體之眞性也。然則反之吾心，而卽已得萬物之本體。（本體乃眞性之異語。以其爲吾與萬物所以生之實理則曰眞性。卽此眞性，是吾與萬物本然的實相，亦曰本體。此中實相猶言實體。本然者，本來如此。德性無變易故，非後起故，恆自爾故。）吾心與萬物本體，無二無別。其又奚疑。孟子云，夫道，一而已矣。此之謂也。

或復難言。說心，便與物對。（心待物而彰名，無物則心之名不立。）如何可言吾心，卽是吾與萬物所同具的本體。答曰。汝所謂與物對待的心，却是吾所謂習心。習心者，形氣之靈（本心之發用，不能不憑官能以顯。而官能卽得假借之，以成爲官能之靈明。故云形氣之靈。非謂形氣爲本原而靈明是其發現也。）成乎習。

習成，而復與形氣之靈叶合爲一，以追逐境物。是謂習心。故習心，物化者也。與凡物皆相待相需，非能遊物而爲御物之主也。此後起之妄也。本心無對。先形氣而自存。（先者，謂其超越乎形氣也，非時間義。自存者，非依他而存故，本絕待故。）其至無而妙有也，則常徧現爲一切物，而遂憑物以顯。（本無形相，說爲至無。其成用也，卽徧現爲一切物，而遂憑之以顯。是謂至無而妙有。）故本心乃卓然無待。體物而不物於物者也。（體物者，謂其爲一切物之實體，而無有一物得遺之以成其爲物者也。不物於物者，此心能御物而不役於物也。）眞實理體，無方無相。雖成物而用之以自表現。然畢竟恆如其性，不可物化也。此心卽吾人與萬物之眞極，其復何疑。（眞極卽本體之異語）

如前已說。本體唯是實證相應，不是用量智可以推求得到的。因爲量智起時，總是要當做外在的物事去推度。如此，便已離異了本體，而無可冥然自證矣。然則如何去實證耶。記得從前有一西人，曾問實證當用什麼方法。吾曰，此難作簡單的答覆。只合不談。因爲此人尚不承認有所謂本心，如何向他談實證。須知，就就實證的意義上說。此是無所謂方法的。實證者何，就是這個本心的自知自識。換句話說，就是他（本心）自己知道自己。不過，這裏所謂知或識的相狀很深微。是極不顯著的，沒有法子來形容他的。這種自知自識的時候，是絕沒有能所和內外及同異等等分別的相狀的。而却是昭昭明明，內自識的。不是渾沌無知的。我們只有在這樣的境界中才叫做實證。而所謂性智，也就是在這樣的境界中才顯現的。這才是得到本體。前面說是實證相應者，名爲性智，就是這個道理。據此說來，實證是無所謂方法的。但如何獲得實證，有沒有方法呢。應知，獲得實證，就是要本心不受障礙才行。如何使本心不受障礙，這不是無方法可以做到的。這種方法，恐怕只有求之於中國的儒家，和老莊，以及印度佛家的。我在這裏不及談。當別爲量論。

今世之爲玄學者，全不於性智上着涵養工夫。唯憑量智來猜度本體。以爲本體：是思議所行的境界。是離我的心而外在的境界。他們的態度祇是向外去推求。因爲專任量智的緣故。所謂量智者，本是從向外看物而發展的。因爲吾人在日常生活的宇宙裏，把官能所感攝的，都看作自心以外的實在境物。從而辨識他，處理他。

量智，是如此[illegible]的工具。這個工具，若[illegible]用在日常生活的宇宙即物理的世界之內。當然不能謂之不當。但若不愼用之，而欲解決形而上的問題時，也用他作工具，而把本體當做外在的境物以推求之，那就大錯而特錯了。我們須知道，眞理，唯在反求。我們只要保任着固有的性智。（保着保持。任者任持。保任卽常存持之，而無以惑染或私意障礙之也。）卽由他（性智）的自明自識，而發見吾人生活的源泉。這個在我底生活的源泉，至廣無際。至大無外。至深不測所底。至寂而無昏擾。含藏萬有。無所虧欠。也就是生天生地和發生無量事物的根源。因爲我人的生命，與宇宙的大生命原來不二。所以，我們憑着性智的自明自識才能實證本體。才自信眞理不待外求。才自覺生活有無窮無盡的寶藏。若是不求諸自家本有的自明自識的性智。而祇任量智，把本體當做外在的物事去猜度。或則憑臆想，建立某種本體。或則任妄見，否認了本體。這都是自絕於眞理的。所以我們主張量智的效用是有限的。他（量智）祇能行於物質的宇宙。而不可以實證本體。本體是要反求自得的。他（本體）就是吾人固有的性智。吾人必須內部生活淨化和發展時。這個智才顯發的。到了性智顯發的時候，自然內外渾融（卽是無所謂內我和外物的分界）冥冥自證。無對待相。（此智的自識，是能所不分的。所以是絕對的。）卽依靠着這個智的作用去察別事物，也覺得現前一切物莫非至眞至善。換句話說，卽是於一切物，不復起滯礙想，謂此物，便是一一的呆板的物。而祇見爲隨在都是眞理顯現。到此境界，現前相對的宇宙，卽是絕對的眞實。不更欣求所謂寂滅的境地。（寂滅二字卽印度佛家所謂涅槃的意思後仿此）現前千變萬動的，卽是大寂滅的。大寂滅的，卽是現前千變萬動的。不要厭離現前千變萬動的宇宙而別求寂滅。也不要淪溺在現前千變萬動的宇宙而失掉了寂滅境地。本論的宗極，只是如此的。現在要闡明吾人生命，與宇宙元來不二的道理。所以接着說唯識。

第二章 唯識上

唐窺基大師，在他做的印度佛家唯識論的序裏面，他解釋唯識二字的意義云。唯字，是駁斥的詞。對執外境實有的見解而加以駁斥。因爲如世間所執爲那樣有的意義，是不合眞理的。識字，是簡別的詞。對彼執心是空的見解而加以簡別，卽是表示與一般否認心是有的這種人底見解根本不同。因爲，把心看作是空無的，這便是沉溺於一切都空的見解。佛家呵責爲空見。這更是不合眞理的。所以說唯識者。蓋謂世間所計心外之境，確實是空無。但心，則不可謂之空無。窺基，在這篇序文裏面如此說。我們看來，還要稍加修正。世間執爲有離心外在的實境，這誠然是一種妄執，應當駁斥。（此中妄執一詞的執字。其意義極深，而難形容。吾人底理智作用，對於某種道理，或某種事物，而起計度或解釋時。恆有一種堅持不捨的意義相伴着。這就叫做執。妄執者，他所執定以爲怎樣怎樣的。其實，是一種虛妄，而不能與眞理相應，故名妄執。以後凡言執或妄執者皆倣此。）但基師以爲識，是不可說爲空無的。此則不甚妥當。因爲基師在此處所說的識字。是與境相對的。（凡心所及到的一切對象通名爲境後倣此）換句話說，此所謂識，是取境的識。（此中取字，含義略有三。一，心行於境。二，心於境起思慮等。三，心於境有所黏滯，如膠着然，卽名爲執。如堅持有離心實在的外物底人，就是由有此執，而不自覺。具此三義，名爲取境。以後凡言取境者皆倣此。）這個取境的識，他本身就是虛妄的。是對境起執的。他根本不是本來的心。如何可說不空。如果把妄執的心，當做了本來的心，說他不是空無的。那便與認賊作子爲同樣的錯誤。我們以爲世間所計度爲離心實在的外物，祇是妄境。這種妄境，惟是依靠妄執的心才有的，並不是實在的。我們只要向內看。認明了自家妄執的心，便曉得世間所計度爲離心實在的境界，根本是空無的。只是虛妄的心執着爲有的。（這個意思到後面自然明白）所以應當駁斥。在這方面，我是贊成基師底說法的。至於妄執的心，雖亦依本來的心而始有。但他（妄執的心）是由官能假本心之力用，而自成爲形氣之靈。於是向外馳求而不已。故此心（妄執的心）是從日常生活裏面，接觸與處理事物的經驗累積而發展。所以說他是虛妄不實的。是對境起執的。他與本來的心，畢竟不相似的。這個妄執的心，和本來的心，根本不相同處，在前章裏，（明宗章）已可略見。向後（功能章和明心章）自當更詳。我們以爲妄執的心，實際上是空無的。因爲他是後起的東西。只有本來的心，才是絕對的，眞實的。基師在此處，把妄執的心說爲不空。這是應當修正的。

我在本章裏面，要分兩段來說。第一段要說的，是對彼執離心有實外境的見解，加以斥破。第二段要說的，是對彼執取境的識爲實有的這種見解，加以斥破。

在第一段裏，我的主張，大概和舊師相同。（舊師謂印度佛家唯識論派的諸大師。後凡言舊師者倣此。）古時外道，小宗（佛家把異己的學派名爲外道。小宗者，佛家有小乘學亦號小宗。）同是執着有實在的外境，離心獨存。舊師一一斥破，辯論紛然。具在二十等論。（此論，依據二十句頌而作。以說明外境唯是依識所現。而實無有外境。）推原外小的意見。所以堅持有心外獨存的實境。大概由二種計。（此中計字，含有推求的意義。但推求字，仍不能與之切合。）一，應用不無計。此在日常生活方面，因應用事物的慣習，而計有外在的實境。卽依妄計的所由而立名，曰應用不無計。二，極微計。此實從前計中，別出言之。乃依所計爲名（極微是所計故）曰極微計。應用不無計者，復分總別。謂或別計有瓶和盆等物，是離心而實有的。（此雖世俗的見解，然外小實根據於此。）或總計有物質宇宙，是離心而實有的。（此依世俗的見解，而鍛鍊較精。以爲吾人日常所接觸的萬物，就喚做宇宙。這是客觀存在的。不須靠着我人的心去識他才有的。外小都有此計。）極微計者。於物質宇宙，推析其本。說有實在的極微，亦是離心而獨在的。近世科學家，所謂原子，電子，也和極微說相同的。以上，略述外小諸計。現在要一一加以駁斥。因爲他們（外小）的見解，在今日還是盛行的。故非駁斥不可。

應用不無計者。或別計現前有一一麤色境，離心獨存。（麤色境，猶言整個的物體。如瓶和盆等之類。）

殊不知這種境，若是離開了我的心，便沒有這個東西了。因爲我的識別現起，麤色境才現起。（識別即用爲心的別名）若離開識別。這種境根本是沒有的。試就瓶來說。看着他，只是白的，並沒有整個的瓶。觸着他，只是堅的，也沒有整個的瓶。我們的意識，綜合堅和白等形相，名爲整個的瓶。在執有麤色境的人，本謂瓶境是離心實有的。（瓶境者，瓶即是心所取的境故。此用爲複詞。）但若以實事求是的態度來審覈他。將見這瓶境，離開了眼識看的白相，和身識觸的堅相，以及意識綜合的作用，這瓶境，還有什麼東西在那裏呢。由此，可知，瓶境在實際上說，全是空無的。

或有難言。整個的瓶，畢竟不無。因爲看他，確有個白相。觸他，確有個堅相。故乃綜合堅和白等相，而得到整個的瓶。如何可說外界的瓶，無有實物，純由汝心上所構造的呢。答曰。如子所難，縱令堅和白等相，果屬外物，不即在識。但是，這堅和白等相，要自條然各別。換句話說，眼識得白，而不可得堅。身識得堅，而不可得白。堅白既分，將從何處可得整個的瓶。汝的意識，綜合堅和白等相，以爲是整個的瓶。卽此瓶境，純由汝意，虛妄構成。如何可說離心有這樣的麤色境獨存。

附識　上段文中有眼識，身識等名詞。按印度佛家，把心分爲各各獨立的八個。本論改變其義。詳見後明心章。然佛家所謂五識的名詞，本論亦承用。但不視爲各各獨立。卽以精神作用，依眼而發現，以識別色境者，名爲眼識。依耳而發現，以了別聲境者，名爲耳識。依鼻而發現，以了別香境者，名爲鼻識。依舌而發現，以了別味境者，名爲舌識。依身而發現，以了別一切所觸境者，名爲身識。精神作用，本是全體的。但隨其所依的眼耳等等官能不同，故多爲之名，曰眼識，乃至身識。舊師總稱五識。本論亦總名之爲感識。

又復以理推徵。堅和白等相，謂是外物，亦復無據。如汝所計，瓶的白相，是誠在外，不從識現。若果如此。這個白，應是一種固定的相。汝近看他（白）他是這樣的白。汝遠看他，他也是這樣的白。然而汝去看白，或遠或近，白相便不一樣了，並且多人共看，各人所得的白，也不能一樣的。足見這個白，沒有固定的相。唯隨着能看的眼識，而現爲或種樣子的白相。故汝所計，白相在外，理實不爾。又汝謂瓶的堅相，不由心現。亦不應理，堅若在外，也當是固定的相。今汝觸瓶的堅，憶從少壯，以至老衰，所得堅度，前後不同。各人觸堅，更不一致。是知堅相，并非固定。唯隨着能觸的身識，而現爲或種樣子的堅相。故汝計堅相在外，與計白相在外，是一例，都無徵驗的。綜前所說，堅和白等相，均不是離心外在的。至於綜合堅白等相，而名爲整個的瓶。這純是意識因實用的需要而構造的。由此，應知，如汝所計，心外獨存的麤色境，決定無有。汝不應諍。

如上所破，雖斥別計。復有知解較精者，能不定執瓶等個別的麤色境。乃復總計有物質宇宙，離心獨存。故設難言。瓶等麤色境，你許非實有。我亦無諍。但是堅白等相，雖從心所現。豈無外境爲因，而心上得憑空現起麼。如果這個心，不仗外因，而得自現堅白等相。便應於不看白的時候，眼識上常常自現白相。何故必待看白，方現白相。乃至應於不觸堅的時候，身識上常常自現堅相。何故必待觸堅，方現堅相。由此，應知，眼等識上，有堅白等相，自以外境爲因，方得現起。如是許有客觀獨存的物質宇宙，理無可駁。答曰。心上現堅白等相，必有境界爲因，是義可許。但是，這個爲因的境，決定不是離心獨在的。爲什麼說境，不是離心獨在的呢。因爲依妄情而說，則離心有實外境。順正理而談，則境和心，是一個整體的不同的兩方面。（至後面轉變章談翕闢處便知此理）這個整體，所以有兩方面不同，完全由於他本身的發展，是自然而然的要有這種內在的矛盾的。心的方面，是無對礙的。境的方面，是有形成對礙的趨勢的。因此，說境和心，是互相對待着。但又是互相和同的。境對於心，有力爲因，能引發心，令與己同時現起。（此中己字，設爲境之自謂。如瓶境當前。能引我的心，與瓶境同時現起。）心對於境，能當機立應。卽於自心上，現似境的相貌。能識別和處理這現前的境，而使境隨心轉，自在無礙。所以說，境和心，是互相和同的。因爲他們（境和心）是互相對待，而又是互相和同。所以能完成其全體的發展。照此說來，境和心，是一個整體的不同的兩方面。斷不可把境看做是心外獨存的。如果說，心上現堅白等相，有境爲因。這是可許的。但若說是外境爲因，便不應理。因爲境和心，在實際上說，根本沒有內外可分的。如世間所計爲客觀獨存的物質宇宙。只是取境的心，慣習於向外找東西的緣故。本無外，而妄計爲有外。遂不悟萬物原來不在我的心外，而妄臆爲外在的世界罷了。

或復問言。如公所說，心上現堅白等相，雖有境爲因。卻不許境在心外。是義無諍。但心所現相，與境的本相，爲相似，爲不相似。答曰。心上所現相，名爲影像。此影像，有托現境而起者。如眼等五識上所現相是也。有純從心上所現者，如意識獨起思構時，並無現境當前。此時，意中影像，即純從心上變現。凡相，托現境而起者。即此相，與境的本相，非一非異。此相，是心上所現影像，不即是境的本相，故非一。雖從心現，要必有現境爲所托故，故與境的本相亦非異。由非一非異故，此相，與境的本相，決定有相似處，但不必全同。凡相，純從心現者，大抵是抽象的。雖無現境爲所托。然必包含過去及未來同種類的事物所具有的內容及通則等等，意中抽象的相，方得現起。如於思唯中，構成一杯子的概念。此等概念，在意識上，即是一種相。而這個相，並無現境（即現前具體的杯子）爲所托。然必由過去時，意識所了別的每個杯子所具的內容與通則等等，（內容，謂如各種杯子，不論磁製和金製，而同具人工製造的條件。同有盛水或酒的用處等等。通則，謂如可毀壞等等。）並預測將來的一一杯子，在與過去的杯子同樣情境之下，其所有內容，和所循通則，也和過去是一致的。如此，才構成一杯子的概念。換句話說，必如上述情形，意中才得現起抽象的杯子的相。舉此一例。純從心上所現的相，也是於過去及未來的一一事物的共相，定有所似的。這種相，和前面所說眼等五識托現境而起的相，依世間情見上說，都不是貧乏的。都不是空洞的。都是有相當的實在性的。（情見者，凡計有境物，即與究極的眞理不相應，便謂情見。以不離妄情分別故。）但據最後的眞實的觀點來說。凡所有相，又都是虛妄的。因爲心的現相，常常把他自身殉沒於境裏面。即執着這境是實在的東西。這樣，便不能與眞理相應。所以墮入虛妄。（此中眞理謂最後的眞實）就眞理說。所謂境者，只是依於眞實的顯現，而假名爲境。若執定這個境，以爲他（境）就是本來如此了。那麼，就不能於境而見爲是眞理的顯現，即不悟神化，而膠執迹象。此非虛妄而何。若是把境看做是離心獨存的，即令虛妄之甚，又何庸疑。

或復問言。意識起時，恆現似境之相。（決無有不現相的時候）所以者何。一，因意識一向習於實用故。恆追求種種境，必現似其相故。二，因意識富於推求和想像等力，能構造境相故。三，因意識起分別時，眼等五識，及其所得境，同入過去故。意識復行追憶，必現似前境之相故。由上三義。意識恆現似境之相。唯眼等五識，親得現境。不更現相。如看白時，眼識所得，卽是白的本相。眼識不更變現一似白之相。所以者何。一，因眼識微劣，無推求想像等力故。故不能變現似境之相。二，境的本相，因其距離，及光線等等關係，直接投剌官能，而呈顯於眼識的了別中。故眼識上，更無須變現一似境之相。因爲已經親得境的本相之故。眼識如是。耳識乃至身識，皆可類推。由斯應說，所云現相唯在意識。五識則否。答曰。意識必現似境之相，如汝所說，甚符我的本旨。但謂五識親得境的本相，而不更現相。則與吾意相乖。實則五識，非不現相。我所謂五識和意識，本非各個獨立的。只因他們（五識和意識）的發現，有分位的不同。故須分別來說。眼等五識，是憑藉眼等官能而發現的。他（五識）是先於意識，而追求當前的境的。（此中所謂追求，其作用極細微，是不自覺的一種追求。）意識，雖是自動的現起。但他（意識）非不藉待五識的經驗的。五識創起了境，本無麤顯的分別，意識緊接着五識而起。便憶持前境，更作明利的分別了。（此中前境，謂前念五識所了的境。以下言前境者倣此。）由此，應知，意識一向習於實用。恆於種種境起追求。他是以五識爲前導的。如何可說五識不現相呢。又五識雖無推求等作用。而亦有極微細的了知。雖所謂了知，是不明著的。然不能說是無知。又五識和他所了的境，纔成過去。意識繼起，而能現似前境之相者。則以五識當過去時，於所了境，曾現似其相故。後念意識繼起，乃得憶持前境，現似其相。如果五識不曾現相，便是於所對的境，冥然無知。眼識看白時，既不現似白相，便如不看一樣。乃至身識觸堅時，既不現似堅相，便如不觸一樣。我們須知道。心的知境，就因爲心上必現似所知境的一種相。否則不成爲知。這種道理，我想在量論裏詳說。今不必深談。總之，五識了境時，必現似境之相。所以，意識繼起，才有似前境的相現起。這是無疑義的。至如五識上所現似境的相，每不能與境的本相，完全相肖。大概由五識所憑藉的官能，和他（五識）所了的境，以及二者間的關係，如距離，和光線等等，說不盡的關係，都有影響於五識了境時所現的相，而令這個相，和境的本相，不能全肖的。此意，猶待量論再詳。綜前所說，不論五識，意識，他們（謂五及意）取境的時候，都現似境之相。可見心的取境（此中心字通五識和意識而總名之）不能親得境的本相。而是把他（境）製造或剪裁過一番，來適應自己底期待的。（此中自己一詞設爲心之自謂）總之心現似境之相，而作外想，根本是要合於實用的緣故。說到此，有好多問題，要留在量論再說。今在此中。唯欲說明世間所謂外境，只是依靠着取境的妄心，而現起的一種妄境。若果認爲眞有離心獨在的境。那就不止是知識上的錯誤。根本失掉了物我無間的懷抱。生活上的缺憾，是至可惋惜的。

或復問言。公所謂妄境者，殆以心之取境，不能親得境的本相，而必現似其相，所以說爲妄境歟。答曰。所謂妄境者，非以心上現似境之相，方說爲妄。心於境起了知時，便有同化於境的傾向。所以必現似境之相。這個相，又好像是對於所知境的一種記號。如了知白時，必現似白相。他所了知的，是這樣的一個白，不是旁的。所以心上現似白的相，就是對於白有了知的一種記號。準此而談。心的現相，是知的作用，自然會有的，無可非毀的。但是，心上才現似境的相，便很容易賦予境以實在性。並且很似有封畛的。換句話說。我們知的作用，就把所了的境，當作離心獨在的東西來看。這才是吾所呵斥爲妄境的。因爲他（妄境）純是依靠着那浸漬於實用方面的妄心而起的緣故。

以上所說。對彼應用不無計，爲總，爲別，一一破訖。次極微計。復當勘定。印度外道，本已創說極微。至佛家小乘，關於極微的說法更多了。現在如欲把外道和小乘的極微說，一一加以詳細的考覈，那就不勝其繁。不過，他們（外道和小乘）的說法，大端也甚相近。不妨總括起來一說。凡建立極微的學者們，大概執定極微是團圓之相，而以七個極微，合成一個很小的系統，叫做阿耨色。（阿耨色是譯音。其意義即是物質的小塊。）七微的分配（七個極微一詞，以下省稱七微。）中間一微，四方上下各一微。這七微，是互相維繫的。

面又是互相疏隔的。如此，成一個小的系統。無量數的極微，都是按照上述的說法，每七微，合成一個小的系統。（即名爲阿耨色）再由這許多許多小的系統，展轉合成几子，桌子等等麤色，以及大地和諸星體，乃至無量世界。（此中麤色，猶云麤大的東西或整個的物件。以下言麤色者倣此。）小乘學派中，有毗婆沙師，說一切極微，彼此都相距甚遠，不得互相逼近。照他的說法，我坐的這張几子，是無數的阿耨色合成的。這無數的阿耨色，實際上，就如無數的太陽系統。因爲各個極微，都是相距很遠的。然而我憑依在這樣的几子上，不怕墜陷了。這也奇怪。

佛家的大乘學派，都不許有實在的極微。他們（大乘）對外道和小乘，常常用這樣的話，來逼難云，你們所說的極微，是有方分的呢，抑是無方分的呢。如果說，極微是有方分的。那麼，既有方分，應該是更可剖析的。既是更可剖析的，那便不是實在的極微了。如果說，極微的形相，是團圓的。因此，擬他（極微）某方面是東，畢竟不成爲東。擬西，擬南，擬北，也是同樣，都不成的。所以，極微是無方分的。在小乘裏，如薩婆多師，就是這樣說的。但是，大乘又駁他道。汝的說法，甚不應理。若極微是無方分的，即不可說他是有對礙的東西。（此中對礙一詞。礙謂質礙。凡有質礙的東西，都是互相對待的，故云對礙。以後凡言對礙者皆倣此。）遂立量，破薩婆多師等云。（此中量字，其意義與三段論式相近。詳佛家因明學中。）汝所說的極微應該不是物質的。因爲不可標示他的東西等方分的緣故。猶如心法一樣。（心法是無有方分的。他們說極微是無方分，便同心法一樣。）上所立的量。既已成立極微不是物質的了。遂詰小乘諸師云。汝所說的麤色，實際上即是那許多的極微。（麤色一詞解見上）麤色以外，沒有極微。極微以外，也沒有麤色。當復立量云。汝所說的麤色，應該不是麤大的東西。因爲他即是極微的緣故。如汝所說極微不是麤色，還是一致的道理。上所立的量，既已成立極微不是麤色了。遂復立量云。汝手觸牆壁等，應該不覺得有對礙。因爲他根本不是麤色的緣故。如虛空一樣。如上三個比量。（比量，是佛家因明學中的名詞。比字，是推求的意義。凡於事理，由種種推求，而得到證明。因依論式楷定。是爲比量。）返證極微，定是有方分的。小乘師雖欲說無方分。又經大乘逼得無可再說了。歸結，還是不能不承認極微是有方分。然既有方分。必定是更可分析的。凡物，若是可析的，他就沒有實在的自體了。由此。大乘斷定極微不是離心實有的東西。

當時小乘裏，如古薩婆多師，和經部師，以及正理師，這三派的學者們，不服大乘的駁斥。又主張極微，與極微所成和合色，是感識所親得的境界。以此證成極微是實在的東西。（此中和合色一詞，謂多數的極微，和合而成為麤大的物，名和合色。感識者，即是眼等五識，說見前。）但是，極微那樣小的東西，當然是眼識所不能見，乃至身識所不能觸的。如何說他（極微）是感識所親得的境界呢。而古薩婆多，和正理師，卻各有巧妙的說法，以解答這個困難的問題。無奈大乘師，又把他們（薩婆多師等等）一個一個的都駁斥了。現在以次敘述如下。

古薩婆多師，執定有衆多的實在的極微，是一個一個的各別為眼識所看的境界。例如瓶子，為眼識的境界的時候，平常以為，眼識所看的，是麤大的瓶子。實際上并不是這樣。而確是一個一個的極微，各別為眼識的境界。他這種說法的理由何在呢。我們要知道，印度佛家，是把一切的事情，分為實法和假法的。例如世間所許為實有底物質的現象。他（佛家）也可於一方面，隨順世間，說為實法的。（若就極至的眞理的方面說，便不許為實有。）假法，佛家略說為三種，一和合假。即衆多的極微，和合而成的麤大的物，是名和合假。（衆多的極微，和合而成為大物。大物的本身是不實在的。離開各個極微，就沒有這個東西了。和合的物，即是假法。故名和合假。）二分位假。如長短方圓等等，就是某種實法上的分位。如說一片靑葉，是短或長。一片靑葉，是實有的。而短或長，只是靑葉上的分位。不是離開靑葉，而有長或短的東西存在的。是名分位假。三無體假。如說石女兒，龜毛，兎角。這都是徒有名字，而沒有他的自體的。是名無體假。（哲學家所構想的境界，多是無體假例。）如上，已略辨實法和假法。薩婆多師，以為一一極微，都是實法。至若衆多的極微，和合而成瓶子這樣的大物，卻是和合假。又以為眼識，只是緣實法。（此中緣字，有攀援和思慮及了解等等的意義。以下凡言緣字者皆準知。或疑眼識無思慮。不知眼識非無思慮，只是微細而不明著耳。耳識乃至身識皆然。）不緣彼法。（他們以爲推想他有這種所緣的）所以眼識看瓶子的時候，實際上確是一一極微，各別爲眼識的境界。

大乘駁斥古薩婆多師云。汝所說各別的極微，都是實在的東西，得爲眼識的一種緣。（此中緣字。其含義略有憑藉的意思。如甲是因乙而有的。即說乙是甲的緣。此中意謂，眼識，是能知的。必定有實在的某種色境，對於眼識，做被知的東西，眼識乃生。否則眼識不生。所以這個被知的色境，是眼識的一種緣。）縱然許可你這種說法。但是一一極微，決定不是眼識所知的。因爲我人的心，對於所知的境而起知解的時候。心上必現似所知境的相貌。否則心上沒有那一回事，如何可說知道那種境呢。吾今問汝。汝試張着眼，去看極微。汝眼識上曾現似極微的相否。汝既不能謊說曾現似極微的相。足見極微定不是眼識所知的。如何可說極微是感識所親得的境界呢。大乘這樣的駁斥了古薩婆多師。

經部師，執定有衆多的實在的極微，和合而成大物。得爲感識所緣的境。（此中緣字有思慮等義注見前）他們（經部師）以爲一一極微，不能直接爲眼等識的境。因爲眼等識上，沒有現似極微的相。所以不能說他（一一極微）是感識的境。但是衆多的極微，和合起來，便成瓶子等大物。（此中和字的意義，謂多數極微，聚在一個處所。雖不必互相逼附，然相距甚近。合字的意義，謂許多極微，以相和的緣故，總成一個大物。）這些大物，雖說是和合假。（和合假見前）然而眼等識緣這些大物時，卻現似其相。據此，一一極微，雖不是感識所知的。而多數極微，和合成爲大物，乃確是感識所知的境。足見極微不可否認。

大乘破經部師云。汝所說和合的大物，畢竟不得爲引發眼等識的一種緣。（此中緣字的意義參看前敍述大乘駁斥古薩婆多師處一段注語）因爲他（和合的大物）是和合假，實際上沒有這個東西。如何能爲引發眼等識的緣。佛家不論大乘，小乘都承認感識（即眼等五識）的發生，是要有實在的境界爲緣，他（感識）才發生的。至若完全沒有實在性的東西，是不能對於感識做一種緣的。因爲沒有實在性的，就沒有引發感識的功用。所以不能爲感識的緣。這也是經部師所共同承認的。然而經部師也承認和合的大物，是虛假的，並不是獨立的存在的。所以大乘說他（和合的大物）不得爲引發感識的緣。這樣一駁，經部師也詞窮了。

正理師，執定衆多的實在的極微，互相和集，得爲眼等識所緣的境。（此中緣字是緣慮義注見前）他（正理師）這種說法很巧妙。先要解釋和集兩字的意義。許多的極微，同在一處，各各相距不遠，這樣，叫做和。雖多數的極微，同在一處，卻各各無相逼附，不至混合成一體，這樣，叫做集。他（正理師）以爲每一極微，雖說是小到極處，眼識不能見，乃至身識不能觸。但是很多的極微。在一個處所，互相和集起來。那麼，一一極微，互相資藉。卽各個極微之上，都顯出一種大的相貌來。如多數極微和集一處，而成一座大山。平常望見山的人，總以爲，他所見的，是一座大山。其實所謂一座大山，是和合假，實際上幷沒有這個東西。有什麼可見呢。然而人都以爲見了大山。因爲很多的極微，和集在一個處所，互相資藉，各各都顯出有如大山量的相。你若不信，我再煩碎的來說。譬如同在所謂大山處的無數底極微。我們設想，於其間，提出甲極微來說。這個甲極微雖是小極了。但他（甲極微）得到乙，丙，丁，乃至無量數的極微的資藉。那麼，這個甲極微之上，便顯出和大山同量的相貌了。甲極微，是這樣的。其他一一極微，都可以類推。所以，看山的時候，實在有無量數的大山相。據此說來，極微，畢竟是感識所親得的境界，是不容疑難的。正理師這種說法，似乎把古薩婆多和經部師兩家的缺點，都避免了。

大乘又斥破正理師云。一一極微，在未和集的地位，是那樣小的東西。卽在正和集的地位，還是那樣小的東西。因爲極微的本身始終是如一的。並沒有由小而變成大的。如何可說他（一一極微）和集相資，各各成其大相，能爲眼等識所緣呢。（緣字注見前）他們（大乘）詰難正理師的話還很多。要不過用形式邏輯來做摧敵的武器。恐厭煩碎，不必多述了。

薩婆多和正理兩派，並主張極微是感識所可親得的。他們的持論，元來沒有經過實測的方法。只是出於思構。大乘一一難破。他們也無法自救了。

或有難言。外道和小乘首先發明極微。這種創見，是値得贊歎的。晚世科學家，發明元子，電子等，很可此[illegible]。如是大乘極力斥破，是它[illegible]。大乘為什麼不許有實在的極微，這個問題很大。此處不及詳說。我們要知道。外道和小乘在世間極成的範圍裏，設定極微是實有的。（世間極成義，詳見佛家大論眞實品。吾人在日常生活的方面。承認物理世界是實在的。無可否認的。是名世間極成。）和科學家中曾有在經驗界或物理世界的範圍裏，設定元子，電子等爲實有的，是一樣的道理。不過，我們如果依據玄學上的觀點來說。這裏所謂極微，或元子電子等，是實有的呢，抑非實有的呢。那就立刻成了問題。因爲玄學所窮究的，是絕對的，眞實的，全的，是一切物的本體。至於世間或科學所設定爲實有的事物，一到玄學的範圍裏，這些事物的本身都不是獨立的，實在的。只可說是絕對的，眞實的，全的顯現而已。這樣，卽於萬有，不復當做一一的事物去看，只都見爲神妙不測了。據此說來。大乘斥破外道和小乘的極微說，是他（大乘）在玄學的觀點上決定要如此的。外道和小乘所謂極微，卽是物質的小顆粒。把這個說爲實有，當然是一種謬誤。由現代物理學之發見，物質的粒子性，已搖動了，適足爲大乘張目。若乃玄學上所謂一切物的本體，是至大無外的。（此大不和小對）是虛無的。（所謂虛無，不是空洞的意義。不是沒有的意義。只是恆久的存在，而無跡象可見的意義。）是周徧一切處，無欠缺的。是具有至極微妙，無窮無盡的功用的。孔家哲學，稱一切物的本體，曰太易。是無形兆可見的。（太易者。本不易也，而涵變易。亦卽於變易而見不易。故云太易。）如果說極微是實有的東西，他（極微）就是一切物的本原。（印度古代有順世外道便作此說）那麼，我們只承認物質是實在的，更無所謂本體了。許多唯物論者，說我們所謂本體，是神祕的觀念。其實並不神祕。眞理是擺在面前的。你心中有一毫滯礙，便不能領會了。又有說我們是要離開客觀獨存的現實世界，而妄構一個高貴的，玄妙的本體。好像是太空裏的雲霧一般。其實，我們所謂本體，雖不卽是如俗所執的現實世界，卻不是在一切物之外的。如果在一切物之外，又如何可說爲一切物的本體呢。不過，我們不承認一切物是離我人的心而客觀獨存的。我們見得心和物是一體的。至如說所謂本體，是高貴的，玄妙的。其實，你若見到本體，現前一草一木，都是本體的顯現。觸目所見，無非高貴的，有什麼汚賤的呢。觸目所見，無非玄妙的，有什麼呆笨的呢。我們根本不是憑妄想去備畫一種境界。何至同於太空的雲霧。至若唯物論者，憑空構想一個客觀獨存的世界，眞是作霧自迷啊。說到這裏，我對大乘斥破極微的說法，是極端贊同的。

綜括以前所說。只是不承認有離心獨存的外境。卻非不承認有境。因爲心是對境而彰名的。纔說心，便有境。若無境，卽心之名也不立了。實則心和境，本是具有內在的矛盾的發展底整體。就玄學的觀點來說，這個整體的本身幷不是實在的，而只是絕對的功能的顯現。（功能一詞詳在中卷第五六兩章）這個道理，留待後面（轉變章）再說。現在只就這個整體的本身來說。他（整體的本身）卻是具有內在的矛盾的發展的。因爲他是一方面，詐現似所取的相貌，就叫做境。另一方面，詐現似能取的相貌，就叫做心。（能取和所取的取字。其含義會解見本章首段。詐現的詐字。其含義只是不實在的意思。）境的方面，是有和心相反的趨勢。心的方面，是有自由的，向上的，任持自性，不爲境縛的主宰力。所以心和境兩方面，就是整體的內在的矛盾的發展，現爲如此的。我們只承認心和境，是整體的不同的兩方面。不能承認境是離心獨在的。我們要知道，從我的身，以迄日星大地，乃至他心，這一切一切，都叫做境。（此中他心，謂他人或衆生的心。）我的身，這個境是不離我的心而存在的。（凡屬所知，通名爲境。自身對於自心亦得境名。是所知故。）無論何人，都不會否認的。至若日星大地，乃至他心等等境，都是我的心所涵攝的。都是我的心所流通的。絕無內外可分的。爲什麼人人都朦昧着，以爲上述一切的境，都是離我的心而獨在的。這有什麼根據呢。實則日星高明，不離我的視覺。大地博厚，不離我的觸覺。乃至具有心識的人類等，繁然並處，不離我的情思。可見一切的境，都是和心同體的。因爲是同體的，沒有一彼一此的分界。沒有一內一外的隔礙。纔有感，必有應。（感謂境。應謂心。）纔有應，必有感。正如人的一身，由多方面的機能，互相涵攝，成爲一體，是同樣的道理。據此而談。唯識的說法，但斥破執有外境的妄見。並不謂境是無的。因爲境非離心獨在，故說唯識。唯者，殊特義。非唯獨義。心是能了別境的，力用殊特，故於心而說唯。豈謂唯心，便無有境。或有問曰。說心。便涵着境。故言唯心。說境，也涵着心。何不言唯境。答曰。心是了別的方面。境是被了別的方面。境必待心而始呈現。應說唯心。不言唯境。或復難言。境有力故，影響於心。如腦筋發達與否，能影響智力的大小。乃至社會的物質的條件，能影響羣衆的意識。應說唯境，不當唯心。答曰。意識雖受物質的條件的影響。而改造物質的條件，使適於生活，畢竟待意識的自覺。智力大小，雖視腦筋發達與否以爲衡。但腦筋，只可義說爲智力所憑藉的工具。（此中義說二字。謂在義理上可作這樣的說法。以後凡用義說者皆倣此。）所以，着重心的方面，而說唯心。不言唯境。

或復有難，如果境不離心獨在，這種說法是不錯的。試問科學上所發見物質宇宙的一切定律或公則等，純是客觀的事實。雖我人的心，不曾去了別他，而他確是自存的。並不是待我的心去了別他，方才有他的。今言境不離心獨在，如果承認這種說法，則科學上的定律公則等，也不是離心獨在的麼。答曰。所謂定律或公則等詞的意義，相當於吾先哲所謂理。吾國宋明哲學家，（宋朝初建，當公元九五二年。明朝初建，當公元一四六七年。）關於理的問題，有兩派的諍論。一，宋代程伊川和朱元晦等，主張理是在物的。二，明代王陽明，始反對程朱，而說心即理。（這裏即字的意義。明示心和理是一非二。如云孔丘即孔仲尼。）二派之論，雖若水火。實則心和境，本不可截分爲二。（此中境字，即用爲物的別名。他處凡言境者皆倣此。）即所謂理者，一方面是散著於萬物的。一方面是內具於吾心，而爲知識的範疇的。唯心境本不二。所以理即賅攝乎心境兩方面，而無所滯。如果偏說理即心。是求理者，將專求之於心，而可不徵事物。這種流弊甚大，自不待言。實則知識的範疇，非不待經驗而有的。（當別爲論）我們不可離物而言理。如果偏說理在物。是心的方面，本無所謂理，全由物投射得來。是心純爲被動的，純爲機械的，如何能裁制萬物，得其符則。（此理，貫通乎心和物。在心名爲裁制。在物名爲符則。符者信也。則者法則。法則必信而可徵，故云符則。）我們不可捨心而言理。總之，關於理的問題，至爲奧折，當俟量論詳談。今在此中，唯略明理非離心外在的罷了。

又如難者所云。科學上的定律公則等，是離心自存的。並不是待我的心去了別他，方才有他的。以此證明一切境，是離心獨存的。這種說法，確是極大的錯誤。我們須知道，一切一切的物，都是心量所涵攝的。凡爲了別所及的境，固然是不曾離我的心。即令了別不及的境，又何嘗在我的心外。不過了別的部分，或由數數習熟的緣故，或由作動意欲，加以警覺的緣故，遂令這部分的境，特別顯現起來。至若了別不及的部分，只沉隱於識閾之下，不曾明著。但決不是和我的心截然異體，不相通貫的。如果作動意欲去尋求，那麼，這種沉隱的境，也就漸漸的在我心中分明呈露了。以是徵知。凡所有的境，當了別不及的時候，也不是離心獨在的。尤復當知，所謂定律，公則，畢竟是依想和尋伺等等，對於境物的一種抽象與選擇作用而安立的。（想和尋伺，詳下卷明心章。皆是量智的作用。）若離想等，則境上有此定律公則與否，要不可知。故難者所舉的義證，畢竟不能成立外境。

吾國先哲對於境和心的看法，總認爲是渾融而不可分的。如中庸一書，是孔家哲學的大典。這書裏面，有一句名言。他說，明白合內外的道理，隨時應物，無有不宜的。（原文云，合內外之道也。故時措之宜也。）這句話的意思，是怎樣呢。世間以爲心，是內在的。一切物，是外界獨存的。因此，將自家整個的生命，無端劃分內外。並且將心力全向外傾，追求種種的境。愈追求，愈無饜足。其心日習於逐物，卒至完全物化，而無所謂心。這樣，便消失了本來的生命，眞是人生的悲哀咧。如果知道，境和心，是渾然不可分的整體。那就把世間所計爲內外分離的，合而爲一了。由此，物我無間。一多相融。（此中一，謂小己。多，謂萬物。）雖肇始萬變，不可爲首。（言雖萬變不窮，而實無有人格的神，爲首出的創造者。此本大易乾卦篇中的意思。）而因應隨時，自非無主。（此心隨時應物，自然不亂。可見這個心，就是一種主宰力。）用物，而不滯於物。所以說無不宜。中庸這句話的意思，很深遠。從來直少人識得。孟子也說道，萬物皆備於我矣。他（孟子）以爲萬物都不是離我的心而獨在的。因此，所謂我者，並不是微小的，孤立的，和萬物對待着。而確是賅備萬物，成爲一體的。這種自我觀念的擴大，至於無對。才是人生最高理想的實現。如果把萬物，看作是自心以外獨存的境。那就有了外的萬物，和內的小我相對待。卻將整個的生命，無端加以割裂。這是極不合理的。孟子這句話。至可玩味。程明道說。仁者渾然與萬物同體。也和孟子的意思相通。陸象山說。宇宙不在我的心之外的。（此中宇宙一詞是萬物的總稱）他自謂參透此理時，不覺手舞足蹈。他的弟子楊慈湖，曾作一短文（題名己易）很能發明師說。雖文字極少（或不到一千字）而理境甚高。後來王陽明，學問的路向，和陸象山相近。他（王陽明）也是昌言心外無物的。他的弟子，記錄他的談話。有一則云。先生遊南鎮。一友，指巖中花樹問曰。先生說天下無心外之物。現在就這花樹來說。他（花樹）在深山中，自開自落。於我的心，有何相關呢。先生曰。汝於此花，不曾起了別的時候。汝的心是寂寂地，沒有動相的。此花也隨着汝心。同是寂寂地，沒有色相顯現的。（此時的花，非無色相，只是不顯現。）汝於此花，起了別的時候。汝心，便有轟動相。此花的色相，也隨着汝心，同時顯現起來。可見此花，是與汝心相隨屬的。決不在汝心之外的。陽明這段話，可謂言近而旨遠。實則這種意趣，也是孔孟以來一脈相承的。本來，境和心，是不可分的整體的兩方面。我們似乎不必說識名唯。但因對治他們把一切境，看作是心外獨立的這種倒見。所以要說唯識。又復當知。由二義故。不得不說識名唯。一，會物歸己。得入無待故。（如果把萬物看作是心外獨存的境。便有萬物和自己對待。而不得與絕對精神爲一。今說唯識。卽融攝萬物爲自己。當下便是絕對的了。）二，攝所歸能。得入實智故。（能謂心。所謂境。心，能了別境，且能改造境，故說心名能。境，但是心之所了別的，且隨心轉的，故說境名所。唯識的旨趣，是把境來從屬於心。卽顯心是運用一切境，而爲其主宰的。是獨立的。是不役於境的。但這個心，是眞實的智。而不是虛妄的心。參看明宗章及本章首段。）唯識的道理，是要從自家生活裏去實踐的。不實踐的人，也無法信解這個道理。我們應該承認，萬物，都是我心所感通的。萬有，都是我心所涵攝的。故一言乎心，卽知有境。一言乎境，知不離心。我人的生命，是整個的。若以爲宇宙是外在的，而把他（宇宙）和自己分開來。那便把渾一的生命，加以割裂。這正是人們以倒見爲刃，而自刺傷啊。

境和心，本來是渾融而不可分的。爲什麼，人都妄計一切境，是離心獨在的呢。這種妄計，並不是無來由的。因爲人生不能捨離實際生活，沒有不資取萬物以遂其生長的。郭子玄說。人的生存，其身體長不過七尺。卻是要徧取天地間的物資來奉養他。這是實在的情形。凡天地萬物，不論是感官感得到的，和感不到的，一切的東西，都是人生所必需，不可一刻或無的。假設有一物不具備，我人就立刻不能生活下去了。子玄這段話。雖似平易，而意思卻很深遠。我人因爲要資取萬物，以維持生活的緣故。所以一向習於追求種種的物。（此中習字，吃緊。他的追求，是慣習的，並不自覺的。）當初，因於物起追求，遂不知不覺而看一切物，好像是外在的境。亦復由此，更要加倍的驅役自心，向外馳求種種的境。這樣的馳求，無有休止，自然會成爲一種慣習。這種慣習既成。我們每一動念，總是由他作主。換句話說，慣習的勢力，就成爲我們的心。（就是所謂習心）這種心起來。便執定一切物，是外在的境，以爲事實如此，絕不容疑了。

我在這裏，還要便提一段話。就是空間時間的相，是由人心執定有外在的境，才有的。因爲執定有外境，就於一一的境，覺得有分佈相。如東西等方，遠近等距離，這種分佈相，就叫做空間相。同時，於一一境，也覺得有延續相。如過去，現在，未來，這種延續相，就叫做時間相。所以空相，和時相，都緣在日常經驗裏，執有外境而始現的。並非不待經驗的。或有難言。分佈（空相）和延續（時相）是物質宇宙存在的形式。這種形式，是我人對於一切物的知識所由成立的最根本的基礎。如果否認這種形式，便是否認物質宇宙的存在。那麼，我們就不會有對於一切物的知識了。但是，照你的說法，外境根本是沒有的。只是虛妄的心，誤執以爲有的。而空相和時相，又是緣外境的虛假相而同時詐現的。這樣，便把空，時，和外境。一齊否認了。我們對於一切物的知識還能有麼。答曰。汝這番問難，甚有意義。但吾爲對治執境爲離自心而外在的謬見故，說無外境。並不謂境無。須知，執有外境的人，也不是憑空能起這種執的。因爲有當前的境，他才依着此境，而起心分別，以爲這個境，是離我的心而外在的。我要斥破他這種妄執，就說，如你所執的外境，根本是沒有的。因爲我所謂實有的境，根本不像你所執爲外在的。我只要破他的妄執罷了，事實上他起執的時候，何嘗不依着當前的境而始起此執呢。既許有境，則空相（分佈）時相（延續）自是境的存在的形式。換句話說，空，時，是與境俱有的。因此，我人對於一切物的知識所由構成的最根本的基礎，不曾搖撼的。我們要知道，理智作用，是從執境爲離心外在的這種虛妄的慣習裏，而發展來的。一切知識的根荄，就是以妄執外境的慣習爲因地，而栽培着的。如果不執境爲離心外在的，他也不會對於境，來處理，和解析，及加以思維等等的。那麼，我們眞個不能有對於一切物的知識了。這樣說來。如果知識是不可無的，所謂執有外境的慣習，豈不是應該贊美的麽。此復不然。應知，執有外境的慣習，是無可說爲好的。我們不應該於境起妄執。只可隨順世間，設定一切物是外在的境，從而加以處理及思唯等等。僅如此設定，這是無過的。但必須知道，就眞理上說，境和心，是渾融而不可分的。如果執境爲離心獨在，以爲眞理實然，那便成大過了。道理是活的。不可執定一偏之見來講的。好像八面鏡罷。你在這面去照，是這模樣的。你向那面去照，又是那模樣的。向八面去照，沒有同樣的。我們講道理，應該分別俗諦和眞諦。隨順世間，設定境是有的，並且把他當做是外在的。這樣，就使知識有立足處。是爲俗諦。泯除一切對待的相。唯約眞理而談。便不承認境是離心外在的。馴至達到心境兩忘，能所不分的境地。是爲眞諦。如上所說的意思，我在此，不能深談，當俟量論詳說。姑且作一結束。

譯者按，本章破外境，與印度舊師的旨趣根本不同。學者試取舊師的二十唯識論，和本章對照，自然知道。

第三章　唯識下

我在第一段裏，斥破外境。並不謂境是無有的。只謂境非離心獨在而已。或者聞吾的說法，以為我是把境來從屬於心的。當然是把心，看作為實在的了。這樣來理解我的意思的人，卻不免有誤會的地方。我固然會說過，攝所歸能，而入實智。這話的意思，是要泯除心境對待的虛妄相，而獲得本有的實智。（實智即謂本來的心）實智才是獨立無匹的。因為境不能拘礙他，而他是能運轉境的。所以說攝所歸能，正顯實智獨立無匹。聞吾說者，應該了解我所謂心，是有妄執的心，和本來的心，這兩種分別的。本來的心，是絕對的，眞實的。俟本論全部講完了，自然知道的。至於妄執的心，就是取境的識。（見第二章首段）這個，也說為實在的，便成極大的錯誤。一般人大概不自承有本來的心。而只是妄執的心，奪據了他本心的地位。（本來的心省稱本心）因此，把妄執的心，看做是實在的。這樣，便與執定外境是實有的見解，成同樣的顚倒。我們要知道，妄執的心，或取境的識，根本是沒有自體的。印度佛家，把這種心，說為緣生的。就是說他沒有自體的意義。但是如何叫做緣生呢。此非加以解釋不可。緣字的意義，本是一種憑藉的意思。生字的意義，是現起的意思。如甲憑藉乙丙等而現起。即說乙丙等，於甲作緣。（若從甲的方面說即云甲以乙丙等為緣）若是把乙丙等這些緣，都折除了。即甲也不可得。由此，應說，甲的相狀，就是乙丙等許多的緣，互相藉待而現起的。這就叫做緣生。甲是如此。乙丙等也都是同樣的。一切物，沒有不是互相為緣而現起的。所以，一切物都是沒有自體的。換句話說，所謂一切物，實際上只是畢竟空，無所有的。既一一物都無自體，如何不是空呢。試就麥禾來舉例罷。通常以為麥禾，是有自體的。是實在的。但自了達緣起道理的人看來。就知道麥禾，只是許多的緣，互相藉待而現起的一種相狀。如種子，為因緣。水土，空氣，人功，農具，歲時，等等，均為助緣。如是等緣，互相藉待，而有麥禾的相狀現起。若將所有的緣，都除去，也就沒有麥禾了。所以麥禾並無自體。並不是實在的。說至此。緣生一詞的意義，應該明白了。上來已經說過，所謂妄執的心（或取境的識）就是緣生的。換句話說，這個心，就是許多的緣，互相藉待，而現起的一種相貌。當然不是有自體的。不是實在的。若把衆多的緣，一一折除，這個心在何處呢。實際上可以說他是畢竟空，無所有的。不過，說到這裏，應當補充一段話。因爲，既說這個心是緣生的，必須分別那幾種緣，才可成立緣生說。若是舉不出那些緣來，又如何可說緣生呢。據印度佛家的說法，這個心的現起，應由四種緣。一，因緣。二，等無間緣。三，所緣緣。四，增上緣。今當以次解釋諸緣的意義。

云何因緣。先要略釋因緣這個名詞。然後定因緣的義界。緣字的義訓，上面已經說過，毋須復贅。因字的義訓，就是因由的意思。凡事物的發現，不是忽然而起的。必有他的因由的。（從前印度外道中，有一派，主張世界是忽然而起的，沒有因由的。這派的思想太粗淺，爲佛家所斥破。）因此，就說事物所具有的因由，即是事物所待以現起的一種緣。這樣，便把因由，說名爲緣。故云因緣。在四個緣的裏面，因緣特爲主要。故列在初。現在要定因緣的義界。從前印度舊師，（謂唯識論諸師）他定因緣的義界云。（以下用因緣一詞亦省稱因）凡是具有能生的力用的東西。親生他自己的果。才把他說名爲因。（參考成唯識論卷七及述記卷四十四第一頁以下）舊師這樣的定下了因緣的義界。於是建立種子爲識的因。（此中識字，在本論，則說爲妄執的心或取境的識。後凡言識者倣此。）而說識，是種子的果。今先詳核舊師的因緣義。而後評判他的種子說。按舊師所定因緣義界，應分三項來說明。一，對於果，而作因緣的東西，決定是實在的。否則沒有生果的力用，不得爲因緣。二，因所生的果，是別於因而有他的自體的。換句話說，因和果不是一物。三，因是決定能親自創生果的。這個意義，最爲重要。如或因，不是能親生果，或不是決定能親生。那麼，這種因，就是後面所要說的增上緣，而不得名爲因緣。所以，第三項的意義很重要。舊師因緣的意義如此。再評判他的種子說。關於種子的說法，在舊派裏是很複雜的。讓我向後扼要而談。今在此中，但據心理的方面，略爲敍述。種子的含義，就是一種勢力的意思。他所以叫作種子，因爲他具有能生的力用之故，世間說麥和稻等等都有種子。舊師大概把世間所謂種子的意義，應用到玄學上來。而臆想識的生起，由於另有一種能生的勢力。遂把這個勢力，名爲種子。但舊師所謂種子，在他說來，並不是一個抽象的觀念。他以爲種子，是有自體的。是實在的。是有生果的力用的。他並且以爲種子是各別的。是無量數的，多的。不是完整的。他爲什麽有這樣的說法呢。大概以爲我們的識，念念起滅，總不是無因由的。於是遐想他的臆想，以爲有各別的，實在的種子，爲能生識的因。而識，則爲種子所生的果。元來，印度佛家大乘，以爲我們的識，不是完整的，而是各分子獨立的。於是把每人的識，析成八個。（詳在後面明心章）由此，應說，對於識作因緣的種子，也是各別的，無量的，多的。不能是完整的。據他的說法，現前一念的眼識，有他自家的種子爲因緣，才得生起的。推之前念的眼識，或預測後念的眼識，都是同樣的道理。眼識如是。耳識，鼻識，乃至第八識，也都是同樣的道理。總之，各別的種子，各別親生各自的果。所以，他定因緣的義界，特別扼重親生自果一義。因爲他的種子，是多元的。若不是各各親生各自的果，豈不互相淆亂麽。舊師的說法，大概如此。（參考攝論世親釋。種子六義，引自果條。）現在我要簡單的加以評判。舊師析識，爲各各獨立的分子。如破析物質然。這是他的根本錯誤。且俟後文（明心章）辨正。至於以種子，爲識的因。以識，爲種子的果。因果判然兩物。如母親與小孩，截然兩人，（舊說種子，和他的所生果，是同時俱有的。則以因果各有自體故。參考攝論等種子六義。）這種因果觀念，太粗笨。是他的玄學上的一種迷謬思想。容後（功能章）再說。總之，我於舊師的種子論。根本要斥破的。關於因緣的說法，自不便和他苟同。

我們改定因緣的義界云。識的現起，雖仗旁的緣。（謂以下三緣）但他決定是具有一種內在的，活的，不匱乏的，自動的力。我們假說這種自動的力，是識的現起的因緣。（此中兩力字的意義，很微妙，不可看做實在的東西。以後凡言力者倣此。）不可說別有實在的種子，來作識的因緣。我們要知道，所謂識者，念念都是新新而起的。（前念剛滅。後念緊接着生起。念念都是新生的。但前念後念之間，亦無間隙。）換句話說，他（識）念念都是新新的自動的力。何以見得他是自動的力呢。識是無形相的。我們所以知道他是有而不無的。

因爲他具有一個特徵，就是了別。他能了別一切的境。應該承認他，是自動的力。雖說他是要憑藉官體才起的。（此中官體一詞，包括五官，和神經系統而言。）但不可說他是官體的副產物。因爲他是能主宰乎官體的。（如耳目等官，所交接的物，紛紜得很。而識的聰明不亂。可見識是能自作主的。）雖說他是憑藉境界才起的。（俗所謂外界的刺激物，通名境界。）但亦不可以刺激物的反映，來說明他。因爲他是能轉化一切境，（如色聲等境，皆不足以溺心。而心實仗之，以顯發其聰明之用。是心於境，能轉化之，而令其無礙。）並改造一切境的。（我人的心，能改造現前一切的境，使適於生活。是分明不可否認的事實。）我們內自體認，就知道識的現起，是具有一種內在的，自動的力，才得現起的。這種自動的力，是找不着他的端緒的。也看不着他的形相的。他好像電光的一閃一閃的，不斷的新新而起。這也奇怪啊。我們以爲，識的現起，就是具有內在的自動的力。只有把他的本身的自動的力，推出來，而假說爲因緣。除此以外，無所謂因緣。如果不明乎此。而憑臆想，以爲別有所謂種子，來作識的因緣，如舊師之說。這固然是極大的錯誤。即如世俗的見解，把識，看做是官體的副產物，又有以外界刺激的反應，來做說明的。這等見解，更是迷謬不堪。他不曉得他的心，是能自主的，自在的。（不受一切物的障礙故故云自在）自創的。他把他分明自有的東西否認了。這也可惜。或有問言。你前說這個心，是妄執的心。是後起的。現在講因緣的時候，又說他是具有內在的，自動的力。這個自動的力，是後起的麼。答曰。此中所謂自動的力，實即性智的發用。（性智即是本體見明宗章）但就發用上說，則是性智的力用發現於官體中（官體見前注）而官體易假之以自成爲官體的靈明。是故，由其爲性智的發用而言，應說，此自動的力，是固有的。非虛妄的。若從其成爲官能的靈明而言，又應說，此自動的力，是後起的。（違其性智之本然，順形骸而動故，云後起。）是虛妄的。（官體假藉之靈，逐物而起執，又雜以染習，失其本眞，故是虛妄。）然吾人如有存養工夫，使性智恆爲主於中，不至役於官體以妄動。則一切發用，無非固有眞幾。此義當詳之下卷。（明心章）

譯者按，本論的緣起說，和通常談關係的，迥不相同。關係論者，只知着眼於事物的互相關聯。而未能深觀事物的本身。易言之，卽不了解事物有他內在的，自動的力。本論談緣生，首以因緣。這是獨到的地方。

云何等無間緣。此緣，亦名爲次第緣。謂前念的識，能引後念的識令生。所以說前念識，是對於後念識而爲次第緣。爲什麼說前念識是後念識的緣呢。因爲識是念念起滅的。換句話說，他（識）是念念前滅後生的。其所以前滅後生的緣故，就是因爲前念識，能對於後念識而作次第緣。能引後念的識令他生起。所以生滅不斷。如果前念識，不能作後念識的緣。那麼，前念識，一滅，便永滅，再沒有後念識生起來。這種斷見，是不合道理的。（印度古時有斷見外道，主張一切法，滅已，便斷。如人死已，無復有生。）由前能引後。故說前爲後的緣。旣後以前爲緣。雖後是新生的，而於前仍不無根據。次第緣的建立，是很有意義的。或有問云。何故次第緣，亦名爲等無間。答曰。這個名詞，當以二義解釋。一，等而開導義。二，無間義。等而開導者。導字，是招引的意思。開字，有兩義。一，是避開的意思。二，是把處所讓與後來者的意思。若是前念識不滅，他便佔着處所，妨礙了後念識，令他不得生。但前念識，是纔起卽滅的。並不暫時留住的。他好像是自行避開，而給與後來者一個處所。他很迅速的招引後念識，令其卽時生起。所以說爲開導。等字，是相似的意思。謂前爲後緣。後起的識，總和前念識相似。不會一忽兒間，生起和前念識絕不相似的另一變態的東西。所以，前念後念之間，還有統一性。或有難言。前念識開避，旣已滅了，根本沒有東西。如何說能招引後念。答曰。前念識，當正在生起的時候，卽有招引後來的趨勢。不是已經滅無了，還能招引。須知，一切事物，當其正發生的時候，就把後來新的轉變，已招引着了。並不希奇。

無間者。間字，是間隙或間斷的意思。前念滅的時候，卽是後念生的時候。生和滅的中間，是沒有時分的。沒有間隙的。如果從滅至生，中間還有時分。卽是生滅之間，有了間隙。那麼，前念滅時，便斷了。後念如何得生。所以，前滅後生，是在同一的時候，緊緊接續着。中間絕沒有一絲兒的間隙的。決不會有間斷的。莊子曾說道。一切物的變化，是於無形中，密密的遷移了。前前滅盡。後後新起。總是遷移不住。因其過於密密，誰也不能覺得。（原文云，變化密移，疇覺之歟。）這話，可謂深入理奧。所以說，前念識為緣，引後。其生滅之間，是沒有間分的。故應說無間。或復問言。舊師說識，亦有間斷的時候。如眼識有不見色時，乃至意識亦有不起思慮時。此說然否。答曰。舊師把識，剖析為各個獨立的東西。因計眼識乃至意識，都有間斷的時候。其實精神作用，是整體的。不能說他有間斷的。眼識不見色時，乃至意識不作思量時。其能見，乃至能思量的精神作用，未嘗不在。舊師之說，何足為據。

綜前兩義。（一，等而開導。二，無間。）次第緣所以又叫做等無間。其意義也可明白了。我們的心，具有等無間緣。念念是前的滅而開避。後的被前所導引而新起。心，就是這樣的遷流不息。常常是新新的。沒有故故的保留着。可見精神作用，元來具有至剛健的德。因此，其幾之動，至神妙而不測。（幾字，是細微的意思。變動未起而將起的時候，說為幾兆。）有些學者，以為心的遷流，是由過去至現在，復立趨未來。好像過去不曾滅盡，只是時時加上新的東西。這種見解，却是錯誤。佛家呵此為常見。（把一切物看做是可以常存的東西，佛謂之常見。）我們要知道，宇宙間沒有舊的東西滯積着。

譯者按，熊先生此處講等無間緣。大半是他自己的新解釋。印度佛家，因為把心，分成各個獨立的分子。所以講等無間緣，就有許多無謂的鉤心鬥角的地方。完成他底一串的理論。那種理論，是沒有意思的。熊先生說，如果引述他的說法，而加以評判。文字就太繁了。熊先生的著書，是以簡要為貴。而不喜歡過於繁重的。本來，繁碎的論辨，是東方學者所向來不取的。他總是以扼要為貴的。又舊師（印度佛家）於物質的現象，不許有等無間緣。我嘗問熊先生。物質現象，也是時時變化的。時時是前滅後生的。應許他具有等無間緣義。物質，常常由一狀態，變成另一狀態。後者的變起，也是以前的狀態為其等無間緣的。我曾以此意白於熊先生。先生頗以為然。故附記於此。

云何所緣緣。一切為識所及的對象，通名境界。識是能緣的。境是所緣的。（此中能緣，和所緣的緣字。其含義有攀緣和思慮等等意思。）能緣識，不會孤孤零零的獨起。決定要仗托一個所緣境，他（能緣識）才會生起來。因此，把境界，說名所緣緣。這種緣，也是非常重要的。譬如白色的境當前。對於眼識，作個所緣緣。便令眼識，和他同時現起。你看他的力量多麼大啊。

關於所緣緣的義界。從前印度佛家很多討論。大乘中有陳那菩薩者，（菩薩猶言大智人）曾著觀所緣緣論一書。雖是小册子，而其價值甚大。因為他在大乘的量論上，立定了基礎。而對於小乘計執離心有實外境的主張，予以斥破。吾在佛家名相通釋裏面，曾經說過。此姑不贅。現在要楷定所緣緣的義界。只好博稽陳那，護法，玄奘，諸師的說法，而加以抉擇。計分為四義，如下。

一，所緣緣，決定是有體法。（此中有體法的法字。略當於俗所謂物或東西的意思。有體法者。謂世間共許為實有的東西，不是虛假的。）凡是對於識而作所緣緣的，這種東西，定是有他的自體的。因為他有自體，所以具有一種力用，足以牽引能緣識，令其生起。如白色境，是有自體的，不是虛假無實的。他就能牽引眼識，令他（眼識）和己同時現起。（此中己字設為白色境之自謂）由此之故。才說境於識，是得作一種緣的。假若是虛假而無有自體的東西，那就根本無所謂緣了。試就瓶子來說罷。照世俗的見解，瓶子，便是眼識等的緣。實則這是一個倒見。我們要知道，所謂瓶子，實際上是沒有自體的。是虛假的東西。他何得與識為緣。你若不承認我的說法。吾且問汝。汝所得於瓶子者果何物。汝必曰。看着他，是有白的。乃至觸着他，是有堅的。殊不知，你的眼識，只得着白的境，元不曾得着瓶子。乃至汝的身識，只得着堅的境，也不曾得着瓶子。但是汝的感識，（眼等五識亦名感識曾見前章）當其現見堅白等境的時候。一剎那間，能見（感識）和所見（堅白等境）都滅盡了。都成過去了。而汝的意識，緊接感識而起。便追憶堅和白等境。遂妄構為一整體的瓶子。實則堅和白等境，是有他的自體的。非虛假的。此可與識作所緣緣。至於意識所構的瓶子，根本是無體假法。（無體假見上章）若許為緣，便無義據。瓶子如是。餘可類推。或復難云。公前已云。堅白等相，是識所現。如何說為實境。答曰。凡感識所現堅白等相，皆托實境而起。（實境亦名現境。是現前實有的東西故。）一方面說依識現。一方面亦可說為實境的相貌。故應以堅白等相，攝屬實境，說為所緣緣。或復問言。感識所現堅自共相，皆有實境爲所托故。故以此等相，攝屬實境，得許爲緣。是義無諍。但是，意識起一切思維時，不必有實境爲對象。如思花的時候。並不是梅花當前，引他（意識）起思。也不是蘭花等等當前，引他起思。他思維裏的花，只是一個共相。（不論蘭花和梅花等等，同謂之花。故花是共相。）這時候，根本沒有某種實境，作意識的對象。更把什麼說爲所緣緣。又如思量一切道理的時候。不消說得，自是沒有實境的。據此說來。意識，應該無所緣緣。答曰。共相的構成，還是依靠一一具體的東西。如果沒有蘭，和梅等等的花。則花的共相，如何憑空構成得來。應知，共相，不是於實境無關的。況且心上現似花的共相，這種共相，就是一種境界。卽在思量一切道理的時候。心上也要現似某種道理的相狀。如我方才思量這種道理。分明和別的道理，是不同的。這就是心有所思時，總得要現似一種相狀。這種相狀，也是一種境界。我們要知道，心的一切思維，都要現似所思的相。這個相，亦名爲境。他雖然是眼識不可得見，乃至身識不可得觸。然而此境，是分明內在的。昭然內自識的。不是空洞無物的。應說此境，是所緣緣。如果沒有所思的境，作所緣緣。這時便無心了。因爲心起，決定是有境爲緣的。心上所現的境，也是有自體的。（非空洞無物，故說有自體。）此境，依心而起，還能引心，卽托於己，而起思慮。（此中己字，設爲境之自謂。）故知意識，非無所緣緣。

又復當知。如前所說，爲所緣緣，決定是有體法。由此，後念識，不得以前念境，作所緣緣。唐代有普光師（玄奘弟子）嘗說，感識後念，得以前念境，爲所緣緣。這種說法，是錯誤的。我們要知道，一切物，都是頓起頓滅。沒有暫時留住的。前念境，於前念生起，卽於前念滅盡。根本不曾留至後念。如眼識前念青境，實未至後。後念青境，乃與後念識，同時新起。普光不了此義。乃謂前念境，得與後念識，作所緣緣。這種錯誤的緣故，就因爲感識了別所緣境時。一刹那頃，感識和他所了別的境，同生同滅。但後念意識繼前念感識而起，極爲迅速。由憶持作用，能憶前念境。卽現似前念境的影像。這個影像，卽心上所現，本非前念境。但此時意識，托影像而起解。卽仍作爲前念境，來理解他。因意識作用迅速之故。我們每不悟，當做前念境來了別的是意識。而竟以爲是後念感識，能親得前念境。實則前念境，已滅盡，沒有自體，如何得成所緣緣。普光之說，甚不應理，故宜刊定。

二，所緣緣，具爲識所托義。凡有體法，（不論是有質礙的或無質礙的。只要他是有而非無的，便名有體法。詳玩前文。）對於能緣識而作所緣緣的時候。他有一種牽引的力用，得爲能緣識所托，而令能緣識，和己同時現起。（此中己者設爲所緣緣之自謂）因爲心不孤生。決定要仗托一種境，方才得生。如眼識，非仗托青等色境，必不孤生。乃至身識，非仗托一切所觸境，必不孤生。意識起思構時，心上必有一種影像，（卽現似所思的相狀）這個影像，雖依心現，而心卽以此爲其所托。否則心亦不生。如果說心，可以孤孤零零的生起，而不必要有所托。這是斷然沒有的事情。

三，所緣緣，具爲識所帶義。帶字的含義，是挾近逼附的意思。謂所緣境，令能緣識，挾附於己。（此中己者設爲境之自謂）能緣，所緣，渾爾而不可分。換句話說，卽能緣冥入所緣，宛若一體，故名挾帶。如眼識，正見白色的時候。還沒有參加記憶。沒有起分別和推想。卽此見，與白色渾成一事。無能所可分。這時候便是眼識親挾白色境。所以叫做挾帶。挾帶之義，本由玄奘大師創發。玄奘留學印度時。正量部（小乘之一派）有般若毱多者。嘗難破大乘所緣緣義。戒日王（印度君主）請奘師，並招集一時名德爲大會。奘師卽於此會，發表一篇論文。中挾帶義，對破毱多。但其論文今不傳。

四，所緣緣，具爲識所慮義。上來所說的三義，尚不足成立所緣緣。我們要知道，有體法雖能爲緣，（有體法謂境界）令能緣識，以己爲所托，並以己爲所帶。但若不以己爲所慮，則所緣緣義，仍不得成立。因爲能緣識，必以所緣境，爲其所慮。卽所緣境，對於能緣識，得成所緣緣。如果不是有能慮的東西，把境界，作他的所慮。那麼，這個境界，便無所緣緣義。譬如鏡子，有能照的作用。他曾照人和物。但人和物，雖是鏡子之所照。而不是鏡子之所慮。因爲鏡子，根本非能慮的東西。故他（鏡子）所照的人和物，也只是他之所照，而不是他之所慮。因此，不能說人和物，對於鏡子，得名所緣緣。因鏡子但能照人和物等境，不能慮於境故。

今此言所緣緣者。定是對於能慮的東西（謂識）而爲其緣。方才得名所緣緣。卽由此義，唯識的道理，可以成立。如果說境界對於識爲所緣緣時，但具前三義，而不必具所慮義，那就見不出識是能慮的東西了。譬如鏡子所照的人和物。他們（人和物）也是有體法。對於鏡子，也有爲所托，及爲所帶之義。（鏡子能照的作用，必仗托人和物而始顯。故說人和物對於鏡子，有爲所托之義。鏡子挾帶人和物的影像，攝爲一體，故說人和物對於鏡子，有爲所帶之義。）假若境於識，只要具有前三義，（卽一，是有體法。二，爲識所托。三，爲識所帶。）便得成所緣緣。那就應該許人和物，對於鏡子，也得名所緣緣。因爲人和物，對於鏡子，亦具有三義，如上所說。果然如此，又應許識同於鏡子。因爲他們（識和鏡子）的所緣緣義，並沒有不同的地方。既許識同鏡子一樣，便成唯境。不名唯識。因此之故。我們講所緣緣，必須於前三義外，益以所慮一義。由所緣境，是有體法。得令能緣識，以己爲所托，及所帶，（己字設爲所緣境之自謂下用己字者倣此）並以己爲所慮故。說所緣境，對於能緣識，作所緣緣。由所緣緣，具所慮義。影顯識爲能慮，不同鏡子等物質的東西。故唯識義成。

附識　思慮作用，是最奇妙不可測的。一切極廣大，極深遠，極微妙的境界，都是思慮作用所可及到的。科學上的發現，哲學上的遐思和體認，邏輯上的精密謹嚴，道德上的崇高的識別，（如超脫小己的利害計較，而歸趣至善，這種識別，是最崇高的。）一切一切不可稱數的奇妙的功用。都可見思慮作用，是心的特徵。決不可以唯物的見解，來說明他。如果把思慮作用，也說爲物質的現象。那便是一種矯亂論。（印度古時外道，有一種矯亂論者。其持論不求理據。）我們要知道，心和境，（境謂物）是唯一的本體的顯現的兩方面。（唯一者。絕對義。一不與二對。）這兩方面的現象，是不容淆亂的。譬如一紙之有表裏。不可說有表而無裏。也不可說有裏而無表的。今若剋就現象上說。不可說唯獨有心，而無有境。（只可說境不離心獨在。不可說無境。）亦不可說唯獨有境，而無所謂心。唯物論者，要把思慮作用，也說爲物質的。這眞是無謂的矯亂。就如他們所說，物質是能思慮的東西。那物質的意義，便不是元來所謂物。可以說是具有神的意識了。當知思惟作用，畢竟是心的特徵。我們只要認明這一點，便不受唯物論的淆亂。古時印度人，有說鏡子能見物，和心能了別物，是一樣的。羅素來中國講演時，也曾說過照像器能見物。這都是唯物論者的見地。實則鏡子，和照像器，只能於所對境，而現似其影像。這一點，固然和心有相同的地方。因爲心的取境，也要現似境之相的，（第一章裏已說過）但心上所現影像，畢竟說爲心的所緣境。換句話說，影像是心之所知。就知識的構造而說，沒有所知，是不能成爲知識的。影像，就是心上有所知的相狀。就知識構成言，是很重要的條件。但他（影像）是心之所知，是屬於境的方面。換句話說，他不即是心。而心之特徵，只是思慮。鏡子和照像器所現的影像，可以說是同於心上所現的影像。但心是具有奇妙不測的思慮作用。而鏡子和照像器，是沒有思慮的。如何可把心和鏡子，及照像器，看作同樣的物呢。這理很顯明的，不曾隱蔽的。而好異的人，以私意去求索道理，反而晦塞了。這是很可惜的。總之，心的思慮作用，與心上所現影像，本不爲一事。而俗情於此，不加辨析，故說鏡子和照像器，皆能見物，皆是和心相同的。古今附於這種錯誤的人正不少。唐代，玄奘門下，談唯識者，也有欠精檢處。如備公云。但心清淨故，一切諸相，於心顯。故名取境。（見解深密經注六第七頁）太賢云。相於心現，故名所慮。（見成唯識論學記卷六第三十七頁）此皆以心上現似所緣境之相，卽名取境。不悟心取境時，不但現相。必於此相，而加思慮。這是根本不可忽略的。如果以心上現似所緣影像，卽名取境。那麼，心也就同於鏡子和照像器了。本章，講所緣緣四義，而結歸所慮義。以所緣緣，具所慮義，影顯識爲能慮。故與唯物殊趣。

綜上四義，明定所緣緣界訓。庶幾無失。

附識　舊師談所緣緣，頗分別親疏。因爲他們主張每人有八識。至其所謂八識，乃是各各獨立之體。因此，講所緣緣，就要判親疏。據他們說，眼識所取的色境，是眼識自己變現的。而這個色境，是有實質的。（是有體法）卽此色境，是眼識的親所緣緣。但是，眼識變現色境的時候，也要托一種本質而起。這個本質是什麼。據他說，那叫作器界。（猶言物質宇宙，亦相當於俗云自然界。）就是第八識（亦名阿賴耶）變現的境相。這個第八識的境相，眼識不得親取他。必須仗托他做本質，而自己變現一個色境。因此。說第八識的境相（即器界）是眼識的疏所緣緣。唯眼識自變的色境，才是眼識的親所緣緣。試表之如下。

眼識的親所緣緣——眼識自變的色境。
眼識的疏所緣緣——第八識所變的境相。

眼識的所緣緣，分別親疏，如上所述。耳識等等的所緣緣，都有親疏之分，可以類推。詳在吾著佛家名相通釋。不妨參考。

本論和舊師立說的體系，完全不同。故所緣緣，雖亦不妨分別親疏。但疏緣的意義。自與舊師所說，截然不同。留待量論方詳。

云何增上緣。增上，猶言加上。舊訓為扶助義。（此緣亦可名為助緣）謂若乙，雖不是由甲親自創生的。然必依着甲故有。若是沒有甲，即乙也不得有。由此應說，甲對於乙，作增上緣。而乙便是甲的果。（增上緣，對於所增上的物事，亦得名因。所增上的物事，對於增上緣，即名為果。）

凡為增上緣，定具二義。一，具有殊勝的功用。凡一物事，對於他物事而能作增上緣的，必是具有殊勝的功用，方能取果。（果者，謂所增上的物事。如有甲故，便有乙。即是甲為乙作增上緣。而乙，是甲所取得之果。故云取果。）但是，所謂殊勝的功用，雖謂增上緣，對於所增上的果，有很大的扶助的功用。卻不限定要如此。只要他（增上緣）對於所增上的果，不為障礙，令果得有。那也算是他的殊勝的功用。就近舉例罷。如吾立足於此。五步之內，所有積土，固是對於吾的立足，直接做增上緣。即此五步之外，廣遠的距離，甚至推之全地，以及太陽系統，這無量的世界，亦皆對於我的立足為增上。從何見得呢。我們試想，假令五步以外，山崩河決。又或地球以外的諸大行星，有逾越軌道而互相衝碎的事情，這時候，地球也弄得粉碎。我們那有在這裏立足的可能呢。應知，我們現在立足於此，實由全地，乃至無量太陽系統，都有增上的殊勝的功用。準此而談。增上緣，是寬廣無外的。每一物事的現起，其所待的增上緣，是多至不可勝窮，不可數量的。然而推求一物事的因，（此中因字卽謂增上緣）卻是要取其切近的因。至於疏遠的因，儘可不必遍舉了。如前所說，立足一事。只就相當距離之內，沒有土崩之患，以明吾立足於此之因。則能事已畢。

現在就心的增上緣來說。如一念色識生的時候。（色識者，眼識之別名。眼識是了別色境的，故亦名色識。）其所待的增上緣，當然是不可數計的。但其間最切近的，有官能緣。謂眼官與神經系，乃是色識所依以發現的。又有空緣。謂有障隔處，則色識不行。必空洞無礙，色識方起。又有明緣。謂若在暗中，色識定不生。必待光明，色識方起。又有習氣緣。凡色識起時，必有許多同類的習氣，俱時齊現。如乍見仇讎面目，卽任運起嗔。（任運一詞，謂因任自然的運行，不待推求而起。）這便是舊習發現。此不過舉顯而易見的事為例。實則不論何等境界當前，而一切識起的時候，總有許多同類的習氣，同時發現的。以上所說的幾種緣，都是對於色識的增上，極為密切。我們只取這些緣，來作色識的俱有因。便已足了。（俱有因者，謂若此物，待彼物而有。卽說彼物，是此物的俱有因。）其餘疏遠的因，可不計算。色識如此。餘聲識等等，都有切近的增上緣，可以類推。（如意識起思慮的時候。其所待的增上緣，若腦筋，若一切經驗，或曾經習得的知識等等，都是最切近的增上緣。）

附識　增上緣義最精。科學上所謂因果，大概是甄明事物間相互的關係。這和增上緣的意義，是相當的。但是，有許多人，疑及增上緣太寬泛。以為依照這種說法，將至隨便舉出一件事來說，就要以全宇宙來作這一件事的因。豈不太難說了麼。殊不知每一件事，都是與無量數多的事情相容攝的。沒有單獨發生的。所以，每一件事，都以全宇宙為因。理實如是。並不希奇。但是，學者研求一事的因，初不必計算到全宇宙。只要把和他最切近的因，推徵出來，便可說明他了。例如秤物的重量為如干。若地心吸力，若氣壓，固皆為其致此之因。卽至遼遠的太空，或太陽系統以外的他恆星，也沒有不和這件事有關係的，所以說，每一件事，都以全宇宙為之因，是不希奇的。然而學者於此，卻止詳其切近的因。若地心吸力，若氣壓，就可以說明這件事了。自餘疏遠的因，儘可不管。吾人常能由一知二，或由甲知乙，就是這樣的。

二，凡增上緣，對於所增上的果，是有順有違的。換句話說，他（增上緣）對於果，作一種順緣，令果得生。同時，便對於此果未起以前的事物，作一種違緣，令前物不得生。所以說有順有違。現在隨舉一事，以申明這種意義。例如霜雪，對於禾等增上。能牽令禾等變壞其以前的青色，而成爲現在的枯喪。即此霜雪，對於現在生起的枯喪，是爲順緣。而對於以前的青色，便作違緣。因爲霜雪（即增上緣）旣順益枯喪，令其得生。同時，即違礙以前的青色，令不得續起。這裏一違一順，可見增上緣力用甚大。

然復當知，增上緣的力用，雖有順有違。但所謂違緣，只是就義理上，作如是說。如果誤解違緣一詞，以爲是對於以前的東西，而作違緣，那便講不通了。何以講不通呢。因爲以前的東西，就在前時滅了，決沒有保留到現在。因此，不能說對於滅無的東西而爲緣。如前所說，霜雪，對於枯喪爲緣的時候。（此中緣字即是順緣）其以前青色，旣已滅無。今云霜雪，對於前青色作違緣者。實則前青色，根本沒有從過去保留到現在，早經滅無，將對誰爲緣呢。然由枯喪，是和前青色相違的東西。今霜雪，旣與枯喪爲緣，即義說爲前青色的違緣。（義說者謂就義理上作如是說）這在論理上是無過的。須知，所謂順違，只是一事的向背，義說爲二。（霜雪與枯喪爲增上緣，是爲一事。向背者，一事的兩方面。與枯喪爲緣，是向義。旣順枯喪令起。即違前青色，令不續起。是背義。由向背義，故說順違。）由上述的例，可見增上緣的取果，就由於他有一順一違的力用。如果無順無違。便是不曾影響到旁的物事。（謂所增上的物事）換句話說，即不能取果。所以，有順有違，才顯增上緣的力用。纔能取果。

就識的增上緣說，他的順違的力用，是很大的。現在且舉作意爲例。我們要知道，一念識生的時候。儘有無量的增上緣。而最重要的，不能不說是作意。什麼叫做作意。這在後面（明心下章）要詳說的。今在此中，且略明之。我們每一念心，起的時候，總有一種作動或警策的作用，和這一念的心相伴着。（心，是對於所思的境而了別的。這個了別，是我們本來的心。而所謂作動或警策的作用，是我們特別加上的一種努力。這個，不即是本來的心。而只是和心相伴着。）這就名爲作意。他（作意）便是對於心而作一種增上緣。他有一順一違的力用，很顯而易見的。如我們通常的心，總是不忩遽的。但有時作意起來，對於某種迫切的境，而特別作動或警策自己的心，來求解決，於是此心整個的成爲忩遽的了。這時候的作意，既順此心，令成忩遽。便和前念不忩遽的心相違了。又如不善的作意起來，順益壞的習心令生，（習心者，一切壞的慣習的勢力現起，名爲習心。一切人大概任習心來作主，即是把慣習的勢力，當作自己的心。故云習心。）即違本來的好的心，令不得顯。反之，如善的作意起來，順益好的心，令其現起。即和壞的習心相違了。據此說來。作意這個增上緣，一順一違的力用，若是其大。我們內省的時候，於作意的善否，要察識分明。不善的作意纔起，便截住他。久之，念念是善的作意增上。生活內容，日益充實，而與最高的善合一。作意一緣，順違的力用，如此重要。所以特別提出一說。自餘的增上緣，不及深詳了。

上來所說諸緣。由識的現起，是他本身具有內在的自動的力故。遂立因緣。由識的現起，是他的前念，對於後念爲能引故，遂立等無間緣。由識的現起，是有所緣境，爲所仗托故，遂立所緣緣。除前三種緣之外，尚有許多的關係，如官能，（包括神經系或大腦等）及作意等等，對於識的現起，都有很密切的關係。如果沒有這些關係，即識亦不得現起。（例如，官能太不發達的，即意識作用，亦曖昧而難見。官能，是許多關係中之一項。就這一項說，是如此。旁的可以類推。）所以立增上緣。爲什麼要分析這些緣呢。因爲一般人多半把妄執的心。（亦名取境的識）看做是獨立的，實在的東西。佛家要斥破他們這種執着。所以，把他們所計爲獨立的實在的心，分析爲一一的緣。於是而說此心是緣生的。欲令一般人知道，所謂心，只是和電光似的，一閃一閃的，詐現其相。並不是實有的東西。如果他（心或識）是實有的，那麼，他即是有自體的。現在把他分析來看，只是衆多的緣，互相藉待，而詐現爲心的相狀。可見心，是沒有自體的。並不是實在的。若是離開諸緣，便沒有所謂心這個東西了。印度佛家，當初所以說緣生的意義，只是如此。也應該是如此的。然而後來大乘有宗的創始者，無着和世親兩位大師，他們便把從前佛家所謂緣生的意義，漸漸改變了。他們好像是把衆多的緣，看做爲一一的分子。於是把所謂心，看做是衆多的緣和合起來，而始構成的。這樣，便把緣生說，變成爲一種構造論。好似物質，是由衆多的分子和合而構造成功的。這等意義，在無著的書裏，尚不十分顯著。但其說法，已有這種趨勢。至於世親以下諸師，尤其護法師，便顯然是把從前的緣生說，變成構造論的。據著佛家名相通釋，敍述他們的說法，是很淸楚的。決沒有曲解他們的意思。我們要知道，緣生一詞，是絕不含有構造的意義的。而且是萬不可含有構造的意義的。

爲什麽說萬不可含有構造的意義呢。我們要知道，站在玄學或本體論的觀點上來說，是要掃蕩一切相。（此中相字，意義甚廣。世俗見爲有草和鳥，以及桌子，几子等等的東西，固然是相。卽不爲有形的東西，而在心上凡所計度以爲有的，亦名爲相。）方得冥證一眞法界。（一切物的本體，名爲法界。一者絕對義，非算數之一。眞者眞實。冥證者。冥，謂不起推求和分別等。證，謂雖無推求分別，而非無知，蓋乃默然契會故。）如果不能空一切相，那就不能見眞實了。（眞實謂本體）譬如有一條麻織的繩子在此。我們要認識這種繩子的本相，只有把他不作繩子來看。換句話說，卽是繩子的相，要空了他。才好直接地見他只是一條麻。如果繩子的相未能空，那便見他是一條繩子，不會見他是一條麻了。（繩子，喻現象。麻，喻本體。）由這個譬喻，可知在本體論上說，是要掃蕩一切相的。許多哲學家談本體，常常把本體和現象對立起來。卽是一方面，把現象看做實有的。一方面，把本體看做是立於現象的背後，而爲現象的根源的。這種錯誤，似是由宗教的觀念沿襲得來。因爲宗教是承認有世界，或一切物的。同時，又承認有超越世界或一切物的上帝。哲學家談本體者，很多未離宗教觀念的圈套。雖有些哲學家，知道本體不是超脫於現象之上的。然而他的見地，終不能十分澈底。因之，其立說又不免支離。總有將本體和現象說成二片之嫌。他們都不知道，就本體上說，是要空現象，而後可見體。所以墮入錯誤中。學者若了解我這段話的意思，才可明白緣生一詞，是萬不可含有構造的意義的。如果緣生一詞，含有構造的意義。那便是承認現象爲實有的。從何見得呢。因爲，以構造的意義來說緣生，就是以爲一一的緣，互相關聯，而構成某種現象。這樣，並不是否定現象。只是拿緣生說，來說明現象而已。如此，則承認現象爲實有的，便不能空現象了。不能空現象，卽只認定他是現象，而不能知道他就是眞實的呈現。（眞實謂本體）換句話說，即不能於現象而直作本體來看。猶之認定繩子的，（繩子喻現象）就不能於繩子而作麻來看。（麻喻本體）據此說來，在本體論的觀點上，是不能承認現象爲實有的。所以，講緣生一詞，是萬不可含有構造的意義的。我們要知道，緣生一詞，是對那些把心或識看作爲有自體的一般人，而和他說，所謂心或識，只是衆多的緣，互相藉待而詐現的一種虛假相，叫作緣生。他（心或識）分明是沒有自體的。緣生一詞的意義，只是如此。我們玩味這種語氣，根本不是表示心或識由衆緣和合故生。而恰是對那些執定心或識爲有自體的一般謬見，假說緣生，以便斥破。譬如對彼不了芭蕉無自體的人，爲取蕉葉，一一披剝，令其當下悟到芭蕉不是實有的東西。我們說緣生的意義，也是如此。或復有難。說緣生故，才明心或識是沒有自體的。如此，即心或識，根本是畢竟空無所有的。因爲沒有自體的，便不能不說之爲空。但心識雖空。（心識複詞）而所謂一一緣的相，還復空否。答曰。此須辨二諦義。依俗諦義。不妨施設衆緣，以明心識的現象，只是衆多的緣，互相待而詐現。即此衆緣，雖復不實。但於俗情上，仍許有故。依眞諦義。於俗所計爲一切有的相，都說爲空。唯一眞實廓然絕待故。準此而談。所謂衆緣相，既是隨情假設。就眞理言，便不許有。應說一一緣相，如實皆空。（如實者稱實而談之謂）佛家大乘空宗的創始者，龍樹菩薩，作中觀論，他就把一一的緣相，都遮撥了。都說爲空了。他爲什麼把衆緣，都看做是空無的呢。因爲就眞諦言，不能不空衆緣的相。換句話說，就本體的觀點來談，只是一眞絕待。（一者無偶非算數之一）一切一切的相俱泯，那有衆緣相可得。須知，所謂緣的觀念，是由吾人在實用方面，承認有現實的物事。才起追求，以爲一現象之起，必有其因由。且非不待其他現象而得有者。如此，故有緣的觀念。若就眞諦言。於此，不雜實用的慣習，即於一切物事，不作任何物事想。而皆見爲絕對的；眞實的。則緣的觀念，根本不存。云何有衆緣相可得。所以，緣生一詞，只對彼執心識爲實有的謬見，予以遮撥。但決不包含衆緣是實有的意義。這是絲毫不容誤會的。我們要知道，佛家哲學，對於修辭，是非常謹嚴的。他們的言說，有遮詮，表詮之分。表詮者。這種言說的方式，對於所欲詮釋的事物和道理，作逕直的表示。譬如在暗室裏，而對於不覩若處有几的人，呼告之曰，若處有几。這就是表詮。遮詮者，這種言說的方式。對於所欲詮釋的事物和道理，無法直表，只好針對人心迷妄執着的地方，想方法來攻破他，令他自悟。仍取前例。或有迷人。於暗中几，妄計爲人，爲怪。（怪者鬼怪）這時候，我們如果從他所迷惑的地方去破他。就和他說。凡是人，應該是如何一個樣子。這暗中的形狀，決不是人。又若是鬼怪，他必是非常變幻不測的東西。這暗中形狀，決不是鬼怪。如此種種說法。斥破他的迷惑。終不直表暗中是几。而卒令彼人自悟是几。這便叫做遮詮。我們應知，緣生的說法，只對彼把心識看做是獨立的，實在的東西的人，用這種說法，以攻破他的迷謬的執着。正是一種方便。是遮詮。而不是表詮。如或以爲表詮者，將謂緣生爲言，是表示心識由衆多的緣，和合而始生的。好像物體，是由多數分子，和合而構成的。這便是世俗的情見。（迷妄執着的見解，名爲情見。）應當呵斥。故知辭有遮表，不可無辨。無着和世親一派的學者（大乘有宗）大抵把緣生一詞，作爲表詮來講。這是他們根本的錯誤。我將別爲文論之。在此不及多談了。我們應知，玄學上的修辭，其資於遮詮之方式者，實屬至要。因爲一切學問（如玄學和科學等）所研窮的理，可略說爲二。一曰，至一的理。（至者極至。一者絕對。非與二對之一。）二曰，分殊的理。分殊者，一爲無量故。至一者，無量爲一故。這二種理，（至一的和分殊的）本不是可以析成兩片的。但約義理分際，又不能不分析言之。關於理的問題，我想俟量論中討論。現在要提及的，就是玄學所窮究者，特別歸重在至一的理之方面。（反之，科學所窮究者，特別歸重在分殊的理之方面。）這至一的理。是徧爲宇宙的實體。而不屬於部分的。是無形相，無方所，而涵攝萬有的。（無形相，無方所，好似是無所有的。然而涵攝萬有，卻又是無所不有的。其妙如此。）這理，至玄，至微。（虛而無所不包，故曰玄。隱而難窮其蘊，故曰微。）故名言困於表示。（云困，則不止於難也。）因爲一切名言的緣起，是吾人在實際生活方面，要應用一一的實物。因此，對於一切物，不能不有名言，以資詮召。（召者，呼召。如火之一名，即對於火之一物，而呼召之也。詮者，詮釋。於火之一物，而立火名。即已詮釋火是具有能燃性的東西，不同水和金等有濕潤和堅剛等性也。故名，必有所詮。）此名言所由興。我們試檢查文字的本義，都是表示實物的。雖云文字孳乳日多，漸漸的抽象化。但總是表示意中一種境相。還是有封畛的東西。離不了粗暴的色采。我們用表物的名言，來表超物的理。（此中超物的理，即謂至一的理。此理，本不是超越於一切物之外而獨存的。而今云超物者。因一切物，都是此理的顯現。而此理，畢竟不滯於任何物。我們不能把他當做一件物事來看。故義說爲超物。）這是多麼困難的事。你想把這理，當做一件物事來看，想逕直的表示他是什麼，那就眞成戲論了。所以，玄學上的修辭，最好用遮詮的方式。我說到這裏，有許多奧隱曲折的意思，很難達出。除非和我同其見地的人，才知道箇中甘苦。古今講玄學的人，善用遮詮的，宜莫過於佛家。佛家各派之中，尤以大乘空宗爲善巧。他們的言說，總是針對着吾人迷妄執着的情見或意計，（吾人任意識作用，爲種種虛妄的猜度，是名意計。）而爲種種斥破，令人自悟眞理。（此中眞理，即是前所謂至一的理。後言眞理者倣此。）因爲吾人的理智作用，是從日常實際生活裏面，習於向外找東西的緣故，而漸漸的發展得來。因此，理智，便成了一種病態的發展，常有向外取物的執着相。於是對於眞理的探求，也使用他的慣技，把眞理，當作外在的物事而猜度之。結果，便生出種種戲論。（古今哲學家，一人一義。十人十義。百人百義。其不爲戲論者有幾。）大乘空宗，以爲，眞理，既不是一件物事可以直表的。所以，就針對吾人的執着處，廣爲斥破。易言之。他就在吾人的理智的病態中，用攻伐的藥方。這樣，便使人自悟到眞理。因爲，眞理，本不遠離吾人，更沒有躲避的。只要吾人把一向的迷執撥開，自然悟到眞理了。佛家各派的言說，無有不用遮詮的方式。但大乘空宗，更把這種方式，運用到極好處。我們細玩大般若經，及大智度論，幷中觀論等，就可見他們是善用遮詮的。及有宗肇興。（謂無着和世親兄弟）便把這種意義失掉了。他們（有宗）似是於眞理未能證解。我在佛家名相通釋一書裏面，曾批評過。此處不暇詳論。

我們要談本體，（本體一詞後亦省言體）實在沒有法子可以一直說出。所以，我很贊成空宗遮詮的方式。但是，我並不主張只有限於這種方式，並不謂除此以外，再沒有好辦法的。我以爲所謂體，固然是不可直揭的。但不妨即用顯體。（用者，具云功用。）因爲體，是要顯現爲無量無邊的功用的。（棹子哪，几子哪，人哪，烏哪，思想等等精神現象哪，乃至一切的物事，都不是一一固定的相狀，都只是功用。譬如我寫字的筆，不要當他是一件東西。實際上只是一團功用。我們把他喚做筆罷了。）用，是有相狀詐現的。（相狀不實故云詐現）是千差萬別的。所以，體不可說。（言說所表示，是有封畛的。體無封畛，故非言說所可及。）而用，卻可說。（上來已云，用，是有相狀的。是千差萬別的。故可說。）用，就是體的顯現。（譯者按，如大海水，顯現爲衆漚。說見明宗章。大海水，可以喻體，衆漚，可以喻用。）體，就是用的體。（譯者按，仍舉前喻。如一一的漚，各各以大海水爲體。大海水，即徧與衆漚爲體。非超脫於衆漚之外而獨在。）無體即無用。離用元無體。所以，從用上解析明白，即可顯示他（用）的本體。簡單言之。我們尅就千差萬別的，用的相上，來作精密的解析，（如轉變章中所說）便見得千差萬別的，用的相，都是無自體的。即於此，知道他（用的相）只是眞實的顯現。（此中眞實一詞即謂本體後準知）易言之。我們即於千差萬別的，用的相上，直見爲一一都是眞實的了。譬如我們解析繩子，知道他是無自體的。換句話說，他不是獨立的實在的東西，而只是麻的顯現。我們即於繩子的相上，直見他是麻。由這個譬喻，可以了解即用顯體的意思。從來講印度佛學的人，都說有宗諸師，如無着和世親，以及護法等，他們唯識論派的說法，就是即用顯體。這話，果然是對的麼。吾獨以爲不然。須知，即用顯體者，正要說明流行不息的，用的相，是詐現的。是無自體的。因爲，尅就用上說，他是沒有自體。所以，即於用而見他的本體了。（譬如於繩子而見他是麻。因爲繩子實無自體的緣故。）如果把用的相，看做是有自體的，是獨存的實在的東西。那麼，更用不着於用之外，再找什麼本體了。如果把用說爲實在的。又再爲用，去覓他的根荄，而說有本體。這樣，便把體和用，截成二片，則所謂體者，已不成爲用之體。他只是超脫於用之外，而獨存的空洞的東西，便失掉了體的意義。我們要知道，有宗的唯識論，拿識，來統攝一切法。（他們所謂識，和一切生滅的法，便是我所謂流行不息的，和千差萬別的用。）他們已把我所謂用，看做實在的東西了。因此之故。他們更要爲識，和一切法，尋找根荄，於是建立種子。他們以爲一切識，是由各自的種子爲因，才得生起。（如前念眼識，從他的種子而生。後念眼識，又別有他的種子。眼識如是。耳識乃至第八識，皆可類推。）一切物的現象，他們說爲心上的一種境相，是和心同起的。由此境相，必自有物的種子爲因，才得生起。（如眼識上色的境相，本是物的現象。這個物的現象，是從物的種子而生的。眼識上的境相如是。耳識上的境相，乃至第八識上的境相，皆可類推。）換句話說，物的現象（卽一切心上的境相）是自有種子，而不是和心同一種子的。不過，心和物的種子，互相聯屬，而仍各自爲因，同時生起各自的果罷了。以圖表之，如左。

心的種子（因）↑↓心（果）

物的種子（因）↑↓物（果）

據他們的說法。心和物（或云心的現象和物的現象）各從自己的種子而生起。因爲物的種子，對於心的種子，是居從屬的地位。又一切心和物的種子，都是含藏在第八識裏面，不是離開識而獨存的。（他們說，每人有八個識。而第八識，是含藏一切種子的。卽第八識自己的種子，也是藏在第八識自體之內的。因爲第八識的種子，和他所生的第八識，是同時而有的。易言之。能生的種子，和所生的第八識，是無先後之隔的。因此，可說能所相依而有。卽第八識的種子，還是依附着第八識。沒有一個種子，是離開識而孤存的。）以此。完成其唯識的理論。實則他們的種子說，就是一種多元論。他們肯定有現象。（謂心的現象和物的現象）又推求現象的根本的因素，才建立種子。殊不知，所謂心和物的現象，並非實有的東西，而只是絕對的眞實（謂本體）顯現爲千差萬別的用。他們見不及此。却把我所謂用，看作實有的東西。又虛構所謂種子，來作這些實物的因素。這樣一層一層的虛妄計度，如何可說卽用顯體。我們玩味大乘空宗的說法。他們只是於現象，不取其相。易言之。卽空了現象。才得於現象，而皆見爲眞如了。（眞，謂絕對的眞實。如，謂常如其性。印度佛家，稱一切法的本體，曰眞如。）有宗，無着以下諸師，他們根本不了解體和用的意義。根本不知道體，雖無形無相，而是要顯現爲無量無邊的用的。根本不知道用之外，是沒有所謂體的。因此之故。他們一方面，肯定有心和物的現象。又進而求其根本的因素，遂建立種子，他們所謂種子好像是隱在現象的背後，而爲現象作根荄的本體了。但在另一方面，他們還沿襲着空宗以來的眞如的觀念。這裏所謂眞如却是絕對的，眞實的，不動不變的。他們雖說眞如，是一切法的實體。但他們既不說種子是眞如。又不說種子是眞如的顯現。那麼，眞如和種子，竟是各不相干的兩片物事。還說個眞如作甚。而且他們雖以種子爲心和物的因。但其因（種子）和果（心和物對種子而名果）一爲能生（種子是能生的）一爲所生（心和物的現象是種子之所生）也是劃成隱顯兩界的。（心和物是顯著的。而種子是潛隱在第八識中的。）他們這種分折的方法，直是把日常生活裏面，分割物質爲段段片片的技倆，應用到玄學的思索中來。結果，成爲戲論。如何可許即用顯體。我們以爲，用之爲言。即於體之流行，而說爲用。即於體之顯現，而說爲用。因爲體，以其至無（無形相，無方所，無造作，故說爲無。實非空無。）而顯現萬有。（至無是體。顯現是體成爲用。）以其至寂（寂者寂靜，無擾亂相故。）而流行無有滯礙。（至寂是體。流行是體成爲用。）離流行，不可覓至寂的。故必於流行而識至寂。離顯現萬有，不可覓至無的。故必於萬有，而識至無。所以說，即用顯體一詞，其意義極廣大深微，很難爲一般人說得。哲學家，頗有於流行之外，妄擬一個至寂的境界。於萬有之外，妄擬一個至無的境界。（印度佛家哲學有些是近於此的）這個，固然是極大的謬誤。却還有些哲學家，竟止認取流行的爲眞實。而不知於流行，認取至寂的方是眞實。乃至止認取萬有爲眞實。而不知於顯現萬有，認取至無的方是眞實。（王輔嗣解老子。言凡有，皆始於無。其所謂有，即謂一切物。其所謂無，亦斥體而目之，非空無之謂也。有始於無。謂凡有，皆以無爲體耳。今滯於有者，不知有即是無。如泥執繩相者，不知繩即是麻。觸目皆眞，而滯有者不悟。）這種謬誤，更是不堪救藥。前者，只是求眞理而不得。後者，便敢否認眞理而不復求了。（許多否認本體的哲學家，皆屬於後者。一切唯物論者屬此不待言。）難言哉，體用也。哲學所窮究者，唯此一根本問題。哲學家若於此未了，雖著書極多，且能自鳴一家之學，終是與眞理無干。我在本章之末，因論緣生爲遮詞，而推迹梵方空有二宗的得失。並略揭我的根本意思，就是即用顯體的主張。以作本章的結束。自此以下，可以說，純是依據這個意思去發揮了。

第二章裏，雖不許有離心獨在的境。却不謂境無。只以境與識不可分爲二片而已。然心的方面，對境名能。境的方面，對心便爲所。如此，則境，畢竟是從屬於心的。

第三章，明妄執的心，無有自體。易言之，即此心不是獨立的實在的東西。心既如此。則由此心而迷妄分割，以爲外在的境。其無自體，及不實在，自然不待說了。

然前已有云。境，並不是無有的。第三章，雖云心無自體。然許心有因緣，即是他（心）有其本身的自動的力。可見心的相狀，雖不是實在的，却也不是完全無有的。據此，心和境，既說爲無自體，也就是畢竟空，無所有了。却又說，他們（心和境）都不是無有的。豈不自相矛盾麼。曰，否否。道理是難講的。試就世間的事物來取譬罷。如現前的繩子。從一方面的意義來說。繩子是有的。因爲我們也承認繩子的相狀，是依着麻的顯現，而始起如此所執的相，骨子裏不是空的。從另一方面的意義來說，繩子也是無有的。因爲他是沒有自體的。（繩子的本質只是麻。如果除却麻，繩子相何在呢。所以說繩子無自體。）我們由繩子這個譬喻，來談心和境。一方面安立俗諦，說心和境，都是依着眞實的顯現，而始起此妄計所執的相，並不是骨子裏全無所有的。一方面依眞諦的道理，說心和境，都無自體。申言之。他們（心和境）雖有相狀詐現。但就實際上說，若問他們的自體，却是畢竟空，無所有的。如上兩樣的說法，雖似矛盾。也非不相諧和的。但是，現在的問題，又要進一步。就是心和境，旣都不是完全沒有這回事。却又說他們（心和境）都無自體。如果僅說到此而止。並沒有將他們（心和境）的所以然，與其當然的道理，給個徹底的詳細的說明。因此之故。我們要接着談轉變。（轉變一詞，見基師成唯識論述記。今用此詞，頗與原來的意義不同。轉字，有變易，與變現等義。今連變字成詞，取複詞便稱耳。後言轉變者倣此。）

第四章　轉變

從前印度佛家，他們把一切心的現象，和物的現象，都稱名曰行。行字的涵義有二。一遷流義。二相狀義。他們以為一切心和物的現象，是時時刻刻在遷變着，流行着。（故者方滅，新者卽起，謂之遷變。故滅新生，如此，無有止息，因說流行。）不是凝然堅住的東西，所以說遷流義。然而心和物，雖都是遷流不住的。但亦有相狀詐現，好似電光，在他那一閃一閃的過程中，非不詐現其相。所以說相狀義。（物的相狀，是可感知的。心的相狀，不可感知，而是可以內自覺察的。）因為心和物，具有上述的兩義，故都名為行。這個命名，是很對的。我們亦採用此名。

印度佛家，對於一切行的看法，本諸他們的超生的人生態度。（超生，謂超脫生死。卽出世的意思。此詞本慈恩傳。）只尅就一切行之上，來觀無常。（觀字，有明照精察等義。比通途所謂思唯的意義特深。無者無有。常者恆常。謂一切行，皆無有常，故云無常。易言之。於一切物，觀是無常。於一切心，觀是無常。因此，說諸行無常。）既作這種觀法，自然於一切行，無所染着了。他們（印度佛家）的意思，只是如此。從釋迦傳授的阿含經，以至後來大乘的經典，都是此意。所以舊學（印度佛家）說無常，卽對於諸行，有呵毀的意思。以為心行，不可執為有實作用。物行，不應執為可追逐的實境。因為心物諸行，都無有常的緣故。他們的看法，依據他們的人生態度。這是要認識淸楚的。

本書談轉變，卽於一切行，都不看作為實有的東西。就這點意思說，便和舊說諸行無常的旨趣，是很相通的了。但是，本書的意義，畢竟有和舊學天壤懸隔的地方。就是舊師於一切行而說無常，隱存呵毀。本書，却絕無這種意思。因為我們純從宇宙論的觀點來看。（我們雖不承認有客觀獨存的宇宙。但在邏輯上，不妨把自我所賅備的一切行，或萬有，推出去，假說為宇宙。他處，凡言宇宙者均倣此。）便見得一切行，都無自體。

實際上這一切行，只是在那極生動的，極活潑的，不斷的變化的過程中。這種不斷的變化，我們說爲大用流行。這是無可呵毀的。我們依據這種宇宙觀，來決定我們的人生態度，只有精進和向上。其於諸行，無所厭捨，亦無所謂染着了。

以上，對於舊學諸行無常的說法，略作料簡。現在要敍述我們的意思。

在唯識章裏，（卽第二第三兩章）已明示心物諸行，都無自體。因爲一切行的相狀，當現起的時候，（此中時候二字，是爲言說的方便不得不下此兩字。實則沒有時候可說。）只是一個變化。（此中變化二字，亦可省言變。以後每單用一變字。）並不是實在的東西。這變化的力用，很偉大，是一發而不可阻遏的。也很奇怪，是沒有端緒可測度的。但是，我們於此，要提出兩個問題。卽一，誰個爲能變的呢。二，如何才成功這個變呢。我們先要解答第一問題，就不得不承認萬變不窮的宇宙，自有他的本體。（此中萬變一詞的萬字。只是極言變化的紛繁，是千差萬別的。曰千曰萬，只言其紛繁，非限於千數萬數也。宇宙一詞，卽一切行之總名。）如果只承認有萬變不窮的宇宙，而不承認他有本體。那麼，這個萬變的宇宙，是如何而有的呢。他豈是從空無中突然而有的嗎。談到此，又要問，宇宙是否有所謂空無的境界呢。（此中空無二字，以下亦省言無。）我們的答案是，宇宙間決定沒有所謂無的。如果說宇宙間有個空空洞洞的境界，叫做無。試問，宇宙豈如破器一般，其間竟是斷闕的麼。這樣，以日常習用的物事，來推測宇宙，是極不合理的。如果說，有個空洞的無的境界，是能涵容宇宙萬有的，（宇宙萬有一詞，以下亦省稱有。）無故不礙有。而有，亦必於無中顯現。這等見解，也是錯誤的。吾且問汝。若云，無，能涵容有者。尙有一個應該先決的問題。卽所謂有者，爲有自生耶，爲從無生耶。若云有從無生者。無則既無，如何能生有呢。若無得生有者。則無已是有，又如何名無呢。且無既成有，則有與有，同處不相容。如何說涵容呢。若云有自生者。有既自生，何須要個無來涵容。且一切有，得互相爲依。無只是無，不任與有作依，又何須待此無呢。如上反覆推徵。宇宙間根本沒有空洞的無的境界。明乎此，則無能生有，或有從無生的謬想，自然不會有了。但是，許多人每承認有個空洞的無的境界，這是什麼緣故呢。大概人們於日常生活裏所感攝的物事，而計執爲一個一個有的東西。這所計執爲一個一個有的東西，就是互相隔別的。因此，便覺得有個空空洞洞的境界，來容受這些互相隔別的東西。總之，把渾全的宇宙割裂了，才見有空洞。此卽空洞的無的觀念所由起。我常說。人們對於無的觀念，有總計無，和別計無的兩種。總計無者，卽上面所已說的。玆不贅。別計無者。謂於日常所感，和所思的物事，或計爲無。如我避寇入川，平日所有的書，現在一本也未帶着。我每欲看某書時，便不可得。這時候，就說某書是無了。又如古今學者，所說的許多道理。我們對於某種道理自加思考，却信不及了。便謂某種道理是無的。凡此等計，都屬於別計無。前面所說，空洞的無的境界，是總計無。這種無，是根本沒有的。完全是從日常生活裏發生的一種迷謬觀念。但別計無，却應承認是有其所謂無的。頗有人說，別計無，亦並不是果無的。如索看某書，雖不在手邊，猶不能謂之無。此書還在另一地方是有的。又如某種道理，你信不及，便說是無。也許是你的智力短淺，不足以見此理。而此理確不是無的。這種說法，我認爲是偏見。如某書，縱在他處是有，而對就我手邊說，確實是無的。又如以道理論。許多道理，固然是由我們見不及，而妄計爲無。却也有許多道理，竟是由古今人的淺見和妄說。而事實上確是無有此理的。如古云地是方的。這個道理，在今日公認爲無此理了。這種例子，正不勝舉。所以別計無，是有其所謂無的。並不是個迷謬的觀念。頗有哲學家，討論無和有的問題，竟絕不承認有所謂無。而對於無，卻不分別總計和別計。竟一概不承認有所謂無。這猶未免失之籠統。實則別計無，是不可遮撥的。並且這種無的觀念。是常和有的觀念相涵的。方於某事，某理，肯定而以爲有的時候。同時，卽有否定的方面，而以爲此中所無的。這種無和有的觀念，是知識的最基本的範疇。所以不可遮撥。唯總計無，卽以爲宇宙間有個空空洞洞的無的境界。這種無的觀念，實際上全是出於妄情推度之所虛構。若離開妄情，不會有這等境界了。所以說，總計無，全是一種迷謬的觀念。關於無和有，我欲俟量論中詳說。今於此中，却要斥破總計無。因爲有這種無的觀念，便發生一個根本的迷謬，就是以爲一切有，是從空空洞洞的無中出生得來的。凡是持這種見解的人，便無法參透一切有的本體。假若見到體了，卽知道眞理是無有定在的，而亦是無所不在的。（此中眞理，卽本體之別名。後言眞理者倣此。）眞理雖復本無形相，而是賅備萬德，具足衆理的。是其舉體顯現爲無量無邊的用，卽所謂一切有的。（舉體之舉字，吃緊。謂眞理，悉舉其全體而顯現爲用。卽用外無體。如水悉舉其全體成冰。卽冰外無水。）誰謂有空洞的無呢。誰謂無能生有，或有從無生呢。所以，這種無的觀念，是與眞理不相應的。故當斥破。從來持有空洞的無之論者，約分兩派。曰極端派。曰非極端派。非極端派者，卽一方面仍依據常識，不否認現前萬變的宇宙。（卽所謂有）但不了解宇宙有他的本體。而以爲宇宙是從空洞的無中出生的。中國自魏晉時代以來，凡是誤解老子哲學的人，多半屬於此派。（老子本人所說的無，實不是空洞的無。吾當別爲老子注，此姑不詳。但老子的後學，多誤會老子的意思。）極端派者。不獨違反正理。他也很大膽的去違反常識。他不承認現前萬變的宇宙是有的。（大概看作如空中華一般。卽以爲事實上是完全沒有這個的。）所以違反常識。他根本不承認有所謂本體的。所以違反正理。我們要知道，無體卽無用。照他的說法，應該否認常識所謂宇宙了。極端派的主張，却是很澈底的。很一貫的。這派的思想，在中國一向無人倡導。在印度古時，似乎很風行，就是主張一切都空的空見外道。佛家的經籍中，時常有斥破他們的話。甚至說道，寧可懷着如須彌山那般大的我見。但不可持空見而自高慢。人都曉得，印度佛家千言萬語，都是要破除我見的。而對空見外道，却作如此的說法。可見他們是以這種見解，爲大大的邪見了。總之，空洞的無的境界，決定沒有的。只有不了解本體的人，才作這種無，來想的。宇宙全是眞實的彌滿。眞實是恆久的，不息的。那有空洞的無呢。

還有許多哲學家。他們並不曾有意的作有出於無，或無能生有，這樣的主張。並不說有空洞的無的境界。他們只把萬變不窮的宇宙，看做是客觀獨存的。只承認這個變動的一切行，或萬有，是實有的。但不肯承認有所謂本體。並且厭聞本體的說法。他們以爲本體，只是觀念論者好弄虛玄，而妄構一個神祕的東西，來作宇宙的因素。這完全是一種迷謬罷了。他們的意思，大概如此。我覺得他們的評議，對於談本體的學者們，也可作一個諍友。從來哲學家談本體，許多臆猜揣度，總不免把本體，當做外在的物事來推求。好像本體是超越於一切行或現象之上而爲其根源的。他們多有把本體，和一切行或現象，說成兩片。他們根本不曾見到體。而只任他的意見去猜度。因此。任意安立某種本體。（或以爲是心的，或以爲是物的，或以爲是非心非物的，總當作外在的物事來猜擬。卽在唯心家言，亦是臆想宇宙和人生，有個公共的本源，而說爲精神的已耳。其立論皆出於猜度，要非本於實證。與吾儕所見，自是天淵。當別爲文論之。）並組成一套理論，以解釋宇宙。其實，只是他們各自構造宇宙，絕不與眞理相應的。所以本體論上許多戲論，足以招致攻難。這是無可諱言的。但是，談本體者，雖有許多任意構畫。我們却不能因此，置本體而不肯究。甚至不承認有所謂本體。譬如病者，因食而噎，遂乃惡噎而廢食。這是自絕之道。雖至愚亦知其不可的。今若以談本體者，多臆度和謬說，遂乃不談本體。甚至不承認有本體。如此自絕於眞理，便與惡噎廢食無異了。如果承認變動不居的宇宙，是實有的，而不承認宇宙有他的本體。那麼，這個宇宙便同電光石火一般，絕無根據。人生在實際上說，便等若空華了。如此，便與印度的空見外道，無甚異處。又復當知。宇宙從何顯現，是需要一種說明的。我們於此，正要找得萬化的根原，才給宇宙以說明。否則便與素朴的實在論者，同其淺陋。這是不能饜足吾人求知的願欲的。總之，凡不承認有本體的見解，推至極端，還是歸於空洞的無的一種思路。雖復依據常識，而肯定現前變動的宇宙爲實有。但這個宇宙，是從何顯現的，既不能有所說明，不肯承認他（宇宙）有本體。如此，則仍不能不說這個宇宙，是從空洞的無中出生的。然則窮理到極至處，而能不墮入無見，（妄計無有本體的見解曰無見）此事眞不易哪。

綜前所說。理應決定宇宙或一切行是有他的本體的。至於本體，是怎樣的一個物事，那是我們無可措思的。我們的思唯作用，是從日常的經驗裏發展來的。一向於所經驗的境，恆現似其相。因此。卽在思唯共相時，亦現似物的共相。（例如方。是一切方的物之共相。而思唯方時，卽現似其相。）若思唯本體時，不能泯然亡相，卽無法親得本體，只是緣慮自心所現之相而已。須知，本體不可作共相觀。作共相觀，便是心上所現似的一種相。此相便已物化，（心所現相，卽是心自構造的一種境象，此卽物化。）而不是眞體呈露。所以說，本體是無可措思的。（此中所謂思，是就通常所謂思惟作用而說。別有一種殊勝的思。是能滌除實用方面的雜染，而與眞理契會者，吾名之冥思。這種思，是可以悟入本體的。當俟量論詳談。）但是，本體所以成其爲本體者，略說，具有如下諸義。一，本體是法爾淸淨本然。（法爾一詞，其含義有無所待而成的意思。）淸淨者，沒有染汚，卽沒有世間所謂惡之謂。本然者。本謂本來。然謂如此。他（本體）不是本無而今有的。更不是由意想安立的。故說本來。他是永遠不會有改變的，故以如此一詞形容之。二，本體是絕對的。若有所待，便不名爲一切行的本體了。三，本體是幽隱的。無形相的。卽是沒有空間性的。四，本體是恆久的，無始無終的，卽是沒有時間性的。（此中恆久二字，並不是時間的意義。只強說爲恆久。）五，本體是全的。圓滿無缺的。不可剖割的。六，若說本體是不變易的，便已涵着變易了。若說本體是變易的，便已涵着不變易了。他是很難說的。本體是顯現爲無量無邊的用，卽所謂一切行的。所以說是變易的。然而本體雖顯現爲萬殊的用或一切行，畢竟不會改移他的自性。（他的自性，恆是淸淨的，剛健的，無滯礙的。）所以說是不變易的。關於不變易，和變易的問題，是極廣大，幽奧，微妙而極難說的。我在此中，不暇詳論。當別爲一書闡發之。如上略說六義。則所謂本體，應可明白了。

談至此。前面所謂第一問題，卽誰爲能變的問題，現在可以解答，就是把一切行的本體，假說爲能變了。不過說到這裏，還要補充一段話。此中能變一詞的能字。只是形容詞。並不謂有所變與之爲對。如果說能變之外，別有所變。那便劃分兩重世界了。又復應知。我們把本體，說爲能變。這是從功用立名。（功用亦省稱用）因爲本體，全顯現爲萬殊的用。卽離用之外，亦沒有所謂體的緣故。我們從體之顯現爲萬殊和不測的用，因假說他是能變的。這能變的能字。就是從體之顯現爲用，而形容之，以爲其能。所以說，能字，是形容詞者。恐怕有人誤會。以爲本體是超脫於萬殊的用或一切行之上，而有創造萬有之勝能的。這樣誤解能字的意義，那便成邪見了。實則本體不可視同宗教家所擬爲具有人格的神。亦不可視爲如人有造作一切事之能的。他（本體）只是無能而無所不能。（他顯現爲萬殊的用，或一切行，所以說是無所不能。他不是超脫於萬殊的用或一切行之上，而爲創造者。所以說是無能。）故假說爲能變。

上來把本體說爲能變。我們從能變這方面看，他是非常非斷的。因此，遂爲本體安立一個名字，叫做恆轉。恆字，是非斷的意思。轉字，是非常的意思。非常非斷，故名恆轉。我們從本體現顯爲大用的方面來說（用而曰大，贊美辭也。形容此用之至廣大而不可測也。）則以他是變動不居的緣故，才說非常。若是恆常，便無變動了。便不成爲用了。又以他是變動不居的緣故，才說非斷。如或斷滅，也沒有變動了。也不成爲用了。不常亦不斷，才是能變。才成爲大用流行。所以把他叫做恆轉。

以上略答第一問題。次入第二問題，就是如何才成功這個變的問題。要解答這個問題，我們須於萬變不窮之中，尋出他最根本的最普遍的法則。這種法則，是什麼呢。我們以爲就是相反相成的一大法則。因爲說到變化，就是有對的，是很生動的，有內在的矛盾的，以及於矛盾中成其發展的緣故。我們要知，變化決不是單純的事情，這個道理，是不難理解的。（此中單純一詞，單者單獨而無對。純者，純一而無矛盾。）如果說有單純的事情，那就沒有變化，除非有個死的世界，不會如此的。所以說變，決定要循着相反相成的法則。這種法則，我們依據大易卦爻的意思，可以圖表之，如左。

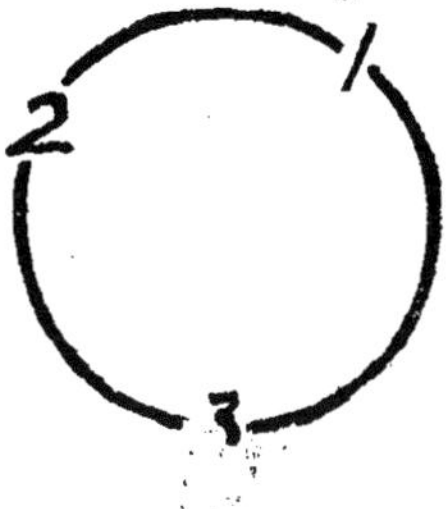

中國最古的哲學典册，莫如大易。大易最初的作者，只是畫卦爻，以明宇宙變化的理法。他們畫卦，每卦都是三爻。（每卦分三爻。曰初爻，二爻，三爻。爻字的涵義，要訓釋，便太繁。略言之，只是表示變動。）

爲什麼用三爻呢。從來解易的人，罕有注意及此。我常求其義於老子書中。老子說，一生二，二生三。（此中生字，是相因而有的意思。）這種說法，就是申述大易每卦三爻的意義。本來，大易談變化的法則，實不外相反相成。他們（大易的作者）畫出一種圖式（就是卦）來表示這相反相成的法則。每卦列三爻，就是一生二，二生三的意思。這正表示相反相成。從何見得呢。因爲有了一，便有二。這二，就是與一相反的。同時，又有個三，他（三）卻是根據一，而與二相反的。（三，本不卽是一，而只是根據於一。）因爲有相反，才得完成其發展。否則只是單純的事情，那便無變動和發展可說了。所以，每卦三爻，就是表示變化之法則，要不外相反相成一大法則而已。但是，卦的三爻，係從下而上。三爻，以次逐列。例如乾卦，其式如左。

☰

我們在前所列的圖式，則以一，二，三，略作圓圖佈之。此何以故。因爲變化是全體性的，是生動的，活躍的。圖中一，二，三的符號，不過表示功用的殊異和微妙。（相反相成，所以謂之殊異。所以謂之微妙。）並不是表示有互相對待的實在的東西。所以作爲圓圖。（取圓神不滯的意思。切勿誤會爲循環的意思。）至於大易的卦，三爻以次逐列。其用意如何，此中不暇論及了。

上來已說相反相成的法則。今次當談翕闢和生滅，便可甄明這法則，是一切的變化，所共由之，以成其變了。（變化二字亦省言變）我們要知道，所謂變化，從一方面說，他是一翕一闢的。這一語中，所下的兩一字，只是顯動勢的殊異。（動勢，亦云勢用。）闢，只是一種動勢。翕，也只是一種動勢。不可說翕闢各有自體。亦不可說先之以翕而後之以闢也。又從另一方面說，他（變化）是方生方滅的。換句話說，他（翕）和闢，都是才起卽滅，絕沒有舊的勢用保存着。時時是故滅新生的。我們要了解變化的內容，必於上述的兩方面，（翕闢和生滅）作精密的解析，深切的體會。否則終是不堪窺變。

現在且談翕闢。什麼叫做翕闢呢。前面已經說過，本體是顯現爲萬殊的用的。因此。假說本體是能變。亦名爲恆轉。我們要知道，恆轉是至無而善動的。（無者，無形，非空無也。善者，贊詞，乃形容動之微妙。）其動也，是相續不已的。（相續者，謂前一動方滅，後一動卽生。如電之一閃一閃，無有斷絕，是名相續。非以前動延至後時名相續也。不已者，恆相續故，說爲不已。使其有已，便成斷滅。有是理乎。）這種不已之動，自不是單純的勢用。（單純二字注見前）每一動，恆是有一種攝聚的。（攝者收攝。聚者凝聚。）如果絕沒有攝聚的一方面，那就是浮游無據了。所以，動的勢用起時，卽有一種攝聚。這個攝聚的勢用，是積極的收凝。因此。不期然而然的，成爲無量的形向。（形向者，形質之初凝而至微細者也。以其本非具有形質的東西，但有成爲形質的傾向而已，故以形向名之。）物質宇宙，由此建立。這由攝聚而成形向的動勢，就名之爲翕。我們要知道，本體是無形相的，是無質礙的，是絕對的，是全的，是淸淨的，是剛健的。但是，本體之顯現爲萬殊的用，卽不能不有所謂翕。這一翕，便有成爲形質的趨勢。易言之，卽由翕而形成一一實物了。恆轉（卽本體之別名）顯現爲翕的勢用時，幾乎要完全物化，若將不守他（恆轉）的自性。這可以說是一種反動了。

然而當翕的勢用起時。却別有一種勢用俱起。（與翕同時而起，曰俱起。）他是依據恆轉而起的。（就這種勢用上說，便說是依據恆轉而起。若就恆轉上說，便應說這種勢用是恆轉的顯現。但恆轉元是冲虛無爲的。而其現爲勢用，却是有爲的，由此，應說這種勢用，雖以恆轉爲體，而畢竟不卽是恆轉。如冰以水爲體，而却不卽是水。）是能健以自勝，而不肯化於翕的。（卽是反乎翕的）申言之，卽此勢用，是能運於翕之中，而自爲主宰，於以顯其至健，而使翕隨己轉的。（己者設爲闢之自謂）這種剛健而不物化的勢用，就名之爲闢。

如上所說。依恆轉故，而有所謂翕，纔有翕，便有闢。唯其有對，所以成變。否則無變化可說了。恆轉是一。恆轉之現爲翕，而幾至不守自性。此翕，便是二。所謂一生二是也。然恆轉畢竟常如其性，決不會物化的。所以，當其翕時，卽有闢的勢用俱起。（俱起注見前）這一闢，就名爲三。所謂二生三是也。前來已說，所謂變化，只是率循相反相成的一大法則，於此可見了。又復當知，此中所謂一，二，三，只是表示變動的符號。並不是有一二三的片段可分。更不是有由一至二，由二至三的先後次第可分。一，只是表示體之將現爲用的符號。（此中將字，只是在言說上作推究之辭。事實上不是有個將現而未現的時候。）二和三，都是表示用的符號。則以翕和闢，均是剋就用上而目之故也。就一言之，於此，尙不足以識全體大用。因爲說個一，只是虛擬體之將現爲用。就二言之，於此，亦不足以識全體大用。因爲說個二，只是表示大用之流行，不能沒有內在的矛盾。（決不是單純的）因此。有個近於物化的翕。（此中近字，注意。非遂物化也，只是近之而已。）這個翕，似是大用的流行，須自現爲似物的式樣，來作自己運轉的工具，才有這一翕。（此中自己一詞設爲大用之自謂）所以就翕上看，便近於物化，難得於此而識全體大用了。只有三，（卽是闢的勢用）既是依據一而有的。却又與二相反。而卽以反乎二之故，乃能顯發他（三）的力用，得以轉二使之從己。（己者設爲三之自謂）據此說來。三是包含一和二的。只於此，才識大用流行。也只於此。可以卽用而識體。（所謂體，本不是超脫於用之外而獨存的。故可卽於用而識體。）申言之，就是於三，而識全體大用。我們卽於三，而說之爲體，也是可以的。（於用而見體，便只說體。猶之於繩而見麻，便只呼麻。）假若離了三。便無可見體。我們卽於三之不可物化處，便識得這種勢用（卽是三）雖是變動的。而其本體，元是不變的。（三之不可物化，就因爲他的本體是如此的。）換句話說，恆轉之常如其性，卽可於此而知了。在昔老子書中述卦爻之義，而說一生二，二生三。他們是表示變化，要率循相反相成的法則。這是無疑義的。但是，他們幷未有詳細的說明。現在我們的說法，是否與老和易的旨意全符，這自然成問題。不過，大體上還是相通的能了。吾人窮理，到眞是的所在，卽古人已先我而言之，更喜先後互相印證。無可與古人立異。但古人有所未盡者，應當加以發揮或修正。學問之事，期於求理之是而已。

照上所說，恆轉現爲動的勢用，是一翕一闢的，並不是單純的。翕的勢用，是凝聚的，是有成爲形質的趨勢的。即依翕故，假說爲物。亦云物行。（行字，義見前。物即是行。故名物行。下言心行者倣此。）闢的勢用，是剛健的，是運行於翕之中，而能轉翕從己的。（己者設爲闢之自謂）即依闢故，假說爲心。亦云心行。據此說來，我們在前面（唯識章）曾講過，物和心（物亦對心而名境）是一個整體的不同的兩方面，現在可以明白了。因爲翕和闢，不是可以剖析的兩片物事。所以說爲整體。（注意，此所謂整體，正是剋就翕和闢的勢用上說。）但爲言說上的方便，有時，說翕，是一種勢用。闢又是另一種勢用。此所謂一種，一種云者，絕不是表示各自獨立的意思。因爲剋就翕和闢的勢用上說，那就不是有實自體的東西。如何可說爲各自獨立。須知，這裏所謂一種，一種，只是表示勢用的分殊。而此分殊一詞，雖含有不是單純的意義。（單純二字注見前）但決不含有可以剖爲二片或條然各別的意義。此乃必須明辨者。

從前吾國易家的學者，多有把物，說爲向下的。把心，說爲向上的。（如漢儒云，陽動而進。陰動而退。他們以陰，來表示物的方面。以陽，來表示心的方面。其所謂進，就是向上的意思。所謂退，就是向下的意思。後來宋明諸師，也都持此等見解。）因此。有人焉，以爲吾所謂翕，便是向下的一種動勢。吾所謂闢，便是向上的一種動勢。他們這樣比附的說法，尚有待修正之處。說闢是具有向上性。還和我的見解，是無所遂異。說翕是向下的，却於理有所未盡。應知。翕，只是個收攝凝聚的勢用。這種攝聚，是造化之妙所不期然而然的。剋就攝聚的勢用而言，不定是向下的。但從他（攝聚的勢用）詐現的跡象而言，（跡象者即現似有形質之謂）便可說他有向下的趨勢了。然雖有此（向下的）趨勢，要不是決定如此的。他本來是順從乎闢的。易言之，他是具有向上性的。因爲他是順從乎闢，而闢是向上的，便應說他是向上的了。不過，他確亦有向下的趨勢，是與闢的方面相矛盾的。亦即與闢的勢用，形成對立的樣子。然雖對立，畢竟不爲二物。畢竟是相融和的。所以說他本是順從乎闢的。亦是向上的。如果偏說爲向下，那麼，翕和闢，只是相反而無可相成了。這種說法，是不應理的。

總之，翕和闢，本非異體，只是勢用之有分殊而已。闢必待翕，而後得所運用。翕必待闢，而後見爲流行，識有主宰。如果只有闢而沒有翕，那便是莽莽蕩蕩，無復有物。（莽莽，空洞貌。蕩蕩，無物貌。）如此，則闢的勢用，將浮游靡寄，而無運用之具。易言之，卽無所依據以顯發他（闢）了。所以，當其闢時，決定有個翕，卽爲闢作運用之具。若無其具，則闢亦不可見了。又復應知。如果只有翕而沒有闢，那便是完全物化。宇宙只是頑固堅凝的死物。旣是死物，他也就無有自在的力用。易言之，卽是沒有主宰的勝用，而只是機械的罷了。然而事實上宇宙却是流行無礙的整體。我們把宇宙萬象，分割成段段片片的東西來看，那是依托翕的勢用的迹象，而誤起分別，所以如此。實則彌滿於翕之中，而運用此翕者，只是闢的勢用。夫闢，是有相而無形，（闢的勢用，非空無故，斯云有相。但此相，非有質故，非有對故，復云無形。）是無所不在的。是向上的。（淸淨而無滯礙，說爲向上。）是伸張的。是猛進的。夫翕，是成形的。是有方所的。（成形卽有方所，而非無所不在的了。）是有下墜的趨勢的。據此說來。翕的勢用，是與其本體相反的。（翕，元是本體的顯現。但翕則成物。故與其本體是相反的。本體是實有，而非物的。）而闢，雖不卽是本體。（闢元是本體的顯現。故不卽是本體。譬如水成冰已。而冰雖不失水性。究不卽是水。）却是不物化的。是依據本體而起的。他之所以爲無形，爲無所不在，爲向上等等者，這正是本體的自性的顯現。易言之，卽是他（本體）舉體成用。（舉體二字，吃緊。譬如水，舉其全體，悉成爲一切冰塊。故水，非離一切冰塊而獨在。本體之現爲用，是舉其全體，悉成爲一切用。）這種用，是流行無礙的。是能運用翕，而爲翕之主宰的。（闢名爲心。翕名爲物。今如吾心，爲吾身之主，而交乎一切物，能裁斷不爽焉。卽此而知闢是主宰。）此闢所以爲殊特。或曰。闢，固名爲用。翕，豈不名用耶。答曰。翕自是用。此何待言。但是，本體之現爲用時，必起一種反的作用，卽所謂翕者。以有此翕，乃得爲闢的勢用所依據以顯發焉，於是而翕乃物化，疑於不成爲用矣。我們只好於闢上，識得大用。易言之，卽唯闢可正名爲用。而翕雖亦是用，但從其物化之一點而言，幾可不名爲用矣。如前所說，必有闢故，方見大用流行。亦卽於流行，而識得主宰。以其能轉翕而不隨翕轉。（如心能了別和運用一切物。而不爲一切物所引誘或陷溺。）即此而識主宰故。講到此處，更須申說一段話。即我所謂主宰，是於闢的勢用，運行乎翕的一切物之中，而能自裁決斷制，決不會迷闇以狥物。易言之，即不爲物化。所以說爲主宰。這個主宰的意義，本是就用上才見得。不是把本體看做爲超越宇宙之上的一個造物主，而說名主宰。這是不容混淆的。我們誠然知道，本體顯現爲一切用的時候，（此中時候一詞，是爲言說上的方便。而實無有時候可言。）即此流行無礙的用，確不是亂衝的，卻是隨緣作主的。（如生物的發展，由低等生物而至高尙的人類。我們可以見到闢的勢用，逐漸伸張，而能宰制乎翕的一切物了。）我們於用上，識得主宰的意義。便知道用之所以如此者，正以用之本體，是具有剛健與明智及不可變易的等等德性。所以，他（本體）現爲用時，這用，才是具有主宰，而不是盲目的衝動的。如此。則謂本體上不必具有主宰義，這是不應理的說法。但若誤解主宰義，而或以爲本體是超越於宇宙之上，而能宰制萬有的一個造物主，遂名主宰。這等見解，便是大錯而特錯了。總之，主宰義是於用上見。是必有對而後見。（用則有對。如翕和闢對。易言之，即物與心對。）我們若攝用歸體。則唯是絕對。無可立主宰之名。若即用而顯示其本體。則主宰之義，雖於用上見。卻可於此，識得用之本體。申言之，即識得本體是剛健的乃至不可變易的了。所以，主宰一詞，亦可以目本體。因爲從用顯體的緣故。

現在要歸結起來，略說幾句。本體現爲大用，必有一翕一闢。而所謂翕者，只是闢的勢用，所運用之具。這方面的動向，是與其本體相反的。至所謂闢者，才是稱體起用。（此中稱字，吃緊。謂此用，是不失其本體的德性。譬如冰，畢竟不失水性。故云稱也。）他又是和翕反，而流行無礙，能運用翕，且爲翕之主宰的。然翕雖成物，其實亦不必果成爲固定的死東西，只是詐現爲質礙的物，只是一種迹象而已。我們應知，翕闢，是相反相成，畢竟是渾一而不可分的整體。所以，把心和物，看作二元的，固是錯誤。但如不了吾所謂翕闢，即不明白萬變的宇宙的內容，是涵有內在的矛盾而發展的。那麼，這種錯誤，更大極了。（矛盾，是相反之謂。利用此矛盾，而畢竟融和，以遂其發展，便是相成。吾國大易一書，全是發明斯義。）哲學家中，有許多唯心論者。其爲說，似只承認吾所謂闢的勢用。而把翕，消納到闢的一方面去了。亦有許多唯物論者。其爲說，似只承認吾所謂翕的勢用。而把闢，消納到翕的一方面去了。他們（唯心和唯物諸論者）均不了一翕一闢，是相反相成的。至我之所謂唯心。只是着重於心之方面的意思。並不是把翕的勢用，完全消納到闢的方面去。現在有些盛張辯證法的唯物論者。他們又把闢，消納到翕的方面去。不知物和心，（即翕和闢）是相反相成的。不能只承認其一方面，而以他方面消納於此的。我們只能說，翕和闢，不可析爲二片，近似二元論者所爲。但於整體之中，而有兩方面的勢用可說。這是不容矯亂的。一切事物，均不能逃出相反相成的法則。我們對於心物問題（這是哲學上的根本問題）何獨忘却這個法則。（相反相成的法則）而把心，消納到物的方面去，如何而可呢。

談至此。或有難言。如公所持，說翕爲物，說闢爲心，固聞命已。但吾人所知者。心理的現象，於有機物（若動物與人）的階段中，始乃發現。而有機物，固不能先無機物而有。我們試設想，地球尚未構成以前，與夫地體凝成，及其與諸天體相互之關係，而所有之溫度，和空氣等等，尚未達到適宜於生物或動物和人類之生育的階段。（這種設想，在難者以爲是一種合理的推論，並不是個亂猜。）這時候，那有心理的現象可說呢。（心理的現象，以下亦省言心。）夫心，既是後於物而起的。而公却謂物即是翕心即是闢。那麼，健動的闢，就是後於凝聚的翕而起的。如何可說翕闢是一個整體的不同的兩方面，並且以闢爲能運於翕之中而爲其主宰呢。按難者此等見解，只是囿於日常執物之習，而不可與窮神。（物之所以然者謂之神）如難者之意，直以物爲本原而已。不知，凡有，必始於無。（有者，謂一切物。無者，至眞至實而無形聲可覩聞耳。非空無也。有始於無者。謂此無，乃諸有之實體。）凡可象者，必以虛寂爲極。（可象，謂一切物。虛寂者，至常而無形凝，曰虛。至幽而無擾亂，曰寂。一切物之實體，唯是虛寂。故云虛寂乃物之極也。）泥象者，不能於象而悟虛寂。（如泥執冰相者，不能於冰相，而悟其本爲水。執物者，不能於物而見實體，其蔽猶是。）滯有者，不能於有而證無。（準上可解）如此固持唯物之見，而牢不可破。實則一切物無定實。（非固定，非實在。）

只依根本的物事（卽一切物的實體）所顯現之一種迹象而已。有人說，如果把物的自身說爲一種迹象。那麼，所謂物，就是空空洞洞的，無有內容了。事實上，一切物都是活躍躍的，在無住的過程中發展着。他（一切物）何嘗是空洞的東西呢。爲此難者，只是蔽於近習，而不悟至理。從世俗的觀點來說，便把物界，看做是絕不空洞的，是實在的東西。從眞理的觀點來說，所謂一切物，都是依着眞實（卽本體）的顯現之迹象，而假說名物。若就物的自身言，却是空，是無所有的。但不妨依眞實的顯現，假名爲物罷了。（譬如冰，是水的顯現。故離水，無別有冰的自身。應說冰的自身是空，是無所有。一切物，是眞實的顯現，亦復如是。但凡喩，只取少分相似，使人易曉。若執定此喩，以求與所喩的道理，完全相肖。則反成迷謬。他處，凡用譬喩者，皆準知。）

我們要知道，實體，顯現爲分殊的用，或一切行的時候。（此本無時候可說。但爲言詞之方便，須着此時候一詞。）一方面，決定有一種收攝凝聚的勢用，卽所謂翕。這種收凝的翕，其端緒雖很微細，很深隱。而由微至著，由隱至顯，便成爲一切物或物界了。然當其翕而成物時，另一方面，決定有一種剛健而無所不勝的勢用，卽所謂闢。這個闢，是與翕同時俱現的。亦卽是運行於翕或一切物之中，而主宰乎一切物的。他（闢）不是超脫於一切物之外的大神。却也不妨叫他做神。因爲他很微妙的緣故。他（闢）本是和物同體。而於同體之中，却有分化，遂和物，形成對立的樣子。我們可借用大易乾坤二卦，表之如左。

☰乾

☷坤

乾卦，三爻皆奇數。吾借以表示闢。坤，三爻皆偶數。吾借以表示翕。翕卽成物。物界是有待的，故用偶數。闢者神也。神無形而不可分割，故用奇數。翕和闢，雖說是互相對立的，却又是互相融和的。纔說到闢，便涵蘊着翕了。仍用乾卦，表之如下。☰☷。纔說到翕，便涵蘊着闢了。復以坤卦，表之如下。☷☰。從來講易學的人，或以爲乾卦三爻純陽而無陰。（陽謂乾。陰謂坤。下倣此。）坤卦三爻純陰而無陽。這是極大的錯誤。其實乾，坤，是互相錯的。（錯者對待義）而亦是互相綜的。（綜者融和義）不可把乾坤當做二元論去理會。說乾，便涵着坤。說坤便涵着乾。其妙如此。

前面說過，翕和闢，是不可分離的整體。不過，這個整體非是孤孤另另的成爲一合相。（一合相一詞借用佛家金剛經語）而是有分化（卽有內在的矛盾）以遂其發展的。孤則不化。獨則無變。如果只承認有翕的方面（卽物的方面）而不承認有闢的方面，（卽心的方面）那麼，變化應該不可能。因爲孤獨無以成其變化的緣故。我們應知，無始時來，有翕卽有闢。有闢卽有翕。變化的內容，不能是孤獨的。而必有翕闢兩方面，才成爲變化。這是不容疑的道理。泰初有翕。泰初卽已有闢。我們把這個闢，說名宇宙的心。偉大的自然，或物質宇宙的發展，雖不是別有個造物主來創作。可是，自然或一切物，並非眞個是拘礙的東西。他們（一切物）內部，確有一種向上而不物化的勢用（卽所謂闢）潛存着。不過，這種勢用，要顯發他自己，是要經過相當的困難。當有機物（如動物和人類）尚未出現以前。這種勢用，好似潛伏在萬仞的深淵裏，是隱而未現的，好像沒有他了。及到有機物發展的階段。這種勢用便盛顯起來，才見他是主宰乎物的。不要說動物，就是在植物中，已可甄明這種勢用。如傾向日光及吸收養料等等，都可據以測驗他（植物）具有曖昧的心理狀態。他（植物）的心，隱然主宰其形幹，而營適當的生活。這是無可否認的。所以，闢或心，是到有機物發展的階段才日益顯著。卻不能因此，便懷疑有機物未出現以前，就沒有闢或心這種勢用的潛存。一顆電子的振動，並不是循一定的規律的。（電子總是在許多軌道中，跳來跳去，他一忽兒在此一軌道上消失。一忽兒在另一軌道又產生。）也不是有外力使之然的。這就是由於他內部具有闢或心這種勢用爲之主宰。不過，這種勢用潛存乎一切物之中，而不易察見耳。天下唯潛存的力用，是最大的力用。淺識之徒，只能有見於顯，不能深察於微。因此，難與窮理。應知，闢或心的勢用，當其潛存的時候，如於有機物未出現，我們無從甄明他（闢或心）的時候，他確是普偏周浹於翕而將形的一切物，而無所不在。只是他的表現之資具（如有機體）尚未構成，所以不會顯發出來。因此，說名宇宙的心。講到此。又有問云。後來有機物上所發現之心，却是物物各具一心。此與宇宙的心，爲一爲二耶。答曰。一一物各具之心，卻是宇宙的心。宇宙的心，卽是一一物各具之心。譬如大海水，遍現爲一一漚。卽此一一漚，皆涵有大海水全量。每一漚，都與大海水，無二無別。一一物各具之心，與宇宙的心，無二無別。亦復如是。

我們何以把闢叫做心，把翕叫做物呢。舊唯識論師，以爲心是能分別境物的。就說心，只是分別的罷了。實則所謂心者，確是依着向上的，開發的，不肯物化的，剛健的一種勢用（卽所謂闢）而說名爲心。若離開這種勢用，還有什麼叫做心呢。舊師把心，只看做是分別的，却是從對境所顯了別之相上去看。易言之，是從迹象上去看。是把他當做靜止的物事去看。而不了解他的本身元來只是很微妙的一種勢用。舊師對於心的看法，是極粗淺的。我以爲流行無礙，而不可剖析的，和剛健的，與向上的勢用，卽所謂闢，這才可說名心。須反躬深切體認，自可識得。如果只從他（心）的迹象上看，以爲心只是分別的東西，如同鏡子一般。（鏡子照顯姸媸等境，也是分別的。却是靜止的東西。）那就大錯而特錯了。（心雖動而未嘗不靜。但決不可當作靜止的東西來看。）

關於物的解釋，舊師如護法等，則以爲一切物，另有他的根原。（叫做相分種子。但是藏在第八識中，故不妨說唯識。）終未免把物看作實在的東西。這也是懸空謬想。實則所謂物者，並非實在的東西。只是依着大用流行中之一種收凝的勢用所詐現之迹象，而假說名物。若離開收凝的勢用，又有什麼叫做物呢。我們設想，造化的開端，（此中造化一詞，並不含有造物主來造作的意義。蓋以本體旣顯現爲大用。卽依大用之行，而假說名造化。須善會。又開端一詞，亦不當泥解。實不可找得最初之端也。）不能不有個收攝凝聚。這種收凝，其端甚微。而確是成形之始。萬物從無肇有，（此所云無，乃推想萬物尙未形著時，而說爲無。與前文以無言實體者不同。）由微至著，只從收凝中得來。收凝就是斂藏到極處。（斂者，謂其力用，收斂不發。藏者，謂其力用，閉蓄不散。）造化的力用，歛藏愈深愈固，則有成爲無量的積之可能。這裏所謂積，就是鬱積而將兆乎形的意思。易言之，有成爲形物的傾向。因此，亦名形向。每一個積或形向，可以說是物的最極小的分子。偉大的自然或物質宇宙，就是以這無量的積或形向爲胎萌。唯物論者，把物質看作爲本原的。舊師也以爲物質有他的因素。（名相分種子）這都是把物看成實在的。都是極大的錯誤。實則物並不實在。亦決沒有舊師所妄想的物質的因素。他（物）只是我所謂收凝的勢用所詐現之迹象而已。收凝的勢用，名爲翕。翕即成物。（翕便詐現一種迹象，即名爲物。）所以，物之名，依翕而立。

前面已經說過，所謂闢者，亦名爲宇宙的心。我們又不妨把他（闢）名爲宇宙精神。這個宇宙精神的發現，是不能無所憑藉的。必須於一方面極端收凝，而成爲物，（即所謂翕）以爲顯發精神（即所謂闢）之資具。而精神，則是運行乎翕之中，而爲其主宰的。因此。應說翕以顯闢，闢以運翕。蓋翕的方面，唯主受。闢的方面，唯主施。受是順承的意思，謂其順承乎闢也。施是主動的意思，謂其行於翕而爲之主也。須知，翕便成物。他（翕）也就是如其所成功的樣子。（意謂直是物化而已。此處吃緊。）只堪爲精神所憑藉之資具。若無此翕，則宇宙精神無所憑以顯。如果精神要顯發他自己，他就必須分化。而分化又必須構成一切物。他才散著於一切物，而有其各別的據點。否則無以遂其分化了。所以說翕以顯闢，只是理合如此。而翕之所以必須順承乎闢者，亦以其具堪爲闢之資具故。這個道理，須至後面（成物章）方好詳說。至於闢呢。他本是不物化的，至剛至健的一種勢用。他是包乎翕之外，而徹乎翕之中，是能轉翕而不隨翕轉的。（轉者轉化義如甲令乙相與俱化之謂）所以說闢以運翕。所以說闢爲施，謂其行於翕而爲之主也。翕和闢，本是相反的，而卒歸於融和者，就在其一受一施上見得。受之爲義，表示翕隨闢轉。施之爲義，表示闢反乎翕而終轉翕從己。（己者設爲闢之自謂）所以，翕闢兩方面，在一受一施上，成其融和。總之，闢畢竟是包涵着翕。而翕究是從屬於闢的。爰以圖表之如左。

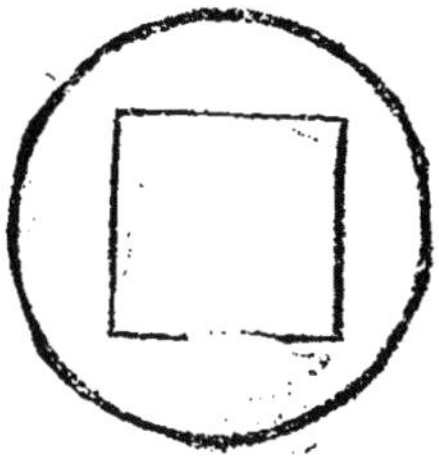

圖中，以方的相，表示翕，物成卽有方所故。以圓的相，表示闢，心或精神，是周遍流行而無滯礙故。闢是無定在，而亦無所不在。是包乎翕之外，而徹乎翕之中。覩於上列的圖，便可見得此意了。

準前所說，所謂物者，只是收凝的勢用（卽翕）之所詐現。並非有實在的物質。但因其現似實礙的東西，却又不妨名之爲物。然復須知，所謂物，也就如其所現的樣子。至於包涵此物，與滲透和運行此物之中者，別有所謂剛健的，闢發的，不物化的一種勢用。（卽所謂闢）這個，決定不是從物的自身中產生出來的。而是與現似物相的收凝的勢用（卽所謂翕）同時俱顯而不可剖分的。（此中同時一詞，恐有人誤計翕在先，闢在後，或先唯闢，後有翕。故言同時以防之。實則談理至此，無有時間可說也。）申言之，翕和闢，只是恆轉舉體顯現爲此兩方面。（恆轉，卽本體之別名。舉體云者，謂恆轉舉其全體而顯現爲翕和闢也。）所以，翕和闢，不可看做爲各別的實在東西。若乃因其翕而成物，遂計物質爲本原的，而以闢或心爲從屬的，這種見解，尤屬謬誤。須知，剛健的不物化的勢用（卽闢）是徧涵一切物，而無所不包。是徧在一切物，而無所不入。這種勢用，雖與翕而成形的物，同爲恆轉的顯現。而他（闢）確是不失恆轉的自性。（譬如冰，是水的顯現。而畢竟不失水性。）所以，於此而識得本體。亦卽於此，而可說爲本原的。我們要知道，所謂本體，是虛寂無形的。（無形者，只是無有形相耳。非空無也。）翕便成物，故與其本體有乖反的趨勢，（譬如冰，以流液的水爲本質。而冰相堅凝，却與其本質相反了。）唯闢，則以其至健而不有。（不有者，無有形相，無有滯礙，無有和人一般的造作的意想。）至動而恆寂。（雖動而不失其虛寂，卽動卽靜故。）乃全與其本體相稱。（闢雖健動，而常寂然無形，默然虛寂，故稱其微也。）所以，於闢，可說爲本原的。而翕，畢竟是從屬的。唯物論者，只在顯著的迹象上着眼，而不能洞察到微妙的地方。所以，武斷的堅持其唯物的主張。

或復難言。如公所說，闢是剛健的勢用。但按之老子哲學，則以爲由無，始成萬化。其第五章所云橐籥，卽以喻無也。橐籥之中空洞，故以喻無。然彼所謂無，却是虛而不得窮屈，動而不可竭盡的。（參看王弼老子第五章注）此與公所謂闢者，義旨亦有相似處。但老子不說爲剛健的，而只謂之無。又云用之不勤。這種意義，與公所見，又似大大的不同了。願聞其所以異同。答曰。老子謂之無者，以其無狀無象，故說爲無耳，非眞無也。其曰用之不勤者，妙用無窮，周普萬物，而蕩然無所勞耳。老子說用之不勤。我亦何嘗於大用流行，着待一勤字。使大化之行，而有所勤勞，則造化亦將熄矣。但勤勞與剛健，二義迥別，勤勞，是有執或留滯義。剛健，具有清淨，純固，堅實，勇悍，升進，與不可窮屈，及無竭盡等義。須知，用之不勤者，正以其剛健故耳。剛健乃爲衆妙之門，何勞之有。老子只有見於用之不勤，而未深體夫用之所以不勤者。這旨是他有所未至。老子說道無。我亦何可於他所謂無之上，起一毫有相的執着。但無非眞無。故萬化由之以成。這個無狀無象的物事，才是至剛至健的。所以能成萬化。否則便是頹廢的無，又何妙用可言呢。老子只喜歡說無。却不知所謂無，才是至剛至健。我想老子尙不免耽着虛無的境界。闢，是剛健的勢用。這種見地，我亦本諸大易。但是自家深切體認，見得如此，而後敢於說出。眞理是不遠於吾人的。須返躬體認始得。

附識。老子之時代，當在孔子後。而稍前於孟子。他的學問，實從孔子易傳之思想而出。終乃別抒己見，以自成一家言。蓋孔氏之旁支，易家之別派也。余在語要卷二稿中，（答意國米蘭諾省大學教授書）曾略談及之。

上來所說，關於翕闢方面，已見大概。今次當談生滅。我們一說到變化。便知道他（變化）不是空空洞洞而無所有的。所以說一翕一闢。他（變化）是生生活活的勢用，具有內在的矛盾而發展着。我國的易學家，也都把宇宙看做是一個動邊不已的進程。這種看法，是很精審的。因此，當知，我們欲解析變化的內容，僅拿翕和闢來說明他，還是不夠的。必須發見翕和闢，在其生和滅的方面的奧妙，才算深於知變。所以現在要談生滅。

在談生滅之前，不能不先說剎那義。印度佛家。分析時分，至極小量，方名剎那。如大毗婆沙論卷一百三十六說，壯士彈指頃，經六十四剎那。又說，世尊不說實剎那量。無有有情堪能知故。（世尊，即釋迦佛之名號。有情者，人之異名。人有情識故名。）詳毗婆沙所云，壯士彈指頃，經六十四剎那。這好像有剎那量可說了。可是，壯士彈指，是特別迅疾的。他那一彈指頃，是否經過六十四剎那，我們卻也無法甄驗。因為剎那量，是小到何等的分限，古代既沒有某種器具，可以表明他。現在的鐘錶，也不能表明他。我們如何能定說壯士彈指頃，經六十四剎那呢。或謂，毗婆沙這種說法，不過顯示剎那量，是小到不可說的罷了。六十四者，多數之詞。以壯士彈指之迅疾，而經過六十四剎那。則剎那量，眞是小之至極，而不可以言說形容了。所以，該論又說，世尊不說實剎那量，云云。據此，則剎那量，比於數學上的無窮小，或更為細微而難說。一般人談到剎那，大概以為是時分之極小極促而不可更析者。我們隨順世俗，也不妨如此說。但是，佛家大乘師，談剎那義，或不許以世俗時間的觀念來說。易言之，剎那，不是時間義。我們不可說剎那，就是極小而不可更析的時分。窺基大師，在他所著的唯識論述記卷十八說，念者，剎那之異名。據他這個說法，則以吾人心中一念纔起之際，便是一剎那。這一念纔起，即便謝滅，絕沒有留住的。此念，既是剎那之異名。所以，剎那不可說是時間。我們只觀察自己心中，念頭倏起，而不可停留之一忽兒，這就是一剎那。（一忽兒，乃俗語，形容時分極促而不可把捉。）此則以剎那，唯依自心而假說。今就我的意思來講。則在本章談變的觀點上，極贊同大乘師不許以世俗時間的觀念來說剎那的主張。因為世俗所謂時間，畢竟是空間的變相，空間是有分段的。（如東西等方）時間也是有分段的，（如過去現在未來）扼要言之，空間和時間，就是物質宇宙存在的形式。我們覺得物質宇宙，於一方面，有東西等方的分佈相，即此，便名空間。於另一方面，有過現未的延續相，即此，便名時間。所以，有了物質的觀念，即有空時的觀念與之俱現。（俱現者。謂空，時，與物質，同時並著。）因此。而空時的觀念，也是非常粗笨的。空間上，如由東到西，中間是有間隔的。時間上，如由過去至現在，中間也是有間隔的。據此說來，我們若依世俗時間的觀念，來說剎那。那麼，由前一剎那，到後一剎那，中間總是有間隔的。如此而談剎那，便成了一套呆板的架格。更有甚麼法子可以窺見變化呢。所以，我在談變的觀點上，贊同大乘師不許以世俗時間的觀念來說剎那的主張。至如前面所述基師的說法，即以自心一念纔起，說爲剎那。却未免偏就心之一方面說。似亦未妥。我們要知道，哲學上的用語，是非常困難的。語言文字，本是表示日常經驗的事理。是一種死笨的工具。我們拿這種工具，欲以表達日常經驗所不能及到的，很玄微的，很奇妙的造化之理。（造化一詞注見前）其間不少困難，是可想而知的。即如剎那一詞，在其元來的涵義，本是一種至小而不可更析的時分。我們在談變的時候，自不能不利用此剎那一詞，以表示不斷的變化，是剎那剎那頓起的。然若因此，而以世俗時間的觀念，來理會此中所謂剎那。將把甚深微妙，不可測度的變化，箝入死的架格之內。（世俗所謂時間和空間兩系列，却是一個死的架格。）甚至前後剎那之間，定有間隔，而變化也應中斷了。如此，既已無法理會變化。應知，本書所說剎那，只是一種方便的設詞。雖未嘗不以剎那爲至小至促而不可更析之時分。要是爲言說之方便計，才用此詞。學者於此，必須超脫世俗時間的觀念，以理會變化之玄妙，庶幾不以詞害意。

已說剎那，應談生滅。凡法，本來無有，而今突起，便名爲生。（此中法字，猶言事情。下言法者倣此。前面所說翕和闢或心和物，在此處則通名爲一切法。）例如我現前一念，心的現象。是以前本不曾有過的。而是現前這一剎那突起的。就把這種突起，名之爲生。凡法生已，絕不留住，還復成無，名之爲滅。例如我現前一念心的現象。決不會凝固的持續下去，畢竟滅無。故復言滅。生和滅，本是世間所共知的事情，應該不成爲問題的。然而世間都以爲一切法生已，必住。久後方滅。易言之，一切事物既已生起，必有經久的留住，或相當時期的留住，絕沒有於猝爾創生之時，即便壞滅的。（猝爾者突起貌）雖復壞滅迅速，而此壞時，距其生時，亦必有個間隔的時分。就令是一瞬或一息的間隔，也是留住了一瞬一息的。斷不可說生的時候，即是滅的時候。（此中卽是二字，乃顯其不二之義。他處凡言卽是者皆倣此。）天下沒有這般矛盾的事情。世間的見解都如此。問題就在這裏發生了。一切法生已，果然得留住着嗎。關於這個問題。我是贊同印度佛家的見解，主張一切法，都是刹那滅。怎樣叫做刹那滅呢。卽凡法，於此一刹那頃，纔生。卽於此一刹那頃便滅。所以說，生時，卽是滅時。他（一切法）決不會有一忽兒的時間留住的。（一忽兒注見前）世間見有常存的物，却是一種倒見。我記得阿含經上，紀錄着佛語諸弟子的一段話。（印度佛家經典，不獨大乘的經是僞托的。卽小乘所宗的經，亦多由其後學推演而成，不必果爲釋迦口說也。然羣經之中，頗有出自釋迦弟子親承綸音而記錄之者，則阿含經是也。雖亦不無攙僞。然大體近實。當別爲文論之。）他（佛）說，一切法，猶如幻化，於一刹那頃，纔生起，卽便壞滅。決無有於此刹那頃得留住者。釋迦這種說法，後來小乘，大乘之徒，都無異論。然而佛家以外之學者，猶於此義不能信解，因之起攻難者頗不少。如大乘的著述中（莊嚴經論等）多有答覆這種攻難的理論。直到現在，我們向人談刹那滅義，還時時遇着非難。大概古今哲學家深於察變的，也都談到宇宙萬象，是時時捨其故而趨新。但是他們多半是很寬泛的說法。不過以很生動的，很警切的語句，來形容事物之不守故常而已。要之，都未能十分明瞭的，肯定的，嚴格的說到刹那滅。因爲依據刹那滅的說法，則一切法，纔生起的時候，卽便壞滅了。中間沒有一忽兒暫住的時間。一般人以爲，這樣說來，好像墮人空見，根本不許有東西存在。甚至，連自己的身心，都不許存在。所以，很惡聞刹那滅的理論，昔在舊京（北平）曾遇一激烈的抗議者云。如你所說，一切法都是刹那滅。現前有一塊石頭。他（石頭）是刹那滅的，卽是不存在了。吾今者，將拾此石頭，打上你的頭腦。你能不覺得傷痛麼。作這等抗議的人，根本不可與談哲學。因爲他們只從大化流行的迹象上去着眼。而不能理會大化流行之微妙。易言之，他們只看到事物，而不能了解事物之所以然者。其實，刹那滅的理論，並不似一般反對者所懷疑的那樣可惡。毋寧說。這種理論，到是實事求是的。我現在且依據印度大乘的主張，并參以自己的意思，對於他們（反對者）所疑慮之處，一一加以解答，如下。

一，汝計一切法，非是刹那頃纔生即滅者。果如汝所計，則宇宙萬象，應該都是常住的了。然而現見世間沒有暫住的東西。凡物有成必有毀。（成，謂一切形物之凝成。毀，謂壞滅。）有生必有死。有盈必有虛。（盈者盈滿。虛者衰絕。）有聚必有散。（凡物由多數分子互相集合而成，曰聚。凡物傾壞，曰散。）這個諸行無常的公理，是分明顯著，不可否認的。（諸行猶言萬物。行字詳本章首段。）汝為甚麼怕聞滅之一字呢。

二，如汝說，並非不信諸行起已當滅。只是不信諸行纔起即滅。這種思想，確是極大的錯誤。依照汝所計，諸行非是纔生即滅者。即諸行生起已，雖不常住，而至少必有暫時住，後乃壞滅。汝意只是如此。吾今問汝，若諸行生起已，得有暫時住者。為是諸行的自力能住耶。為是諸行非自力能住，必待他力而後住耶。如此二計，皆將成過。何以故。如謂諸行自力能住，則彼應常住不壞。何故只暫時住，而不得常住耶。如許諸行因他力得住者。既離諸行之外，無別作者，可說為他。（作者猶云造物主）誰為諸行作住的因呢。準前所說，諸行自住及因他住，二義俱不得成。故知諸行定是纔生即滅，沒有暫時住的理由可說了。

三，如汝說，雖無作者為諸行作住的因。但是，諸行生起已，亦未遇着毀壞他（諸行）的因，所以該行得住。如果遇有毀壞的因來時，諸行方滅。例如黑色剛硬的鐵，（以下省言黑鐵）由有火為壞因，黑鐵便滅。赤色軟熟的鐵，（以下省言赤鐵）方乃新生。若壞因（謂火）尚未至的時候，則黑鐵得暫時住。汝執定此說，維持其元來的主張。只是錮於膚見，不究理實。世俗以為凡物之滅，必待有壞因而後滅。若未逢壞因，即得暫住。此實錯誤。須知，就凡物言，則凡物不能無因而生。（即以物的本身自有力用現起，假說為因。）但是，凡物之滅，却不待有壞因而始滅，只是法爾自滅。（法爾一詞，本之佛籍。猶言自然。）不可說滅亦待因也。大用流行，是至剛至健，至神至怪。其流行也，一刹那頃，頓起頓滅。刹那，刹那，恆是頓起頓滅，絕沒有一毫死板的東西滯積着。易言之，即沒有陳舊的勢用留存下去。而總是新新突起的。所以說，凡物之滅，原不待因。因為一切物，核實言之，只在大化遷流中。他（一切物）自身根本是刹那滅的，還待什麼因呢。世俗擬為，纔鐵之滅，由於有火為其壞因。殊不知，當黑鐵與火合，即是黑鐵壞滅的時候，也即是赤鐵生起的時候。（一剎那黑鐵滅，即此剎那赤鐵生。生滅時分，緊相接故，即不異時也。）據實而談，這火的功用，只是為赤鐵之起，作一種牽引。可以說火是赤鐵之生因。（火為赤鐵的生因，只是一種牽引。並不是由火能創造這赤鐵出來。蓋赤鐵之起，實由其本身自有力用。故藉火緣而得起耳。）不可說火是黑鐵之壞因也。黑鐵之滅，畢竟是法爾自滅，原不待因。易言之，即不由火壞滅之也。唯火之起也，則赤鐵與之俱起。若無有火，赤鐵必不起。由此，應說，火有牽起赤鐵之功用。世俗不知此火為赤鐵生因，而誤計火為黑鐵壞因。眞是倒見。或復難言。如謂黑鐵不由火為壞因，故滅者。然世現見黑鐵不與火合時，黑鐵便住。及遇火台，黑鐵才滅。據此。黑鐵之滅，若非火為壞因者。云何黑鐵不與火合時，竟不滅歟。答曰。黑鐵不與火合時，汝見其不滅耶。實則黑鐵剎那滅故。汝不覺知。如前一剎那，黑鐵滅已。後一剎那黑鐵，確是新起。而與前黑鐵，極相似故、汝先後所見不異。便謂前黑鐵猶住至後耳。或復問云。誠如公言。黑鐵剎那滅，不由火為壞因者。現見黑鐵與火合時，但赤鐵生。黑鐵遂不復起。可見此火，仍是黑鐵的壞因。答曰，火為赤鐵生因，如前已說。黑鐵滅已，後不復起者。由黑鐵遇火為緣，起變異故，赤鐵得生，黑鐵故不復生。二法是相違異的。無有於同時，同處，得有二法並生故。（二法謂赤鐵和黑鐵）然前剎那黑鐵之滅，是一事。前剎那黑鐵滅已，後剎那有無黑鐵復生，又是一事。此二事，不當併為一談。今謂火於黑鐵為緣，能牽令赤鐵生起。同時，即無前黑鐵復生之可能。是事誠然。但若謂前剎那黑鐵之滅，由火為壞因。此則違理。黑鐵本不是常住的物事。雖不遇火或其他的東西為緣，而實剎那剎那，恆自滅故。總之，凡物之滅，皆不待因。這個道理，須深切體認，而後覺義味深遠。大化流行，剎那剎那，蛻其故而創新。一切物，都在蛻故創新的歷程中。所以，凡物之滅。只是法爾不得不滅，非是要待什麼因而後滅的。既滅不待因，所以說，凡物剎那纔生即滅。（因其滅也，本無所等待故。）

四，如汝說，一切法得暫住，定非纔生即滅者。吾且問汝。依汝所計。一切物容暫住，終當有滅。若滅已，得相續起否。若不承認凡物滅已，得續起者。汝便墮斷見。若承認凡物滅已，得續起者。汝則不應說一切物容暫住。所以者何。當物暫住之時，卽是造化蛻故創新之機，已經中斷。如何得有續起的物事耶。據此說來。若許凡物相續起者，便應許凡物纔生卽滅。刹那刹那，前前滅盡。後後新生。化機無一息之停。故萬物得以相續起而不斷絕也。（繙者按，印度佛家，說刹那滅義。並未着重化機不息的意思，只顯無常而已。本論明示化機是活潑潑地，却別是一種精神。）

五，如汝計，凡說一切物纔生卽滅者，卽是偏從滅的一方面看去。易言之，只見爲諸法滅盡了。可謂墮入邊見。（邊者，偏執義。偏執滅故，卽偏執之見。）汝作是計，只是不了我所說義。應知，如我所說，刹那刹那，滅滅不住，卽是刹那刹那，生生不息。生和滅，本是互相涵的。說生，便涵着滅。說滅，便涵着生。前面說過，變化是循着相反相成的法則。我們談到此處，仍用一，二，三，來表示這個法則。如前一刹那，新有所生，就是一，而此新生法，卽此刹那頃頓滅。此滅，就是二。二（謂滅）是與一（謂生）相反的，後一刹那頃，又新有所生，此便是三。這三，不卽是一。却是根據一而起的。而與二相反。但是，到了三的時候。也還如前之一。亦自有個相反的，如前所謂二，（卽又有個滅了）乃復有反，如同此三，（卽又有個生了）如此說來。刹那刹那，生滅滅生，無有窮極。因爲方生方滅，方滅方生，才成變化。所以說，生和滅。是相涵的。是相反相成的。談生卽有滅在。談滅，卽有生在。然而我甕着重談滅者。必知滅，而後知生而不有。而後見生生不息之妙。（若生而不滅，則化機便滯而死矣。）或復問言。依一二三的式子衍下去，生已便滅。滅已續生。豈不成爲循環耶。答曰。大化流行，實無所謂循環。刹那刹那，生滅滅生。卽刹那刹那，都是創新，而不用其故。根本沒有重規叠矩的事情。一二三的式子，正以表示造化之不守故常。如何妄計爲循環耶。但是，從大化所詐現之迹象上看。則續生之法，或與前法有其相似。幾乎可說爲循環。其實後法於前，亦只是相似而已。不可說後起是將前法重叠一番也。

六，如汝計，若一切物皆刹那刹那新生者。云何一般人於此刹那頃新生的物事，而竟看做爲舊有的物事。汝這種疑問所由起，只是執其粗迹，而不究其隱微。前面說過，一切物由刹那滅故，才得相續起。如某物，前滅後起的時候。若不遇新的異緣，則後剎那續起者，恆與其前物相似。例如前所舉黑鐵，方其未遇火爲異緣。卽此黑鐵，於前剎那滅已，而後剎那續起者，仍與前黑鐵極相似。在此等情形之下，便名爲相似隨轉。（中譯佛籍，多訓轉爲起。此借用之。似前而起，名相似隨轉。）由相似隨轉故。所以，對於現前一剎那頃新生的物事，而仍當作舊有的物事來理解他。實則，凡物都不是兀然堅凝的連持下來。易言之，卽不是有獨立的自體，由過去至今，一向任持不捨。須知。凡物於每一剎那，都是蛻故創新。前剎那突起，卽便壞滅。後剎那續生，亦復不住。如現前某物，（若筆和硯等）吾人見爲猶是前物。其實，此物，前前滅盡。現在一剎那頃，續起的物，極似前物。故見爲前物耳。或復難言。若一切物皆剎那剎那生滅相續者，云何不可覺知。答曰。這種變化，至極微妙。至極迅速，所以不可覺察。汝若以不可覺察故，卽不肯信剎那剎那生滅相續者。吾且問汝。如汝身體，息息新陳代謝，猶自視爲故吾。却未嘗以其不可覺知，遂否認新陳代謝作用。一切物，剎那剎那生滅相續，不可覺知，又何足怪。

七，如汝計，凡物之初起，必皆有暫住的時候，決非初起卽變異者。此實無有理據。若果如汝所計，則一切法，應有定形。所以者何。因爲一切法初起，旣能住而不滅，便是有定形的東西，卽不能由一狀態，轉爲另一狀態。（此云轉者改變義）然而一切法，事實上都是剎那剎那滅故生新。而此新故遷移，只於冥冥中密密的運行。旣不可尋其最初的端緒，更不可索其最終的邊際。根本沒有定形可得。例如由乳可至酪。這乳，顯然不會有他的定形。如有定形，他決不會改轉成酪了。這乳，所以無定形者。就因他（乳）初起卽變，根本沒有暫住。所以不會有定形可任持着。或復難言。由乳至酪者。以先經相當熱度，後經冷的空氣等等異緣，故乳轉變成酪。若乳不遇異緣，則能暫住而任持其定形。此難，亦不應理。應知。熱度等等異緣，雖爲由乳轉變成酪所必需備具的條件。但是，乳的本身，是否堅住而有定形，是否爲一成而不可變，這個問題，確是特別重要。如果乳是能暫時堅住的，那麽，他就是有定形的東西。他旣已任持他的定形，卽是一成不變的東西，縱有任何異緣，也不能令他轉成另一狀態。易言之，卽無法轉變成酪了。因爲乳的本身，是纔起卽滅。易言之，卽剎那剎那變異。乳中沒有定形可任持。根本不是一成不變的。所以，他（乳）須有異緣，便可轉爲另一狀態，即是可以成酪了。我們要知道，由乳至酪，決非可以一蹴而至。中間經過無盡刹那生滅，相似隨轉。唯其相似的程度，則刹那刹那，隨其所逢之緣，如熱度等等，逐漸微異。大概後一刹那續生之乳，與其前一刹那之乳，決定無有全肖者。及至成酪。則由前此許多刹那逐漸微異之遞集，至此，而乃顯其特異，即是成爲酪了。世俗於此不察，以爲乳之初起，便能留住不滅。後經多時成酪，乳相方滅。不知成酪以前之乳，已經無量刹那生滅，原非一物。特在成酪以前，其相似程度，未驟形其懸殊。故謂乳從初起便暫住而任持其定形。其實，這種看法，純是一種錯誤。

八，如汝計，凡物得由此移轉至彼，是名爲動。如桌子，由室之東隅，移轉至西隅。以及天體的運轉，寒暑的往來，乃至一切一切，不可勝窮的，動的現象。是彰明不可否認的。一切物既都不是不動的東西，那麼，一切物便非纔生即滅。如果凡物生已，不會暫住，那就根本沒有物了。既已無物，憑何來說動呢。據一般人的信念，以爲，沒有物質的動，是不能想像的。沒有動的物質，也是不會有的。所以，有物即有動可說。因此，便無法否認一切物之存在。也就無法承認一切物是纔生即滅的主張。汝持這種說法，只由不肯深窮眞理，故陷於謬誤而不覺。須知。汝所謂動，只是一種移轉的意義。這個移轉，在世俗之見，以爲是有個實物，才移轉的。並且有其在空間上和時間上的經過的。又且一經移轉，物的狀態，即有一彼一此之不同的。例如桌子，於某時分，由東移到西。桌子的狀態，就因其移轉，而不必同於原來的樣子了。汝的意思，不過如此。我若隨順世間情見，並不否認汝的說法。但是，汝若把物，看做是唯一的實在的。那就大錯而特錯了。前面已經說過，凡有，必以無爲本。凡可象，必以虛寂爲極。虛寂故無所滯。雖顯現爲萬象，而實泊然不離其本；斯即象而寂。無故未始有礙。雖顯現爲羣有，而實蕩然不失其宗，斯即有而無。肇公作物不遷論，明示於一切物，不看做是物。不見有物的動的相。可謂證眞之談。汝若依據日常生活的經驗，來推測宇宙。以爲，只有物質是實在的。遂不能於一切物而悟本無。（無者，無形而至神。是乃物之本體。若能於物，不作物想。而澈悟物之本體。即是於物而悟本無。）不能於一切物而證虛寂。（虛寂與無，非二也。言其無形則曰無。言其沖遠而無擾動相則曰虛寂。虛寂與無，皆對指物之本體而言也。）這樣，便見有物，便見有物的動的相，即已無法見眞理了。我們若是超脫世間情見，而唯眞理之求。將必悟到一切物，都不是實在的東西。世俗所見為實在的物，只是一種虛假相。一切物，在實際上說，都是刹那刹那滅壞，刹那刹那變異，那有實在的物可得呢。據此說來，一切物既非是實在的。而世俗所見為物之動，又如何解釋呢。須知。一切物雖不實在。而由刹那刹那，生滅相續，詐現相狀，宛爾推移，便見為有物是在動着了。其實，物質既非實。動相自是虛假的。我們只承認萬物是依着變化不息的過程，而假為之名。實際上無所謂物。更無所謂物之動。故汝欲以動，來證明一切物非是纔生即滅。這正是世俗迷妄的見解，非我所許。

九，如汝計，一切物若纔生即滅者，即是刹那刹那頓變，不由積漸而至。然世共見，諸法，皆由積漸而至盛大。如太空之中，泰初只是元氣布濩，混沌未分。今此太陽系統，亦不知經幾許時刼，分化，凝結，而後呈此粲著之奇。又如生物的官品，也都是由簡單而趨複雜。是見一切物，都是由漸變得來。汝持此論，適以證成我的說法。須知。一切物若初起即住，延持不滅者，便是一受其已成的定形，而無可復變了。更何所謂積漸而至盛大。唯其纔生即滅，無有定形可守。所以說，諸物是刹那刹那頓變的。過去的東西，沒有存留到現在。現在的東西，亦決不會存留到未來。每一刹那頃，都是頓變。造化就是這樣的新新不住。可謂奇怪極矣。然而諸物刹那刹那頓變，才得積漸而至盛大。因為前刹那物，纔起即滅。後刹那的物，緊接着前滅的物而續起，必較為增進些。譬如河流。前流方滅，後流續前而起者益見浩大。凡物生滅滅生而不已。所以進進益盛。（進進張橫渠語）假若初起便住，即已守其定形，何由漸至盛大。由此，應知，所謂一切物的漸變，確是基於刹那刹那的頓變，而後形見出來的。王陽明先生說，天地之化，合是有個漸的意思。這話是不錯的。但不要忽略，若非刹那刹那頓變，也無漸變可說了。朱子說，天地山川，非積小以高大也。（中庸章句）這是站在頓變的觀點上說。可謂深於知化。有人言。凡物不必捨故，而可以隨時添上新的東西。如過去的物事，點點滴滴的集聚起來，持

原书缺页

燼滅，遂又計爲斷，是起斷見。）這樣，都有過失。若執諸物初起便常住者，應無後物復生。若執諸物滅已便斷者，亦無後物復生。應知。一切物纔生卽滅。刹那刹那，故故滅盡，說一切物無有常。刹那刹那，新新突生。說一切物無有斷。一刹那頃，大地平沉，卽此刹那，山河盡異。這理不是希奇事。

十二，汝等難云，一切物事，皆得名之爲法。其所以名法者，以具軌持二義故。持謂任持。不捨自體。如頃寫字的筆，（他）筆能任持他的自體，而不捨失。故說持義。軌謂軌範。可生物解。（此中物者，人也。言一切事物具有法則，可令人起解。）我國的古詩有云。有物有則。此言一切物之成，都是具有法則的，不是混亂無條理的。所以，可令人對他（一切物）起解。如上軌持二義。確是吾人的知識所由成立的基礎。也就是科學所由成立的基礎。如果說。一切物是纔生卽滅的，是刹那不住的，那麼，一切物，根本不會任持他的自體。易言之，卽根本沒有物了。旣已無物，自無軌範可說。軌範必待物而始見。若無有物，卽無軌範可令人生解也。如此說來，吾人的知識決不可能。卽科學無安足處了。汝這番問難，是很有意義的。吾將有以釋汝之惑。一者。凡物刹那刹那，相續起故。雖無實物可容暫住。而詐現有物的相狀，倏然（分殊貌）宛然，（有物貌）不是空空無所有也。又復當知，物相紛綸，雖云詐現，而現有其物。卽物有其則。他（一切物相）旣不是空空洞洞的全無所有。（譬如電光的一閃一閃，詐現延續的光相。雖非實在的東西，却亦不是全無。）所以，也不是混混亂亂的沒有天則。這個，眞是奇妙難言。二者，吾人的理智作用，應日常實際生活的需要，常常是向外去找東西。所以，他（理智作用）不能理會造化的蘊奧。易言之，卽不能朗了一切物刹那刹那生滅相續的活躍的內容。他總是把捉那刹那刹那生滅相續所詐現的相狀。卽是將那本來不住的東西，當作存在的東西來看。於是設定有一切物，便許一切物都是能任持他的自體，且自有軌範，可以令人起解的。由此。知識非不可能。科學也有安足處。這個意思，我本想留待量論詳說，此中不及深談。汝欲以一切物具有軌持二義，來難破一切物纔生卽滅的說法。這是沒有理由的。

如上所說，凡物纔生卽滅，都無暫住。此理絕不容疑。有人說，宇宙間本來沒有永久的東西。只有暫時的是眞實的。（羅素來吾國講演）易學家姚配中說，一切事物是刻刻變化，只有暫時的存在。（見姚氏易傳，乾卦篇。此中引用，但本其意，而易其詞。爲便利讀者計，避免爻象等專門名詞故。）如此等說，俱未有眞見。實則一切事物，根本沒有暫住的。孔門傳授的易傳，有云。不疾而速，不行而至。可謂深入理奧。因爲一切事物刹那刹那變異。只是法爾如此。（法爾猶言自然。詳見前文。然不直用自然一詞者，以其意義近深故。）不是別有個大神的力，來使他（一切事物）很猛疾的變異。而他的變異，却是極奇妙的迅速。每一刹那頃，都不會停滯的。所以說，不疾而速。又凡物刹那刹那變異故。前物已滅，本不會行往於後。然後物續前而起。卽其前，雖無實物可以往後。而後時確有物新至，不會斷絕。所以說不行而至。孔子這種說法，自是精於察變。後來只有莊子，善發揮他的意思。莊子大宗師云。有人怕舟失掉了，把他（舟）潛藏在險固的幽壑裏。怕山失掉了，把他（山）潛藏在淵深的大澤裏。這樣，可謂藏之甚固。舟和山不會有壞失之虞罷。然而夜半的時候，（喻冥冥中也）居然有大力的怪物（喻變化）將那藏在幽壑裏的舟，與藏在深澤裏的山，一齊負着，疾走疾走，杳然無蹤。（喻變化神速，不可得其端倪。）舟和山，都不知所在了。（凡物皆刹那纔生卽滅故）這段話，極富理趣。後來只有郭子玄解釋得好。他（郭子玄）說，有一種無力的力，才是很大的力。這個，就是變化。（謂之無力的力者，非可說爲造物主故。）變化的力，是能揭天地以捨故趨新。故的東西，決不會有暫時停住，忽然已是新起的物事了。天地萬物，無時而不遷改。世間瞬息創新，而人或見爲舊。舟和山，瞬息變易，而人或視之若前。我與某甲纔一交臂頃，某甲便已逝去了。卽我亦不是故我了。而世人於此，皆莫之覺。謂現前所遇，皆可繫戀，以爲是存在着的。豈非大惑不解耶。由上所述，我國先哲的話。可見關於凡物刹那纔生卽滅的見解，是與印度佛家不期而遙契的。有人說，這種理論，還不能得到證明。有人說，確已迎着證明時期的曙光了。近代物理學家，豈不承認物質已消滅了嗎。

綜前所述，我們解析變化的內容，於一方面，說翕和闢。又於一方面，說生和滅。因爲闢，是流行無礙的一種勢用。所以，是刹那纔生卽滅，無有暫住的。翕，是收攝凝聚的一種勢用。雖詐現物相，而實非固定的質礙的東西。所以，亦是剎那纔生卽滅，無有暫住的。如此說來，翕和闢，都是儵忽生滅。好像空中華一般。因此。有許多哲學家，對於宇宙的看法，頗不一致了。如印度的佛家，便把生滅的世界，說爲無常，而隱存呵毀。因有厭離，或超脫的意思。（小乘直是厭離。大乘別是一種超脫的觀念。）他們（印度佛家）以爲生滅的萬法，是依着不生不滅的實體而有的。順流，則惑著紛紜。（順着隨順。流謂生滅。）證本，則一極寂靜。（本，和一極，並謂實體。）所以，有超越生滅，而安住不生滅的實際的嚮往。（實際卽實體之別名）我國孔家哲學的思想，則以爲，絕待的太易，舉其全體而顯現爲分殊的大用，或生滅的萬象。（此中太易，卽實體之異名。生滅，卽謂翕和闢，都是生滅滅生而不已。故言生滅，則翕闢不須另舉。）卽於生生不息，而見爲至誠。（生滅滅生，卽是生生不息。至誠，亦實體之別名。此非超越生生不息的萬象而獨在。故於生生不息的萬象，直作至誠觀。便於相對中見絕對。）於流行而識得主宰。（準上可知）因此。不言超脫，而自無不超脫。不起厭離，則以本無可厭離故。觀法無常，而日新盛德，於是可見。（孔子易傳說，日新之謂盛德。大化流行，時時更新，故曰日新。）滅故所以生新。大化無有窮盡。森然萬象，皆一眞的顯現也。（一者絕待義，不與二對。一眞卽謂本體。）我嘗說，識得孔氏意思，便悟得人生有無上的崇高的價值，無限的豐富的意義。尤其是對於世界，不會有空幻的感想，而自有改造的勇氣。

有人說，我的新唯識論，是援儒入佛的。這話，好像說得不錯。其實，個中甘苦，斷不是旁人所可知的。我從前有一個時代，是很傾向於印度佛家思想的。我的研究佛家學問，決不是廣見聞矜博雅的動機。而確是爲窮究眞理，以作安心立命之地的一大願望所驅使，我嘗問無着和世親一派之學於歐陽大師。也曾經服膺勿失的。其後，漸漸離開百家之說。佛家和其他（連孔家也在內）一概不管，只一意反己自求。我以爲，眞理是不遠於吾人的。決定不是從他人的語言文字下，轉來轉去，可以得到眞理的。所以，我只信賴我自已的熱誠與虛心。時時提防自已的私意和曲見等等，來欺蔽了自己。而只如陳白沙所謂措心於無。（卽是掃除一切執着與迷謬的知見。令此心廓然，無有些子沾滯。）如此，乃可隨處體認眞理。久之，我所證會者。忽然覺得與孔門傳授之大易的意思，若甚相密契。因此，才把舊日所依據無着和世親一派的主張而造作的唯識論，全毀其稿。又發改造新唯識論，以救其失。我之有得於孔學，也不是由讀書而得的。卻是自家體認所至。始覺得和他的書上所說，堪為印證。這個甘苦，也無法向一般人說了。我於佛家，所極注重的經典，莫如阿含經（涵養的工夫，有可與孔門相通處。）大般若經（掃除一切錮於習染的知見。及於一切物，無所取執。）涅槃經（破一切所執已。始直指一切法的真常的本體。）華嚴經（此經於現前所見的一一物事，皆說為神、就是泛神論的意思。又示人以廣大的行願。又是入世的思想，佛家演變殊繁，此經別具特色。）這幾部經，都與孔家的大易，有可以融會貫通的地方。（注意有可以三字。非全同。）我想將來別為論述，此中不及詳談。一般人說我是援儒入佛者，這等論調，是全不知道學問的意義和甘苦。須知。此理，不是可以隨便援這家入那家來說的。我嘗語諸生云，學者自家做窮理工夫，卻要尋着根本問題。次第引生許許多多的枝節問題，相引以至無窮。吾人解決此等問題，常有賴於平日所讀百家之書，藉資引發。久之，豁然貫通。自家思想，成了偉大的體系。亦自覺得，對於百家之說，或有所同，或有所異。或於衆異中有一同。或於衆同中有一異。或於小同中有大異。或於小異中有大同。然無論同異如何。而自家思想，畢竟不是浮泛或駁雜的見聞所混亂湊合而成的。（此處吃緊）畢竟是深造自得的。畢竟是自成偉大的體系的。到此境界的時候，出口說話，自可貫穿百氏，辨異取同。左右逢原。不存彼此的封畛。此方是觀其會通。此方是蹈於大方。此方是契會真理而無私家門戶見。但此等境界，又的的確確與俗學為比附之說者絕不相侔。此意自難為一般人說得。因論儒佛二家的宇宙觀不必同，而縱言及此。似傷枝蔓了。（繙者按，熊先生說及此時，初不主錄入本書，繙者以為錄入亦好。）

有人問，翕和闢，剎那剎那，生滅滅生，是名大用流行。（大用，亦云功用。）此功用，是渾一的，如何成為各別的個體。答曰。恆轉顯現為功用，本是渾一的全體。但是所謂渾一，並不是一合相之謂。（一合相，借用金剛經語。相者相狀。一合者，謂其混同為一，密合而無分化。）而確是萬殊的。是重重無盡的。但互相涉入，而成為渾一的全體。以圖式表之如下。

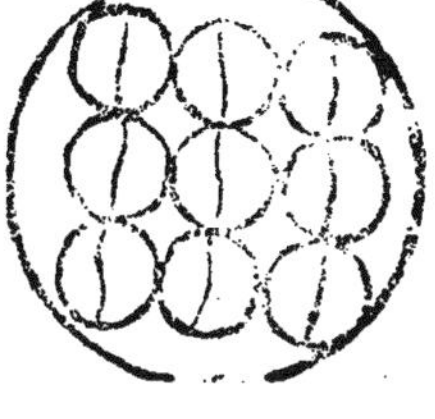

圖中每一○，表示一個功用。此一個功用，卽是具有一翕一闢的兩方面。故○內作∫，以表翕闢。◯和◯相銜者，顯示互相涉入，不可分隔也。然而如上所言，雖明功用是萬殊的。但若就物言，則每一個體，當具有無量的功用。譬如張人，或李人，以及桌子，几子等等。他們各各是一聚無量的功用。今試問某一聚無量的功用，何以互相攝持，而成爲個體。這個道理，我在此不欲談。容俟後面（成物章）再說。

我從前的筆記中，嘗究明變化的道理，略說以三。其一曰，變者，非動義。（變化一詞亦省云變）動者，移轉義。是先計有空間和時間，竝計有個動的物。卽由具有質量的東西，依其在空間上有所經之距離，和時間上有所歷之久暫，而由一狀態，遷移轉化爲別一狀態。如此，便叫做動。今此所謂變者，係剋就大用流行而言。此是超時空的。易言之，時空的形式，是與物質界俱時顯現的。而在這大用流行的觀點上說，卻是完全沒有時空的。他（大用流行）根本不是具有質量的東西，卽不可當做一件物事來猜擬。所以說，變非是動。我們若以動的意義，來理會這個變，那就要墮入千重迷霧了。孔門傳授的中庸一書，有曰，不動而變。這句話的意義，是很深遠的。所謂變，是要向無物之先，去理會他。（此語吃緊。但所謂無物之先的先字，不是時間義。不是說宇宙有個無物的時候，在變化的開端之前。而只是要把世間所計執爲有物移轉的觀念，遣除淨盡。所以，義說無物之先。）不曾有物移轉，而法爾有這樣奇妙的變。（法爾一詞見前）吾國先哲所謂神化的意義，就是如此。（神者，理不可窮，妙不可測，故說爲神。非宗教家所云上帝也。）大凡唯物論者，聞我所說變，不是動的意義。都會驚怪的。他們談變，總是計有物界，而說一切物的質和量的遷移轉化，名變。（他們有量變質，及質變量的說法。）殊不知，這樣的說法，只是見爲有物移轉，只是俗所謂動。而實不當謂之變。縱許他們的說法，不是全無科學上的根據。但是，科學是不能直接體認那流行無住的變。而只是抓住着無住的變，所詐現之迹象，當作存在的東西來理解他。謹嚴的科學家，當然會嚴守科學的範圍，不至挾一萬能之見，以武斷一切也。須知。有物移轉，還是一個機械觀。如果把物的移轉，看做是活躍躍的變，那就迷謬不堪了。譬如一種機器的動。我們從他的動相上看，他也是活躍躍的。但如看穿了他只是一副機械在那裏轉動。才曉得他是死東西了，一絲兒活氣也沒有了。有些唯物論者，自詡深於談變，並反對機械觀。殊不知，汝等旣是有物移轉的觀念。又如何不是機械觀呢。又何曾窺到變呢。變，是要向無物之先去理會。所以說變，非動義。

二曰，變者，活義。我們如果曉得變，不是俗所謂動的意義。不是有物移轉的意義。那麼，就可知道變，只是活的意義了。但此所謂活的意義，是極深廣，極幽奧，極難形容的。我們只好略陳下之六義，以見其概。一，無作者義，是活義。（作者猶云造物主。印度外道，有計大梵天爲作者，有計神我爲作者，佛家皆不許。中國儒道諸家的思想，亦皆遮撥神教，皆不承認有作者。）若有作者。當分別他的自性是染汚，抑是淸淨。作者的自性是淸淨的，他決定不會作出染汚的物事來。作者的自性是染汚的，他決定不會作出淸淨的物事來。然而世間現見衆生有染有淨，究是誰之所作呢。又若有作者。當分別他是恆常的法，抑是無常的法。如是無常法，他就不應名爲作者。因爲他同一切所作的物事，同是無常法的緣故。如是恆常法。他便無有作。以其體是恆常，故無造作。若有造作，便非恆常，仍墮前所說無常法不應名作者之過。又若建立作者，以之成就萬有。卽此作者，亦非不待成就。應更建立一更高的作者。如是展轉相待，便墮因明所謂無窮過。又若由作者，肇造萬物。他應該預定模型。並須用作具。如此，則作者，也是很呆笨的守着一定的方式去作了。返復推徵。作者義不得成立。因爲變，不是有個作者來造作的。所以說變，才是活的，是不受任何的限定的。二，幻有義，是活義。爲甚麼說幻有呢。前面已說，變，是沒有作者來造作的。旣無作者，如何起變。他不是從空無而起的。

無不能生有故。應知。雖無作者。而法爾本有功能，亦名恆轉。由此恆轉，顯現爲大用流行，卽說爲變。今就變來說。他的動勢（卽所謂翕和闢）純是剎那剎那詐現的，決沒有暫住的。他（變的動勢）的本體，卽是恆轉。若離開恆轉來說，他是沒有自體的。所以，把變，或變的動勢，說爲幻有。（俗所謂心和物，都依此動勢而立稱，那有實在的東西。）這裏幻有一詞的涵義，本不涵有好和壞的意思。這個詞語，是表示事實如此。因爲變，只是這樣的幻有，我們就目他以幻有。用不着參加好和壞的意思上去。從前理學家，最怕把萬有說爲虛幻。殊不知，所謂幻有，確是事實如此。何須怖畏。尤復當知，幻有，才是活的。譬如雲峯幻似，剎那移形，頓滅頓起。譬如風輪乍轉，排山蕩海，有大威勢。你看幻有的物事，是這樣活潑潑地，何等詭怪呢。三，眞實義，是活義。前面，尅就變或變的動勢而言，則說爲幻有。這是一方面的看法。但如深透他（變或變的動勢）的源底。他卽是絕對的恆轉之顯現。易言之，恆轉卽是他的實體。因此。我們便從他的實體上理會，說他是至眞至實的。宇宙間，只有眞實的物事，才是亘古亘今活躍躍地。所以說，一華一法界，一葉一如來。這種無窮的靈妙的神趣，非天下之上智。誰能領會及此啊。（法界和如來二詞，皆用爲絕對眞實之代語。一華一葉，莫非全眞，莫非至神。）四，圓滿義，是活義。萬變不齊，一切都是至眞至實的，全的顯現。所以，隨舉一事一物，莫不各各圓滿，都無虧欠。譬如大海水，顯現爲衆漚。每一漚，都以大海水全量爲體，毫無虧欠。莊子說，秋毫比較泰山不爲小。泰山比較秋毫也不爲大。因爲泰山的實體，是絕對的，全的。秋毫的實體，也是絕對的，全的。秋毫和泰山，各各圓滿，有甚麼小大可分呢。小大只存乎吾人的情見，非可與眞理相應也。王船山先生說，大化周遍流行，是無往而不圓滿的。譬如藥丸。（藥丸，是和合百味的藥而成的。）隨拋一粒丸子，總是味味具足的。此說很有見地。這個道理，隨處可徵。卽就文字來說。一字中持一切義。一名中表一切義。如一人字，必含一切人，及一切非人。否則此字不立。故言人字時，卽已攝持全宇宙而表之。不能析爲斷片，謂此唯是此而無有彼也。若眞可析，則非圓滿。以不可析故。圓滿義得成。我們說，億萬刼，攝在一剎那。無量涵於微點。這話毫不希奇。隨在，無非圓滿。所以說之爲活。五，交徧義，是活義。恆轉，旣已舉其全體，顯現爲萬殊的妙用。喻如帝網重重。（帝網一詞，係佛家經書中的典故。據說，天帝的冠冕，以珠結網，重復一重。卽爲極多重數的網，互相遍布也。此可以喻無窮的妙用的分殊相。）所以，衆生無量，世界無量。據常識的觀點來說，好像宇宙是一切人共同的。其實大謬不然。各人自有各人的宇宙，但互不相礙。如我與某甲，某乙，同在這所房子裏。實則我是我的這所房子。某甲，是某甲的這所房子。某乙，又是某乙的這所房子。我們三人的房子，並不是同一的。如我坐在這所房子的中間，某甲站在西隅，某乙臥在東窗下，三人所見的這所房子，各各不同樣式。卽令三人成排的站在中間，各各所見，也不能相同的。又如我，對於這所房子，很感覺得寂曠虛寥。某甲，或與我適得其反。乃至某乙之所覺，又不同於我和某甲。如此，可見這所房子，不是三人共同的。或有難言。你們三人所見的房子雖不一。但是，這所房子的本相，或者是一的。只由你們各自識上，仗此房子所現的相，成爲各別了。這樣說來，這所房子的本相，仍不妨說爲三人共同的。答曰。這所房子的本相，是一，是多，也很難說。如說是多。若離開三人仗他（房子）所現的相而外，要更進一層，來證明他的本相是多，卻無從去找證據了。如說是一。而三人仗他所現的相，確是不一了。因此。我們如果假定這所房子是有他的本相。那麼，他就是亦一亦多的。換句話說，他是多不礙一，一不礙多的。我們不要偏執他的本相是多，也不要偏執他的本相是一。至若就我們各自識上仗他所現的相而言，那就顯然各有各的房子，不能說是一了。然各人的房子，同在一處，宛然似一。仍是多不礙一。總之，衆生無量，宇宙無量，這是不可測度的道理。很詭怪的，就是這無量的衆生，或無量的宇宙，各各偏滿於一法界，互不相礙。（此中借用一法界一詞，猶云大宇宙。乃爲言說方便而假設之詞。）譬如張千燈於一室之內。這千燈的光，各各偏滿於此一室，互不相礙。所以說爲交偏。大用流行，至活而難擬議，卽此可見。六，無盡義，是活義。無窮的妙用，卽是絕對的眞實的顯現。這個是不憂匱乏的。易傳說爲生生不息。又說，德盛化神。後儒說爲不容已。不容已三字，形容造化，最妙。（造化一詞詳前）眞實的流行，自然是不容已。他是法爾萬德具足。無有所待的。如何可已。力用盛大，不容已故，卽無竭盡。故說無盡。無盡才是活的。如上，略說活義粗竟。

三曰，變者，不可思議義。此云不可，與言不能者，大大的不同。亦與言不必者，迴異。若云不能思議，則只是不能而已，非有所不可也。若云不必思議，則有姑置之意，更無所不可也，今云不可思議。此不可兩字，甚爲吃緊。欲明不可之由，必先解說何謂思議。思者，心行之謂。議者，論議之謂。心行者，心之所游履曰行。此心，思考一切義理時，多方推度，如游履然，故云心行。論議者。不必出諸口，著諸紙墨，始稱論議。凡在思考中，一切推窮，辨析等等，都應叫做論議。總之，思議，是發自量智。（量智見明宗章）量智，是從日常生活的實用中練習出來的。所以。憑量智來思議的時候，他總要作種種構畫。這種種構畫，自然不免有許多臆測和亂猜的地方。卽令本實測以遊玄，運思有則，避免了多少臆測和亂猜的思議。而他畢竟不能深入所思議的物事的底蘊。至多，只能作一概然之想，以爲他大概是如此如此的罷。我們誠然不可不信賴我們思議的能力，曾經發見許許多多的道理。但亦不可把思議的能力，推崇得太過。萬物的本眞，造化的祕奧，畢竟不是思議所可相應的。我們以無倒妄的思議，來窮究所謂變。大概可得到兩個原則。一曰，一，故神。此所謂一，不是算數的一。却是絕對的。卽以一，來表示實體。因爲變，是實體的顯現。由絕對的一，而顯現爲無窮的萬殊的變。所以說爲神。若非是一，卽是有待的東西，便不能現爲無窮的勝用。二曰，兩在，故不測。此中兩在一詞，卽顯變，不是單純的勢用。如翕和闢，及生和滅，都是同時現爲兩方面，而相反相成的。唯其詭異如此，所以說爲不測。我們憑思議，來了解所謂變，只能得到上述兩個原則。但是，這裏所說的兩個原則，也只是作一個概然的測度，以爲大概是如此如此的。至於變的實際，並非思議可以與之相應。尤復須知，我們研窮道理，到極至的地方，是絕無道理可說的。可是，我們的量智作用，一向熏習於實用方面而發展出來。恆是持着向外找東西，或種種構畫的態度。他總是不安於無道理可說，卻要從多方面來尋找道理，思議就是如此的詭怪。試就上述第一原則，作如下的思議，實體是絕對的，爲什麼要顯現爲無窮的萬殊的功用，或變呢？這正是無道理可說的。越思議，越要糊塗。又試就上述第二原則，作如下的思議，所謂變，必定是有個翕和闢，及生和滅，兩方面的相反相成。他（變）既不是別有個作者使之然，何故，能如此呢。這也是無道理可說的。

他法爾如此。我們就說他是如此。若更要層復一層的去找道理。終歸無道理。越思議，越要糊塗。須知。窮理到極至的地方，是要超脫思議，而歸趣證會。證會一詞，其意義極難說。能證卽所證，冥冥契會，而實無有能所可分者，是名證會。這種境界，必須滌除一切情見，（凡知見之不能與究極的眞理相應者，皆名情見。）直任寂寥無匹的性智，恆現在前，始可達到。（寂寥，無形貌，及虛靜貌。無匹者，絕待義。性智卽是吾心之本體，故云無匹。）我們說到變，已經窮至萬物的本眞，和造化的祕奧，眞是窮理到極至的地方。如果向這裏馳逞思議，或尋找道理。不但無法透入實際，還要無端的加增許多不相干的迷惘。所以說變，是不可思議的。這裏只有證會，才相應。從來儒者所謂與天合德的境界，（儒者所言天字，皆用爲實體之別名。非謂造物主。）就是證會的境界。吾人達到與天合一。則造化無窮的蘊奧，皆可反躬自喻於寂寞無形，烱然獨明之地。而非以己測彼，妄臆其然也。（用思議來測變，便是把他當做外面的道理，來推測他。是謂以己測彼。今此證會的境界，便見得這個道理，不在我的外面。當下默然自喻，故與以己測彼者，絕不同途。）證會，才是學問的極詣。思議，畢竟是膚泛不實的。或有問言。如公所說，思議遂可廢絕否。答曰。我並不曾主張廢絕思議。極萬有之散殊，而盡異可以觀同。（盡者窮盡）察衆理之通貫，而執簡可以御繁。研天下之幾微，而測其將巨。窮天下之幽深，而推其將著。思議的能事，是不可勝言的。並且思議之術，日益求精。稽證驗，以觀設臆之然否。求軌範，以定抉擇之順違。其錯誤亦將逐漸減少。我們如何可廢思議。不過思議的効用，不能無限的擴大。如前所說，窮理到極至處，便非思議可用的地方。這是究玄者所不可不知的。或復難言。如公所云，變，是不可思議。卻已思議他了。如何復言不可。答曰。我們憑量智來思議所謂變。縱是無倒妄的思議，也只能作一個概然的測度，以爲他，大概是如此如此的。畢竟不能親入他的底蘊。易言之，任思議來測變，所得畢竟膚泛。譬如一杯熱水在此。我們也可思議他是熱的。但其熱度淺深的意味，則非親飲者不知。由此，可見，變的實際，是要證會，方才眞解。若只任思議，便不濟事。本來，證會，是要曾經用過思議的工夫，漸漸引歸此路。（證會）唯恐學者滯於思議之域，不復知有向上一機。所以說不可思議，不可者，禁止之詞。戒其止此而不更求進。故言不可，以示甚絕。常途以不可思議一語，爲莫明其妙的神祕話頭。若作此解，便非我立言的意思。總之，我們誠欲於流行，而識得寂然之體。及於虛靜之中，而驗夫翕闢之萌，與無生而生，滅卽不滅之幾，倘非反己證會，何由可得實解。我在前面（唯識章上）已經很詳悉的說明了宇宙萬有，不是離我的心而獨在。易言之，卽我人和宇宙，不是各有本原。由此，可見，萬物所以生成的道理，只要返在自心體認。（體認猶言證會）阿含經所謂身作證。就是在己身上，實證這個道理。不同於思議的膚泛。可是，證會的意義，向人道不得。王陽明先生云。啞子吃苦瓜，有苦不能說。你若要知苦，還須你自吃。可謂善譬。（如何得到證會，量論當詳。）

本章主要的意思，略說如上。現在要將印度佛家唯識大旨，稍加論次。印度佛家的立說，大概以人生論爲骨幹。（他們對於人生，偏有一種特殊的感觸。）卻把本體論，或宇宙論，及認識論，都包含在人生論裏面來說。大乘空宗諸師，宗大般若經，而造中觀等論。他們掃蕩一切迷謬的知見，令人自悟空理。（空者，遣除淨盡義。一切迷妄分別都空故，眞理方顯。卽由此義，名眞理爲空理。此卽本體之別名。）其所持說，大抵偏於本體論，及認識論等方面者爲多。也可以說他們只是站在認識論的方面來說話。雖則，他們的本意，是在顯示本體。但是，他們不同亂猜的哲學家，妄構本體是如何如何的東西。而只是破除一切迷謬的知見，直使見盡情亡，庶幾自識眞理。（見盡者，妄見斷盡也。情亡者，虛妄分別俱泯也。眞理卽謂本體。）所以說，他們只是站在認識論的觀點上來說話。外道有許多解釋宇宙的見解，他們一切遮撥。因此。不欲對於宇宙予以解釋。只令人掃除一切知見。卽於宇宙萬象，不作宇宙萬象看，而直見爲眞如。（眞如卽謂本體）這就是空宗的大旨。其後，有宗鉅師，如無着，世親，始唱唯識論。無着作攝大乘論，以藏識中種子，爲一切物的因。（藏識後詳）這裏才有解釋宇宙的說法。無着之弟世親，作三十唯識頌等。始有較精密的宇宙論。今敍次其說。一曰現界。二曰種界。三曰眞如。先談現界，略以二義。一，他們所謂現界，是衆生各各別具的。並不是一切人所共同的。二，他們所謂現界，不是一個整體，而是析爲各個獨立的分子，卽所云八識是也。八識者。一，眼識，了別色故。二，耳識，了別聲故。三，鼻識，了別香故。四，舌識，了別味故。五，身識，了別觸故。六，意識，了別一切法故。七，末那識，向內計執藏識爲自我故。八，藏識，含藏無量種子故。每一人，皆具有此八識。而每一識，又不是一整體，復析爲心和心所。（心上所有的各種作用，名爲心所。）心是一，爲多數心所之統攝者。心所乃多，而同依一心，成爲一聚。如眼識，由心，與其多數心所，合成一聚，名曰眼識。耳識，乃至第八藏識，均可類推。如上所述。八個識，各各析爲心及心所。乃復將每一心，析爲二分，曰相分，見分。（相分，相當於俗所謂物。見分，相當於俗所謂心。更有內二分之說，但可併入見分，故不別談。）並將每一心中之每一心所，亦析爲二分，曰相分，見分。綜前所述。將八個識，析而言之，只是一切心，及一切心所。又將一切心和心所，析而言之，只是無量的見分及相分。歸結起來，這無量的見分，相分，通名現界。（現前顯現，故云現界。相當於俗云現象界。）所以說，他們所謂現界，是析爲各各獨立的分子。次種界者。前所云現界，或無量的見分相分，決定不是無因而生的。故應建立種子，爲現界的因。（種子名義，參看第三章談因緣處。）各人的現界，均不是一整體，如前已說。可知現界的因，根本是差別的。易言之，現界是許多獨立的分子，就由於親生他（現界）的種子，有那麼多。如眼識，是析爲各個相分，見分的。他（眼識）的某一見分，從他自己的見分種子而生。他的某一相分（卽某種色境）從他自己的相分種子而生。眼識如是。耳識，乃至第八藏識，均可類推。這樣說來，種子是萬殊的。印度輕意菩薩意業論言。無量諸種子，其數如雨滴。（瑜伽倫記五十一第七頁引）足見他們的種子說，確是多元論。又次，眞如者。佛家無論何派，都說萬法的實體，名爲眞如。唯識論師，不得有異。然唯識家建立種子，爲現界的因。其言種子（種子亦省稱種）且立法爾本有種。（亦省稱法爾種）此法爾種，既是現界根原。如何又別立眞如。又準彼義，亦不可說眞如顯現爲法爾種。彼說眞如是不生不滅法，是恆常法，無有起作故。（參考余所著佛家名相通釋）總之，印度唯識論，頗似繁瑣的哲學。他們承認有現界。卻把他（現界）分析爲多數的分子。（卽八個識聚，或無量見分相分。）因此。建立衆多的種，說爲現界一一分子的因。又建立藏識，來含藏一切種，以完成其唯識的理論。他們這樣的一套宇宙論，純是無謂的穿鑿。尤可異者。他們旣立法爾種，說爲現界的根原。卻又承用不生滅或恆常的眞如，說爲現界的實體。亦不知何以解於二本之嫌。我以爲空宗不談宇宙論，只令人剝落一切迷妄的知見，方好冥悟實體。這等意思，儘甚深微。無着派下諸師的說法，便增迷惘。我在本章裏面。一方，依翕闢和生滅，施設宇宙萬象。不同空宗的不談宇宙。一方，說翕闢和生滅，都無實自體，而只是恆轉的顯現。易言之，卽於宇宙萬象，不取其相，而皆見爲眞實。（恆轉和眞實二詞，皆實體之別名。）仍與空宗密意有相通處。這是我要鄭重申明的。

卷中

第五章　功能上

前章（轉變章）剋就變言，則說爲一翕一闢之生滅滅生而不息。若乃斥指轉變不息之本體而爲之目，則曰恆轉。恆轉勢用大極（此大不與小對）無量無邊（雖是實有，而無質礙故，說無量。無封畛故，說無邊。）故又名之以功能。此在前章，是所未及深詳的。今當廣說。尤其是，印度佛家所見差謬處，須予以繩正。

在本章開端，關於體用兩字的意義還須申說一番。此本前章所屢用的名詞，而其間義蘊尚有未及委細剖白處，所以補陳於此。用者，作用或功用之謂。這種作用或功用的本身只是一種動勢（亦名勢用）而不是具有實在性或固定性的東西。易言之，他（用）是根本沒有自性。如果用有自性，他就是獨立存在的實有的東西。就不可於用之外再找什麼本體。

體者，對用而得名。但他（體）是舉其自身全現爲分殊的大用。所以，說他是用的本體。絕不是超脫於用之外而獨存的東西。因爲體，就是用的本體，所以不可離用覓體。

印度佛家，把宇宙萬象（卽所謂色法和心法）通名法相。（謂色心法雖無定實，而有相狀詐現故名法相。）把一切法相的實體，名爲法性。（性者體義）他們（印度佛家）所謂法性，卽我所云體。其所謂法相，我則直名爲用，而不欲以法相名之。但依用之迹象而言，有時也不妨說名法相。（西洋哲學家分別現象與實體。亦近似佛家法相，法性之分。）

我爲甚麼把一切法相，說名爲用呢。這個道理，須虛懷體究便自見得。試就法相上說。如心的現象，是剎那刹那，別別頓起。我們可以說他是一種作用（或功用）新新不住的詐現。絕沒有理由可以說他是實在的東西。舊唯識師，說心的自體，卽是了別。（詳基師所譯成唯識論）他們便從對境了別的這一徵象上認取，以爲心就是如此的一個東西了。推迹他們的意思，所謂心者，雖非有質，而不能不承認他是實在的，因爲明明有對境了別的一個東西故。殊不知，了別的這種相狀，絕不可當做是實在的東西。這個，只是詐現的一種迹象。我們由此迹象，窮覈其本相，只可說爲一種健行的作用或功用。也可說爲一作用或一功用中之健行的一方面。（每一作用或功用，是具有翕闢兩方面的。健行卽是闢。此闢可說爲一種作用，乃偏舉之詞。也可說爲一作用中之一方面，乃該其全而顯此一分之詞。）我們若要隨俗施設此心的現象或這種法相，只好依健行的勢用上假立。（卽依闢上而假立之）實則，健行的勢用，元是刹那不住的，根本沒有如俗所計爲實在的東西。所以，心這種法相，我們不可定執爲實有如此的法相。只說爲稱體顯現的用而已。（體，本寂然無形，而顯現動勢，卽名爲用。稱字吃緊。體成爲用，而全不失其體之自性。譬如水成爲冰。而不失水之性。故曰稱也。）

又如物的現象，（佛書中名爲色法）在常識的方面，當然把一切物，看做是很實在的。如桌子，椅子，乃至山河大地，及諸天體，何一非實在的物事。然而，哲學家（如印度諸師）把物質析至極微。科學家把物質析至原子電子等。這樣一來，所謂桌子椅子乃至天體諸大物，都不成爲實在的物事了。然則，極微或原子電子等，由現在說來，卻是物質宇宙的基本。我們就認定這些細分，是實在的東西，其果然否。（印度勝論師，名極微爲細分。今所謂原子電子等，亦得名細分也。）這種疑問，也不難解釋。我們不妨直下斷案曰，電子等等細分，都不是實在的。設將來發見有物比電子等等更爲基本的細分者，我亦敢斷言不是實在的。試旁徵科學家的說法。則或以爲我們對於電子等等，與其形容爲一種微粒，不如形容爲一種波動，比較妥當。實則，微粒說者，把電子等等，當做有質的小顆粒，如槍彈然。這個解釋，固然不對。而純持波動說者，亦不必符合於實際。卽復說爲亦波亦粒。不過兼取兩義，別無所進。總之，微粒說與波動說，只是吾人對於所謂電子等等的本相所構畫之一種抽象情形。謂有得於其本相，是乃大誤。我們應知，電子等等物事，但隨俗施設耳，並非實有如是物事。以理推徵，電子等等，亦如前所說心法，只是詐現的一種迹象。我們由此迹象，而推求其本相，只可說爲一種凝攝的作用或功用。也可說爲一作用或一功用中之凝攝的一方面（凝攝卽是翕。蓋與闢相反相成者，義詳上卷轉變章。）凝攝之勢，轉益增盛，宛爾幻似吾人所測爲微細波浪。而多數波羣，或有時幻似吾人所測爲微粒。以故，被吾人叫做電子等等。其實，此類微細物事，只是依凝攝作用而有之一種迹象而已。我們如果把物的現象，執爲定實，以謂誠有如是法相，便大錯特錯。總之，我們在這裏，把物的現象（亦云法相）和心的現象（亦云法相）看做是稱體顯現的大用之兩方面。所以，心和物根本沒有差別。也都不是實在的東西。

用之一詞，其意義似不待訓釋，說來便很明白的。但如欲加以訓釋，反覺甚晦而難明。用，亦曰作用。作者，動發義。亦曰功用。功者，力能義。不過，這裏所謂動發和力能，其意義又是極難宣說的。動發者，謂其變動而無所留滯（無留滯，卽沒有東西存在。）發生而不可窮竭也。（纔生卽滅，纔滅卽生，故無窮竭。）動發的本身，只是力能。這種力能的意義，是極其微妙而難以言語形容的。常途（如物理學家）所謂力能，是可施以實測的。今此所謂力能，便不是實測的方法所可及的。這個力能，只好說爲無力之力，無能而無不能。我們說他是剎那剎那變動，而不曾有一毫留滯。剎那剎那發生，而沒有窮竭和斷絕。這種動發的力能，實際上竟是確爾沒有東西存在，而又熾然起動，熾然發生，不是空無。既熾然起動，熾然發生，不是空無，而又確爾沒有東西存在。如此詭怪至極。所以說爲無力之力，無能而無不能。這種無力之力，無能而無不能，才是至大至健而不可稱量的。至神至妙含藏萬德具備衆理而不可思議的。這種力能，是無有所謂空間時間性的。是圓滿周徧一切處，而無有一毫虧欠的。（此中一切處言，只是爲言語方便而施設之詞，理實無有處義。）是顯現千差萬別，而復無固定形相可求的。這種力能，我們若要說他是有。他又確是沒有實質，沒有色相，如何可說爲有。若要說他是無。他又確是衆妙之門，萬善之長，是無所住而恆新新創生的，如何可說爲無。所以，這種力能，是俱離有無相的。物理學上所謂力能，卻與此中所謂力能，全不相應。因爲他們（物理學家）所謂力能，可以說爲實有的事情之一種迹象，而畢竟不卽是實有的事情。（此中實有的事情，卽斥指所謂功用之翕的方面之動勢而目之。只對迹象而說爲實有耳，非如俗所計有實物也。他處，凡言實有的事情者皆倣此。又此實有的事情，不妨假名爲宇宙。捨此，亦非別有物界可名爲宇宙故。）因爲實有的事情，雖復熾然起動，而實寂然無物曾至。（曾，謂過去。凡物刹那滅故，無有由過去至現在者。是但有刹那刹那詐現之動。而實沒有動的物。卽動而無動。）雖復熾然發生，而實湛然無物現住。（凡物刹那滅故，無有現在得住者。其沒有動的物，與動而無動諸義，準上可知。）故知，繁然妙有。畢竟泊爾虛無。我們體會到這裏所謂力能的意義，則通常所有運動速度，和放射種種粗笨的概念，都要掃除盡淨了。所以，物理學上所謂力能，只是圖模宇宙的迹象，（宇宙見前注）並非宇宙眞個如此。譬如仲一指端，若以非常猛疾的速度，令其不住而周轉。則恍若見有動輪。實則這種動輪，並非實有，只是虛假的迹象。物理學家所謂力能，是實測所可及的東西，這種力能，也和上述的動輪，一樣虛假。我們在玄學上，把宇宙萬象，還原到力能。這裏力能的意義，本極微妙難言。我們斷不可以物理學上力能的意義，來了解此中所謂力能。這是千萬須得嚴辨，而不可起一毫誤會的。有人說，照這樣來講力能。未免把一切法相或宇宙萬象，看作空洞無物了。其實，這並不須驚怖。元來只是大用流行，那有固定的法相。

本論雖不妨假說法相，而實不立法相，卻只談用。這是與印度大乘根本不同的地方。須知。大乘空有二宗。關於所謂法相的說法，亦復爲二。空宗是要空法相。此云空者，卽是遮撥的意思。他們（空宗）欲人自悟空理（空理，卽謂一切法的本體。亦名眞如。卽是空諸妄想執着之相，所顯眞理。故名空理。非謂理體空無。切須善會。）因此，不得不遮撥一切法相。如第三章中所舉喻。若於繩相，執着爲實有者。卽於繩，而但起繩相想。不復能於繩，而直見其本唯是麻。今於一切法相，執着爲實有。則亦於法相，而但作法相想。不復能於法相，而直見其本唯是如。（如者具云眞如）易言之，卽不能空法相，而直透徹其本體。（透徹，卽證會的意思，非同浮泛的了解。）所以，空宗要遮撥法相，以便悟入實際。（實際，亦眞如或本體之別名。）這種意趣，甚深微妙，從來幾人會得。

般若心經者，從大般若經中，甄綜精微，纂提綱要，而別出之小册也。大般若經，是空宗所宗主的根本大典，所謂羣經之母也。而心經採撮般若旨要，足見其爲法門的總持。心經開宗明義，（開宗者開示宗要）就說，照見五蘊皆空。這句話的意義，廣大無邊。大般若全部，無非發揮此意。五蘊者，法相之別稱。綜一切法相而計之以數，則說五。析一切法相，而各別以聚，則說爲蘊。（蘊者積聚義）五蘊者。一色蘊。即通攝一切物的現象。如俗所計，內而根身，外而物質宇宙，總攝色蘊。（色蘊，本無內外封界可分。但世俗計有內外耳。）受想行識四蘊。則舉一切心的現象而析別之，假說此四蘊。大乘空宗，說到心的名數。原是根據小乘。小乘初說六識。謂眼識，耳識，鼻識，舌識，身識，意識。（識者心之別名。他處準知。）至於第七識，及第八識，小乘當初雖無其名，而已有其義。（詳成唯識論）大乘自無着唱有教，始分明說出八識的名目。但是，旣說有六識或八識。還是各各獨立的六個或八個呢。抑是僅作爲六方面或八方面的說法呢。小乘於此問題，大概是無甚明確的表示。不同大乘無着一派直析八識爲各各獨立。然大乘空宗，在其隨順世俗而說到心識的時候，却也是假析爲諸聚來說。（如眼識爲一聚。耳識爲一聚。乃至第六意識爲一聚。）並且，每一識聚中，又各各析爲心，心所。這也是小乘以來相沿的說法。試就眼識舉例。他（眼識）這一聚中，應分別說爲心，及心上所有的心所法。心是主。心所則是依托於心，而與心相應合以取境的各別作用。這些作用，不卽是心，而只是依屬於心。因此，說爲心上所有之法，而省稱心所。心是一。以是諸心所法之主故。不容有多。心所則有多。受想等等作用，法爾差別故。（法爾猶言自然）眼識一聚之中，析爲心，及心所。耳識乃至第六識均可以此例知。旣略釋心，心所名義。再說受等四蘊。受，是心所之一。而名爲受者，謂於境而有苦樂等的領納故。故說名受。（受者領納義）此卽以情的作用，假立受蘊。想，亦是心所之一。而名爲想者，謂於境取像故。如緣靑時，計此是靑，非非靑等。於境取像，卽成辨物析理的知識。此卽以知的作用，假立想蘊。行，亦是心所法之一。而名爲行者，謂於境起造作故。故說名行。（行者造作義）此卽以意的作用，假立行蘊。但行蘊中，不單是行之一心所。尚有很多的心所法，都包含於行蘊。此不及詳。（參看吾著佛家名相通釋上卷）前受想行三蘊，只是一切心所。最後識蘊，則非心所法，而只是心法。卽通眼等六識聚中，各各心法，總立識蘊。如上五蘊。總結說來，不外心物二種現象。受等四蘊，皆屬心的現象。色蘊，卽是物的現象。故總五蘊言之，不外心物兩方面。

上來已說五蘊名義。今釋經旨。經言五蘊皆空者。謂一切法相都無實自性故。卽皆是空。如以色蘊言。此色法，無有獨立的實在的自體故，卽色法，本來是空，竟無所有。如以受蘊言，此受心所法，無有獨立的實在的自體故，卽受心所法，本來是空，竟無所有。乃至以識蘊言。此諸心法。無有獨立的實在的自體故，卽諸心法，本來是空，竟無所有。（文中言乃至者，中間略而不舉故。）大般若經卷五百五十六有云。如說我等。畢竟不生。但有假名，都無自性。（凡人皆自執有我相。不悟我者，只是依五蘊而起之妄執耳。若離五蘊，則我果何在耶。故云我者，只是假名。求其自性，便不可得。）諸法亦爾。但有假名。都無自性。何等是色，既不可取。（色本空無，有何可取。）亦不可生。（色本空無。如何有生。）何等是受想行識，既不可取。亦不可生，云云。大般若全部，此類語句，不可勝引。與上述心經的意思，都是互相發揮的。我們要知道，空宗唯其能空法相或五蘊相。所以於法相或五蘊相，而皆證空理。（空理詳前注。亦可省云空。）易言之，卽於一一法相或一一蘊相，無所取著，而直透澈其本體。（本體卽空理）心經說五蘊皆空，這裏空字，實含有兩種意義，一是說，五蘊法都無自性故，名之以空。一是說，既知五蘊法都無自性。便於一一蘊相，遣除情見執着，而直證入其離諸戲論之清淨本然，亦說爲空。（此云空者，卽謂空理。清淨本然，亦空理之代語。）此中二義，本是相關聯的。若諸法有實自性而不空，卽無由於法相而見空理故。

心經復云。色不異空。空不異色。色卽是空。空卽是色。受想行識，亦復如是。此中空言，並含二義。復同前釋。一者，如俗所計，空謂虛通無物之境，本謂空無。故舉空言，便與色異。世間情見，執色爲有故。今依眞諦道理。解析此色。析至極微。更析至鄰虛。（極微，更析之，便無有物，名曰鄰虛。鄰虛者，近於虛而無所有也。）故知色法，本自空無，何曾實有。經故說言，色不異空，空不異色。若色與空互異者，即色法應有實自性。今既不爾。故知色與空，互不相異。既色與空互不異，所以又申之曰。色即是空，空即是色。此中即言，明示色和空，是一非二。因爲色法無實自性的緣故。色和空，稱名雖復不一。覈實，竟無差別。色本空無，是義決定。受想行識，將復云何。須知。小乘以來所謂受想行識四蘊法，只是依衆生虛妄分別的方面而言。（此中分別一詞，係作名詞用，即心或識之別名。）此虛妄的心，是與其本來的眞實的心，不可混雜而談，要當提出來別說。我們應知，虛妄的心是待因緣，次第緣，及所緣緣，增上緣，纔幻現心相。如前第三章，談緣生處，可以覆按。這種心，既析爲衆緣。則此心法，便無有自性。既無自性，即是畢竟空，無所有。所以經中纔說至色與空互不異，及互相即的四句。接着就說，受想行識，亦復如是。此明心法，亦同於色法，本是空無。如上所說，都是遮撥法相。

二者，空謂空理。由法相空故。即於法相，而識空理。如色法，非異彼空理別有自性故。故說色不異空。此空理，非離異色法而獨在故。故云空不異色。由色與空理，互不異故。遂申之曰，色即是空。謂此色法，即是離相寂然之眞理故。（眞理，即空理之異名。離相者，謂眞理自身，是遠離吾人一切虛妄計度所執相故。）又曰，空即是色。謂離相寂然眞理，即是色法之實相故。（此云實相，即本體之代語。下倣此。）如上所說，色與空理，有互不異，及相即四句。受想行識，例色同然。故云，亦復如是。綜前所說，由於色心諸法相都空故。（此云空者，空無義。謂不計執有如是色心等相。）因即於一一法相，而皆見爲空理。

既於諸法相，而直透悟其寂然無相的本體。所以，經復說言。是諸法空相，不生不滅，不垢不淨，不增不減。是故空中，無色，無受想行識。此承上文而申之也。諸法空相者。通色法及心法而言之，故云諸法。空相者。相謂實相，（詳前注）即諸法的本體。是空諸妄執所顯得故。故云空相。（如於色法，不妄執爲實有如是色相。而直透悟其寂然無相的本體。即此本體，是空諸妄執所顯得之實相也。以由空諸妄執所顯故，亦云空相。）凡法本無今有，名生。生已，壞盡，名滅。空相者，是離言絕待。（言說是表示物事或某種東西的。而所謂空相，決不可當做外在的物事或東西來想。言說不能和他相應。所以說爲離言。他不是有物可與之爲匹的。故云無待。）法爾本有。（法爾，猶言自然。自然者，無所待而然之謂。本有者，本來有故，非昔無今有故。）既非一向無而今始生。故云不生。凡法有生，則有滅。既無有生，即亦無滅。故云不滅。障染名垢。翻此名淨。所謂空相，恆如其性。不受染污。譬如太虛，雖雲霧四塞。而虛性恆時自爾。不受雲霧阻礙。故云不垢。然又言不淨者。以淨必待垢得名。既本清淨，恆無有垢，即淨之名，亦無所待以立。故云不淨。體相益廣，名增。翻此，名減。空相，至大無外。不待增益始廣。故云不增。凡法可增，則可減。此既無增，即亦無有減損。故復言不減。如上，略明諸法空相，遠離生滅，垢淨，增減等相。即是泯除有對的差別的法相。而直證入絕對的無差別的實相。所以，經復說言，是故空中，無色，無受想行識。空中者。謂於空相或實相中，唯是一眞絕待。（一眞之一是無對義非算數之一也）離相寂然。（所謂實相者。雖本實有。而非如俗所計外界的物，即非有形體與方所等。故云離相。寂然者。唯是冲虛寂默。無可形容。吾人一切虛妄計度，與戲論，祇是作霧自迷，都與他不相涉。）故約實相言，即無有色法可得。亦無有受想行識等法可得。此心經綜括大般若全部深密的理趣，而以極簡約的文字表達之者也。

我在這裏引用心經一段文字。加以解釋。欲令讀者瞭然於空宗的根本意思。所謂嘗一臠肉，而知一鼎之味。覩梧桐一葉落，而知天下之秋。讀者由心經這段話，確是可以明白空宗的旨要了。我嘗說，空宗的認識論，是對於吾人的知識或情見等，極力大掃蕩一番。易言之，即是要將無始時來，在實用方面，慣習於向外找東西的量智作用，排斥令盡。（令盡者，令其無復存留也。量智見上卷明宗章。）而返諸固有本來離染的性智。（空宗所謂般若者，即智義。不逕譯爲智者，其義深微，恐濫常途所謂智故也。今本論所謂性智，即相當於空宗所謂般若或智義。）唯其如此，他（空宗）所以要把那量智所行的境界，即情見所執爲實有的法相，一切剝奪盡淨。使外無可逐之境。即內而狂馳之情見，亦與之俱熄。我們要知道，情見本無根的。若把他（情見）所攀援或構畫的東西，一一遮撥，情見也消盡無餘了。唯情見消亡，即於法相不起執，而得透入諸法實相。空宗在認識論方面的主張，是我在玄學上所極端贊同的。不過，我們還可以假施設一外在世界，或經驗界，不屬玄學的領域。（本無外界只是假設）在這裏對於情見或知識，不妨承認其有相當的價值。只是，這種情見與知識，要加以鍛鍊和改進，毋令陷於迷謬。（迷者於物無知。謬者知見錯誤。）尤要者，在使情見轉爲正見。（此中正見一詞，意義甚深。常途所謂毋迷謬者，非此境界。）易言之，即使情見轉爲性智的發用。說到這裏，我有無限的幽奧的意思，很難說出，且待寫量論時再談。

空宗的全部意思，我們可蔽以一言，曰破相顯性。（此云相者謂法相。性者實性，即本體之異名。後倣此。）他（空宗）極力破除法相，正所以顯性。因爲他的認識論，是注重在對治人們的知識和情見。（以下，省稱知見。）所以破相，即是斥駁知見。纔好豁然悟入實性。知見，是從日常現實生活中熏習出來的。是向外馳求物理的。決不能返窺內在的與天地萬物同體的實性。（此中內在的一詞，決不含有外界與之爲對的意義。須善會。）所以，非斥駁知見不可。這個道理，我將來作量論時，便要詳說。我和空宗特別契合的地方，也就在此。古今許多哲學家，各自逞其思考，來組成具有體系的說法，以鳴一家之學。皆自謂有當於眞理。不悟他的思考，正是一種情計。（妄情計度，曰情計。但凡言情見或情計者，此情字之意義，甚淵廣難言。大概理智作用是由向外逐物而發展來的。所以，總是有取，或有得。有取者，謂有所取著。有得者，謂有所獲得。好像有個東西爲其所得者然。如此，即不能豁然亡相而冥冥內證也。此義深隱難言。凡有取或有得，即名情見或情計。他處凡用此詞者，皆倣此。）絕不是如理思唯的一種冥思，或思現觀。（如理思唯一詞，見深密等經。如，謂相應。其思唯恰恰與眞理相應，而無顚倒推度者，名爲如理。儒家大學，所謂知止而後能定，定而後能靜，靜而後能安，安而後能慮，慮而後能得。此等思慮，由定靜中發，即無倒妄，故云得。得亦如理之謂。冥思者，以離虛妄分別故，說之爲冥。思現觀一詞見大論等。現，謂現前明證，非意想猜度故。觀者，分明照察，無有迷謬故。如理之思，方名現觀。此思現觀之名所由立也。）他們所成立的具有體系的說法，簡直如蠶作繭自縛。無緣窺見眞理。從來哲學家各用其知見，以解釋宇宙。卒至知見愈出，即解釋愈多。而吾人與萬物渾然同體的，不屬形限的本原，乃益被障礙，而無可參透。（此中本原，卽本體之形容詞。自本體言之，無物我可分，故云同體。凡有形者，卽有分限。本體雖顯現爲一切形物。而其自身，是無形相的。故云不屬形限。）我嘗說，哲學或玄學，如果不是以馳逞戲論爲務。而是在發見眞理。那麼，我們於此，便不可信任自家的知見用事。直須在這裏（謂玄學）關閉此一道門（謂知見）才有玄覽之路。（玄覽一詞借用老子。此中用爲窮究眞理之意。覽者，窮究義。玄，謂眞理。與老子本義不必符。）尤其是對於哲學界，或古今哲學家，許多紛紜複雜的知見和說法，就得用空宗大掃蕩的手段。務期斬盡葛藤，方得迴機向上。（向上猶云直透本原見前註）如果一任駁雜的知見，先入爲主，那就無入眞理分。（分讀份）總之，我們在本體論方面，對於空宗滌除知見的意思，是極端印可，而且同一主張的。不過，我要附加一句話，我所謂滌除知見，並不是說，要對於世間一切知識，全不理會。只是不隨他轉去。（此中理會一詞，只是求知道的意思。但時或用之以代體認一詞，則其含義甚深。）

空宗認識論的主張，是要滌除知見。所以，於法相或宇宙萬象，都說爲空。他的意思，是空了法相，才好於法相而深澈其實性。否則拘執虛假的迹象，而不究其眞。（虛假的迹象，謂一切法相。眞，謂實性。）這些話，在前面屢經說過。我們要知道，依據空宗的說法，是無有所謂宇宙論的。他雖有無量無邊的言說，但是，善學者如究其旨，則不外如前所說破相顯性四字。他只站在認識論的觀點，來破除法相。使於法相所由形見，絕不究問。（此中見字讀現形見者爲現義）易言之，卽不肯說眞如實性顯現爲一切法相。（此中眞如，卽是實性。特累而爲複詞耳。）我們玩味空宗的語勢，他（空宗）可以說，眞如，卽是諸法實性。而決不肯說，眞如，顯現爲一切法。現在把這兩種語句，並列如左。

（甲）眞如卽是諸法實性。

（乙）眞如顯現爲一切法。

甲乙二語，所表示的意義，一經對比，顯然不同。由甲語玩之，便見諸法都無自性，應說爲空。因爲諸法的實性，即是眞如。非離異眞如別有諸法之自性可得。（非字一氣貫至此）故知諸法，但有假名。而實然無。

由乙語玩之。諸法雖無自性。而非無法相可說。由法相即是眞如的顯現故。故於一方面，應以一切法，會入眞如實性。此即攝相歸性。（如於繩，而直見爲麻。即是以繩相，會入麻。大般若卷五百六十二說。一切法，皆會入法性。不見一事出法性外，云云。法性，亦眞如之別名。）這方面的說法，畢竟與甲語的意義（即空宗的意義）是恰恰相符應的。另一方面，由法相即是眞如的顯現故。（喻如繩相，即是麻的顯現。）雖然就法相言，都無自性。（喻如繩相，本非離麻而別有繩的自性。）而有功用詐現，迹象宛然。（眞如顯現爲功用，此功用，非離眞如別有自性。原是刹那不住。故云詐現。）固不妨施設一切法相。（法相者，即依功用詐現的迹象而得名。）由此，假立現界。（現者顯著義。略當俗云現象界。）亦不妨假立物界，或外在世界。這方面的說法，與前面所說攝相歸性的意思，在表面上看來，好像極端違反。其實，是可以融通的。因爲後一方面的說法，雖是隨順世間。而要其歸，仍在不壞法相而談實性。（壞者毀壞。甲語，便完全毀壞法相。乙語則不然。法相仍可施設。但明其無自性，只是眞如的顯現。則即法相，而見爲眞如。宗門古德云。信手所捫，皆是眞如。儒家孟子所謂形色即是天性。亦同此意。故云不壞法相而談實性。）故與攝相歸性的密意，終無背反。

如上所說，甲乙二種語勢。甲，是說明空宗的意思。而乙，則隱示本論有與空宗不同之處。（此中隱示二字。因爲乙語，實係本論的意思。而文中不曾直標本論。故置隱示二字。）空宗的根本大典。經，則大般若等。論，則大智度，中，百，十二門四論。我們綜會這些經論的全盤意義。要不外如上述甲語之所說明者。凡屬具眼的人，自當承認我這種看法，是沒有錯誤。因爲空宗的密意，本在破相顯性，已如前說。他（空宗）只破毀法相。便不肯施設法相。所以，依他的說法，是絕不談及宇宙論的。古代印度外道，大概各有他一套的宇宙論。如梵天及大自在天等計，以爲宇宙萬有，是由作者爲因，而得起的。（作者一詞見上卷）數論，則以心物諸現象，是由自性及神我并三德等爲因，而得起的。（參考吾著佛家名相通釋上卷）順世外道，則以極微爲一切物的本原。（此云一切物亦賅心的現象而言）勝論，說明宇宙，則以實德業等，互相依而有。不同一元二元諸論。（勝論解析一切物，說有九實。所言實者，其意義即謂是實有的東西。而析之爲九種，故云九實。如堅勁，及流液，等等物質現象，固皆名實。即所謂我，和心意，亦皆名實。德者，一一實上所具有之德。業者，作用義。謂有取，捨，屈，伸等法，是屬於實德上之業用故。實德業等，不相離而相屬。其立論大概如此。其方法頗尙解析。）自餘各派的說法，玆不及詳。總之，外道都承認有離我人的心而獨立存在的宇宙。其解釋，雖復各有異點。而其計執實有外境，（即所謂獨立存在的宇宙）則是彼此所共同的。他們（外道）這種迷妄的執着，其過患遂不可勝窮。由僻執實有外在的宇宙故，即無法返證絕對的無外的空寂本性。（本性，即謂本體。但剋就吾人而言，則爲吾人所以生之理，故名爲性。此乃本有，不由後起，故云本性。空寂者。離諸染着曰空。眞淨曰寂。無外者。此乃徧爲萬物實體。更無有外。絕對，可知。返證者，內觀名返。默然自識名證。）由不見自本性故，即於眞理無知故。（眞理與本性，非二也。就其在人言之，曰本性。就其爲萬有之原言之，曰眞理。）迷惑熾然。（譬如霾霧，蔽塞太空。迷惑勢力盛大，亦復如是。）其心恆是紛擾狂馳。（此言心者，即依迷惑的習氣，說名爲心。）向外追求種種可欲樂境。（如目之於色，口之於味，四肢之於安逸，乃至意念之於名利權勢等等，皆自以爲是可欲樂之境也。）追求不已，長無饜足。人生純爲一大苦聚。（衆苦之會曰苦聚）因爲人生迷失其與萬物同體的空寂本性，所以至此。空宗爲對治外道惡見故。（見不正故，名惡。衆生由不正見，淪陷無已，故呵以惡見。）根本不談宇宙論。因爲他（空宗）把心物諸現象，都說爲空，即已無有所謂宇宙故。如大般若經第一會中，說二十空。謂內空，外空等等。（內空者，如心法，念念起滅不實故，是內空。根身，如浮漚不實故，亦是內空。外空者，如世所執外在物質世界，元非實有故。）此二十空，名義殊繁。總略言之，只是於一切物行，（行字見前轉變章。下準知。）及一切心行，一一諦觀下去，（諦者實義。遠離虛妄計度。如理觀照，是名諦觀。）但覺都是空無。都無所有。乃至最後，反觀意念，猶取空相（如意識中，猶作一切都空之想，即是有空相存。故云取空相。取者執着義。）即此空相，復應遣除。是名空空。夫空相亦空。更何所有。雖復涅槃，法性，至眞至實。（涅槃一詞，具有眞常寂滅等義。乃法性之別名。今與法性一詞合用，爲複詞。）然恐人於涅槃起執故，則說無爲空。（無爲亦法性之別名）大般若五百五十六云。時諸天子，問善現言。豈可涅槃，亦復如幻。善現答言。設更有法勝涅槃者，亦復如幻，何況涅槃。是則法相固不可執。若復於法性起執者，雖性亦相。故應俱遣，一切皆空。徧大地上，古今談玄之家，空宗至極，誠莫有如空宗者。淵乎微哉。嘆觀止矣。（會得二十空義，般若全部在是。然不讀般若全部，則於二十空，只從名詞上粗略玩過去，畢竟無所了解。）由空宗的見地看來。印度外道，乃至其他哲學家，各持一套宇宙論。只是憑他的臆想或情見來妄搆。實際上決沒有那一回事。空宗的說法，自世諦觀之，（世者世俗。諦者實義。世俗共許爲實有的，曰世諦。亦云俗諦。）好似奇怪。其實，并不希奇。據現代物理學的說法。我們可以把物質，還原爲電氣。也不能承認物質宇宙爲實在的了。雖則，電氣還是有物。設以空宗的理趣，還是需得無窮的遠。然而，只把麤笨的實質的觀念，和外在的物理世界（即物質宇宙）的觀念，概行打消。則可以隨順深入空宗的理趣，這是無疑義的。可是一層，我們要知道，空宗的談空，畢竟不是空見。（空見者，謂只計一切都空。是其見解一味偏滯於空故。故云空見。）他（空宗）的密意，只是要空一切法相。易言之，只欲入於一切法相之上，而能遠離一切法相，以深澈其眞實本性。（此中遠離云云，即於法相而不起執之謂。）法相是千差萬別的。若於法相，而不執爲法相，得悟入其眞實本性，便離差別相。法相是生滅無常的。若於法相，而不執爲法相，得悟入其眞實本性，便離生滅相。法相是變動不居的。若於法相，而不執爲法相，得悟入其眞實本性，便離變動相。廣說乃至無量義，恐繁且止。總之，空宗密意，唯在顯示一切法的本性。（此中一切法，猶云一切物。他處用法字者皆準知。）所以，他（空宗）要遮撥一切法相，或宇宙萬象，方乃豁然澈悟。於一一法相，而見其莫非眞如。空宗這種破相顯性的說法，我是甚爲贊同的。古今談本體者，只有空宗極力遠離戲論。他（空宗）把外道，乃至一切哲學家，各各憑臆想或情見所組成的宇宙論，直用快刀斬亂絲的手段，斷盡糾紛，而令人當下，悟入一眞法界。（一切法的本體，曰法界。眞者不虛妄義。一者絕對義。）這是何等神睿，何等希奇的大業。

我和空宗神契的地方，前面大概說過了。但是，我於空宗，還有不能贊同的地方。這種地方，確甚重要。今當略說。

空宗的密意，本在顯性。其所以破相，正爲顯性。在空宗所宗本的經論中，反反覆覆，宣說不已，無非此個意思。然而，我對空宗，頗有一個極大的疑問。則以爲，空宗是否領會性德之全，尚難判定。（此中領會一詞，卽自知之謂。但此種知的意義極深。是無有能知和所知的相狀可得的。性德者。性之德故，名爲性德。或性卽德故，名爲性德。夫性，無形相，無方所，本無從顯示。而心之所可自喩，言之所可形容者，唯其德耳。德者，得也。謂性之所以得成其爲是性也。除却德，便無所謂性了。全字，甚吃緊。性本萬德具足。毫無虧欠。但人不能不囿於其所習，而難自喩其性德之全。）空宗詮說性體，（性體者。性雖無形，而非空無。以非空無故，說有自體。方言性時，卽是剋指性之自體而目之也。故以性體二字，合而成詞。卽性卽體故。）大概以眞實，與不可變易，及淸淨諸德，而顯示之。極眞極實，無虛妄故，說之爲眞。恆如其性，毋變易故，說之爲如。一極湛然，寂靜圓明，說爲淸淨。（一極者絕對義。湛然者深冲義，微妙義。寂靜者無擾亂故。無作意故。圓明者無昏昧故。）如上諸德。尤以寂靜，提揭獨重。如在凡位，不由靜慮工夫，卽無緣達到寂靜境地。便長淪虛妄。而障其眞，障其如，障其圓明。故自小宗，迄於大乘，有三法印。印可決定是佛所說法，非非佛法。（此中法字，姑從寬泛解釋。謂佛氏所說一切義理。）其第三法印，曰涅槃寂靜。（涅槃注見前）可見印度佛家各宗派，都是以寂靜言性體。換句話說，性體就是寂靜的了。本來，性體，不能不說是寂靜的。然至寂卽是神化。化而不造。故說爲寂。（凡有造作，則不寂。因爲化之本體，是虛寂而不起意的。故無造作，而萬化皆寂也。）豈捨神化而別有寂耶。至靜卽是譎變。（譎者奇詭不測）變而非動，故說爲靜。（因爲變之本體，是虛靜無形的。故不可以物之動轉而測變。世俗見物動則不靜。此變不爾。實萬變而皆靜也。）豈離譎變而別有靜耶。夫至靜而變，至寂而化者。唯其寂非枯寂，而健德與之俱也。靜非枯靜，而仁德與之俱也。健生德也。仁，亦生德也。（卽生卽德曰生德）曰健，曰仁，異名同實。生生之盛大而不容已，曰健。（盛大猶云至大至剛。剛者剛強義。）生生之和暢而無所間，曰仁。（和者生意融融貌。暢者生機條達貌。間者阻隔義。）大易之書，其言天德，曰健。（此云天者，乃性或本體之別名。天德猶上文所云性德。）亦名爲元。（易之乾卦篇。乾卽健義。卽以健德，顯示性體。乾亦名元。非於健德之外別有元德可說也。此釋與舊來易家均異。當別爲論。）元者，仁也。爲萬德之首。（易云衆善之長）萬德皆不離乎仁也。性地肇始萬化。（地者，依持義。假說性體爲萬化所依持。故云性地。）暢遂無虧。是名亨德。仁之通也。性地肇始萬化，含藏衆宜。（衆宜者不拘一端，不守一定之宜故。）是名利德。仁之制也。（制者裁制得宜）性地肇始萬化，永正而固。（正者離迷闇故。不顚倒故。固者離動搖故。毋改移故。）是名貞德。仁之恆也。（恆無惑障故）易之言天或性，則以元亨利貞四德顯示之。四德，唯元居首。亨利貞，乃至衆德，皆依元德發現，成差別故。老子云。元德，深矣，遠矣。（王輔嗣以元訓玄。實誤。）又曰，生而不有。（元德，生德也。其生也，本眞實不容已，而非有心故生也。非有心故生。卽生，而無生者可得。生者猶言生起的物事。根本沒有生起的物事，則生卽無生。故曰生而不有。）爲而不恃。（生生化化，德用無窮。未始無爲也。生而不有，化無留滯，又何嘗有爲乎。爲而無爲。故云不恃。）長而不宰。（含藏衆德，故說爲長。無形無意，不可說同宗教上之造物主。故云不宰。王輔嗣云，有德而不知其主也。亦言無所謂主耳。）是謂元德。（老子之學出於易。其書實發明易義。當別論之。）夫元德者，生德也。生生不息，本來眞故，如故。生而無染，本圓明故。生而不有，本寂靜故。是則曰眞，曰如，言乎生之實也。（實，謂無有虛妄。）曰圓明，言乎生之直也。（直，謂無有迷惑。宇宙人生，不是由盲目的意志發展的。）曰寂靜，言乎生之幾也。（至寂至靜之中，生幾萌動。而滯寂者，則遏其幾焉。）是故觀我生。（觀我生一詞，借用易觀卦語。夫吾與天地萬物生生之理，豈可向外推求哉。亦返之我躬而自觀焉，乃自喻耳。）因以會通空宗與大易之旨。吾知生焉。吾見元德焉。此本論所由作也。（自觀，自喻，而後參證各家之旨，得其會通。未有不由自喻。而雜拾諸人，可以進斯道也。程子曰，吾學雖有所受。而天理二字，確是自家體認出來。學者宜知。）

附識　古德有云。月到上方諸品靜。（諸品猶言萬類。月到上方，乃極澄靜圓明之象。萬類俱靜，寂然不動也。）此只形容心體寂靜的方面。（心體，即性體之異名。以其爲宇宙萬有之原，則說爲性體。以其主乎吾身，則說爲心體。）陶詩云。日暮天無雲，春風扇微和。以此形容心體，差得其實。而無偏於滯寂之病。日暮天無雲，是寂靜也。春風扇微和，生生眞機也。元德流行也。

談至此。空宗是否領會性德之全，總覺不能無疑問。他（空宗）於寂靜的方面，領會得很深切，這是無疑義的。但如，稍有滯寂溺靜的意思，便把生生不息眞機遏絕了。其結果，必至陷於惡取空。（空者空無。取謂取著。惡者毀責詞。謂妄計著一切皆空，成不正見。故呵爲惡取。）至少亦有此傾向。我雖極力讚揚空宗大掃蕩的手勢。但是，這種手勢，也須用得恰到好處。若用之太過，恐於本原上不免有差失在。（於本原差失者，即謂其不見性德之全。）空宗說涅槃亦復如幻。又說勝義空。（義最殊勝，名爲勝義。空者空無。）無爲空。（無有造作，故名無爲。空義同上。）夫勝義，無爲，皆性體之別名也。涅槃，亦性體別名也。此可說爲空可說爲如幻乎，雖則，空宗密意，恐人於寂靜的性體上，而計着爲實在的物事然者。故說空，說如幻，以破其執。非謂性體果是空，果是如幻。然如此破斥，畢竟成過。說性體虛寂，不應執爲實物有，可也。（虛者，無形名虛。非以無有名虛。寂者，離擾亂相故。實物有者，謂意想中，如有實在的物事然。）直說爲空，爲如幻，則幾於空盡生生性種矣。（性種者，性即種故，名性種。性者，生生不息眞機。俗以物種爲能生，故假說性體名種。）後來清辨菩薩，（空宗後出之大師也。菩薩猶言大智人。）作掌珍論。便立量云。（量者，三支論式。三支者，宗因喻，詳在因明。）

無爲，無有實。（宗）

不起故。（因）

似空華。（喻）

此量，直以無爲性體，（複辭）等若空華。極爲有宗所不滿。如護法菩薩，及我國窺基大師，皆抨擊清辨爲力。（詳基師成唯識論述記）平情論之，清辨談空，固未免惡取。然其見地，實本之大般若經，般若破法相，可也。（亦可不毀法相而談實性）乃並法性亦破。空蕩何歸。清辨承其宗緒，宜無責焉。吾嘗言，空宗見到性體是寂靜的。不可謂之不知性。性體上不容起一毫執著，空宗種種破斥，無非此個意思。我於此，亦何容乖異。然而，寂靜之中，即是生機流行。生機流行，畢竟寂靜。此乃眞宗微妙，迥絕言詮。（眞宗猶云眞宰。乃性體之別名。）若見此者，方乃識性德之大全。空宗只見性體是寂靜的。却不知性體亦是流行的。吾疑其不識性德之全者，以此。夫以情見測度性體，而計執爲實物者。此誠不可不空。但不可於性體而言空。若於性體而言空，縱其本意並不謂眞無。但亦決不許說性體是流行的，是生生不息的。空宗的經論具在。其談到性體或眞如處，曾有可容許着流行或生生不息等詞否。若談性體，而著此等詞，則必被呵斥爲極謬大錯，無稍寬假。不獨空宗。凡印度佛家各宗派，罔不如是。但空宗說涅槃亦復如幻。設更有法勝涅槃者，我說亦復如幻，何況涅槃。如此談空。雖用意切於破執。而終有趣入空見之嫌疑。（門人樓霞牟宗三，頗疑空宗談本體，不免淪空之病。亦非無見。）吾嘗言。談到眞理，須是如實相應。不貴爲激宕之詞。眞理不是要說得好聽。他是如此。我們就以很平易的話，來形容他是如此。（注意形容二字。眞理不是一件物事可直下道出。）若措辭稍涉激宕。必其中有所偏。非應眞之談也。印度佛家，畢竟是出世的人生觀。（世者，遷流義。又隱覆義。隨世中故，隱覆眞理，故有隱覆義也。出者出離。謂衆生以惑染故。墮在世間，生死輪轉。當修道斷惑，出離生死。是名出世。）所以，於性體無生而生之眞機，不曾領會。乃但見爲空寂而已。謂空宗不識性德之全，非過言也。我常以我之所體認，參之孔氏的話頭，甚覺其可相印證。孔子常曰，仁者靜。仁者壽。又曰，仁者樂山。孔子所謂仁，即斥指心體而目之也。（心體即性體之別名。見前附識中。）仁者，即謂證得仁體的人。（證者證知。仁體呈露時，即此仁體，炯然自明，謂之證。得者保任義。即此仁體，恆時爲主於中，毋有放失，謂之得。）靜者，遠離昏沉，囂動等相。壽者，恆久義。（此言恆久，即眞常義。不與暫對。）山者，澄然定止貌。是則性體寂靜，孔子非不同證。然而，孔子不止說個寂靜。亦嘗曰，天何言哉。四時行焉。百物生焉。天何言哉。夫孔氏所言天者，乃性體之別名。無言者，形容其寂也。至寂，而時行物生。時行物生，而復至寂。是天之所以爲天也。談無爲空者，何其異是耶。中庸一書，孔氏之遺言也。其讚性德云。詩曰，德輶如毛。毛猶有倫。上天之載，無聲無臭，至矣。輶者，微義。毛，輕微義。倫，迹也。上者，絕對義。上天，謂性體。載者，存義。此引詩言，以明性體冲微無形。若擬其輕微如毛乎，毛則猶有倫迹也。無可相擬。理實，性體不可視其存，而實恆存。惟其存也無形。乃至聲臭俱泯焉。其可執之以爲有物乎。夫無聲無臭，空寂極矣。而有存焉。則空者，空其有相之執耳。非果空無也。涅槃如幻之云，何與此甚異耶。

總之，在認識論的方面，空宗滌除知見，不得不破法相。唯破相，乃所以去知見，而得悟入法性。這點意思，我和空宗很有契合處。不過，我不妨假施設法相。在上卷裏，依大用流行的一翕一闢，而假說爲心和物。這是我與空宗不同的地方。這個不同處，所關不小。在本體論的方面。空宗唯恐人於性體上，妄起執着，例如印度外道，以及西洋的哲學家，大都是把本體，當做外在的物事來猜度。這樣一來，誠無法見眞理。像空宗那般大掃蕩的手勢，直使你橫猜不得，豎想不得。任你作何猜想，他都一一呵破，總歸無所有，不可得。（無所有，不可得，六字。般若經中恆見。讀者勿浮泛作解。）直使你杜絕知見，才有透悟性體之機。這點意思，我又何嘗不讚許。不過，空宗應該就知見上施破。不應把涅槃性體，直說爲空，爲如幻。如此一往破盡，則破亦成執。這是我不能和空宗同意的。昔有某禪師，從馬祖聞卽心卽佛之說。（此中佛，謂性體。心，謂本心，非妄識也。本心卽是性體，故云。）後別馬祖，居閩之梅嶺十餘年。馬祖門下，有參訪至其地者。某因問馬大師近來有何言教。參者曰，大師初說卽心卽佛。近來却說非心非佛。（恐人聞其初說，而執取有實心相，或實佛相。故說雙非，以遣之。）某呵云，這老漢又誤煞天下人。儘管他非心非佛。吾唯知卽心卽佛。其後，馬祖聞之曰。梅子熟了也。（某禪師居梅嶺故以梅子呼之）這個公案。很可玩味。我們不要聞空宗之說，以爲一切都空，却要於生生化化流行不息之機，認識性體。我們不要以為性體，但是寂靜的。却須於流行識寂靜，方是見體。本論上卷第三章，已申明即用顯體的主張。這是我和空宗根本不同的所在。

或有難言。空寂是體。生生化化不息之幾是用。印度佛家之學，（空宗在內，不須別舉。）以見體為根極。中土儒宗之學，只是談用。今公之學，出入華梵，欲冶儒佛而一之。其不可強通處，則將以己意而進退之。公之識佛，得毋未足為定讞歟。曰，惡是何言。誠如汝計，則體自體，而用自用。截然為兩片物事。用，是生化之幾，不由體顯。如何憑空起用。體，唯空寂，不可說生化。非獨是死物，亦是閒物矣。須知。體用可分，而不可分。可分者。體無差別。用乃萬殊。於萬殊中，而指出其無差別之體。故洪建皇極。而萬化皆由真宰。萬理皆有統宗。本無差別之體，而顯現為萬殊之用。虛而不屈者，仁之藏也。（仁謂體。下同。藏者，含藏。體本至虛，而其現為生生化化，不可窮屈。由其至仁，含藏萬德故也。）動而愈出者，仁之顯也。（動而不暫留。新新而起。故云愈出。此正是仁體顯現。）是故繁然妙有，而畢竟不可得者，假說名用。（萬有不齊，故云繁然。妙有者。萬有之本體，法爾虛寂。至虛至寂，而現為萬有。此理非思議所及。故謂之妙。但就萬有而言，即此萬有，都無自體。故云畢竟不可得。何以故。萬有，非離異其本體而別有萬有之自體故。又皆是剎那剎那詐現，無物暫住故。）寂然至無，無為而無不為者，則是用之本體。（寂然者，虛靜貌。至無者。無形相。無方所。無作意。無迷亂等相，故云至無。無為者。非有意造作故。無不為者。謂雖不起意造作，而法爾含藏萬德，現起大用故。成妙有故。）用依體現。（喻如無量衆漚。每一漚，都是大海水的顯現。）體待用存。（喻如大海水。非超越無量衆漚而獨在。）所以，體用不得不分疏。然而，一言乎用。則是其本體，全成為用。而不可於用外覓體。一言乎體。則是無窮妙用，法爾皆備。豈其頑空死物，而可忽然成用。（頑空者，謂其全無所有。故以頑鈍形容之。頑鈍一詞的意義，即無用之謂。）如說空華成實，終無是理。王陽明先生有言。即體而言，用在體。即用而言，體在用。這話，確是見道語。非是自家體認到此，則亦無法了解陽明的話。所以，體用可分，而又不可分。這個意義，只能向解人說得，真難為不知者言也。

上來所舉，難者的說法。正是印度佛家的意思。他們（印度佛家）浩浩三藏，（佛家典籍，分經論律三藏。）壹是皆以引歸證見諸法實相爲主旨。（實相，卽本體之異名。法華玄義引釋論云。大乘但有一法印，謂諸法實相。勝鬘等經，說澈法源底。猶云澈了一切法之實相。源底，亦實相之形容詞也。此不獨大乘爲然。阿含已說眞如。小乘無一不歸趣涅槃。）難者所謂見體爲根極是也。我國玄奘法師。於印度大乘有宗，最爲顯學。其上唐太宗皇帝表，於孔學頗示不滿。表中有云。蓋聞六爻深賾，拘於生滅之場。（孔子之哲學思想在易傳。易每卦六爻，所以明變動不居之義。幽深繁賾極矣。但其所明，只拘於生滅的範圍。易言之，卽只談法相，而未能悟入一切法之本體也。生滅卽剋就法相而言之也。奘師之意如此。）百物正名，未涉眞如之境。（此就孔子之春秋而言也。春秋推物理人事之變。始於正名。而不容淆亂。萬世之大典也。然未涉及眞如。則其失與易同。奘師總以孔子爲不見體也。）難者謂儒家只談用。其說實本之奘師。夫奘師所以薄孔氏爲不見體。而獨以證見眞如，歸高釋宗者。此非故意維持門戶。奘師本承印度佛家之學。印度佛家所謂眞如性體，本是空寂的。雖其所云空寂，並非空無，而是由遠離妄情染執，所顯得之寂靜理體，說名空寂。然亦只能說到如是空寂而止。萬不可說空空寂寂的，卽是生生化化的。生生化化的，卽是空空寂寂的。（萬不可說，至此爲句。）更申言之，只可以孔德言體。（孔德一詞，借用老子。王輔嗣云，孔，空也。以空爲德，曰孔德。）而不可以生德言體。（生德詳前）只可以艮背，來形容體。（易艮卦曰，艮其背。艮，止也。背，不動之地也。止於不動之地，曰艮背。佛書談體，曰如如不動是也。）而不可以雷雨之動滿盈，來形容體。（易震卦之象曰。雷雨之動滿盈。儒家以此語，形容本體之流行，盛大難思。可謂善譬。但在印度佛家，則不可以流行言體。）因爲他們（印度佛家）只見體是空寂的。絕不容有異論。他們內部，雖有分歧的宗派。而關於這種根本見地，大概從同。玄奘依據自宗的觀點，當然以爲，孔子不曾見體。因爲孔子談體，顯然與印度佛家，有極不同處故耳。

孔子繫易，曰易有太極。（太者，至高無上之稱，贊嘆詞也。極者，至義。謂理之極至。）六十四卦之義

（大易全書分爲六十四卦）皆此一極之散著。（一極卽太極。一者絕待義。下同。）又無不會歸此一極。謂易不見體，可乎。春秋本元以明化。董子春秋繁露重政云。元，猶原也。此則與易義相會。易曰，大哉乾元。萬物資始。春秋建元，卽本斯旨。一家之學，宗要無殊。（宗要者。宗謂主旨。要謂理要。）春秋正人心之隱慝。（慝，謂邪惡或迷妄。隱，謂惡習潛存也。春秋別白是非。明正善惡。其辨甚嚴。）順羣化以推移。（春秋明三世義。謂人類，由據亂世，而進升平世。尙有國界。由升平世，而進太平世。則世界大同。而經濟制度，與文化等等，皆隨世殊異。）其義據則一本於元。（由元言之，則萬物一體。故世界終歸大同。元者，萬物之本眞。所謂純粹至善者也。其在於人，則爲本心。而抉擇是非或善惡者，卽此本心爲內在的權度。）謂春秋不見體，可乎。玄奘所以說易春秋不明體者。因爲孔氏，只是於用識體。只是於流行識體。善學易春秋者，宜心知其意。若印度佛家，則言體必遺用。必不涉及流行。玄奘不悟自宗之失，反以孔氏爲不見體。所謂守一家之言而蔽焉者也。吾嘗言。大用流行。雖復變動不居。其中自有個常生常寂的眞實物事在。我們尅就大用流行的相狀上說，這個，確是刹那刹那詐現，都無自性。然而，由此，可以悟入他（大用流行）的本體。因爲，用上雖無自性。而所以成此用者，卽是用之實性。此乃絕對眞實的，常生常寂的。用之流行，（實則流行卽用之別名。但立詞須有主語。故云用之流行。）雖是千變萬化，無有故常。而所以成此流行者，卽是流行之主宰。流行，是有矛盾的。（詳玩上卷轉變章）於流行而識主宰，便是太和的。（尅就流行的方面而言，如物與心是矛盾的。然心畢竟能不物化，而使物隨心轉。就因爲心的勢用，是不會失掉他的本體的德性。所以能主宰乎物。因此，可以說心卽是本體。由心卽是體，故能宰物而不隨物轉。所以消釋矛盾。而復其太和之本然。太和者，和之至也。太者，贊詞，無可形容，而贊之曰太也。孔子所謂仁，卽太和是也。此非灼見本體不能道。但此意深遠，難與俗學言。玄奘之智，不足及此。況其他乎。西哲如黑格爾之徒，祇得矛盾的意義，而終無由窺此仁體。）流行，是變化密移的。於流行而識主宰，便是恆常的。流行，是萬殊的。於流行而識主宰，便是無差別的。流行，是虛幻的。於流行而識主宰，便是眞眞實實的。流行，是無有所謂自在的。於流行而識主宰，便是一切自在的。我們應知，用，固不卽是體。而不可離用覓體。因爲本體全成爲萬殊的用。卽一一用上，都具全體。故卽用顯體，是爲推見至隱。（見讀現。用現而體隱。現者，卽隱之現。非有二也。）離用言體，未免索隱行怪。（隱謂體。專以空寂言體，而不涉及生生化化之大用，是謂索隱。見趣一偏，出世之行，未免於怪。）印度佛家之學，根本處，終成差謬。

難者曰。公謂印度佛家，離用言體。恐非彼之本意。答曰。汝若欲爲彼解免者。吾且問汝。吾前已云，寂然至無，無爲而無不爲者，則是用之本體。此句中，吃緊在無爲而無不爲六字。而與印度佛家天壤懸隔處，尤在無不爲三字。我於體上，說箇無不爲。這裏，便與王陽明所云，卽體而言，用在體。同其意義。所以，我們不是離用言體。汝試熟思，印度佛家，三藏十二部經。他們談到眞如性體，可着無不爲三字否。他們只許於體上，說名無爲。斷不許說無爲而無不爲。因爲，自小乘以來，本以出離生死爲終鵠。所以，他們所趣入的本體，（此中趣入二字。趣者，投合義。投入而與之合也。入者，冥然內自證知也。）只是一個至寂至靜，無造無生的境界。及大乘空宗肇興。以不捨衆生爲本願，（大乘本願。在度脫一切衆生。然衆生不可度盡。則彼之願力，亦與衆生常俱無盡。故終不捨衆生也。）以生死涅槃兩無住着，爲大行。（小乘怖生死。則趣涅槃，而不住生死。是謂自了主義。儒者譏佛家自私自利，小乘誠然。大乘則不住生死。而亦不住涅槃。惑染已盡故，不住生死。隨機化物，不獨趣寂故，不住涅槃。此大乘之行，所以爲大。）雖復極廣極大，超出劣機。（劣機謂小乘）然終以度盡一切衆生，令離生死爲蘄向。但不忍獨趣涅槃耳。（就大乘不捨衆生，及涅槃亦不住之意義上說。似有接近儒家的人生觀之可能。然畢竟未離出世思想的根荄。終與儒家異轍。）空宗還是出世思想。所以，他們（空宗）所證得於本體者，亦只是無相無爲。無造無作。寂靜最寂靜。甚深最甚深。（無相至此並出般若經）而於其生生化化，流行不息眞幾。終以其有所偏主，而不曾領會到。（偏主謂出世思想）所以，只說無爲，而不許說無爲無不爲。所以，有離用言體之失。夫言無爲者。謂其非如作者起意造作故。故說無爲。（作者，謂具有人格的神。宗教家所謂造物主是也。）言無不爲者。謂其具有無量無邊妙德。（德而曰妙，無可形容故。）所謂生生化化流行不息眞幾，德盛之謂也。由其無窮盛德故。所以，顯現爲萬殊的大用。所以，至無而妙有。因此，說無爲而無不爲。我們言體，却不離用。剛剛是與印度佛家相反的。

或復難言。佛家小乘，專主趣寂。誠哉有體無用。但大乘修行，（修者，修爲。行者，行持或行履。此行，作依持故，能遠有所到，得至佛位，卽名行持。此行，是其所切實踐履，無虛妄故。卽名行履。修行者，所修之行，曰修行。或修卽是行，故名修行。）則有六度，萬行，（行而曰萬，言其行不一端也。六度者。一曰布施。以己所有施諸人，而不存施與想，對治慳貪故。二曰淨戒。護持正戒，恆不放逸故。三曰安忍。忍受一切困辱，堪能任重道遠故。四曰精進。發起淨行，勇悍無退故。五曰靜慮。遠離惛沉散亂曰靜。明察一切法曰慮。恆處定故。六曰般若。智義，是般若義。於一切法，無橫計故。無妄執故。證見一切法實性故。是名般若。以此六法，離生死岸，而到彼岸，卽所謂涅槃。是名爲度。）乃至法雲地，勝用無邊。（大乘修行，從見道以往，凡有十地。第十地，曰法雲地。謂證得眞如實性故，名得法身。如是具足自在。如雲含水。能起勝用。故此地名法雲。）如何說彼（大乘）有體而無用耶。這個疑難。也須解答。今當申明我所說義。方好繩正他們的支離。（他們謂大乘）須知。吾所云用。原依本體之流行而說。如澈悟眞性流行，（眞性卽本體之異名）是爲卽體成用。（謂卽此體，全成爲用。非體在用之外故。）卽用呈體。（體本無相。而成爲用，則有相詐現。故說卽此用，可呈現其體也。）則體用，雖不妨分說。而實際上，畢竟不可分。此理非由猜度。試卽俗所謂宇宙而言。我們落實見得萬象森羅，皆是大用燦然。亦皆是眞理澄然。（澄然者，虛寂貌。）以於用見體故。）云何體用可分。又就人生行履言。全性成行，（性卽體。全者，言其無虧欠也。吾人一切純眞，純善，純美的行，皆是性體呈露。故云全性成行。）全行是性。（如此心，隨時隨事，總能收斂。不惛沉，不散亂。這便是行。也就於此行處，認識本來淸淨的性體。故云全行是性。）亦見體用不可分。（行卽用之異名耳。）旣全性成行，全行是性。則體用不可分，甚明。）我們體認所及，却是如此。今觀大乘談體處，只是無爲，無造。無有生生。無有神化。（神化一詞，謂變化微妙不可測。故說爲神。）佛家於體上，不言神化。無有流行。甚且說，譬如陽焰。乃至如夢。（大般若經，法湧菩薩品云。諸法眞如，離數量故。非有性故。譬如陽焰。乃至如夢。夫眞如，爲諸法本體之別名。此本無相，無對。更無數量。但說爲非有性，如焰，如夢。究不應理。眞如雖無相，而實不空。云何非有性。焰夢並是空幻，都無所有，豈可以擬眞如。經意雖主破執。而矯枉過直如此。終是見地有未諦處。）審其言，則體爲空寂而無可成用之體。是其由修行所起勝用，只欲別於小乘自了生死，故不得不修此大行。（大行卽勝用）但彼（大乘）所謂自在勝用，終不許說卽是眞性流行。彼於眞性上，不容置流行兩字故。如果說眞性是流行的。則可以說自在勝用，卽是眞性的發現。易言之，就是卽用卽體。今彼說眞性，唯是無爲無作。（唯字注意）則應許自在勝用，但依眞性起，而不卽是眞性呈露。（則應至此爲句。）由斯，體用不得不二。據此說來，大乘自空宗時，其在談行履的方面，於所謂大行勝用，（大行勝用，作複詞。）與眞如性體，並不曾融成一片。吾前云，全性成行，全行是性，正明體用不二。審空宗所說，已不如此。這種支離，直到後來有宗，無着世親一派，愈演愈不堪。此意，且俟後文再談。總之，大乘所自別於小宗者，其根本意思，只是無住涅槃。（生死，涅槃，兩無住着。是名無住涅槃。）此義深遠。學者宜曠懷深玩。）無如其出世思想，不曾改變。故其證會於眞如性體者，只見得是空寂無爲的境界。關於這種根本意義，大小乘是沒有多大區別的。

或復問言。如公所說。印度佛家，離用談體。然則其所證見爲空寂，或寂靜等德者，皆非性體之本然，（然，謂如此。本來如此，曰本然。）而爲其情見所妄構歟。答曰。汝所計，亦非是。佛家斷除惑染。止息攀援。（心有所思時，必構畫一種境相。如所謂概念或共相等者，正是心上構畫的境相。卽此構畫，說爲攀援。）冥絕外緣，入於無待。（攀援息，卽不見有外在之境。故云冥絕外緣。夫俗所謂知識者，必心有所緣，而始生其知。此所緣相，卽對待相。卽現似外境相。故此知，非眞知也。眞知者，渾然內自證知。無能所。無對待。無內外。遠離一切分別相故。故冥外緣，卽入無待。當下卽是。非由意想安立。）默默之中，獨知烱然。（此知之體，獨立無匹。恆默恆知，無所待故。）明明之地，一寂澄然。（明明云云，牒上獨知而言也。

恆知恆寂。無作動相。獨體之妙如是。）佛家於此，親證爲空寂眞常。離一切相故，名空。離諸惑染故，名寂。本非虛妄故，名眞。本無變易故，名常。佛家親證如是。故說如是。我們體認所至，亦自信得如是。更叅稽儒家的說法，曰無聲無臭，也是空寂的意思。曰誠，曰恆性，（恆有三義。曰不易義。性恆是善，不可改易故。曰不增減義。一味平等故。曰不息義，無間斷故。）也是眞常的意思。我常說，儒佛所證會於本體者，實有其相同而無所異。約大概來說，並不爲附會的。可是一層，如將儒佛兩家的學說，子細推勘。他們（儒佛兩家）又有天壤懸隔的地方。佛家證到本體是空寂的。他似乎是特別着重在這種（空寂的）意義上。（着重二字吃緊）易言之，不免有耽空滯寂之病。善學者，如其有超脫的眼光，能將佛家重要的經典，（言經即包括論籍在內）一一理會，而通其全，綜其要。當然，承認佛家觀空雖妙，而不免耽空。歸寂雖是，而不免滯寂。（此中觀空一詞。觀者，如理照察義。觀空者，謂照了一切法，都無自性故，皆是空故。因得澈悟一切法之本體。又復應知，本體，無相無爲。復不可執着爲實物有。此體純淨，空諸執故。亦名空理。如是種種觀察諸法空義。是名觀空。歸寂者，佛家各派，皆歸趣涅槃寂靜。離諸擾亂相故。）夫滯寂，則不悟生生之盛、耽空，則不識化化之妙。此佛家者流，所以談體而遺用也。儒者便不如是。夫空者無礙義。（不獨無質。並無些微相狀可得。故云無礙。）無礙故神。神者，言乎化之不測也。（非思想所及曰不測）寂者，無滯義。（滯者，昏濁沉墜，而不得周徧，不獲自在。無滯反此。）無滯故仁。仁者，言乎生之不竭也。（無窮無盡曰不竭）故善觀空者、於空而知化。以其不耽空故。妙悟寂者，於寂而識仁。以其不滯寂故。我們於儒家所宗主的大易一書。便知他們（儒家）特別在生生化化不息眞幾處發揮。他們確實見到空寂。如曰神無方，易無體。（神者，形容變化之妙。易者，生生不息之謂。無方，謂無有方所。無體，謂無有形體。）曰寂然不動。（不動，謂無有浮囂動擾等相。寂然，冲虛貌。）寂義，旣有明文。無方，無體，正彰空相。（非以無有，名空。乃以無方無體名空。此與般若之旨全符。）我們須知。不空則有礙，而何化之有。不寂則成滯，而何生之有。惟空寂，始具生化。而生化，仍自空寂。（此語吃緊。雖復生化無窮。而未始有物爲累也。）大易只從生化處顯空寂。此其妙也。佛家不免耽空滯寂。故乃違逆生化，而不自知。總緣佛氏自始發心求道，便是出世思想。所以有耽空滯寂，不悟生化之失。然若疑佛家證見本體爲空寂眞常，亦非眞見。且疑其爲情見妄構者。此則甚誤。本體是眞，是常。絕待故曰眞。德恆故曰常。（德恆者，謂其德貞恆，不可變易。）空寂者。言其離一切相。（亦云無礙）離一切染。（亦云無滯）淸淨微妙。（淸淨謂寂。微妙謂空。）其德至盛而難名。姑強字之曰空寂也。（空與寂，並是強名。直須忘言默契始得。）本體法爾恆然。（恆然者。言其亘古亘今，恆是一味空寂故。）但凡夫純任情見作主。所以不能證體。佛家唯靜慮之功，造乎其極。（靜慮者，禪定之異名。遠離昏沉躁動。而恆在定。故名爲靜。遠離虛妄計度。於一切法，如理觀照。故名爲慮。）故於空寂本體，得以實證。他這種證會，確不是情見妄構，而是冥然如理，無可置疑的。（冥然，謂無虛妄分別。如理，謂與眞理相應。）

或復難言。本體唯其是空寂的，所以亦是生化的。如果不悟生化，恐其所見之空寂，終是情見妄構，而不得空寂之本相。若眞見空寂，何竟不了生化。豈有無生化之空寂耶。如只見爲空寂，而不悟生化，這種空寂，必是情見所妄構。決定不得空寂本相可知已。這種疑難，殊不應理。情見妄構時，便極不空寂。如何可許情見得構成空寂相。須知。此等問題，不是憑量智推求可以下評判的。（此中量智，謂理智作用，或知識。亦即是情見。）我們至少須得有一種淸明在躬，志氣如神的生活。縱不易常如此。也須不失掉此種生活的時候很多。常令此心，廓然離繫。破除種種見網。（一切依情見所起的推求，或知識，與見解等等，總名爲見。亦云見網。網者，網羅，不得開解。凡一切見，皆即是網。故名見網。）方是空寂的眞體呈露。到此。則本體之明，却會自知自證。易言之，卽他自己，認識自己空寂的面目。（此中兩用自己詞語，皆指本體而言。亦卽是本心。亦卽上卷明宗章所云性智。）我們如果至此境界，才算有了根據。庶幾可以評判所謂佛家證見空寂的本體，是確然證到，抑是情見妄構之一大問題。（我們至此爲句）若是自家沒有根據，而徒任情見來評判此等問題。直是說廢話，有甚相干。總之，我們體認所及，確信得性體（亦云本體）元自是空的。諸法一相，所謂無相故。（諸法云云，用大般若經語。若就諸法言，則幻現千差萬別之相。若就諸法之本體言，則唯是一相而已。一者，無差別義。此中一相，實卽無相。無者，非無有之謂。乃法爾實有，而無相狀可得也。無相卽是空，空諸相故。非以無有名空。）性體元自是寂的。本來清淨，不容增減故。（凡法可增益，可損減者，卽不自在，而失其寂。性體恆是圓滿自在的，無可增減。所以恆寂。）我們玩味佛家經典所說，便覺得，佛家於性體之空寂方面，確是有所證會。但因有耽空滯寂的意思。所以，不悟生化。或者，他們（佛家）並非不悟生化，而只是欲逆生化，以實現其出世的理想。推迹他們的本意，元來是要斷除由生化而有的附贅物。（附贅物，謂衆生從無始來所有迷執的習氣。）這種附贅物，本是無根的。而確足以障礙性體。他們要斷除這種附贅物，乃不期然而然的，至於逆遏生化了。有人說，小乘確是逆遏性體之流行。（流行卽謂生化）大乘似不然。此說，非是。大乘之異於小者，只是不取自了主義。其願力宏大，將欲度脫一切衆生。而衆生不可度盡。則彼亦長刧不捨世間。不捨衆生。大乘之大也在是。吾昔常據華嚴等經，謂其不必是出世意思。其實，大乘本不捨世間。但終以出世爲歸向。我們如取融通的講法，雖于理無悖。然要不是佛家本旨，則又不可不知也。有問，佛家何故偏有出世思想。吾語之曰。古代印度民族，大概富於出世思想者多。（其原因非此中所及論）玄奘法師言，九十六道，（印度外道的學派有九十六種）並欲超生。（謂超脫生死）師承有滯。致淪諸有。（有者三有。卽三界之異名。佛家說有欲界，色界，無色界。欲界，卽人類與諸動物之世界。色界者，有微妙色故。無色界者，並微妙色亦不可得。然色界，無色界，均有衆生云。凡屬三界衆生，皆不得出離生死。奘師意謂，外道拘守自宗。不聞正法。故雖欲超生，而終淪沒於三界中也。）據此。則古代印度人多懷出世思想。蓋不獨佛家而已。有人說。佛家欲逆遏本體之流行，歸於不生不化。這種理想，果能做到，宇宙間便一無所有。只合強名爲不可思議的寂滅界。這樣清寧之極，豈不比有人有物的世界好得多。有人說，佛家並不是要人物滅無。他只是要斷除由生化而有的附贅物，如種種迷執習氣。如果衆生都成佛。都已把種種迷執斷除了。性體便解脫障礙。他之所求，不過如此。如上二說，各是一種看法。我在本書中，不欲深論。但有可明白斷言者。按之佛

一三四

家經典，（包括各宗派而言）他們（佛家）語性體，絕不涉及生化。這是很可注意的。也不是由我們任意曲解的。有人說。佛家的說法，每是四處不着脚的。難執一定之義，以論定他。然而，會通其義旨之全盤體系來說。他們總歸趣出世，是無容置疑的。他們語性體，不涉及生化，也是很分明確定的。

說到此。我又要回復到前面的話。佛家證見性體空寂，其爲確然親證，自不容疑。或且不妨說，因爲他們（佛家）耽空滯寂之故，足見其於空寂，證會獨深。但於生化德用，則不免忽略，或雖有證解，而其出世思想，終以逆遏生化爲道。如此，畢竟是有所偏蔽在。吾於前文裏，頗疑空宗不曾領會性德之全者，意亦在此。夫性體廣大，（此中廣不與狹對。大不與小對。乃至廣至大而無有匹也。）具足萬德。冥冥證故。迴絕言詮。斯無得而名焉。（冥冥者，無分別義。證者，親證。親證者，卽性體上有昭然自明自了之用，所謂本心之明是也。然正親證時，無一毫分別相。言詮所由絕也。既言詮不及。卽性德無可爲之名。凡名，必於衆德之中，特別有所注重處，始爲之目。既未起分別，便無特別注重處可目故。）若乃隨順證量，而起知慮。（證量者，現量之別名。上所云親證是也。證量無分別相。及起知慮，則分別著矣。）則將離其渾全，而致察其所特別注重處。由不可名，而至可名。（性德之渾全，不可名者也。於萬德渾全中，而標其特別注重處，始有可名。）故語性德者，曰空，曰寂，實就所注重處而名之耳。不可謂性體無生無化也。如其無生無化。則性體亦死物矣。故談空寂，而不悟生化。要非識性德之全。然有不可不知者。凡談生化者，必須眞正見到空寂，乃爲深知生化。性體，離一切相，故說爲空。離一切染，故說爲寂。於其寂，而可識神化之眞也。於其空，而可識生生之妙也。從來哲學家談生化者，大概在生化已形處推測。而不知，生化之眞，須於生化未形處體認。所謂在生化已形處推測者，這等看法，似是把生化，看做是一種綿延或持續的生力之流。其實，這是從生化已形處看，便似如此。殊不知，生化的本體，元自空寂。（此處吃緊）其生也，本無生。其化也，本不化。因爲生化的力用才起時，卽便謝滅。不是起和滅的中間，有個留住的時分。更不是一種持續和擴張的生力之流，如柏格森氏所謂如滾雪球，越滾越大。（更不至此爲句）依據滾雪球的譬喻來講，雖時時刻刻，創加新的雪片，卻總有故的雪片不滅。生化果是如此，則其生也，便非生而不有。其化也，便非化而不留。實則，生化之妙，好像電光的一閃一閃，是剎那剎那，新新而起。也就是剎那剎那，畢竟空，無所有。所以說，生本無生，化本不化。然而，無生之生，不化之化，卻是剎那剎那，新新而起。宛然相續流。又好似電光的一閃一閃，雖本無實物，而詐現有相。因此，或誤計度為有一種綿延或持續的生力之流。如此看法，便是從生化已形處推測，不可得生化之眞了。更有很粗笨的思想。以為，只有物質，才是生生化化的。不悟物質，只是由生化詐現的迹象，實際上並無所謂物質。唯物論者，其神智囿於現實世界，或自然界。因妄計有物質才生化。殊不知，如有物質，便成滯礙，何能生化。唯虛故，不窮於生。（空諸相故，亦云虛。）唯寂故，不窮於化。此理確然易知，而人情狃於所習，遂不能悟及。此誠無可如何者。復有妄計，宇宙，是由一種迷闇的勢力，為生化之原者。如古代印度的數論。雖建立自性為本原。然必由三德合故，始成生化。三德者。曰勇，（相當能力的意義）曰塵，（相當物質的意義）曰闇。（即是一種迷惑。佛家亦謂之無明。）他們（數論）以為生化必依勇和塵。固與唯物論者同其錯誤。然而，他們似更看重闇德。此闇的勢用，於三德中，實居最要。據數論師的說法，宇宙所以生生化化而不已，元來不是有何意義，有何目的。其實就由於一種闇，才會如此的。後來西洋的學者，如叔本華，也說有盲目的意志。與數論所謂闇者略同。這一派的思想，謂其無所見歟，他確也見到人生後起的狂惑追求的習氣。人生也就把這種習氣，當做了他的本來面目。人生從無始來，便喪其眞。這是難得避免的一種失陷的悲劇。不過，他們（數論師等）誤以這種經驗，（謂狂惑追求的習氣）來推測宇宙生生化化不息眞機。如此，極是倒見。所謂鑄九州鐵，不足成此大錯也。生化，只是空寂眞常的本體中，有此不容已之幾。（此語吃緊）眞故，萬德具足，不得不生化。常故，萬德貞恆，不得不生化。（恆故無息。無息故生化不窮。）此理，宜深心理會。）空故，上德不德，其生化本無心也。（上德者，德至盛而難名，故曰上。不德者，不自有其德也。德盛自生化。非有心於為生化也。只是理合如此。非如人之有心去造作。）寂故，靜德圓徧，其生化不可窮也。我們知道，性體，是空寂眞常的。也就知道，性體，是生生化化的。生化，只是個德盛不容已。（此語吃緊。亦無可多置詞。）不是有所爲的。（人情妄有追求，才是有所爲。生化，只是眞理合如此。不是有心去追求甚麼。故不可以吾人妄情去猜測。）不是盲闇亂衝的。（有所爲，才盲闇亂衝。無所爲者，反是。）德盛不容已，自是明智的。（只不是有心去造作。而確不是亂衝的。所以說爲明智。）是自然有則，而不可亂的。（驗之物理人事，任何繁賾，任何詭變，都不是無規則可尋的。）是雖起滅萬端，變動不居，而畢竟不失其恆性的。（恆性者。恆謂恆常。性者德性。此理，不可滯物而索解。須脫然神悟始得。宇宙本體，雖是生化無窮的。而自具有眞實，剛健，空寂，淸淨，昭明等等不可變易的德性，名爲恆性。譬如水。其生化，元無固定，如或凝冰，或化汽。但水具濕潤的恆性，則始終不變易。由此譬況。可悟生化無窮中自有恆性的道理。是故斥言生化，則是詐現無實的。若卽生化而會其恆性，則是徹體眞常的。唯其有恆性而生化，所以不是頑空。唯其生化而有恆性，所以不是一味散動，卻是卽動卽靜的。近人柏格森創化論的說法，不曾窺到恆性，只妄臆爲一種盲動。卻未了生化之眞也。）是其流行成物，而界物各正的。（生化之妙，約每剎那言，是纔起卽滅的。通多剎那言，則後起續前。故假說流行。流行故成萬物，而界萬物各得其正。如天成其廣大，地成其博厚，人有其良知良能，都是眞實的顯現，都無不正。因爲流行的本體，是萬物各各全具的。故乃各正。參看上卷明宗章，第一節按語，大海水與衆漚喻。）是於流行中有主宰的。（如吾心，是流行不息的。而其應萬感，則恆有主而不亂。於此，可識生化流行中，自有主宰在。）所以，宇宙生生化化不息眞幾，決不是迷闇的，而確是明智的。我們如果依據自家迷惑的習氣，來推測生化。便已墮入邪見坑裏，與實際的道理（謂生化）全不相應。這是學者所應虛懷滌慮，進而深究的。總之，如印度佛家，見到性體空寂，便乃耽空滯寂，至於逆遏生化。這個，固不免智者之過。但是，談生化者，若非眞正見到空寂的本體，剿盡染習，則其於無生之生，生而不有，不化之化，化而不留，如斯其神者，終乃無緣窺見。亦將依據有生以來逐物之染習，以爲推測，僻執戲論而已矣。夫以有取之心，而妄臆生化之原。其不相應也何疑。（有取之心，謂習心也。習心常有所追求，常有所執著。故云。）故知，爲學未窮至空寂處，（空非空無之謂，乃以無形無相名空。寂非枯寂之謂，乃以無染汚無覽亂名寂。前文可覆按。）則惑習潛存。（必證得空寂本體，保任涵養而勿失之，惑習便自伏除。否則惑根蘊積於中，反障其空寂本體矣。）任情卜度，都無智炬。遑臆尋求，難探道要。障眞理之門。絕生民之慧。人生悖於至道，安於墮沒。甚可悲也。（墮沒者，謂其墮落淪溺，幾於喪失其生命也。）然而，見到空寂，必求免於耽空滯寂之弊。然後知，空者，不容已於生。但生而不有，仍不失其空之本然耳。寂者，不容已於化。但化而不留，仍不失其寂之本然耳。是故上智，盡其所以生之理，而無所著。體其所以化之理，而無所掛。（掛者掛礙）無所著，無所掛者，其德日新而不已也。體其所以化，盡其所以生者，則直與法界爲一，而未始有極也。（法界卽本體之異名）學至於此，方是究竟。

或有問言。公之新論，轉變一章，實爲全書綱領旨趣所在。卽於大用流行，而顯其本體，是謂眞如。亦云恆轉，或功能等。（尚有許多別名，故置等言。）卽於本體生生化化不息眞幾，顯爲大用，要由相反相成。故說翕闢。（本體，不是殭死的物事，卻是總在生生化化的一個物事。卽此生化，說爲大用。而此大用，實由相反相成。故說爲一翕一闢。詳在上卷轉變章。）卽於翕闢頓變，剎那不住，故說生滅。（亦詳轉變章）眞如本體（四字係複詞）法爾恆存。（法爾猶言自然）不是依他故有的。不是本無今有的。此體本常。常故說無生。（恆自存故云無生）常故說不化。（不化者、謂其德貞恆不可易故。）然而此體的自身，卻是生生化化的一個物事，決不是殭固的物事。所以，顯現爲萬殊的大用。由此，說無生而生，不化而化。雖復生化無窮。而其顯爲翕闢，都無實物。剎那生滅，無物暫住。故知生而不有，化而不留，畢竟本來空寂也。新論之旨，其談生化，明明含攝大易。而究竟空寂，則宛轉歸諸般若矣。世謂公之學，揉雜儒佛。不知公亦自承否。余應之曰。自新論初版問世以來，世之以揉雜儒佛議吾者。吾聞之熟矣。世之所執者，儒佛二家門戶之見也。吾之所究明者，眞理也。眞理是至易至簡的，亦是無窮無盡的。是無窮無盡的，亦是至易至簡的。易簡者，言其無差別相，是萬法本體故。無窮無盡者，言其爲用萬殊故。哲學，要在於萬殊證會本體。所以爲衆理之總會，羣學之歸宿也。此體，非戲論安足處所。只要各哲學家都得滌除情見盡淨，他們到這裏（本體）自有相同的證會。佛經所謂諸佛同證。我們在理論上，是應該承認的。（事實上哲人難得盡除情見）有人否認同證之說。以爲，各哲學家總不免有或蔽，或通，或見似，或見眞，或見淺，或見深，或見偏，或見全，決不會有同證的。因此，哲學上只好聽其各說各的道理，而無可觀其會通。這種議論，是吾所嘗聞的。哲學界如此的現象，也是無可諱言的。其實，哲學界如此的現象，就因爲各哲學家每爲情見所封。故於眞理，不得同證。如一羣患目盲的人，無由共覩天日，大凡眞能滌除情見者，必須上智始能之。古今上智極少，而中材爲多。中材於此理（謂本體）爲蔽，爲通，及其見似，見眞，見淺，見深，見偏，見全之別，則一視其有無滌除情見工夫，及其用功純一與否以爲斷。（純一者，不間曰一。不雜曰純。）可是一層，人生梏於形氣，（形氣，謂身體及環境。）縛於習染，欲其滌除情見，此極難能。矧欲滌除盡淨，談何容易哉。（情見卽緣形氣與習染而始有）所以，在哲學家中，欲覓幾個堪認爲彼此完全同一證得眞理，而無一毫互不相應處的，恐終不可得。這個情形，並不是眞理太詭怪，或故意隱伏，令人不可同證。而只是人各爲其情見所蔽，才不獲同證。然而此理，畢竟是人人本來同具的。其在人，便名爲性智。（參看上卷明宗章）他（性智）總會發露的。卽此發露，假名智光。哲學家如果能保任這種智光，以對治情見，自然會與眞理相應。易言之，卽此智光會自照也。（智光之體，卽是眞理。非離智光別有物名眞理。）假若哲學家，都能恆時保任這種智光，（恆字注意）則彼此同證，決無問題。惟其不恆保任，所以不獲同證。然雖不恆保任，卻不能道他們絕無智光發露時。因此。他們於眞理，容有所見。（容字注意）只其介然之明，不勝其情見之蔽。終自組成一套戲論。而其一點明處，反晦而不彰。此所以陷於蔽而不通，或見似而不眞，或見淺而不深，或見偏而不全，總緣其乍露之明，不勝其重錮之蔽，故成差謬。所以說，哲學家只是各說各的道理。紛紛無有定論。戲論既多，如何可得公是處耶。大凡，人之情見雖甚複雜。而衡量見趣，亦可粗別爲幾種。（見趣者。趣謂趣向。凡人所持之見，或如彼，或如此，卽是有所向也。如唯物唯心諸論，其見不同，卽其傾向異故。卽見卽向，說名見趣。）哲學上有多少派別，卽是見趣有多少種類。試取一部哲學史，或哲學概論，而披閱之。便可略知其概。毋庸詳述。凡治哲學的人，於其見趣較接近者，則黨同而益張之。（各人的情見決不會全同只有較接近的）於其見趣互異者，則攻伐不遺餘力。於是，而門戶之見始成。下流的哲學家，就縛於門戶見，竟忘卻了哲學之本務是在求眞理。（竟忘二字一氣貫下）哲學所以沒進步，此是一大原因。據此說來。哲學上，只是家自爲說，各執情見各逞戲論，無可觀其會通，達於眞理之域乎。這種看法，也是錯誤。吾前已云，性智是人人本來同具的。雖情見錮蔽，要不無智光微露時。因此我們應相信，任何哲學家，縱未免戲論，也不會全無是處，而且古今來，於眞理確有所見的哲學家，何曾絕無。我們只不要封執門戶見，更不要忽視東方哲學的修養方法。（如中國儒家道家及印度佛家等）努力克治情見，常令胸間廓然無滯礙。（此語吃緊）久之，神解超脫，自然洞達性眞。（性眞者，此理，生來本具曰性。無有虛妄曰眞。即謂吾人與萬物同具之本體。）自家既有正見。而復參稽各哲學家之說。其有的然證眞者，則吾因得同證，而益無疑無謬。其或蔽歟，則遮其蔽，而誘之以通。其所見失之似歟，則繩其似，而引之趣眞。（似之害乃過於蔽）其所見失之淺歟，則就其淺，而導之入深。（淺與似微異。似之失亂。淺之失膚。其障眞則同。）其所見失之偏歟，則融其偏，而擴之得全。（偏之一字最害事。見地稍偏一點，便步步入歧途，至與眞理完全相背。所謂差毫釐，謬千里是也。）如此治學，方乃觀其會通，庶幾不迷謬於眞理。會通者，必其脫然超悟之餘，將推闡其旨，猶不肯守一家言，或一己之見，而以旁通博採爲務。固已自有權衡。於衆家知所抉擇。旁蹊曲徑，令入通途。非漫然牽合，紛然雜集之謂也。（紛然亂貌）哲學家所患者，自家沒有克治情見一段工夫，即根本沒有正見。如是而言哲學，入主出奴，固是不可。即或涉獵百家，益成雜毒攻心。膚亂成說，橫通持論。其誤己誤人尤甚。故哲學所貴在會通，要必爲是學者，能自伏除情見，而得正見。然後可出入百家，觀其會通。須知，會通一詞，是異常嚴格的。會通的境地，是超出一切情見和戲論的。只有會通，才可發明眞理。若稍存門戶見，便陷於某一家派的情見之中，而適爲眞理之障了。時人識得學問的意義者已甚少。其於新論，妄以採雜儒佛相攻詆，固無足怪。實則，新論不唯含攝儒家大易。其於西洋哲學，亦有借鑑。西洋談形而上學者，要皆憑量智或知識去搆畫。明儒以向外求理，爲朱子後學根本迷謬處。其實，朱派不盡如此。獨西洋談本

一三九

體者，確犯此病。新論劃分本體論的領域。明此理是無對的。非外在的。不可以量智推求而得。（量智僅行於物理世界，不能證得本體。）此正救西洋哲學之失。印度佛家，除有宗唯識論師外，餘皆掃蕩法相，似無宇宙論可言。（後詳）頗嫌其不爲科學知識留地位。（如果根本不談宇宙論，即無由施設物理世界或外在世界。科學便無立足處。）新論，則明大用流行，如所謂翕闢之妙，生滅之幾，依此，施設宇宙萬象。（但不可執爲定實）即仍有宇宙論可說。其於所謂宇宙之解釋，雖與西洋哲學異旨。而非不談宇宙論，則有精神相通處。新論於西洋學術上根底意思，頗有借鑑。要自不敢輕於持論。若乃儒佛二家，號爲互異。但究其玄極，無礙觀同。本體是空寂[illegible]常的。佛家證見如是。儒家亦自見得。（參看前文）但佛家於空寂的意義，特別着重。儒家於此，只是引而不發。（如曰寂然不動。曰無聲無臭，至矣。只是一語，輕描淡寫過去。佛家則千言萬語，反覆申明，總是令人觀空趣寂。）本體是生生化化，流行不息的。儒家大易，特別在此處發揮。佛家於體上只說無爲，絕口不道生化。（有問，儒家既言生化，如何又道寂然不動。答曰。「無形故寂然。無有散亂昏擾等相，故云不動。此正顯其空寂。空寂，故至神至妙。故生化不測。誰謂空寂是死體耶。此何疑。）兩家在本體論上的說法，明明有不同處。究以誰爲是耶。吾以爲二家所說。皆本其所實證。都無不是。此在前文，已經說過。但是二家各有偏重處，就生出極大的差異來。儒家本無有所謂出世的觀念。故其談本體，特別着重在生化的方面。雖復談到空寂，卻不願在此處多發揮。或者，是預防耽空滯寂的流弊，亦未可知。佛家起自印度。印人多半是有出世思想的。（覆按前文）佛家經論，處處表見其不甘淪溺生死海的精神。他們（佛家）本有出世的希求。所以，勤修萬行，斷盡諸惑，要不外觀空趣寂。（大乘誠重悲願。然爲衆生不悟空寂，始起悲願，否則亦無悲願可言。）故其談本體，特別着重空寂，而不涉及生化，抑或欲逆遏生化，故不言之耳。吾嘗云。佛家原期斷盡一切情見。然彼於無意中，始終有一情見存在，即出世的觀念是也。我這個說法，每爲治佛學者所反對。若輩可以在大乘經籍中，舉出義證，證明佛家並沒有所謂出世的意思。其實，大乘是從小宗中演變出來的。他們（大乘）的說法，都是對治小宗的思想（對治者如醫用藥對症而治之也）小宗只求自了生死，大乘則誓願不捨衆生。（覆按前文）小宗貪著涅槃。希求速證。益於世間生厭捨想。大乘故示不捨世間，用破小執。如華嚴，維摩諸經，皆有深意。我們卻不可尋章摘句來講，失掉大乘期願度脫一切衆生的本意。（不可二字一氣貫下）須會通佛家各派的重要經論，即綜貫其整個的意思來說，佛家畢竟是出世的思想。（但是大乘對治小宗的意思，確是一個大轉變。由此，也可漸漸放棄出世思想，與此土儒家接近。）所以，佛家談本體，不涉及生化。這個態度，並非偶然。當與其出世思想有關。竊意此亦是佛家之一偏。然而儒佛二家所說的，皆本其所實證，而不爲戲論。只是各說向一方面去。會而通之，便識全體。佛家說空寂，本不謂空是空無，寂是枯寂。故知此體空寂，元是生生化化不息眞幾。不空不寂，只是滯礙物，何有生化。儒家言生化，亦非不窺到空寂，只不肯深說。故二家所見，元本一理，法爾貫通。非以意爲揉雜也。嘗謂儒佛二家，通之則兩全，離之則各病。儒家立說雖精審。然若不通之以佛，則其末流，恐卽在動轉或流行中認取。（如後來程朱學派，有向外求理之嫌。陽明學派，有就發用上說良知，而陷於猖狂妄行者。乃至西洋哲學中，談變，或談生命者。多認取盲目的衝動，爲生化之本然。）未識空寂妙體，終無立本之道。在佛法未入中土以前，老子治易而崇無。蓋已有見於此。佛家立說，雖甚深微妙。然若不通之以儒，則唯蕩然出世，耽空滯寂，走入非人生的路向。似不應理。（此約佛家本義而談。若近世學佛者，自是習於虛僞，尚說不到出世。）故證空而觀生。則生而不有之妙，油然自得也。歸寂而知化。則化而不留之神，暢乎無極也。斯義也，深遠哉。吾誰與言之耶。或曰。若是，則與昔者三家合一之論，奚若。（三家謂儒釋道）曰，似不可亂眞。吾前已言之矣。言三家合一者，自己無有根據。無有統類。比附雜揉而談合一。是混亂也。會通之旨則異是。體眞極而辨衆義。辨衆義而會眞極。根據強而統類明。是故謂之會通。混亂者，尋摘文句，而求其似。此不知學者所爲耳。會通，則必自有正見，乃可以綜衆家，而辨其各是處。卽由其各是處，以會其通。夫窮理之事，析異難矣。而會通尤難。析異，在周以察物。小知可能也。會通，必其神智不滯於物。非小知可能也。私門戶而薄會通。大道所由塞。學術所由廢也。時俗固可與言學乎。或曰。公之學，已異於佛家矣。其猶可以佛家名之否。答曰。吾始治佛家唯識論。嘗有撰述矣。後來忽不以舊師持義爲然也。自毀前稿。久之，始造新論。吾惟以眞理爲歸，本不拘家派。但新論實從佛家演變出來。如謂吾爲新的佛家，亦無所不可耳。然吾畢竟遊乎佛與儒之間，亦佛亦儒。非佛非儒。吾亦只是吾而已矣。

綜前所說。吾與印度佛家，尤其大乘空宗，頗有異同，已可概見。至若有宗（具云大乘有宗）持論，本欲矯空宗流弊。而乃失去空宗精要意思。此亦可謂不善變已。今當略論之如後。

有宗之學，原本空宗。而後乃更張有教，以與之反。（言更張有教者。蓋小乘多持有教，見下注。大乘有宗，雖亦談有。而與小乘異旨。故云更張。）考有宗所依據之解深密等經中，判釋迦說教有三時。（參考解深密經，無自性相品。但此下述經，頗省易其辭。而義則無變。）謂初時。爲小乘說有教。（小乘教中，大概明人空。易言之，卽謂沒有如俗所執爲實在的人，或實在的我，只是依五蘊卽色心諸法，而妄計爲人或我已耳。然猶未能顯法空道理。如於五蘊諸法，卽猶執爲實有的。而不知法相本自空無。故此未證法空，但名有教。）第二時。爲發趣大乘者，說空教。（謂大乘空宗所依據之般若經。說一切法，都無自性。卽法相本空。故名空教。）然是有上，有容。未爲了義。（謂更有勝教在其上故，故云有上。此當容納他勝教故，故云有容。他勝教者，謂下第三。）第三時。爲發趣一切乘者，（卽大乘有宗）說非有非空，中道教。（妄識所執實我實法，本皆空無。應說非有。然諸法相，如心法，色法，皆有相狀顯現。衆緣生故。不可說無。又此諸法相，皆有眞如實性。更不可說是空。由此，應說，妄識所執，是誠非有。但諸法性相，畢竟非空。此與般若一往談空者不同。故名非有非空，中道教。）詳此所云三時教。本有宗假托佛說，隨機感不同，教亦差別。（本有至此爲句）以示自宗有所依據，便於拑反對者之口爾。（判教之說，吾素不取。釋迦歿後，佛家分成許多宗派。此是學術思想自然演變之不能免者。而必一一歸之釋迦。謂其於某時說某教。又爲之抑揚於其間。其假托之情，自不可掩。然當時結集經文者，原爲對付異派計。後人信爲誠然，便大誤。）但於此，極可注意者。則有宗判定空宗爲不了義教。固已明明白白，反對空宗的說法。這是不容忽視的。不過，有宗以其所謂非有非空的說法，來對治空宗末流之弊，用意未嘗不是。而他們（有宗）自己所推演的一套理論，卻又墮於情見窠臼。如何可折伏空宗。我們現在欲評判有宗的得失。姑從兩方面來看他。一從本體論的觀點來看。二從宇宙論的觀點來看。把他們的得失刊定。才好顯示本論的意思。但在敍說有宗的義旨時。爲求讀者容易了解起見。只得力避太專門的名相。而於義旨。則決無漏失。這個，是可以負責申明的。

先從本體論方面的觀點，來審覈有宗的說法。他們（有宗）確有和空宗不同處。這個不同處，我們可就寶性論中，找出證據。（寶性論係元魏天竺三藏勒那摩提譯）該論本爲何義說品。第七。問曰。餘修多羅中（按修多羅謂經籍）皆說一切空。（按指空宗所宗經而言）此中何故說，有眞如佛性。（按寶性論，卽屬有宗。佛性亦是眞如之別名。）偈言。

處處經中說，內外一切空。（按內空，外空等，可覆看前文。）有爲法如雲，及如夢幻等。（按以上謂空宗）此中何故說，一切諸衆生，皆有眞如性。而不說空寂。（按以上謂有宗）

答曰。偈言。

以有怯弱心。（按此第一種過。因空宗說一切空。衆生聞之便起怖畏。既一切空。無所歸趣。故有怯弱心也。）輕慢諸衆生。（按此第二種過。如一切空之言。卽衆生都無眞如佛性。本自下劣。故是輕慢衆生。）執著虛妄法。（按此第三種過。既不信有眞如。則唯執著一切法皆是虛妄而已。又可云。若談一切空，而無眞實可以示人。故外道等，皆執著虛妄法。無可導之入正理也。）謗眞如實性。（按此第四種過。凡執著虛妄法者，皆不知有眞如性。故妄肆謗毀。）計身有神我。（按此第五種過，如外道等，由不見眞如故。故妄計身中有神我也。）爲令如是等，遠離五種過。故說有佛性。

據寶性論所言。足見從前空宗所傳授的一切經典，處處說空寂。及至有宗崛起。其所宗主的經典，便都說眞如實相。（實相猶云諸法實體。與眞如連用，爲複詞。）不似已前盛宣空寂的意味了。寶性論，特別提出這個異點來說，很值得注意。檢直把有宗一切經論中，談本體的着重點，和空宗談本體的着重點，互相不同處，宣布出來。

大般若說七空，（詳第二分。即二十空之省略。）乃至二十空。（詳大般若初分）於一切法，皆以空觀，除遣其相。後來有宗，廣解眞如，（參考大論七十七）如其所宗之解深密，及瑜伽，中邊等論。皆說有七眞如，乃至十眞實。（眞實亦眞如之別名）言七眞如者。非眞如體，可差別爲七種。（非字一氣貫下）但隨義詮別故，說之爲七。如第一云。流轉眞如。謂眞如是流轉法之實性故。非卽流轉名眞如。（流轉法者。謂色心法，是刹那生滅，相續流故。故云流轉。）乃至第七云，正行眞如。（正行，謂聖者修道，發起正行。此中經文，有道諦一詞，今不引用。恐解說太繁。）謂眞如，是正行所依實性。或正智所行境，卽智所依實性故。亦非卽正行名眞如。十眞實者。隨義詮別，復說以十。用意同前。毋須繁述。總之，空宗一往遣相。卽眞如實相，亦在所遣。有宗自謂矯空之偏。故說一切法相，皆有眞如，爲其所依實性。攝相從性。一切眞實。空有二宗。其異顯然。

或有難言。大般若經，便已處處說眞如，何曾是到有宗，才拈出眞如來說。答曰，善學者，窮究各家之學。須各通其大旨。（注意各字。）不可尋章摘句，而失其整個的意思。（不可二字一氣貫下）大般若，非不說眞如。要其用意所在，完全注重破相。若執眞如爲實物有者，（實物有，謂人情於經驗界的物事，執爲很實在的。以此，成爲心習。將聞說有眞如，亦當做實物來想。如或計爲外界獨存的，或計爲很實在的東西，可以想像得到的。）亦是取相。便成極大迷妄。故般若經的大旨，只是空一切相。而欲人於言外，透悟眞如。（言外二字注意）所謂離相寂然。才是眞實理地。空宗的着重點，（着重二字吃緊下言着重者倣此）畢竟在顯空寂。這個着重點，就是他（空宗）整個的意思所由出發，及其匯集處。我們於此領取，方不陷於尋章摘句之失。否則將謂般若已說眞如。有宗亦何所異。殊不知，空宗有其着重點，確是他獨具的面目。

再說有宗。他們雖盛顯眞實，亦何嘗不道空寂。如解深密經及瑜伽，（卷七十七）皆說有十七空。顯揚論（卷十五）說十六空。中邊亦爾。（中邊述記卷一可參考）此外，眞諦譯有十八空論。（以上諸空義。皆見於有宗的經論中。實則有宗都根據空宗般若的二十空義，而採撮之。學者但識其大意可也。至其一一名相，茲不及詳。）可見有宗亦談空寂。但其着重點，畢竟在顯眞實，遂乃別具一種面目。學者將有宗重要的經論，任取一部來玩索，便見得有宗立說之旨，與空宗正是兩般。我們要知：本體是眞常的，故名眞如。（絕對的眞實，故名眞。常如其性，故名如。）是無相的，是離染的，亦說爲空寂。不見空寂，而談眞如。恐墮取相，而非證眞。重顯空寂，（重者偏重）又懼末流將有耽空滯寂之患。空宗首出，故以破相而顯空寂。有宗繼起，乃不毀法相而說眞實。（眞實即謂眞如他處倣此）其着重點，各有不同。亦自各有其故。（故者所以義）

綜前所說，空有二宗談體，各有着重點。此其不同處固也。然復須知，佛家自小乘以來，於體上只說是無爲。決不許說是無爲而無不爲。所以，他們（佛家）是離用談體。這個意思，前面已經說過。他們有一共同點，即是不許說本體顯現爲大用。（如本論所謂翕闢和生滅的流行不息，即大用之謂。）易言之，即不許說眞如顯現爲宇宙萬象。須知。所謂宇宙，只是大用上之增語。非離大用，別有物界，可名宇宙故。（非字一氣貫下）增語者。語即名言。夫名言所以定形。（如白之名言，即以規定白之形相，與青等異也。）而形本無實。故名言者，只由立意造形。（如所謂白者。求其實質，本不可得。縱說爲光子或電子，畢竟亦無實。故知白者，只是意中起想，造作形相。想者，取像義。）然非全無所依。要依大用流行，方起名想，施設言說。但無有與此名言相應之實物。只是於大用流行中，亦即於本來無物之地，無端增益許多名言，叫做宇宙萬象。故云增語。要之，由本體顯現爲大用，始可施設宇宙萬象。易言之，由眞如體，全成用故，即依用相差別，（用則詐現衆相故）而有種種增語。（如說宇宙萬象）如果不許說眞如顯現爲用，即無有宇宙論可講。印度佛家，從小乘各部，至大乘空有二宗。於體上都只說是無爲。不肯說是無爲而無不爲。易言之，都不曾說此本體，是生生化化的物事。即不能說此本體，是顯現爲大用的。（生化流行，便是體的顯現。便名大用。若於體上只說無爲。不許說無不爲。只說恆常不變。不許說生化流行。此體，便無有顯現，只是頑空的。便無大用可說。）所以，他們（印度佛家）在本體論上的見地，最好是對宇宙論，純取遮撥的態度。從小乘已來，都是根據釋迦，說五蘊等法。此即用一種剖解術，或破碎術。把物的現象，和心的現象，一切拆散了，使無所謂宇宙。如剝蕉葉。一片一片剝完，自無芭蕉可得。但是，小乘雖用剖解術，猶未談到畢竟空，無所有。及至大乘空宗，便說得澈底了。他們所以遮撥宇宙萬象，雖是用意在破除相縛，以顯眞如。（相縛二字。宜深玩。相即是縛。故名相縛。如執着宇宙萬象爲實在的，此即相縛。由此。便不能於萬象而透悟其本體卽眞如。）然亦由其不許說本體是生生化化的物事，而只許說是無爲的，無起作的。所以，只好把宇宙萬象，極力遮撥。不過，他們一往破相。在理論上都無過患。

大乘有宗，矯異空宗。頗談宇宙論。但是，他們（有宗）將宇宙之體原，與眞如本體，（眞如本體，係複詞。他處倣此。）却打成兩片。此其根本迷謬處，容後詳談。有宗所以陷於這種迷謬，不能自拔者。就因爲有宗談本體，雖盛宣眞實，以矯空宗末流之失。然亦以爲本體，不可說是生生化化的物事，只可說是無爲的，無起作的。因此，他們（有宗）所謂宇宙，便另有根原。（如所謂種子）

有人說。涅槃經，以常樂我淨四德顯體。無變易故名常。斷一切苦故名樂。是內在的主宰故名我。離一切染故名淨。涅槃經以此四德，來顯體。很分明的，是與空宗偏彰空寂的意義不同了。余以爲，涅槃自是有宗的經典。但是四德只明眞如是不變的，是自在的，是離垢染的。（常即不變義。我即自在義。樂與淨，卽離垢染義。）亦不曾說眞如本體，是生生化化的。這裏很值得注意。

綜前所說。有宗在本體論上，始終恪守小乘以來一貫相承之根本義，卽本體不可說是生生化化的是也。有宗雖自標異空宗。而這種根本的理念，仍與空宗不異。所以，本論和有宗在本體論上的見地，也是不能相同的。本體是絕對的眞實，有宗云然。本論亦云然。但在本論，所謂眞實者，並不是凝然堅住的物事，而是個恆在生生化化的物事。唯其至眞至實，所以生生化化，自不容已。亦唯生生化化不容已才是至眞至實。生化之妙難以形容。強爲取譬，正似電光的一閃一閃，刹那不住。可以說他（生化）是常有而常空的。然而電光的一閃一閃，新新而起。（唯其刹那不住。故是刹那刹那，新新而起。）又應說他是常空而常有的。常有常空，畢竟非有。常空常有，畢竟非無。非有非無。是猶此土老聃所謂，惚兮恍兮其中有象，恍兮惚兮其中有物，窈兮冥兮其中有精，其精甚眞，其中有信者耶。（是猶此土，至此爲句。恍惚，形容本體無相也。有象，有物，形容其生生化化而非空也，非謂有實物或實象也。窈冥，深遠之嘆。言本體無相，深遠，不可得而見也。精者，言乎生化的力用，至神而不竭，至妙而無濫也。曰眞，曰信，眞極之理，於生化而驗之也。信驗也。）我們不能捨生化而言體。若無生化，卽無有起作，無有顯現，便是頑空。何以驗知此體眞極而非無哉。

或曰。生化是用。不當於體上說。體無生化故。答曰。信如斯言，體用截然分離。此正是印度佛家差謬處。汝猶不悟，何耶。體者，對用得名。要是用之體。非體用可互相離異故。若所謂用者，非卽是體之自身之顯現，則體本不爲用之體。只是離異於用，而別爲一空洞之境。如此，則體義不成。（本來空洞，不起用故。依何名體。）佛家常以眞如本體，喩如虛空。如佛地經論云。清淨法界者。（按卽眞如本體之別名）譬如虛空。雖遍諸色種種相中。而不可說有種種相。體唯一味。云云。詳佛家自小乘以來談本體，都只說是無爲，無起作，卽無有生化的物事。這樣的本體，自同虛空一般。虛空是無起作的。是無生化的。而所謂宇宙萬象，或諸色種種相，雖依虛空故有。畢竟不卽是虛空自身的顯現。以虛空無生化故。眞如本體，亦如虛空。所以眞如只是遍諸色種種相中，（遍字注意。謂其隨處皆遍。無有空缺。似是宇宙萬象所依托的一個世界。）不能說眞如現作諸色種種相也。這樣一來，形上的本體界，與形下的現行界，似成對立，不可融而爲一。（現行界，猶云現象界，卽所謂宇宙萬象，或諸色種種相。形上形下兩詞。本之易繫傳。理之極至，說名上。形者，昭著義。眞極之理，昭著不無，故云形上。形下者，萬有紛綸。迹象昭著，故亦言形。又卽就迹象，目之爲下。然迹象非別於眞極而爲實有，只是眞極之流行而已。故在大易，形上形下，約義分言。本非二界。而世之言哲學者，每與易義相違。）

第六章　功能下

談至此。更要從宇宙論方面的觀點，來詳覈有宗的說法。吾前屢云。空宗破相，意在顯體。但他們（空宗）因爲一往破相。卽於法相，只有遮撥，而無施設。所以說，他們是不談宇宙論的。有宗恰恰和空宗相反。他們（有宗）開山的大師，就是無着，世親兄弟。無着的學問，大抵參採小乘談有一派。（小乘原分二十部。雖互有異同。但從大端上看來，此二十部，總不外空有二派。空派，漸演而爲大乘空宗。有派，則自無着世親，始成大乘有宗。）並資藉大乘空宗。而後張其大有之論。（雖復談有。而超過小乘故。謂之大有。）其初期立說。實以三性義爲綱要。三性之談，本始於空宗。三性者。一徧計所執性。（徧計，謂意識。意識周徧計度，故云徧計。所執者。謂徧計之所執。如依五蘊，而計爲我。實則於一一蘊上，本無我相。但由意識妄計，執着爲有。故說此我相，是徧計之所執。又如依堅白等相，而計爲整個的瓶子。實則堅等相上，都無瓶子。亦由意識妄計，執着爲有。故說此瓶子相，是徧計之所執。舉此二例，可概其餘。）二依他起性。（他，謂衆緣。如世間計執心或識是實有的。不悟心法，只依衆緣而起。云何衆緣。一者，因緣。謂此心法，不是無因而憑空得起的。故說有因緣。二者，所緣緣。若無所緣的境界，心亦不起。故說有所緣緣。三者，次第緣。如前念識，能引生後念識。故說次第緣。四者，增上緣。如官能等，爲識所憑藉以起者。故說增上緣。增上者扶助義。據此。則所謂心法，本無自體。只依衆多的緣而起。故名爲依他起性。此中據空宗義。其所謂因緣，尚無後來有宗所謂種子義。故此云因緣，但從寬泛的說法。又復應知。心法既說爲依他起性。而色法，卽物質現象，亦是依他起，自不待言。當知。色法上，可假說有因緣，及許多相關聯的增上緣。參看吾著佛家名相通釋。）三，圓成實性。（此謂眞如。圓者圓滿。謂眞如體，徧一切處。無虧欠故，說爲圓滿。成者成就。謂眞如體，本自恆常。非是生滅法故。宇宙萬象，都是有生有滅的東西，卽名生滅法。今此眞如，則非是生滅法。

故名成就。實者眞實。亦云眞理。謂此眞如，是一切法眞實性故。猶云宇宙的實體。故名萬法眞理。）如上，已說三性名義。按大般若經言。慈氏。（佛呼彌勒也）應如是知，諸徧計所執，決定非有。（按可細看前注）諸依他起性，唯有名想，施設言說。（按想者，取像義。如謂靑唯是靑，而非白等。或甲唯是甲，而非乙等。名者，詮召義。如色之一名，即以呼召色法，而詮釋其爲質礙物也。吾人於一切事物，本由想立名。復因名起想。由名想故，種種言說，紛然而起。凡情緣名想言說，而生執着。即計爲有實現行界或宇宙萬象。實則一切法，不論心法或色法，都是依他衆緣而起的。故一切法，都無自體。本來空無。申言之，一切事物，都是互相緣而有，都不是獨立的實在的東西。即衆緣，亦是假設。根本無有實在的東西叫做緣。如中論等，廣說其義。故說一切依他起法，本來空無。唯有隨情所起之名想，及依名想，施設種種言說而已。據實而談。名想言說，都無有與之相應的實物。純屬虛構。奇哉奇哉。空宗對於依他起性的說法，元是如此。極須認淸。）諸圓成實，（按諸字，謂一切法。諸圓成實，猶云一切法的圓成實性。）空，無我性，是眞實有。（按空者，空一切執着相也。無我者。此我字，即是執着義。凡由徧計的意識，所計執爲實有的東西，而絕不與眞理相應者，通名法執。亦名爲我，亦名法我。諸哲學家不能證見圓成實性者。皆以倒妄計度，成法我相。而圓成實性，本來寂淨。離諸戲論。畢竟無有如彼徧計所執法我相故。故說無我性。徧計所執我相，如實是無。但我相空已。而圓成實性，畢竟不空。故說是眞實有。）推迹空宗始說三性的意思，他們（空宗）以初性（徧計所執）只於妄情上有。而實本無。這種見地，自是誠諦。爲甚又說依他起性呢。須知。凡妄情之所執，（妄情即謂徧計）亦必有其所依，而後起此所執。譬如執有現前的桌子。這個桌子，只是妄情之所執。根本完全沒有如所執的這種桌子。事實誠然如此。但是，人情總不得無執。將轉計云，桌子縱然是所執。而此所執，豈無所依，憑空得起。如說眼識，但得黑色。乃至身識，但得硬度。都不可得桌子。所以，這個桌子，是現量證明沒有的。（此云現量，若順俗釋，即是依據感官經驗的知識。在因明，則謂之五識現量。）不容諍執。然而，黑色乃至硬度，通攝色蘊，此皆現證的物事。（現證具云現量所證得）即此，又可見一切法相，確然不是無有的。故所執根宜遮，而一切法相，究不可遮。否則桌子的所執相，全無所依，如何得起。又如依色等蘊，而執爲實人，或實我相，固是妄情所執。（實人猶云實在的人。實我倣此。）但色蘊法，不可說無。前已略示。受蘊乃至識蘊諸心法，是內自覺知的。亦不可說無。由斯，色蘊等等法相，一一皆是實有。故所執相，如人我相，得依之以起。凡情計執，大底如此。總之，人情迷執，根深蒂固。雖說初性，（徧計所執）以對破其所執。却只破得膚表的一層。而一切法相之執，乃是根株所在。此根不拔，即無由見眞理。（眞理謂眞如）由是事故。故於一切法相，若色，若心，竝說爲依他起的。足見色和心，都不是實有的。解析心法，但依衆緣詐現，云何有實心。解析色法，亦依衆緣詐現。云何有實色。又復當知。本依色心，假說衆緣。色心自性空故。衆緣亦都無自性。是故一切法相，本來皆空。唯有名想。都無實義。（佛書中言無實義者，猶云無實物。）故承初性，而談次性。（依他起性）極有深意。初性，但遣所執。次性，盡遣所執所依一切法相。然後一眞之體，搉然昭顯。故終之以第三性。（圓成實）夫於法相，而計爲法相。則不能覩其本眞。（本眞，謂一切法相之實體。即圓成實性是也。）情存於有相，故不得無相之實也。（本體是眞實有但無相狀）次性遣相。而後可顯圓成。此般若了義也。空宗說三性。實則初二性，竝在所遣。（遣者除遣他處準知）唯存第三。（此中意云。初二性竝遣。即離一切相。乃於一切法，而皆見爲圓成實。古德有云。信手所捫，莫非眞如。妙符斯旨。）或有問言。空宗一往破相。即眞如涅槃，亦說如幻如化。此則三性俱遣，寧有第三性可存耶。（眞如涅槃，複詞也。即是圓成實。般若經說，涅槃如幻如化。是第三圓成實性，亦在所遣。）答曰。經意，恐人於圓成實性而起執故。故說如幻如化，以破其執耳。豈眞謂圓成實可撥爲無哉。但其偏於破相。語勢嫌過。易滋流弊。是可議耳。總之，空宗談三性，不但遣初性。（所執）即依他起（以下或省云依他）亦必俱遣。此處所關，極端重要。因爲，依他不遣，即是執法相或現界爲有。（現界具云現行界。猶云現象界。即是宇宙萬象。）以此，與圓成實性或本體界成爲對立，即依圓二性，不得融而爲一。（依圓二詞均係省稱）如此，便成戲論。我們細玩大般若經，及中觀等論。很分明的，是遮撥一切法相。密示圓成。（圓成係省稱。密謂密意。法相不空，即無由見圓成。

故遮撥法相，方令透悟眞體。此空宗祕密意趣也。）故空宗三性，依他與所執俱遣。（所執，初性之省稱。）由遣依他故。卽於法相，不見爲法相。所謂萬象森羅，元是一眞法界。其妙如此。（一眞法界卽圓成之別名）故遣依他者，乃卽依他而悟其本是圓成。故無依圓二性對立之過。此空宗所爲不可及也。

有宗自無着，始盛張三性義。以自鳴爲非有非空，中道之教。矯異空宗。蓋有宗以爲，三性中，初性，純是所執，是誠非有。依他，不應說無。圓成，則是眞實有。故通依圓，總說非空。彼（有宗）自謂空有雙彰。（所執非有，是彰空義。依，圓非空，是彰有義。故云空有雙彰。）所以，與一往談空者異撰。其用意，未嘗不是。然而，有宗談三性，雖原本空宗。而其歸，卒與空宗絕異者，則因有宗關於依他性的說法，根本與空宗違反。由此，二宗遂劃鴻溝。空宗說依他，元是遮撥法相。有宗說依他，却要成立法相。（在上章前面，曾云，兩宗對於法相的說法不同。至此便可對照。）遮撥法相，却是不談宇宙論。成立法相，便有宇宙論可講。兩宗的分歧，只從依他性出發。

有宗因爲要談宇宙論，根本就要改變空宗依他性的說法。這個改變的步驟，也是逐漸完成的。當初似猶未甚失空宗之旨。如有宗所宗的解深密經，有云。如眩瞖人眩瞖衆相，或髮毛輪等相，差別現前。依他起性，當知亦爾。釋曰。謂眩瞖人，似毛輪相，非實似實故。喩依他起，非有似有。（見一切法相品。參看唐圓測疏。）詳此中，非有似有的意思，卽只說爲幻有。並非完全遮撥。雖已稍異空宗。但其乖違，猶不顯著。迨後，無着創發唯識之論。卽於依他起性，而改變空宗遮詮的意義。因建立種子，使緣起說，一變而爲構造論。（緣起一詞，與依他起一詞，含義全同。依他之他，卽目衆緣。諸法，依托衆緣而起，曰緣起。一曰緣生。他處用此詞者，準知。）這樣一來。有宗便陷入情見窠臼。却把空宗的精意完全失掉了。今略爲勘定如下。

一，有宗首變遮詮義者。空宗談緣起，本是遮詮。此在上卷第三章後段，業已說得很詳明。讀者可以覆按。我相信，凡有神解的人，讀過般若經，及中觀等論。當然明瞭空宗談緣起的意思，只是一種遮詮。云何遮詮。謂由執實法相，不了眞理故。（眞理，謂圓成實。）故依剖解術，破除法相。卽明示一切法相，都無自體。無自體故，卽是空。唯由法相皆空故。方可於此，透悟圓成實性。此空宗善巧處也。空宗的緣起說，決不是表詮的意義。易言之，卽不是要說明一切法，由衆緣會聚而構成的。如果以爲，一切法，是由衆緣會聚而始構成。則是執定有一切法，而爲之下解釋，卽明其所由成就。這樣，只憑意想，來安立宇宙。妄加猜度。便不能透悟法相本空。卽是不能於法相，而洞澈其源底。（源底，爲本體之形容詞。亦卽圓成實性之代詞。）所以，哲學家談本體者爲得爲失，就要看他在宇宙論方面，是否善用遮詮。此中有無限意思很難說出。我對於空宗的偏尙遮詮，本不敢完全贊同。然而，由其說，當下便除遣法相而證實相。（實相，謂本體。亦卽圓成實性。）這裏，確是不二法門。雖復有其短處。（謂於宇宙萬象，有偏於遮撥之嫌。）而長處究不可掩。我希望治哲學者，都肯一受空宗的洗禮。

緣起說，本導源釋迦。小乘經典中，益盛張之。夫言緣起者，必須安立幾種緣。所謂因緣，次第緣，所緣緣，增上緣是也。青目師云。一切所有緣，皆攝在四緣，以是四緣，萬物得生。（見中論釋）據小乘毗曇說。心法待四緣，方乃待起。（四緣可覆看前談依他性中注文）色法亦待二緣。謂因緣，及增上緣。（如一顆樹的生起和長盛。有他本身能生的力用，可假說爲因緣。人工的培植，和水土，空氣，日光，歲時，等等關係，均是增上緣。）大概小乘師談緣起者，頗有以爲，諸法（心法和色法）待衆緣會聚始起。（頗有二字，顯小乘中不皆持此計者。）如此言緣起。便是表詮的意義。顯然承認諸法是有。而以緣起義，來說明諸法所由成就。這個，與後來大乘空宗遮詮的意義，便天淵相隔了。我且把表詮，遮詮二種意義，對比如左。

表詮　承認諸法是有。而以緣起義，來說明諸法所由成就。

遮詮　欲令人悟諸法本來皆空。故以緣起說，破除諸法，卽顯諸法都無自性。（亦云無實自體）

如上所說，遮表二種意義，判若天淵。小乘有部談緣起，既是表詮的意義。（有部者，此派計執諸法實有，故云有部。）所以。大乘空宗，欲遮其執，便非根本把所謂緣，一一破斥不可。如果把緣破了，則彼妄計有從緣而生之諸法，乃不待破而自空。這個，眞是霹靂手段。龍樹菩薩在其所造的中論裏面，即將四緣，一一破盡。（參考觀因緣品）今不暇具述，略撮其旨，敍以二義如次。

一曰。緣者，由義。若法，由彼生故，此生。即說彼法，與此法作緣。此法，望彼法爲果。若爾。是果固待緣成。即緣，亦待果得成。如無有果，則緣義不成。以緣名待果而立故。

既緣待果成。今應問汝。緣中先有果耶，先無果耶。若緣中先有果。便不應說果從緣生。果已先有故。

若緣中先無果。便不應說緣能生果。緣中本無果故。無則不能生有故。如汝計，雖緣中先無果，而有生果之能。故果後時待生者。此不應理。緣中既有生果之能。應一切時，恆生其果。而世共見無有此事。如谷子有生芽果之能，在倉庫時，奚不生芽果耶。

綜前所說。緣中先有果，先無果，二俱不成。故知無有從緣所生果。既無從緣所生果。則緣義不成。何以故。果無，即緣亦無故。

二曰。衆緣，與所生果，都無自性。何故都無自性。由緣待果而成故，即緣無自性。又果亦待緣而成故，即果無自性。由衆緣與所生果，都無自性故。故知緣起，唯是假說。都無實事。

空宗遮撥因果。（所謂衆緣之緣，即相當於常途所謂因。故緣亦得名因也。問四緣中，初列因緣，何耶。答，因義有寬狹。從寬泛言之，一切緣，皆名爲因。從狹義言之，唯於生果，係最親切的有力者，方名因。故四緣，雖並得名因。而初之因緣，則取義特狹。學者宜知。）至爲卓絕。古代學者，都計執實有因果。並以爲因是決定能創生果的。空宗獨正其謬。在古代有此希奇的創見，眞令人有不知所以贊嘆之想。又復應知，如我所說，（即在本論所說）一切法，都是纔生即滅，沒有剎那留住的。（覆玩上卷轉變章）如此，則根本無有所謂一切物，從何而說有定實的因果耶。應知。因果法則，只是隨情計假立。縱許由生滅滅生不已故，有迹象詐現。情計依之作物解。乃施設因果。然既曰迹象，即了無一法當情。（猶云，絕沒有一物，相當於情見所計執的那模那樣的存在着。易言之，即是本來無一物也。）將以何物，目之爲因。復有何物，可字曰果。故知因果，唯隨情計假立，都無實事。空宗以遮詮的意義談緣起。自是誠諦。

大乘有宗，還是根據小乘有部的意思，來反空宗，他們（大乘有宗）談緣起，首先把空宗遮詮的意義，改變殆盡。他們，比元來小有，（具云小乘有部）更要變本加厲。這個變本加厲處就在因緣義的改造。緣這一番改造，有宗逐漸完成極有統系的唯識論。其理論雖宏博精嚴。但構畫愈工，違眞愈甚。畢竟如蠶作繭自縛。乃墮入徧計所執，而終不自悟。我嘗說。有宗全盤錯誤，只於其談緣起，或依他起性處便可見。他們（有宗）談依他性，所以鑄成大錯者。根本就在因緣義的改造。元來小乘談緣起，其於因緣，尙是寬泛的說法。大概猶就一切法，互相關係間立論。如此法得生，由彼法與力故。故說彼法，爲此法作因緣。是所謂因緣，實際上，與增上緣無甚差別。（小乘說有六種因。實皆相當於增上緣。參考基師唯識述記等書。）如此。雖未得空一切法相，以透悟本眞。然若但依俗諦，作如是計，尙無有過。獨至無着菩薩，（大乘有宗開山人物）一方依據小有。一方矯異大空。其談緣起，乃特別改造因緣義。以組成一套宇宙論。實則陷於臆想妄構，未可與空宗並論也。尙考無着造攝大乘論。始建立功能，亦名爲種子。（種子亦省名種）復建立阿賴耶識，攝持一切種。（種子爲數無量。故云一切。依佛家說。人各一宇宙。故每人皆有八個識。其第八識，曰阿賴耶。阿賴耶者，含藏義。謂含藏一切種故。）於是，以種子爲宇宙萬有的因緣。（因緣，亦省稱因。宇宙萬有，卽諸行，或一切法之總名。西洋哲學家，推求宇宙之本體，說爲第一因。亦同此旨。）攝大乘論有言。於阿賴耶識中，若愚第一緣起。（按緣起者，謂種子爲因緣，一切法得生起。故云緣起，卽指目種子也。賴耶識中種子，是一切法的本因。故名第一緣起。愚者，言其不了。此中意云。若不了悟賴耶識中種子，是萬法本因者。便起如下各種迷謬分別。）或有分別自性爲因。（按數論，建立自性，爲心物諸行之因。）或有分別夙作爲因。（按夙作，猶云夙世所造作，亦云先業。如尼乾子等，計先業爲諸行之因。）或有分別自在變化爲因。（按婆羅門等，計有大自在天，能變化故。故爲諸行之因。）或有分別實我爲因。（按僧佉等，計有實在的神我，爲諸行因。）或有分別無因，無緣。（按自然外道，及無因論師，並空見外道等。並計一切法，無有因緣。）復有分別我爲作者。（按勝論，立神我，謂其有造作力用。）我爲受者。（按數論，立神我，謂其受用諸境。如色聲等物，是神我之所受用故。）譬如衆多生盲士夫，未曾見象。復有以象，說而示之。彼諸生盲，有觸象鼻，有觸其牙，有觸其耳，有觸其足，有觸其尾，有觸脊梁。諸有問言。象爲何相。或有說言，象如犂柄。或說如杵。或說如箕。或說如臼。或說如箒。或有說言，象如石山。若不解了此緣起性，無明生盲，亦復如是。（按謂，若不解了種子爲諸行之因者。卽由無明成盲，不悟正理。將於宇宙的本體或因緣，純任臆想亂猜，亦如盲人猜象也。無明，亦云無知。）據無着這一段話來看。他的因緣義，確與小乘不同了。小乘因緣，尙是據一切法相，互相關係間立論。到無着手裏，卻將因緣義改造，而成爲玄學上之最根本的原因。他建立種子做因緣，可以說是一種多元論。他以爲各派哲學，談到宇宙緣起一大問題，都是胡猜亂想。只有他的種子說，是爲誠諦。（如上所引）由他的說法，向外界去覓因的，（如自性及梵天神我等計）固是邪計。而主張無因無緣者，亦是戲論。他建立賴耶識，來含藏種子。卽由此賴耶中一切種，爲心物諸行生起之因。所以，宇宙不是無因。亦不是有外法爲因。他以此完成其唯識的理論。抑可謂精密已。

問，賴耶識，亦八個識中之一也。賴耶中，含藏餘七識各各種子。故餘七識得生。（餘七識者。以第八識，望前七個識，故置餘言。各各二字注意。每一識，皆自有種。不雜亂故。）賴耶亦自有種否。（賴耶係省稱）答，賴耶從其自種故生。誰謂賴耶無種。問，賴耶，是所生果。賴耶之自種，是能生因。如何果得藏因。答，因果同時故。（若因先果後，則果不能藏因。今說因果同時，故果得藏因。）又互爲能所故。（約生義言，賴耶是所生。其自種是能生。約藏義言。賴耶是能藏種子的。而賴耶自種，及餘一切種，都是以賴耶爲所藏的。故云，互爲能所。）故彼所計，（彼者，謂無着及其後學。）於理論上，非不成立。

有宗，本以一切衆生，各具八識。（各有八個識也。雖此說小宗已有端緒。要至大有，始成體系。）而每一識，都可析爲相見二分。如眼識。其所緣青等色，卽是相分。而了別此青等相之了別作用，卽是見分。（合此相見二分，通名眼識。）眼識如是。餘耳識（所緣聲，是相分。了別此聲相者，是見分。）乃至第八賴耶識，各各有相見二分。類準可知。（乃至者，隱含鼻等識。文從略故。謂鼻識所緣香，是相分。了香相者，是見分。舌識所緣味，是相分。了味相者，是見分。身識諸所觸境，是相分。了觸相者，是見分。意識緣一切法時，必變似法之相，是名相分。了一切法者，是見分。第七識緣賴耶見分爲我時，必變似我之相，是名相分。計執有我相者，是見分。如上已說前七識，各各相見二分。至賴耶識相分，則析以三部分。一器界。卽俗云自然界或物界是也。二根身，卽淸淨色根，非世俗所謂肉體也。肉體本屬器界，但能扶助根身，與根身和合似一故。三種子。賴耶自己種子，及前七識種子，皆藏於賴耶自體內，而爲賴耶之所緣。如上三部分，通是賴耶識之相分。問，根器自是相分。如何種子亦名相分。答，根器各從種子生。種子本不應與根器同類。但以其爲賴耶見分之所緣故，故亦名相分耳。凡爲所緣時，卽是相故。舊師之意蓋如此。至賴耶見分。有宗經典，則說爲極深細，而爲吾人所不可知云。）據彼（有宗）所謂一切識，或一切相見。通名現行。（現者，現前顯現義。行者，相狀遷流義。）亦可總稱現行界。（以今哲學上術語言之卽是現象界）彼既肯定有現界。（現行界之省稱）故進而推求現界的原因。於是建立一切種子，爲現界作根源。種子潛隱於賴耶識中，自爲種界。現界雖從種子親生，但現行生已，卽離異種子而別有自體。如親與子，截然兩人。所以，種現二界，元非一體。無着言種子具六義。其一，曰果俱有。果謂現行。由種子爲因，現行方起。故現望種而名果。俱者，兩物，故言俱也。謂種子，與其所生現行果法，一爲能生，一爲所生。彼此相待而有故。故云果俱有。（參考瑜伽攝大乘論及成唯識論）種現對立，成爲二界。此自無着創說，傳授世親。爾後衆師紛出，於此都無異論。

┌現行界（一切識或一切相見）……果（所生）
└種子界（一切種子）……因（能生）

附識　依有宗義。前七識（現行）是各各有自體的。而其各各種子，則潛在賴耶識中。是種與現，明明不爲一體。至賴耶自種，雖與餘識種，同伏藏賴耶自體。然爲賴耶見分之所緣，名爲相分。則賴耶自種，及餘識種，只是與現行賴耶識，俱有相依。要非一體。（現行賴耶識，係複詞。）所以說，種現對立，成爲二界。此義判定，則其妄構易見。

無着在攝論中，只說一切識，各各有自種。（各各二字，注意。如眼識有自種。耳識，乃至賴耶識，均可例知。）但每一識，復析以相見二分。此二分種，爲同爲別，則自世親以後之十師遂成諍論。（世親是無着異母弟。初治小乘學。無着誘之入大。遂稟無着，弘唯識論。十師，皆世親後學。）護法折衷衆義。說根器及五塵相，皆與見別種。（根，器，皆賴耶相分。均是色法故。故各有自種，而不與賴耶見分共一種生。五塵，謂五識所緣色，聲，香，味，觸是也。此五塵相，亦各有自種，非與五識見分同種。若第六意識，緣一切法時。其所變似法之相，純由見分變現者。此相，是與見分同一種生。故二分種，同別合論。本論茲不暇詳。參考吾著佛家名相通釋。）吾國窺基，乃一遵護法。但由相見別種義言之。頗有二元論的意義。

因（一切相分種）……………………果（一切相分）
因（一切見分種）……………………果（一切見分）

如上所說。無着學派，只爲把因緣，改造爲玄學上的最根本的原因。所以，建立種子，說名因緣。但是，他們最大的謬誤，就是劃成種現二界。我們依據明解的覺證，（明解，是心所法之一，卽依性智而起者。下卷方詳。）不能承認有兩重世界。如果說，萬化本隱之顯。種界隱，現界顯。道理是合該如此的。此復不然隱顯，不可析以能所，別爲二界。隱者，其化幾之新新不息者耶。（化幾者，言乎乍起之動勢也。動勢，一剎那頃，纔起卽滅，無暫住時。剎那剎那皆然。故曰新新。滅滅不已，卽是生生不息。化幾之妙如此。斯理甚微。感官經驗所不及。故曰隱也。）顯者，其化幾不已之迹象耶。（如燃香楮。猛急旋轉，便見火輪。俗名旋火輪。此旋火輪，本非實有。只是剎那剎那，新新不絕之動勢所詐現耳。）故顯者，隱之迹。隱者，顯之本。（謂隱是顯的本相。而顯非異隱別有自體。）隱顯，可假說本迹。而不可析以能所。不可別爲二界。斯義也。

後有聖者起。當不疑於吾言也。無著諸師談種現，明明劃分能所二界。如何不是謬誤。

本來，他們（無著派）的種子說，全由情計妄構。易言之，即依據日常實際生活方面的知識，來猜想萬化之原。如此而構成一套宇宙論，自不免戲論了。他們所謂種子，也就是根據俗所習見的物種，如稻種，豆種等等。因之，以推想宇宙本體，乃建立種子，爲萬物的能作因。（能作因一詞，本自小乘。此借用之。不必符其本義。作，猶云造也。蓋謂種子能造起萬物，故說名能作因。）這正是以情見，猜測造化。如何應理。（造化一詞解見上卷轉變章）據他們的說法。種子是個別的。是一粒一粒的。且數量無窮的。（輕意菩薩意業論云。無量諸種子。其數如雨滴。）這無量數的種子，不止體類不同。（種子的自體，有類別者。如無量的眼識種子，是同類。若望耳識等等種子，便是異類。又準相見別種家言。眼識無量見分種子，是同類。若望眼識相分種子，便是異類。眼識種，如是。餘各識種，皆可例知。）還有性類不同。（種子性類別者。謂諸種子，有是無漏性。有是有漏性。無漏者，清淨義，純善義。有漏者，染汚義。如後另詳。如眼識無量種子，其性同者，爲同類。性異者，爲異類。餘各識種，皆可例知。）如是各別的種子，都潛在賴耶識中。如果某一同類的種子，要生果法。（果法，即目諸識，或一切相見。如眼識相見種子，將要生眼識相見。乃至賴耶識相見種子，將要生賴耶識相見。）也不能憑孤獨的力用，卻須逢遇衆多的緣力會合才行。故以心法言，不是單從因緣而生。必待次第，所緣，增上諸緣。（此諸緣義可覆看前文）舊說心法具四緣。以色法言，亦不是單從因緣而生。要待許多的增上緣。舊云色法具二緣。這樣說來。便是衆緣湊集在一堆兒，便有果生。道理上似猶說不通。因此。世親以後的唯識師，乃唱士用果義。（士用果者。士者士夫。猶言人也。此謂果法之生，由因緣上具有似人的造作力用。故能生此果。即名此果曰士用果。參考吾著佛家名相通釋。）即以因緣，（種子）名爲作者。（作者，猶云似彼有造作力用的人。顯示因緣有能造起果法之作用故。）以旁的緣，（次第及所緣與增上等緣）名爲作具。（作具，猶云工具。凡作者，必待作具，方能有所造作。因緣必仗次第等緣，方得造生果法。故說次第等緣，是因緣所仗之作具也。）如此。則所謂緣起者，不是衆緣堆集，便能生果。因爲堆集：只是亂湊在一切現，法有一個具有作用的東西主於其間。如作者造成果法的勝用。現在，把因緣（種子）說為作者。旁的緣，說為作具。由作者（因緣）具有造作的作用。復依托作具（旁的緣）才顯其作用。所以，得生果法。這樣說來。確然可以言之成理。足以補救無着創說時疏略的地方。然而，緣起說自無着以後，顯然變成構造論。這和空宗遮詮的意義，極端相反。南北極相去之遠，猶未足為喻也。

附圖一

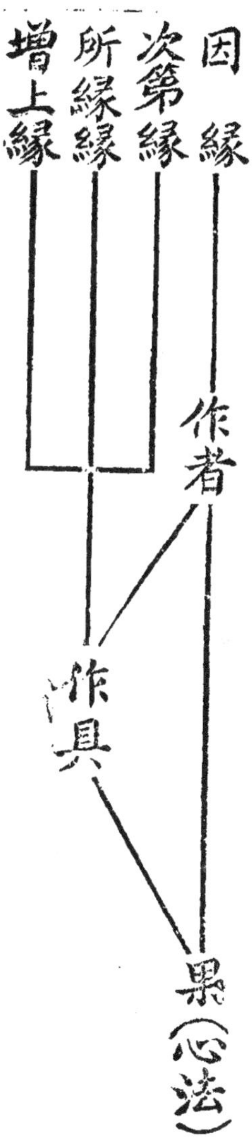

附圖二

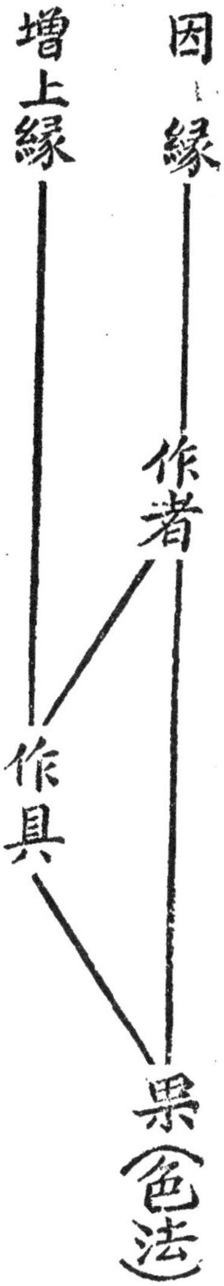

無着雖建立種子，為一切法的因緣。（此云法者即謂色心諸現象）但種子是從何而有的，當時并未提出這個問題。不過，據前文引述攝大乘論的一段話來細玩。他（無着）為對治外道各派哲學談本體論，或宇宙論的種種謬誤。因此，建立種子，為萬法之本。足見他所謂種子，應該是法爾本有的。（法爾，猶言自然。不可更詰其由來。故云法爾。本有者，本來有故。不從他生故。非後起故。）後來世親派下諸師，要究詰種子的由來。於是，有主張是法爾本有。亦有主張是從現行熏習始起的。（此中現行，謂前七個識。熏者，熏發。習者，餘勢之續起不絕者也。俗云慣習，或習氣，實即餘勢不斷絕著是。此謂前七識起時，雖即謝滅。但有一種積起的餘勢，不可斷絕，還投入第八賴耶識中，成爲種子。此種子，能爲因緣，生起後念諸識，或一切相見云。）至護法師，始折衷二家義。主張本新並建。夫言現行熏種者，只承認有新熏種。不立本有種。若爾。無始創起的現行，便無種子。墮無因論。故應建立本有種。現行從種生已，即有勢用，熏生新種，投入賴耶。故新熏種，義應成立。又現行熏生新種時，並得熏發賴耶中潛存的本有種，令其增長。由此。本新二類種子，皆由心造。所以完成唯識的理論。（現行，即心之別名。現行能熏生新種。又熏長本種。所以說，一切種，均由心造。）照無着派下諸師的說法。種既生現。（現者現行之省稱後倣此）現復生種，似已稍變無着元來的意思。他們（世親後諸師）談緣起，還是，一方，以種子爲潛在的世界。一方，以現行爲顯著的世界。不過，這兩重世界，是互相爲緣而生的。易言之，潛界雖爲現界作根源。而現界也是潛界的根源了。他們的花樣雖多了一點。而種現二界對立，仍是如故。並且，種界是一粒一粒的積聚着。現界是段段片片的拼合着。（所謂八個識，又各各析成相見等分。明明是截作許多片片段段。卻又拼合攏來。）也是遵守以前的說法。他們說種現互相爲緣。只是把二界加以穿紐。而現界自是顯現的萬象。種界自是潛伏的主體。（無始現行，要從本有種生。畢竟種子是主體。）總是兩重世界對立着。這種臆想穿鑿。（穿鑿，謂立意求通，而不合理實。）分明是戲論。又復須知，他們所謂新熏種，即習氣是也。既建立本有種。便不應以後起的習氣，與之提同，徒增無謂的矯亂。有人說，依據有宗新熏種的說法。則是現行眼識，（現行眼識，係複詞。）纔對青等相，起了別時。便熏生青等相分種子，投入賴耶識中。此種子，能爲因緣，生起後來的青等相。這個說法，總未免太荒誕。（有宗說青黃赤白等色相，是實塵法。易言之，即實在的物質。）但如說，現行眼識，緣青等相時。雖即謝滅。卻有一種習氣續生，潛伏而不自覺。因此。以後，眼識緣青等相。便由習氣加入。能知現境似前青相。並且，由習氣故，便於青等相，妄計爲果樹，或青菜等物。卻不能見到他（青等）是一種生生不息的神用顯現着，和這種顯現的美麗。（用而曰神。言其不測也。）由此，可見，吾人由習氣故，不可證見宇宙實相。常自妄構一個宇宙。（如果樹等也）所以習氣的勢力，不可否認。但在有宗諸師，拿習氣，和他們所說的本有種，混同在一起。謂其能爲諸法之因。（如上所說爲靑等相生起之因）便有荒誕之譏了。上述的說法，我認爲是審諦的。他們既立本有種。就不該以後起的習氣與之混同。既在理論上不能饜人之心。而於習氣亦乏親切的體認。誠當予以辨正。

綜上所說。有宗因改定因緣義。遂將緣起說，變成構造論。這是佛家哲學思想上很大的一個變遷。從來竟無人辨析得。（均以爲空有二宗談緣起，似無異旨的。）也算怪極。

二，有宗墮二重本體過。有宗既建立種子，爲現行作因緣。其種子，卽是現行界的本體。前引無着攝論文（攝論卽攝大乘論之省稱）可爲明證。因爲，攝論遮撥外道各宗的本體論。（如數論的自性等等）然後揭出自家的種子說。卽以賴耶識中種子，爲諸行之因。（諸行猶云心物萬象）以此，避免無因及外因等過。（向外界去覓本體，如自性等計，是謂外因。無因論者，謂諸行本無有因。凡此，皆佛家所力破者。）他們的種子說，在本體論上，可以說爲多元論，或二元論。（種子是個別的。無量數的。故是多元。種子性別。或是有漏性。或是無漏性。說見前文。是則約性類分，可謂二元。又種子體別。一切相見，各別有種故。亦見前文。是則約體類分，亦是二元。）只爲立賴耶識以含藏之。故不爲外因耳。要之，種子自是現界的本體。按諸他們的理論，確是如此。他們明明以種子爲現界的根源。與西洋哲學家談本體者，思路正復類似。（西哲於本體和現象，無法融而爲一。有宗的種現二界，亦然。）

爲什麼說他們（有宗）有二重本體呢。他們既建立種子，爲諸行之因。卽種子已是一重本體。然而，又要遵守佛家一貫相承的本體論，卽有所謂眞如，是爲萬法實體。佛家說眞如，亦名無爲法。絕不許說他（眞如或無爲法）本身是個生生化化或流行不已的物事。只可說他是無起作的。這點意思，是佛家各宗派所共同一致。本卷，在以前評空宗時業經說過。有宗談眞如，亦不敢變更這個意思，復如前說。（須覆看前文）

空宗談三性。依他亦是所遣，卽遮撥宇宙萬象。（覆玩前文）他們只從空寂的方面，來顯眞如。唯破相，而後空理自彰。（相者法相。空理眞如之別名。均見前。）故從宇宙論方面的觀點來衡量他（空宗）他並無理論上的矛盾。有宗卻不然。他們（有宗）談依他。旣改變空宗遮詮的意義，而持構造論。於是，一方，講宇宙論，要建立多元的，和生滅不斷的種子，來作諸行的因緣。（他們種子本身，是生滅滅生，相續不斷的。參考瑜伽等種子六義。吾著佛家名相通釋，解說詳明。）這個種子，自然是諸行或宇宙的本體了。另一方，又談眞如。只許說是不生滅，或無起作的。這卻別是一重本體了。如是二重本體，作何關係，有宗也無所說明。眞如本身，旣不可說是生生化化或流行的物事。種子之中，如本有種，法爾有故，不可說是眞如現起的。以眞如自體，無起作故。後來以習氣名新熏種，其非眞如所顯，尤不待言。據此所說，種子自爲種子。眞如自爲眞如。此二重本體。旣了無干涉。不獨與眞理不相應。卽在邏輯上，也確說不通了。向來推崇有宗的人，總謂其理論嚴密。系統宏整。這般人，只是入他網罟中，無出頭地。若是具眼人，疏通他的理論，提控他的系統。就會發見他這一套理論和系統，純是情計妄構。雖復施設條目，繁密可玩。畢竟成爲戲論。其悖於眞理已甚矣。總之，有宗種現二界對立，已是謬誤。旣立種子爲諸行因。此種又不卽是眞如現起。眞如直是閒物。所以說，有宗有二重本體過。

如上，略以二義，繩正有宗緣起說的謬誤。可見有宗實不曾證體，卽不悟體必成用。遂墮入戲論。這便是本論不得不作之故。我們依本體論，和宇宙論的觀點。來審覈空宗。覺得空宗只談本體是空寂的。玩其意旨，絕不許說本體亦是生化流行的。所以，空宗不免有遺用談體之失。我在前文裏已經說過。然而，空宗遮撥宇宙萬象，令人自悟空寂的眞體。卻沒有本體和現象不得融而爲一之過。有宗，一方談眞如本體，（四字係復詞）是不動不變的。一方建立種子，爲現界因緣。并且，以種現二界對立。後來諸師，又以種現互相爲緣。而二界對立則如故。他們（有宗）的種和現，卻是有生滅的，和變動的兩重世界。今試問，不動不變的眞如，與這兩重世界，作何關係。卻也無法說明。又此兩重世界，（種和現）互爲能生所生。譬如穀子生禾，禾又生新的穀子一般。（穀子喻本有種。禾喻現行。世親後之諸師，主張現行熏發習氣，卽入賴耶識中，爲新種。如禾從穀子而生，又能生新的穀子。）這種說法，純是依據日常經驗的知解，來構畫宇宙。因爲，他們根本不曾證得本體，卽不悟體必成用。所以，有此戲論。

有宗談三性，只爲將依他起（卽緣起）完全更變空宗的意思。於是陷於邪謬，而不自悟其非。他們（有宗）反對空宗不談宇宙論的意思。本未可厚非。無奈，他們只恃情計構畫，竟成作霧自迷。又復應知，空宗原來的精意，是在於法相而識法性。（法性卽本體之別名）於現象而識眞如。（現象猶言法相。眞如卽法性。）但欲達到此種勝解，（勝解者，謂最殊勝的證解。與心所法中勝解異義。）必於法相（或現象）無所取着。（取着猶言執着。）蕩然無相。而後能證見無相之相。（法性眞如，不可執一切法相以求之。以眞如自身，本無形相故。然雖無形相，要不是空無的。故應說有無相之相。唯能蕩然除遣一切法相之執，而後能證見及此耳。）故空宗遮遣依他，最有深意。若執實有依他起法，卽是取着一切法相。由取着一切法相故，則無由於一切法相而見爲眞如。亦卽無由除遣徧計所執相。（三性中，初之所執相，實依次性卽依他起法而始有的。何以故。由於依他起法，卽一切法相。計度爲有故。故惑相轉增，名爲所執。此處，須深心體會。）有宗不深究空宗的意思。只見他（空宗）遮遣依他，卽無宇宙論可講。於是，極反其說。卻將依他起義（卽緣起義）變成構造論。旣建立本有種，爲現行因。復以現行爲實有法，謂能生新種。卽以種現互爲緣，說明宇宙所由構成。他們（有宗）純依情見，來構畫一套宇宙論。如何可悟眞如。我昔者，常斥駁有宗三性之談，謂其根本謬誤，就在說依他處。當時，曾招佛家學者許多非難。自唐代玄奘窺基盛宣有宗。二百餘年，號爲顯學。五代之後，雖講習者稀。然佛門俊彥，遊意斯宗者，究代不乏人。要皆篤志守文，無有知其戾於至理者。余生，正法久衰。將秉孤炬，以破千載之闇。固知其難也。

上來評判空有二宗，其說已詳。本論所與二宗異同之故，也可概見。現在，還要略申本論的主旨，以作本章的結束。

本論的旨趣，是在卽用顯體。這是上卷（第三章）已經說過的。爲什麼，可以卽用顯體呢。許多學者，每云，體不可說，只好依作用顯示之。這句話，等於空說白道。我們應先理會體用二詞的意義，是可以分作二片的物事呢，抑是畢竟不可分爲二片的呢。這個問題，眞正重要。如果說，體用是可分的。那麼，體自爲體，用自爲用，如何可云卽用而顯體。我願好學深思的人，不要忽視此個問題。

說到這裏，我還要把體用二字的意義，重複訓釋一番。體字，具稱之，就是宇宙本體。（或云萬法實體）讀者隨文取義，宜不致誤會。用字，在上章開始的幾節文中，曾訓爲力能等義。幷嚴切申明，這種力能，與物理學上力能的意義，截然不同。（讀者須覆玩上章開始各節）似不須再說了。然而，吾猶欲曉曉者。因爲在西洋哲學，或玄學上，大概分別現象與實體。佛家有法相和法性之分。吾國易學有形上形下之分。（形上形下，注見前。須覆玩。）他們這些名詞的意義，還得刊定一番。

西洋哲學	佛家	易學
現象（卽宇宙萬象或亦云宇宙）	法相	形下
實體	法性	形上

據我的意思。西洋哲學上，實體一詞。與佛家所謂法性，（法性，具云萬法實性。猶云一切物的本體。）易學所謂形而上者謂之道。都是指目宇宙本體之詞。儘管他們對於本體的解悟各有不同。因之，說法亦異。然而，他們所用的名詞，如實體，如法性，如形上，都是以爲，有所謂宇宙本體而爲之稱。名言雖異。所指目則同。所表示的界域則同。這是不可忽的。譬如，杯子一詞。其所表示的杯子，常途看做是一件固定的東西。哲學家看做是一聚複雜的事情。解說雖互不同。然而，杯子一詞，所表示的界域，仍是相同。（界域者，卽所謂杯子這個東西，顯然別於其他的東西。）哲學家方其解說杯子時。並不會離開杯子這個東西來說話。常途亦然。兩方（哲學與常途）對於杯子一詞，所表示的界域，不能謂之有異。舉此譬況。可見實體，與法性，形上

諸詞。名言雖異。所指目同也。所表示之界域同也。我嘗遇人言。西洋談本體者，與吾儒佛不同旨。因之，以爲本體之體字，不便通用。吾詰之曰。如君之爲人。某甲譽爲君子人也。某乙又以爲小人而毀之。則君之姓字，在甲乙二人口中，將不可通用乎。吾於此，忽不憚辭費者，有以也。

現象，法相，形下，（易曰，形而下者謂之器。謂之二字，無忽，言形下卽是器也。器者，猶言法相。亦猶言現象也。）名言異，而所指目同。所表示的界域無弗同。此不待繁釋者。

本論，不盡沿用實體和現象，或法性和法相等詞。而特標體和用。這裏，却有深意。我以爲，實體和現象，或形上和形下，或法相和法性，斷不可截成二片的。因此。我便不喜用現象，法相，形下等詞。雖復時沿用之，要爲順俗故耳。因爲，說個現象，或法相，與形下，就是斥指已成物象而名之。（已成物象，以下，省云成象。）我人於意想中，計執有個成象的宇宙。卽此，便障礙了眞理。（眞理謂本體）易言之，乃不能於萬象，而洞澈其卽是眞理呈現。因爲，他只於萬象而計爲萬象。卽不能掃象以證眞。這就是理障。（障礙眞理故名理障）哲學家常把本體和現象，或形上和形下，弄成兩界對立的樣子。就因爲不能除遣成象的宇宙之故。說到這裏，我是很贊同空宗的。他們（空宗）除遣宇宙萬象，而直透眞理。可謂單刀直入。不過，他們有很大的缺點，就是談體而遺用。因此。偏於掃象。而無法施設宇宙萬象。有宗，則與世間哲學家，同墮情見窠臼。妄構想一個成象的宇宙。而無以透悟空理。（空理卽眞理之別名注見前文）本論所以特別發揮用義，確是體悟有得而後敢言。（體悟者，屏除情見推度，而默與理契也。）自信可以避免諸家的過誤。

用之一詞，亦云作用。亦云功用。亦云勢用。亦云變動。亦云功能，或力能。亦云生生化化流行不息眞幾。（或省云生化，或省云流行，皆用之目。）他（用）可以有很多的別名，是列舉不盡的。

設有問言。由何義故，名之爲用。應答彼言。所言用者，略以二義顯示。一者，尅就一翕一闢的動勢，名之爲用。翕闢，只是一個動勢的兩方面。並不是實在的物事。故名爲用。二者，此一翕一闢的動勢，是纔起卽滅的。是無物暫住的。是新新而起的。是流行不息的。（剎那剎那，前滅後生。故云流行。）故名爲用。綜上二義。可知，就用言。應說他（用）是非空，非不空的。云何說非空呢。翕闢成變故。刹那頓現故。（變動之力，昔未嘗留以至今，今亦不可留以往後。刹那刹那，都是頓現。詳上卷轉變章。）譬如電光，一閃一閃，勢用盛故。故說非空。云何非不空呢。翕闢非有實物故。刹那刹那，都不暫住故。譬如電光，一閃一閃，赫赫輝爍地，實卽寂寂默默地。畢竟無所有故。故說非不空。

體用二詞的意義，略如上述。我們要知道，體用二詞，只是約義分言之。實則，不可折爲二片的物事。如果，把體，看做是一個沒有生化的物事。那麼，這個體，便是頑空的，如何可說爲眞實。（頑空者。無生生不測之神，故曰頑。無萬變不窮之德，故曰空。）佛家談體，絕不許涉及生化。所以，我說他（佛家）是離用談體。（覆看前文）我們從宇宙論的觀點，來看空宗。他（空宗）在這方面，（卽宇宙論方面）卻不談用。（空宗純然除遣一切法相。故不談用。）但如何有個無用之體，終是說不通。（空宗只顯體是空寂。不言生化。故是無用之體。）有宗談宇宙論。建立種子和現行。據彼計，種子本身，是纔生卽滅，纔滅又卽生，恆相續流的。（每一種子皆是如此）現行界，則每一現，從其自種生起時，都不暫住。但纔起之現，又各從其自種而生，和過去之現相續。故現界，也是恆相續流的。（但現行，有不定恆相續的。此姑不詳。）詳彼種與現，略當本論所謂用義。（略字吃緊。蓋彼之種現，由妄想構畫，本非眞有見於用。但彼自是在用上猜測。惜無眞見。故任猜度，而衍種現二界之論。彼未嘗不自以爲發揮用義，而不知其適成戲論也。）但如彼計，種和現，是同爲生化流行的兩重世界，和那本無生化流行的眞如，了無干涉。這是前面屢經說過的。旣體（眞如）用（種和現）條然，劃若鴻溝。欲不謂之戲論，奚其可哉。抑不止有宗犯此過。凡哲學家將實體和現象，說成二片，不得融而爲一者，皆與有宗同病也。

余嘗默然息慮，（慮者俗云思想或推求等也）遊心無始。（遊心者，縱心於虛。故曰遊。息慮，而後可虛懷以契眞。故息慮者，無妄慮耳。冥與理契，亦非無慮。無始者，泰初冥漠，故托言之，以形容無物之地耳。）而知體用，畢竟不可分爲二片。使其可分，則用旣別於體而獨存，卽是用有自體。不應於用之外，更覓一物，說爲本體。又體，若離於用而獨存。則體爲無用之體。不獨是死物，亦是閒物。往復推徵。體用畢竟不可分。是事無疑。今當以二義，明不可分。一曰，卽體而言，用在體。夫體，至寂而善動也。（寂者，寂靜離染，無囂動相。寂非與動爲對待之詞。此體恆寂故。善字，贊詞也。此言動者，亦非與寂爲對待之詞。此體恆寂亦恆動故。）至無而妙有也。（無有方所。無有時分。無有形相。無有作意。故曰至無。動而不已，詐現相狀。故曰妙有。動不已者，非謂前之動勢延留至後。乃前動纔起卽滅，後動續生。刹那刹那，皆滅故生新。大化無有休歇，故云不已。動勢本無形礙。但由相續不已故。詐現有相。后當別說。）寂無者，是其德恆常而不可易也。動有者，是其化至神而不守故也。非恆德，將焉有神化。（德恆故化神）無神化，何以顯恆德。（以上吃緊）唯其神化與恆德，故稱爲體。體者，絕對的眞實義。其德恆，其化神，所以爲眞實之極也。然而，寂無，則說爲體之本然。（本者，本來。然，謂如此。本來如此，理絕言思。故云本然。）動有，亦名爲體之妙用。本然不可致詰。妙用有可形容。是故顯體，必於其用。誠知動有，元無留迹。則於動有，而知其本自寂無矣。故夫卽用而顯體者，正以卽用卽體故也。（兩卽字吃緊。正顯體用不二。）所以說用在體者。在字，須活看。（在字如不善會。將以爲，說用在體者，如云乙物在甲物中。若爾，體用猶爲二物。便是大錯，特錯。）意云，此用卽是體之顯現，非有別異於體而獨在的用故。

二曰，卽用而言，體在用。（在字詳前注。意云，由體顯現爲萬殊的用。亦非有別異於用而獨在之體故。）此與前義本一貫。特返覆以盡其蘊耳。前就體言。本唯一眞，而含萬化。（一眞之一，是絕待義。）故用不異體。（用非與體爲二云不異）今就用言。於茲萬化，皆是一眞。（萬化喻如衆漚。一眞喻如大海水。萬化皆是一眞。喻如衆漚，一一皆攬大海水爲體。）故體不異用。（體非與用爲二云不異。）由體不異用故。故能變，與恆轉，及功能等詞，是大用之殊稱。亦得爲本體或眞如之異名。以體不異用故，遂從用立名。

綜上二義。可知體用，雖若不一。而實不二。攝動有歸寂無。寂無名體。會寂無歸動有。動有名用。故若不一。然寂無未嘗不動有，全體成大用故。動有未嘗不寂無，大用卽全體故。故知體用畢竟不二。

誤解體用義的人，或以爲，本體上具有一種作用。卽由此作用，生起宇宙萬有。如此，卻將體和用，及萬有，析成三片了。此便大誤。須知。所謂用者，卽是體之顯現。（所謂體者，雖本無方所，無形相。然而，不是空無。更不是死物。他確是顯爲翕和闢的種種動勢的。故云顯現。這些動勢，本是刹那刹那，方生方滅，方滅方生，如此流行不已的。卽此動勢，說名爲用。）故體，不是離開羣動，而別有物。（羣動，具云種種動勢。）他（體）是全成爲羣動的，易言之，體是全成爲萬殊的用的。若離羣動（或萬殊的用）而求有所謂體。便與宗教家臆想有個超越萬有的上帝，同其迷妄了。

體，既不是離用而別有物。用，也不是以體爲能生，而自爲所生。所以，體和用，只隨義別故，有此二名。決不可截然分能所，如有宗所謂種和現也。（有宗元來建立本有種子，爲現行或萬有的體原。而其種子，是有自體的。故對現行而說名能生。至現行從種生已，便是實有的物事。易言之，現行也是有自體的。故對種子而說名所生。他們種現，是一能一所，分成二界。本論所云體用，卻不是如此的。）

如上所說。卽體卽用。故體用畢竟不二。復有問云。尅就用言。唯有翕和闢的動勢，宛爾詐現，刹那不住。憑何施設宇宙萬有。應答彼言。翕闢動勢，都無實物。刹那刹那，生滅滅生，迅疾流駛，幻現迹象。如旋火輪。（如燃香楮。迅轉，則見火輪。此火輪，本非實有。而宛如實物。）卽依迹象，假說宇宙萬有。（以下，省云宇宙。或省云萬有。）其實，只有新新而起，絕不暫住的動勢。何曾實有宇宙。應知。萬有本來空無，唯依動轉迹象，（此中動者，謂翕闢的動勢。轉，謂前滅後生，相續流轉。）假立心物諸名。亦假說宇宙。故眞了用義者，不應妄執從用發生萬有。以萬有本無故。唯依用（卽動勢）而假說之故。（注意）在前面已經談過，哲學家不應計執有個成象的宇宙。因爲，宇宙或一切物，只是依不住的動勢，而施設的增語。（增語會見前文）唯有名言，都無實事。本論不喜用現象，或法相等詞，而直談用。（說見前）此中正有深意。

如實談用，（稱實而談，無謬誤故。故云如實。）他（用）是非空非不空的。已如前說。我們從非空的一方面來談。大用流行，（用而曰大贊詞也）雖本無實物。而有迹象詐現。依此（迹象）可以施設物理世界，或外在世界。如此。便有宇宙論可講。亦可予科學知識以安足處。（如果完全遮撥物理世界，科學知識便無立足處了。）這是本論和空宗迥不同的地方。有宗雖談宇宙論。但是，他們（有宗）種現二界的說法，純是情見妄構。甚至把眞如，說成與種現二界絕無干涉的另一無爲法界。尤不應理。有宗根本不解了卽體卽用的勝義。只是馳逞戲論。我們要知道。絕對卽涵相對。（絕對謂體。相對謂用。相對卽是絕對的內涵。非離絕對而別有相對的世界故。）相對卽是絕對。（於相對而識絕對。以一切法，皆是絕對的顯現故。非離相對而別有絕對的世界故。）然不妨尅就相對義邊，假說宇宙。（尅字吃緊。直指相對而說故。翕闢相反而成變化。依此，假說宇宙。）蓋無生之生。雖復生而不有。（本體不從他生。更不是本來無有而今始生的。故曰無生。（本體自身，是個生生不息的物事。故無生而有生也。卽依生義，而名爲用。但纔生卽滅，沒有任何物事存在。是生而不有也。）然自其生生不已言之，宛然流形，而有則焉。（方生方滅。方滅方生。故云生生不已，生生之流，詐現有形。故云流形。有形卽有則。此宜深思。流形一詞，本易乾卦。）不動之動。雖復動而不留。（本體是無待的。無方所的。無形相的。非如實物有移轉故。故云不動，本體自身，是個變化不可窮竭的物事。故不動而有動也。卽依動義，而名爲用。但動勢是纔起卽滅，無物暫住。故云不留。）然自其動動相續言之，宛然見象，而成理焉。（前動方滅，後動卽起。故恆相續。見讀現。由動相續。故現物象。形物皆具有理則。故云成理。）所以，本論從大用之非空的方面來說。可以施設宇宙萬象。卽科學知識，也有安足處了。

我們談用，又從非不空的方面來看。大用流行，雖復生滅宛然。（生滅不已之迹象，現似形物。故云宛然。）而實泊爾空寂。何以故。如實談生滅義，極於刹那，纔生卽滅。（詳上卷轉變章）夫纔生卽滅，是本無有生也。旣無有生，卽亦無滅。若爾。生滅性空。（沒有生起一件物事，是生無自性。無生，便無滅，是滅無自性。故云生滅性空。此中空字，是空無義。）便應於生滅宛然，澈悟本來空寂。（此中空字，非空無之空。乃以無形礙，及無障染名空。寂者，淸淨義。離擾亂相故。此中意云，由了生滅的法相本空無故。卽於法相，而澈悟本來空寂的眞如法性也。）然則，一眞常寂，不礙萬變繁興。（一眞之一，絕待義。非算數之一。體恆空寂，曰常寂。）萬變繁興，元是一眞常寂。良由萬變，至神無方。並非另生一實有的物事，可以離異一眞而獨存。（並非二字，一氣貫至此。無方者，無方所。本無有物，何方之有。）故乃於萬變而悟一眞耳。如其執有物界，又從何澈悟一眞耶。故知遣相而實相斯存。（遣相，謂不計執有實物界或宇宙萬象也。實相謂本體。）觀變而不變可悟。（變，用也。不變，體也。誠知用非實有。則無執物之迷。故乃於用而見體矣。）斯乃至人超悟之境，非情見所測也。夫宇宙萬有，本自空無。（萬有，唯依大用流行之迹象而假設。本無所謂萬有故。）哲學家於此，猶多不悟。矧乃欲其了知大用無實。是事誠難。（無實二字吃緊。大用流行，刹那刹那，都不暫住。本無形相可求，故非實有。非實有故，即等若空無，故云非不空也。此中理趣深微，讀者宜虛懷沉玩。）不了用之無實，即不了神變無方，正是實相無相也。（不了二字，一氣貫下。實相，體之異名。此體至眞至實，而無形相可得。故云無相。神變即大用之稱。無方，具云無方所。與無相義同。此言於無方之變，識得無相之體。以非有實作用，別異於體而獨存故。乃即用即體故。）所以，本論從大用之非不空的方面來說。卻是即用而見體。因此，在科學上所施設的宇宙萬有，或外在世界，在玄學上，不得不遮撥。同時，玄學也要超過知識，而趣歸證會。這個意思，俟量論再詳。

從來佛家學者，莫不盛宣緣起義。實則，空宗談緣起，本以遮撥法相，（或現象界）易言之，即明萬有本空而已。（空者空無）此意，在前面屢經說過。我們從宇宙論的觀點，來看空宗。他（空宗）雖不談用。但其遮撥法相的意思，我們在玄學上，也與之同契。獨至有宗談緣起，一反空宗遮詮的意思，而變成構造論。他們（有宗）確是計執法相爲實有。易言之，即計執有成象的宇宙。他們並且憑臆想，構畫宇宙，析以二重，所謂種界和現界是也。他們因爲計執有此種現二界。才以緣起義，來說明之。如說，此緣彼而得生，彼亦緣此而得生。這樣說來，總構想有成象的宇宙。不能理會到淵然無象之實際理地。易言之，即不能澈悟生生無住之神。本論所說體用不二的意義，在篤信有宗的學者看來，根本是無法了解的。他們（有宗學者）每詆我爲無知，爲邪見，我亦願受之而無諍。眞理本自昭著。但迷者不悟，我們只期能悟者同悟而已。

或有問言。如公所說，本體是冲寂無形的。但寂非枯寂，却是生生不住的。（若生已有住，便成死物。唯其不住，故生生不已也。）即此生生不住，說名爲用。亦復依用，施設萬有。據實而言，萬有本自空無。是將使人起空見也。奈何。答曰。全體大用，圓成而實。（本來圓滿，毫無虧欠，故曰圓。本來現成，不依他有。故曰成。絕待故，無妄故，故曰實。）云何言空。凡情迷失本眞。無我計我，（證眞，則萬物同體。本無所謂小己或自我。然人皆於無我而妄計有我。）無物逐物，（證眞，即唯大用流行。本無有如俗所計現實界的物事。然人皆於無物而追求種種物。）遂至以本空者，（空字，是空無義。下倣此。）計爲不空。（凡情計有內我和外物。此即以本空者，爲不空。）本不空者，反計爲空。（凡情不悟眞體。即於本不空，而計爲空。）世尊憫羣生顚倒者，以此。

談至此。還有一個問題，須附帶說及，就是我國哲學上自兩宋以來的理氣問題。這個問題，由宋明迄今，還是不曾解決。從來哲學家關於理氣的說法，雖極複雜。但根本諍端，不外理氣是否截然爲二之一大問題。此中諍論極多，幾於家自爲說，人持一見。我現在不欲徵引儒先的說法。更不暇評判他們（儒先）的短長。（將來容有旁的論述）只好本我的意思，予理氣以新解釋。我先要審定理氣二字的意義。

氣字，當然不是空氣，或氣體，和氣象等等氣字的意義。常途每以形氣二字連用。（形氣二字的意義，有時用得很寬泛。宇宙萬有，亦總云形氣。）這裏的氣字，猶不即是形氣之稱。至後當知。我以爲，這氣字，只是一種生生的動勢，或力能的意思。（此中力能，不是物理學上所謂力能。在上章開始幾節中，有一節談及此。可覆看。）他（氣）是運而無所積的。（運者，動義，或流行義。動勢生滅相續，故云流行。剎那生滅，無物暫住。故云無所積。）動相詐現。猶如氣分。（分讀份）故名爲氣。（言氣即顯無實物故）詳覈此所謂氣，正是本論所謂用。至於萬有或形氣，唯依動轉的迹象，假爲之名。非離一切動勢，有實形氣。

理字，本具有條理，或法則的意義。但不可如宋明儒說是氣上的條理。宋明儒中，許多人把氣說爲實有的。因以爲，理者，只是氣上的條理。如此。則理的本身，竟是空洞的形式。只氣是實在的。明儒持這種見解的更多。卽在陽明派下，也都如是主張。他們（陽明後學）一面談良知，（卽本心）不得不承認心是主宰。一面談氣是實有，理反是屬於氣上的一種形式。頗似心物二元論。甚乖陽明本旨。我在此處，不欲多作評判。只說我對於理氣的解釋。我以爲，理和氣，是不可截然分爲二片的。理之一詞，是體和用之通稱。氣之一詞，但從用上立名。氣卽是用。前面解釋氣字的意義時，儘說得明白。理之一詞，何以是體用之通稱呢。因爲就體而言。他（體）元是寂然無相。而現似翕闢萬象。（翕闢卽是萬象，複詞耳。現者，顯現，或現起義。似者，以萬象不可執爲定實。故置似言。）卽衆理粲然已具。（萬象卽是衆理故）故此體，亦名爲理。又體之爲言，是萬化之原，萬物之本，萬理之所會歸。故應說爲眞理。（佛家說眞如名眞理）亦名實理。（程子每言實理卽斥體言之）也可說是究極的道理。（此中道理，係複詞。道字亦作理字解。）就用而言。翕闢妙用，詐現衆相。卽此衆相，秩然有則，靈通無滯，亦名爲理。卽相卽理故。（兩卽字明其不二）或相卽是理故。（比上語較直遮）前所云理，當體受稱。是謂一本。實含萬殊。後所云理，依用立名。是謂萬殊。還歸一本。理雖說二。要自不一不異。體用義別故。故不一。卽用卽體故。故不異。析理期詳，俟諸量論。

在本章之末，還須與有宗簡別一番者。本論從用顯體，卽說本體亦名功能。（功能亦名力能。力能的意義，說見上章初幾節中。）但是，有宗建立種子，亦名功能。自無着創說時，卽以功能爲現界或一切行的本體。（一切行謂心和物）無奈他們（有宗）把能和現，分成二界，不可融而爲一。（功能亦省云能。現界亦省云現。）易言之，卽是體用截成兩片。這個謬誤，在前面駁辨甚詳，本可不贅。然而，就名詞上看，我所謂功能，是斥體而目之。無着等所謂功能，也是一切行的本原。（本原一詞卽是本體的別名）誠恐有人誤會，竟以此同彼。（此者，本論所謂功能。彼者，無着等所謂功能。）所以不憚詞費，略舉數義，以相簡別。

一曰，本論功能，卽是眞如。無二重本體過。有宗功能，是潛在於現界之背後，爲現界的因素。若僅如此，尙爲一般哲學家所同有的過誤。（體用說成二片，哲學家多犯此過。）不幸有宗又本佛家傳統的思想，別立無起無作的眞如法界。（無起猶言無生。無作猶言不動。眞如法界係複詞。）過又甚焉。本論攝用歸體（用卽是體之顯現。非別異於體而自爲實在的物事。故用應攝入體。不可將體用析成二片。）故說功能卽是眞如。會性入相（性者體之異名。相，謂用。義旨同上。但更端言之。）故說眞如亦名功能。以故，談體無二重過。

二曰，本論依功能，假立諸行。（行字，見上卷轉變章。諸行，謂心和物諸現象。俗所謂宇宙萬象是也。）無體用分成二界過。據有宗義，功能是體。以其爲現行之因故。（現行卽諸行之別名。諸者，心物諸行繁然不一，故言諸也。現者，諸行相狀現前顯著，故言現也。）現行是用。以其從功能生起故。然彼現行生已，便有自體。乃與功能對立，而成二界。如前已駁。本論，依功能翕闢，假說心和物。故非實有諸行界與功能並峙。（故非二字，一氣貫下。諸行界猶俗云現象界。）以故，無體用析成二界過。

有宗
- 因——功能（亦名種子。種子復分二類。曰相分種，見分種。）
- 果——現行
  - 相分（相當俗所謂物）
  - 見分（相當俗所謂心）

附說　功能爲因。現行爲果。能現各有自體。互相對待，成爲二界。又現行，是相分與見分之都稱。易言之，卽相分與見分，合名現行。

本論　功能
- 翕（假說爲物）
- 闢（假說爲心）

附說　離翕闢外，無所謂功能。離功能外，亦無所謂翕闢。此須善會。翕闢，只是同一功能的兩方面。（這兩方面的勢用是相反相成的）不可看做是兩種實有的物事。（此處吃緊）故夫於翕闢，而悟其生而不有，卽本無生。於翕闢，而悟其動而不滯，（未始有物故無滯積）卽本無動。（詳玩上卷轉變章）然則生動之極，兀然空寂。（卽用見體）空寂之至，油然生動。（舉體成用）其斯爲誠之不可揜，神之不可測也夫。（非離功能別有眞如。於此宜悟。）

三曰，本論功能，是渾一的全體。但非一合相的。亦非如衆粒然。（一合相一詞，見金剛經等。此借用之。假如有一件呆板的物事，純是一味合同，其間絕無分化可言，便名一合相。衆粒，謂如世間稻等種子，爲各各獨立的粒子。不得互相涵攝爲渾一之全體。）有宗功能，說爲粒子性。是各各獨立的。是多至無量數的。這些衆粒，必須有儲藏的地方。所以建立阿賴耶識。（賴耶含藏種子，說見前文。）這種說法，也可謂之多元論。殊不知，一切物的本體，元是絕對的。元是全的。旣曰多元，便是相對的物事。如何可以多元來談本體。此固不待深論，而得失易見。本論功能，亦稱大用或功用，又曰生生化化流行不息眞幾。（流行一詞見前）這個，元是渾一的全體。（渾者渾全。一者絕待。）是徧一切時，及一切處，恆自充周圓滿，都無虧欠的。（此中時和處，乃設言之，以形容其圓滿之極。實則，談到圓滿的全體，本來是絕待的。是超時空的。那有時處可說。）不過，這個全體，並不是一合相。不妨說是無窮無盡的部分，互相涵攝，互相融貫，而成爲渾一的全體。（此中部分一詞須善會。常途言部分，是有實物，可剖成部分的。此則不可當做實物來想。又每一部分，可強說爲一單位。易言之，卽強說爲一個功能。但切忌誤會，以爲功能，果眞是個別的東西。須謹防此種謬想。大凡談理至玄微之境。便覺語言文字，都是死的工具，不堪適用。此意難言。）譬如大海水，（喻渾一的全體）實則，只是無量的衆漚（衆漚喻各部分）互相融攝，而成渾全的大海水。（曾航海者，方見到大海水，只是衆漚。）我們說功能是渾一的全體。而仍於全中見分。於分中見全。並不道是一合相。此處最關緊要。

問曰，全中見分。喻如大海水中，元是一一的漚。此義易了。分中見全，義復云何。答曰。如於衆漚中。隨舉一漚，便涵攝無量無邊的漚。易言之，即此一漚，便涵攝全大海水。汝於此事，猶置疑否。若無疑者。應知。於渾全的功能中，假說衆分。（猶言一個一個的或許許多多的功能）於衆分中。隨一功能，皆涵攝無量無邊的功能。易言之，任舉每一功能，都見是全體的。所謂一微塵，即偏全法界。（此中全法界亦可云全宇宙）理實如是。

復次每一功能，都具有內在的矛盾，而成其發展。這個矛盾，可以說為互相反的兩極。一極，假說為翕。一極，假說為闢。翕則疑於物化，而實為闢作工具。闢，則守其不可物化的本性，而為運翕隨轉之神。（隨轉者，謂翕亦隨闢轉也。唯闢能運翕，故矛盾終歸消融，而復其本性矣。）翕闢兩極，以其互相反，而恰互相成，這也奇怪。由此，應知。變化不是如機械的動作的。其間宛然有一種自由的主宰力，就是闢極。這個闢，是運行乎翕極而為之主。他（闢）是具有明智的力用。（明智者，無染汚故。故說為明。虛靈無礙故。故說為智。）不過，此種明智，是至微妙而不可知。（說為不可知，已是可知了。只為衆生錮於情識，故對衆生說不可知。）但決不能說他是沒有明智的。如謂其非明智，便把這闢，只看作是迷闇的力用。那就根本不識得造化之眞了。我們要知，大用流行，（或云變化）是沒有預定的計畫的，因為本無作者的緣故。（作者謂宗教家所云創造世界的上帝）也不可道是沒有計畫的。因為，有主乎翕中之闢，他（闢）的本身，就是明智的，能隨在作主，絕不是亂衝的。也可以說是有計畫，但無所謂預定。不是有個能計畫者。（如有預定的計畫，即是有個能計畫者，須知。翕闢成變。即於闢上，說名計畫。不是離翕闢之變外，別有個能計畫者。此處宜虛懷體究。）總之，每一功能，都具翕闢兩極。沒有一個功能，只是純翕而無闢，或只是純闢而無翕的。（沒有二字一氣貫下）說至此。還要補充一段話，就是兩極一詞，須申說其意義。極者，極端。我說翕和闢，是兩極端。只形容其相反的意思。非謂其如一物體之有二端，其二端不可同處也。物體可分為上下，或南北等二端。其二端，是有方所之異，而互相隔遠的。今此云兩極端，則是兩種絕不同的勢用。（或云動勢）一是收凝，而有物化的傾向的。一是剛健，和開發，而為虛靈無礙之神，恆向上而不肯物化的。故說為兩極端。（亦省云兩極）實則，此兩極，只是同一功能之故反的動勢。（故反者，謂若故意為此相反之動也。非謂其果有意，蓋言似之耳。功能之表現其自身，蓋不得不如此。所謂法爾如是。）這種不同的動勢（翕和闢）是互相融合在一起，決不是可以分開的。須知。功能的本身，就是這兩種動勢。離此兩種動勢外，無所謂功能。勢用雖殊。（殊者謂有翕和闢之不同）元非異體。（只是一個功能）所以，翕闢兩極，不可當做物體之有上下或南北兩極來想。上下等，是各異其方所的。而此則沒有方所之異。（根本不可當做實物來想。那有方所可說。）所以，兩極一詞的意義，絕不容誤會。

復次無量功能，互相涵攝，而成為渾一的全體。（此通就一切功能言之，是全體。）又復每一功能，都涵攝無量無邊功能。易言之，任舉一個功能，他便涵攝一切功能，即是全體。（此別就每一功能言之。各各都是全體的。）是等義趣，如前說訖。今次應說，一切功能，互為主屬。（屬者，從屬。從屬於主故。）如甲能，（功能省稱能下準知）對乙能，乃至無量能而為主。乙能等等，則對甲能而為其屬。同時，乙能亦對甲能，乃至無量能而為主。甲能等等，則亦對乙能而為其屬。於甲能，乙能，互為主屬如是。餘一切能，均可類推。由一切能，互相為主屬故。所以說，一切能，不是一合相，而又是渾一的全體。主和屬，元來各各有別故。故不是一合相。主和屬，互相涵攝故。故為渾一的全體。又由一一能，都為主故，即都是自由的，或自在的。由一能，都為屬故，即非是散漫而不互相涵攝的。總之，一切功能，既非一合相，而仍是渾一的全體，是即於相對見絕對。既是渾一的全體，而畢竟非一合相，是即於絕對見相對。體用不二的意思，即此可見。綜前所說。本論功能，雖不是一合相，而絕非具有粒子性。易言之，決不可當做各各獨立的粒子來設想。尤不可妄臆其有貯藏的處所。此是本論與有宗天壤懸隔處。

附說　功能非一合相，不妨說為一個一個的。但所謂一個一個的，又決不可看做是如衆粒然。易言之，即此無量功能，確是渾一的全體。或有問言。所謂渾一的全體，是否即一個一個的相加之和。答曰。於全體中，不妨說有許多部分。（部分謂一個一個的功能）但全體，決不是各部分相加之和。如果，各部分元來是各各獨立的。今若聚合在一起，則必如一盤散沙然，何可成爲全體。然則，全體何故不卽是各部分相加之和，畢竟未易索解。爲釋此難，復將體用義一作分疏。本體是一（一者絕對義。無差別義。全義。）而其顯爲用也，則不能不萬殊。所謂各部分者，卽剋就用相上言之耳。（相者相狀）用相，雖有各部分之殊。但其本體元無差別。故剋就各部分言，此各部分，畢竟是互相融攝，而爲渾一的全體。何以故。由卽用卽體故。非用離體別有物故。所以，用相雖殊。（殊者，謂不是一合相，而是許多部分。）要非不相融攝。非不爲全體。因爲，攝用歸體，卽一一用相，都無差別故。（以上吃緊）此義深微。只有大海水與衆漚喻，最便形容。一，大海水，可以喻體。二，大海水，全顯爲衆漚，可以喻體，全顯爲萬殊的用，卽所謂一個一個的功能。三，衆漚，可以喻無量功能。（卽各部分）四，衆漚互相融攝而爲全體，可以喻一一功能，互相融攝，而爲渾一的全體。綜上所說，可見大海水與衆漚喻，善形容體用。於此透悟，則全體何故不卽是各部分相加之和，其義豁然無疑矣。此處正文，融體歸用，所以只就用相上立言。故只說到部分互相融攝而爲全體。便隨宜而止。至全體何故不卽是各部分相加之和。則恐泥執用相者，不能攝用歸體，必橫生滯礙。故復將體用分疏一番。期善學者深思而自得之。總之，本論談體用，有時須分疏。（如說體，無方，無相。用則詐現有相。體無差別，用則萬殊。又如說體顯爲用。如是等等，皆見體用二詞的意義，不可混淆。）有時須融會。（或融體歸用，或攝用歸體，皆融會之謂。）此在讀者隨文會義。至理不可方物。（不可以形物比方之也）說得死煞，便不是。

復次功能是渾一的全體，但非一合相。卽於全中見分，而可以說爲一個一個的。又每一功能都具翕闢兩極。皆如前說訖。復有難言。所謂每一功能，都具翕闢兩極者。此意，每一功能，就是翕闢二勢，和合在一起的一個單位。據此。則甲單位，與乙單位，以及無量的單位，都是各各釐然分立的。他們（謂各個單位）雖得互相融通，互相感攝，而說爲全體。但是。在另一方面，似乎已把他們（各個單位）說成各自獨立的。終令人見分易，而見全難。答曰，來難意思，未免滯礙。至理玄微。不容夾雜日常分析物事的觀念，以相擬議。如應者言。（借用佛典語。應，謂契應正理。）功能本自渾全，而又不可計爲一合相。功能不妨說分，而又非如衆多粒子然。（有宗甚謬誤）此處不容以情見猜測。至汝所云，每一單位。若就其翕之一方面言，則收凝，而有物化之傾向，似成一極小的圈子。（注意似字。這種圈子初不必顯著。後來漸著。及其著也，或即被人叫做極微。或亦云電子等。）故謂之翕。同時，此翕中，即有虛靈無礙之神，或剛健的力，運行其間，而爲之主。便謂之闢。每一個翕，既似形成一極小圈子，若有粒子性者然。（注意似字，及若有等字。非實成粒子故。）因此。則運於翕中之闢的勢用，也就和此翕，同一小圈子。而這個圈子，其實，也只是一個動圈。如此一翕一闢之和合而成一圈者，假說爲一個功能。亦得謂之一單位。無量的功能，每個都是如上所說。我們應知。功能所以非一合相者，其妙就存乎翕。有翕，便有分化，才不是一合相。假使沒有所謂翕，就無從顯出對待。無有萬殊可言。據此。則翕是分化的。每一個翕，是自成一極小圈子。今試就闢言。他（闢）是否眞個隨翕而分成各個的圈呢。應知。闢的勢用，雖運於一切翕之中，恆隨各個的翕而分成各圈。但闢的本身，確是渾一的。可分與不可分，於此都不妨說。（闢的勢用，既不同實物。不妨說不可分。他是隨一切翕，而皆運乎其間的。亦不妨說可分。）有難。如此說來，闢似成二。一，隨各個翕，而成爲各圈的。二，統一的。此難大誤。統一的闢。即是隨各個翕，而成爲各圈的闢。各圈的闢，也即是統一的闢。豈其有二。然則，翕何故有。應知。翕，並不是別有來源。他（翕）和闢，是同一本體。可以說，翕的本身即是闢。不過，爲顯發闢的力用之故，不得不有資具。所以，本體之動，自然會有許許多多的收凝的勢用。（許多字，吃緊。不是只翕成一團也。）纔收凝，便有成形的傾向，即此謂之翕。所以，翕是一種反動，故與闢異。我們可以數，來表示翕闢的意義。

一翕
一闢

一是偶數。是有對的意思。因爲翕，便近於物化。故成有對。一是奇數。是無對的意思。因爲，體顯爲用。雖用之爲言，不外一翕一闢。而翕則近於物化，便不守其體之自性（此之謂反）幾乎不成爲用。唯闢，則不捨其體之自性。可以說，闢卽體之如其自性而呈顯。只有闢，才是大用流行。也可以說，闢卽是體。因此，說闢是無對。又復須知。翕闢二勢，畢竟相反相成。闢能轉翕從己。（己者設爲闢之自謂）翕終順闢。於此，可識渾全。綜上所說。於全體中，不礙分化。於分化中，可見全體。法爾如是。何庸疑難。

三曰，本論功能，習氣，不容混同。有宗立義最謬者，莫如混習氣爲功能。他們（有宗）計一切功能，綜度由來，可爲二別。一者，本有功能。謂無始法爾而有故。（無始，猶云泰初，或泰始。佛氏云無始者。因凡情皆計有初始。而實不可知其始期。故曰無始。法爾，猶言自然。自然者，無待而然。）二者，新熏功能。謂前七識，一向熏生習氣故。（前七識者。大乘說每人都有八個識。一眼識，二耳識，三鼻識，四舌識，五身識，六意識，七末那識。八阿賴耶識。此八識，俟下卷當詳。一向者。佛家承認每人的生命是恆存的。推其前，則無始。究其後，則無終。故此言一向者，乃約無始以來而說。習，謂慣習。氣，謂氣勢。習氣者，謂慣習所成勢力。熏者，熏發。如香熏物，便有香氣發生。前七云云者。謂前七識起時，各各能發生習氣，以潛入第八賴耶識中，令其受持勿失，而復爲新功能也。有宗說前七識是能熏。第八賴耶識，是所熏。前七中，如眼等五識，取外境故。故能熏發習氣。第六意識，攀援一切境故。能獨起思構故。故能熏發習氣。第七末那識，恆內自計執有我故，故能熏發習氣。唯第八賴耶識，則受持前七所熏發之習氣。故名所熏。習氣藏賴耶中，卽成一種新的勢力，能生未來之一切心物諸行。故名新熏功能。有宗中，談功能由來者。自世親以後，或主唯本有。或主唯新熏。至護法，折中衆義，主張本新並建。中國玄奘，及其弟子窺基，並宗之。遂成定論。參考基師成唯識論述記。吾著佛家名相通釋，徵述尤詳。）這種說法，甚不應理。須知。功能原唯本有。無別新熏。所以者何。功能爲渾一的全體。具足萬德。無始時來，法爾全體流行，曾無虧欠。豈待新生，遞相增益。設本不足。還待隨增，何成功能。故知本新並建，徒爲戲論。倘考有宗根本謬誤，則在混習爲能。故說本外有新。

（習氣亦省云習。功能亦省云能。后皆倣此。由不辨能習之殊故。故說習氣爲新熏功能，以別於本有功能。若了習氣非可捉同功能者。則知功能唯是本有，而無所謂新熏也。）其實，有宗所謂習氣，我亦極成。不過，習氣是如何才有的。有宗於此，似欠說明。他們（有宗）只說習氣是由前七識，各別熏生。（據有宗說，眼識可析爲相見二分。相分卽色境。見分，卽了別色境的作用。此二分，合名眼識。此眼識起時，決不是空空過去，卻能熏生一種習氣，投入賴耶中，是爲新功能。由此爲因，得生後念眼識相見二分。故與本有功能無異。眼識如是。耳識，乃至第七識，皆可例知。）而於所以熏生之故，則猶未詳。此亦是其粗疏處。

我固承認習氣是有的。但我之言心，不許剖成八個。因此，無所謂前七各熏。我以爲，凡人意念乍動之微，與發動身語或事爲之著者，通名造作。亦名爲業。（發動身語者。謂意念乍動，曰意業。卽由意業轉強，而發爲口語，曰語業。發爲身體上之動作，曰身業。後二業，卽已見之行事。）一切造作，不唐捐故，（猶云不虛費）必皆有餘勢續起，而成爲潛存的勢力。（注意一切字及皆字）是名習氣。這千條萬緒的習氣，所以各各等流不絕者。（注意各各字。等流，謂各各習氣的自身，均非固定的。都是剎那剎那，生滅滅生，相續流去。故云等流。等者，似義。後起似前，曰等。）就因爲人生有儲留過去一切作業，以利將來之欲。（業曰作業取複詞便稱）這個欲，雖不顯著，而確是凡有情識的生類所同有的。如其無此欲，則一切作業，纔起卽滅，都無續起的餘勢。以彼造作或業起時，無儲留此作業之希欲故。故業一滅，便無餘勢。人生常依據過去，以奔趨茫茫不測之當來。（當來猶言未來）必不甘過去都消逝無餘，以致絕無依據。所以，凡業起時，恆有保留之希欲與俱。因此，所作業，雖方生方滅。而此業滅時，卽有餘勢續生，名爲習氣。（業方滅時，卽其餘勢續生。而生滅之間，亦無間隙。）此習氣，恆自潛伏等流，而成爲吾人生活的潛力。申言之，一切習氣，恆互相倚伏，成爲吾人生活的內在的深淵。可以說爲習海。習海是我人所取資的。亦能淪沒吾人的。吾人本來的生命，（此中生命一詞，直就吾人所以生之理而言。換句話說，卽是吾人與萬物同體的大生命。蓋吾人的生命，與宇宙的大生命，實非有二也。故此言生命，是就絕對的眞實而言。世俗用此詞，其含義自別。切勿誤會。後凡言生命者，皆準知。）必藉好的習氣（後云淨習）爲其顯發之資具。（如儒者所謂操存，涵養，或居敬，思誠種種工夫，皆是淨習。生命之顯發，必由乎是。）然亦以有壞的習氣（後云染習）遂至侵蝕生命，且直取而代之。（謂染習爲主，是直取生命而代之也。）不幸人生恆與壞習爲緣，常陷入可悲之境。故哲學對於人生的貢獻，要在詔人以愼其所習。（孔門的克己，印度佛家的斷惑或破執，都是去壞習。東方哲學的精神，只在教人去壞習，壞習去，然後眞性顯。）要之，習氣自爲後起。本不可混同功能。嘗以爲能習二者，表以此土名言，蓋有天人之辨。（天者，非如宗教家所謂造物主，乃即人物之所以生之理而言也。易言之，即一切物的本體，說名爲天。人者，謂衆生自無始有生以來，凡所自成其能，而儲留之，以自造而成其爲一己之生命者，於此言之，則謂之人耳。）功能者，天事也。習氣者，人能也。以人混天，即以後起，同所本有。而吾儕始將人類從無始來，拘執形氣，及淪溺現實生活中，凡所遺留的一切壞習，認爲天性。（此中形氣一詞，謂衆生之身，及其身所接之天地萬物，總名形氣。衆生拘執形氣，其生命便完全物化了。）因此。無從自識性眞。而人乃無復性之可能。（人生役於形，囿於染習，便失其性。誠能復還其性眞，即自得於性分內，而無盲以逐物之患。）此眞人道之大患也。有宗能習不分。是誠千古巨謬。本論特嚴能習之辨。略舉三義如左。

一曰，功能即活力。習氣但爲資具。功能是宇宙的本體。（功能本大用之稱。然即用即體故。故說功能是體。）亦即是吾人的本性。（性字義，訓釋不一。然董子曰，性者生之質。其義爲妥。質，實也。程子所謂實理是也。吾人之生，本於一個眞實的道理。即名此生的實理，曰性。此性，是法爾本有的，曰本性。）人之生也，形氣限之，這句老話，表示人生有物化的危險，很難超脫。固非全屬無稽之談。殊不知，從人生的本性來說，（此中本性，即謂功能。以其在人而言，謂之本性。後倣此。）畢竟是不墮於形氣的。是夐然超脫的。（夐然絕待也）因爲本性上毫無障染。（譬如太陽，雖有雲霧起爲障染。而其赫然光明之體，恆自若也。雲霧何曾障礙得他，染汚得他。本性無障染，義亦猶是。）毫無滯礙。（流行不息，而無所住着。）毫無虧欠。（德用圓滿）所以，可形容之，而說爲吾人固有的活力。這種活力，是精剛勇悍，能主宰形氣，而不拘於形氣的。

（精者純潔無染。剛者至健不撓。勇者銳利而極神。桿者堅固而無不勝。此四德者，在一般人的塵凡生活中，本難發現。但四德乃本性固有，元無損減。吾人纔提醒，便呈露。）吾人具大有的無盡藏，而無待求足於外者，就是這種活力。（大有，見周易，有者富有。大者至極之稱。）可惜人，每役於形，而迷失其寶藏。吾人試反驗之胸次，若有些子掛礙在（掛礙即是物化了）便失掉元有的活力，（活力如何可失掉。只吾人自甘物化，以致本性不得顯發，故云失掉。）只有將此活力，涵養得充盛，才於此，見自本性。易言之，即於此，識得功能妙體。（功能即是一切物的本體。此體具衆妙故。故云妙體。）

附說　明儒王船山詩，有云。拔地雷聲驚筍夢。彌天雨色養花神。（筍之生機在根，潛藏於地，若夢夢然。春雷震而筍夢驚，則生機勃然不可禦。人生固有活力，錮而不顯，猶筍夢也。必其能自警覺，而本有活力，始條達不可遏。雷聲，喻提醒警覺之功。春氣生養萬物，雨澤甚厚，常有密雲流布，故云彌天雨色。此喻學者涵養工夫深厚。警覺爲入道初幾。此則功行圓熟。花之神，即活力是也。二句儘有次第。）此詠涵養活力的意思。深可玩。

習氣，無論爲好爲壞，都是自形生神發而始起的。（形生神發者。形謂身，神謂心。此身既生，即有心作用發現。於是有一切作業。即凡作業，皆有餘勢等流，名爲習氣。故習氣非本有。）此習既起，便和吾人的生命，緊相繫屬。（生命即功能。亦即前云活力。活力只是形容詞。以功能既賦予於吾人，而爲吾人之本性。即說爲吾人所固有的充盛的活力。即此活力，亦名爲生命。）生命元是法爾無爲的。（法爾，見前。此中言無爲者，生命的運行是自然的。是默運未嘗息，而畢竟不顯著的。故曰無爲。非謂其兀然堅住，始名無爲也。）必需資具，才得顯發。譬如電力。必賴有傳電和發光的資具，才得呈現出來。（資具，謂如電線和電燈泡子等。）如果無有資具，電力雖未嘗不在，卻不會顯發了。（因明學，謂凡喻，只取少分相似。若泥執此喻，以求與所喻之理，全相印合。則謬誤不堪。學者宜知。）習氣，是人爲的。他（習氣）卻是生命所仗的資具。如果沒有習氣，生命也無以顯發他自己。我們要知道，習氣無論好壞，卻有一種通性，即每一習氣之潛存者，皆有起而左右將來生活之一種傾向。這種傾向，正是一切習氣的通性。（一切者。習有好壞。今賅好壞而言，故云一切。）如操存，涵養等工夫，（操存，涵養，並本孟子。操者操持。存者存主。吾人的生命，即此本心是已。常持守此心，而不令放失。即日用萬端，都任本心作主。不令私意或私欲起而蔽之。此便是操存工夫。涵養，亦云存養。識得本心，以誠敬存之。於物感未交時，中恆有主，不昏不昧。物感紛至時，中恆有主，常感常寂。非涵養工夫深純，不克臻此。涵養與操存，義亦相近。其微異處，當別詳。）此類作業所成習氣，（操存涵養等工夫，即是吾人自己努力向上的一種作業。其萌於意。與發於身語者，無非清淨。這種作業的餘勢潛存者，是爲淨習。）無障染性故。（淨習之性，非障礙，非垢染。）其潛力，恆使吾人生活日益向上故。（唯淨習具此傾向）吾人本來的生命，恆賴有此淨習，而後得顯發。故說習氣，但爲資具。（此中談淨習，舉儒家操存涵養等義爲例者。取其簡要。於人生日用極切。佛家談修行工夫，其名相過繁。然與儒者操存，涵養義，大旨非無融通處。但其歸趣，究不同耳。）人生如果拘於形體，囿於染習，而淨習不起。則生命不得解脫於纏錮之中，而幾於完全物化矣。（拘形骸，囿染習，即生命被纏錮。）所以，生命必仗淨習爲資具，而後得脫然無累。然則，染習不得謂之爲資具與。曰，此亦不然。染淨之分，其幾甚微。而其流，則相差極遠。染習之所以成乎染者，唯當其作業時，稍徇形骸之私，便與本來的生命相違礙。（吾人的生命，是渾然與天地萬物同體的。初非小己之形骸所得私也。今吾人乃拘執小己之形骸而自私焉。故違礙本來的生命。）此等作業之餘勢潛存（餘勢，名染習。）恆有使吾人生活日究乎汚下的傾向。（染習具此傾向）此染習之所以迥異乎淨也。然凡習（凡者通染淨言之）要皆於生命爲資具。染習只是不良的資具而已。但人生的通患，常是把資具，當做了本來的生命。（注意）不獨染習乘權，是取生命而代之的。即淨習用事，亦是以人力，來妨礙天機。（人力，謂淨習。天機，謂生命。）以後起的東西（謂淨習）誤認爲本來面目。（謂生命）人生之喪其眞也久矣。所以前哲用功，染習，固克治務盡。即淨習，亦終歸渾化。（程子說，明得盡時，渣滓便渾化。此意極深微。淨習者，所仗以達於本體呈露之地也。本體呈露，方是明。必使本體毫無蔽障，方是明得盡。至此。則淨習亦渾融無迹，即方乃神化而成性也。程子所謂涵養，即謂習養。習熟得，尚未有化，今是涵養也。孟子說工夫，以勿忘勿助長為要。助長，即是習心未得化故。他徒用造作，違背本心而得。忘者，則涵養而化無迹也。此義幽深，非淺智所及。）夫知是，乃不至溺於貪具而喪其真。

附注　孟子云，勿忘勿助長者。謂吾人涵養的工夫，必於本心（即本體。亦即生命。此心是不物化的。故是吾人的生命。）念念保任之，勿令放失。故云勿忘。又保任之功，須隨順本心昭靈自在之用。不可着意把持，而欲助其長盛。如欲助長，則是自家習氣用事。斯時，本心已被障礙，而不得顯發矣。此中義蘊，深廣無邊。若於此未嘗用功者，亦自不知所謂。

二曰，功能唯無漏。習氣亦有漏。（唯者，此外無有之謂。漏謂染法，取喻漏器，順物下墜故。有漏，無漏，相反得名。亦者，伏無漏二字。習氣不唯是無漏，亦通有漏故。）純淨義，升舉義，都是無漏義。（升舉猶云向上）雜染義，沉墜義，都是有漏義。功能是法爾神用不測之全體。吾人稟之以有生，故謂之性。亦云性海。（此性至大無外。含藏萬德，故喻如海。）性海元是光明晃曜。無有障染。（自性無滯礙故，云無障。亦無他法能障自性故，云無障。自性無垢污故，云無染。亦無他法能染自性故，云無染。）故說功能，唯無漏性。（此中性字，是德性之性。與上文性字不同。上文性字，即功能之別名。此中性字，則功能上所具之德性也。以後準知。）是以物齊聖而非誣。（微塵芥子同佛性故）行雖迷而可復。（人生無惡根故）若有宗計功能，通有漏無漏者。（有宗析功能為個別的，已如前說。彼計一切功能，有是有漏性。有是無漏性。故概稱功能。即通此二。）則是鄙夷生類，執有惡根。可謂愚且悍矣。（有宗功能，分本有新熏二類。其本有功能，亦有是有漏性者。即是斯人天性，固具惡根。）故本論所說功能，與有宗截然異指。學者宜知。

惟夫習氣者，從吾人有生以來，經無量劫，一切作業，餘勢等流。萬緒千條，展轉和集，如惡叉聚。其性不一，有漏無漏，釐然殊類。（劫者，時也。展轉，相互之謂。和集者，一處相近，名和。不為一體，名集。無量習氣，互相附著，成為一團勢力。故言和也。然又非渾合而無各別。故言集也。惡叉聚者。果實有不可食者，俗名無食子。落在地時，多成聚故。梵名惡叉聚。此喻習氣頭數衆多，互相叢聚也。）無漏習氣，亦名淨習。有漏習氣，亦名染習。夫習，所以有染淨異性者。揆厥所由。則以吾人一切作業，有染淨之殊故。染業者。如自作意，至動發諸業，（作意，謂意業。此中以意欲創發，乃至計慮，審決等心理的過程，通名作意。與心所法中作意義別。動發，即見之身語，而形諸事爲。此業便粗。）壹是皆狥形軀之私而起者。此業不虛作，必皆有餘勢潛存，名有漏習。（餘勢二字，吃緊。凡業，雖當念遷滅。然必有餘勢，續起不絕。如香滅已，餘臭續生。絲竹停奏，餘音入耳。又如春日猶寒，嚴冬之餘勢也。秋時厲暑，盛夏之餘勢也。凡物皆有餘勢。何況有生之物，靈長如人，其所作業，餘勢強盛，自非物質現象可比。佛家向以人之知慮，迄於行爲等等造作。萌於意者，爲意業。自意而發諸身體動作者，爲身業。自意而形諸口語者，爲語業。雖分別說爲意業，身業，語業。要之，總名造作。亦名爲業。凡業，皆有餘勢，等流不絕。以此餘勢，爲過去所慣習故。故名爲習。此習遺於種族，即名種族經驗。亦即心理學上所謂本能。其播於社會者，謂之風氣。總之，人生一切造作或業，決非過去便散失。都有餘勢等流。謂之習氣。而人每忽焉不察。須沈心體之自見。下言淨習，亦可準知。又一切業，狥形骸之私而起者，通成染習。此處須深玩。染即是惡。須知，惡本無根。吾人本性無染，何故流於惡耶。只狥形骸之私，便成乎惡。王陽明先生所謂隨順軀殼起念是也。人之生也。形氣限之。有了形骸，便一切爲此身打算。即凡思慮行爲，舉不越此一身之計。千條萬緒之染業，皆由此起。須反身切究，始覺痛切。否則粗心浮氣，於此茫然不省。）淨業者。如自作意，至動發諸業，壹是皆循理而動，未嘗拘於形骸之私者。此業，亦不虛作。必皆有餘勢潛存。名無漏習。（一切淨業，皆是循理而動。淨即是善。循理者，即凡意身等業，壹皆順從乎天性本然之善，而動以不迷者也。中庸所謂率性是也。率性即不役於小己形骸之私。孟子以彊恕爲近仁。恕者，即能超脫乎一身之外，不在一身利害得失上打算。而唯理是從。不以己身與萬物作對，而通物我爲一者也。故曰近仁。仁之爲德，生而不有，至公無私，即性也。彊恕則復性之功。猶未即是性。故以近仁言之。彊字吃緊。意身等業，皆不外乎彊恕之道。即業無不淨，而動皆率性。此等淨業之餘勢等流，便名淨習。）凡習，染淨由來，大較如此。乃若染習行相，難以殫詳。（此中行相，謂習氣現起，而行趣於境，有其相狀。故云行相。下言行相者準知。染習行相不一，故難詳也。）淨習行相，復難窮析，各舉其要，染淨相翻，都以三本。染習三者，曰貪，曰嗔，曰癡。是三，爲一切染業本。（三者自身卽染業。由此，引生其他種種染業。故說爲本。）舊稱此爲三毒。貪者，染着相。謂於自身，及一切所追求境，皆深染着，不能澹然無繫故。（染着二字須自省深切始知之）嗔者，憎恚相。謂於他有情，不能容受故。每懷憎惡故。（有情者衆生之異名以有情識故名）癡者，迷闇相。謂於眞理，無證解故。（卽於宇宙本原，或人生眞性，曾不自識故。）於一切事，不明析故，於諸所作，任倒見故。（見解不正，曰倒。）此三本惑，（三者又通名爲惑。是一切惑之根本。故云本惑。）一切染業，依之得起。廣說其相，當俟下卷。要之，此三。都非本來淸淨性海中所固有，只因拘於形骸而始有的。易言之，卽吾人的生命，纏錮於物質中。而吾人只是頽然一物。所以，無端而起種種惑相。（無端二字吃緊惑無根故）物交物，故染着生。（吾人拘於形，故自成爲一物。以此物與他物交，則有染着。如顏料之於絲然。欲免於染不得也。）物相排拒，故憎恚生。物本拘礙，故迷闇生。總之，吾人受拘形骸，或淪溺物質生活中，（物質生活，無可歸咎。只淪溺，便成大咎。）才有一切惑業，（卽染業）成爲惑習。（卽染習）惑習潛存，復乘機現起，而爲新的業，則惑益增盛。此人生所以陷於物化之悲，無由復其性也。淨習三者。曰無貪，曰無嗔，曰無癡。是三，爲淨業。復爲餘淨業所依。（餘者猶云旁的種種）無貪者，離染着相。對治貪故。無嗔者，柔和相。（渾然與萬物同體，故中心恆是慈柔和悅。）對治嗔故。無癡者，明辨相。（隨順性智故。遊心虛寂故。常自精察自己知見迷謬處，而自繩正之。因得進於明解。性智見上卷明宗章。）對治癡故。舊說此三，名三善根。（一切淨業，依此三者而起。故此三爲萬善之本。）亦俟下卷，詳說其相。儒者彊恕，於三善根，亦是階梯。三善根者，所以對治三毒。三毒要依身見起。（身見，係佛家名詞。陽明所云隨順軀殼起念，亦同此旨。）三善根則必破除身見。初惟順性，而起對治。（順性順字，吃緊，三善根皆淨業。猶未卽是性。只是吾人順自本性，不爲形役，而努力對治三毒。初時用功，正是勉彊。不勉彊則將隨順軀殼起念，而無由順性矣。）終乃一任眞性流行。（至此，則淨業或淨習，亦渾化無迹，而與性爲一矣。此中理趣淵微。非凡夫境界。）故三善根初幾，非不由彊恕。彊恕正所以伏除身見故。（恕則推己及人，未嘗囿於一身之私。）對治三毒，從彊恕入手，最切近故。（對治貪，莫妙於恕。能恕，則必克治一己染着之私矣。對治嗔，莫妙於恕。能恕，則己所不欲，勿施諸人矣。對治癡，莫妙於恕。何以故。恕則能超脫於形累與情計之外。而神智獨伸。癡自盡矣。）故曰彊恕，是三善根階梯也。我們要知道，一切淨業或淨習，（如彊恕與無貪等三善根乃至種種）都是順性而起的修爲。故說爲業或習。此業或習，乃性之所由達也。（此中意義，煞是難言。若非自己曾用功於此，而又切究華梵諸先哲意思，能會其通者。無從明了此意。容當別爲講詞。）雖復名業或習，而性卽行乎其中。一旦功行純熟（功行，卽淨業或淨習之都稱耳。純則無染習之雜。熟則臻於自然，更不待着力也。）則業或習，乃渾化而與性爲一矣。如舟中扶舵者，卽身卽舵。此其譬也。（扶舵者之身，喻淨業或淨習。舵，喻性。舵，仗扶者之身而動，恆不失其主宰。扶者之身，爲舵作運行的工具。而與舵，完全叶合如一。故曰，卽身卽舵。非其身與舵可分離也。）是故習有染淨。淨習順性。染習則與性違。染淨消長，吉凶所由判。（染長則淨消。喪其生理，凶道也。淨長則染消。全生理之正，吉道也。）然生品劣下者，則唯有漏習一向隨增。淨習殆不可見。前面已經說過。功能者，天事也。習氣者，人能也。人乘權，而天且隱。（吾人所稟之形，與所造之習，通謂之人。已成乎人矣，則人自有權。而其天性，反隱而難顯。易言之，卽後起的東西來作主，而固有的生命，竟被侵蝕了。）故形氣上之積累，不易順其本來。（習與形氣俱始。故是形氣上之積累。染習則恆與形氣相狎，而違拂其固有生理。淨習雖與天性相順。然卽在人類，欲其捨染趣淨，亦極難。故云不易盡順本來。）愚者狃於見迹，（見讀現見迹謂染習）而不究其原。（不悟衆生本性皆善）因衆生染習流行，遂以測生理之固有汙穢。（有宗，立本有有漏功能，與儒生言性惡者，同一邪見。）果爾，卽吾於衆生界，將長抱無涯之感。然嘗試徵之人類。則通古今文史詩歌之所表著，終以哀黑闇，蘄高明，爲普遍之意向。足知生性本淨，運於無形，未嘗或息。悠悠羣生，雖迷終復。道之云遠，云如之何。

險阻不窮，所以使其剛健。（無染習之險，何見克治之健。）神化無盡，亦以有夫剝極。（物之生，不能留靈而無蠢。人之習，不能盡善而無染。蠢與染，皆缺憾也。易之所謂剝也。然天道無擇於長育。聖哲常垂其教思。故神化無盡也。）若有小心。觀宇宙之廣大，將恐怖而不可解。易道終於未濟，不爲凡愚說也。（大易之書，爲六十四卦。而以未濟終焉，其義宏遠。萬物之變，萬化之不齊。如欲一切躋於一個極好的境地，而絕無所謂不好者存。則是有絕對而無相對也。將絕對之名，又何待而立乎。須知。眞理恆存。正以其有乖反乎眞理者，而益見眞理之不息而至尊。人生希望，唯存乎常處缺憾而追求不已之中。未濟，誠終古如斯矣。夫何憂何懼。）

三曰，功能不斷。習氣可斷。（可者僅可而未盡之詞也）功能者，體萬物而非物。（體萬物者，謂其偏爲萬物實體。非物者，功能即自身，本無形相。雖爲一切物之本體，畢竟不即是一切物。故不可以執物之見，而測功能。）本無定在。故乃無所不在。窮其始，則無始。究其終，則無終。既無始無終便是恆常。故說功能，永無斷絕。（此中所謂恆常，卻非凝然堅住之謂。功能自體，元是生生化化流行不息的。以其不息，故謂恆常。）

或復計言。如人死已，形銷而性即盡。（性即功能盡者滅盡）豈是人所具功能，得不斷耶。應答彼言。形者，凝爲獨而有礙。（獨者，成個體故。）性者，本至一而無方。（至一者絕對義。無方者無有方所故。不限於某一部分故。）人物之生也，語性，則一原。成形，則不能不各獨。形者，質礙物，固非復性之本然已。但此性，畢竟不物化，其凝成萬有之形，即與衆形而爲其體。自衆形言，形固各別也。自性言，性則體衆形而無乎不運。乃至一而不可剖，不可壞。不可剖與壞者，貞也，性之德也。若乃人自有生已後，其形之資始於性者，固息息而資之。（資始者，由形言之，形乃資於性以始也。形之初生，固資於性以始。形既生矣，則猶息息資於性也。）非僅稟於初生之頃，後乃日用其故，更無所創新也。（性者，萬物之一原。由甲物言之，則甲物得性體之全以成爲甲也。由乙物言之，則乙物亦得性體之全，以成爲乙也。丙物，乃至無量物，皆可類知。

要之，性體非限於一物。而凡物之生，實無一不資於性體以有其生也。性體，是無盡的寶藏。凡物，皆息息資之以生。非僅於初生時，一次資之而已。故吾人的生活，息息創新，以性體爲其源泉故也。）易言之，是性之凝爲形，而卽以宰乎形，運乎形者，實新新而生，無有歇息之一期。然形之既成，乃獨而有礙之物。故不能有成而無壞。但不可以形之成乎獨且礙，而疑性之唯拘乎形中，遂謂形壞而性與俱盡耳。（吃緊）性者，備衆形，而爲渾一之全體，流行不息。形雖各獨，而性上元無區別。（一己與人人，乃至物物，據形則各獨。語性惟是一體。）形雖有礙，而性上元無方相。（方相者形也。性則所以成乎此形者。而性本無形。）以形之必壞，而疑性亦與形俱盡者。是不知性者，大化流行，原非有我之所得私。執形以測性，隨妄情計度，而迷於天理之公。死生之故，所以難明耳。故功能無斷，理之誠也。如其有斷，乾坤便熄。豈其然哉。

習氣者，本非法爾固具，唯是有生以後，種種造作之餘勢。無間染淨。（造染則有染勢。造淨則有淨勢。）無分新舊。（舊所造作者皆有餘勢潛存。新所造作者亦皆有餘勢潛存。）展轉叢聚，成爲一團勢力。浮虛幻化，流轉宛如。（宛如者流動貌）雖非實物。而諸勢互相依住，恆不散失。（此處吃緊）儲能無盡，（習氣不散失，卽是儲留無盡的勢能。）實侔造化之功。（王船山云，習氣所成，卽爲造化。）應機迅熟，是通身物之感。（物感乎身，而身應之。卽由習氣應感迅熟。）故知，習氣雖屬後起。而恆展轉隨增。力用盛大。吾人生活內容，莫非習氣。（吾人存中形外者，幾無往而非習。此可反躬自察者。明儒唐一庵云，自生身以來，通體徹骨，都是習心運用。俗人有俗人之習。學者有學者之習。古今有世習。四方有土習。眞與習化。機成天作。每向自己方便中窩頓。凡日用覲記，討論，只培漑得此習。中間有新得奇悟，闊趨峻立，總不脫此習上發基。）吾人日常宇宙，亦莫非習氣。（各人的宇宙不同，卽由各人宇宙由自己習氣形成之故。如吾人認定當前有固定之物，名以書案。卽由乎習。若捨習而談，此處有如是案乎，無如是案乎，便有許多疑問在。）則謂習氣卽生命可也。（宗教家說，人有靈魂。雖死後亦不散失。吾謂靈魂卽無量習氣互相結合的體系而已。儒者說，人死後，有知氣存。見禮經。知氣，蓋卽習氣的複合體。謂之知者，習氣自是一團虛妄分別的勢用，潛存而未現者。雖不明了，要非無知。故云知氣。總之，衆生只任有漏習氣作主，故習氣便成爲生命。而本來的生命，反被侵蝕了。）然則，習氣將如功能，亦不斷乎。曰，功能決定不斷，如前說訖。習氣者，非定不斷。亦非定斷。所以者何。習氣分染淨，上來已說。染淨相爲消長，不容並茂。如兩傀登場，此起彼仆。染習深重者，則障淨習令不起，淨習似斷。（非遂斷絕也。故置似言。）又若淨習創生，漸次強勝。雖復有生以來，染恆與俱。而今以淨力勝故。能令染習漸伏，乃至滅斷。（始伏之，終必斷。）斷於此者，以有增於彼。（染增則淨斷。淨增則染斷。）故概稱習，則僅曰可斷，而不謂定斷也。爲己之學，（哲學要在反求諸己。實落落地見得自家生命，與宇宙元來不二處。而切實自爲，無以習害性。孔子曰，古之學者爲己，正就哲學言。）無事於性。（性上不容着纖毫力）有事於習（修爲便是習）增養淨習，始顯性能，極有爲乃見無爲。（性是無爲。習是有爲。習之淨者順性起故。故極習之淨，而徵性之顯。）盡人事乃合天德。（人事以習言。天德以性言。準上可解。）習之爲功大矣哉。然人知愼其所習，而趣淨捨染者。此上智事。凡夫，則鮮能久矣，大氐一向染習隨增。而淨者，則於積染之中偶一發現耳。（如孟子所舉，乍見孺子入井而惻隱之心。此卽依性生者。便是淨習偶現。）若乃生品劣下者，則一任染習縛之長驅，更無由斷。其猶豕乎。繫以鐵索，有倖斷之日乎。故知染習流行。儻非積淨之極，足以對治此染，則染習亦終不斷。要之，淨習，若遇染爲之障便近於斷。（近字注意。淨習雖無全斷之理。然間或乍現，而不得乘權。則其勢甚微，故已近於斷。）染習，若遇淨力強勝，以爲對治，亦無弗斷。故習氣畢竟與功能不似也。（功能則決不可計爲斷故）

綜前所說。性和習的差別處，較然甚明。（性謂功能注見前）有宗乃掍而同之。是所謂鑄九州鐵，不足成此大錯也。今此，不寵習以掍性。亦不貴性而賤習。（性是眞實。習本虛幻。然虛幻法，畢竟依眞實法而起。既起，便有勢用。如何賤視得。）雖人生限於形氣。故所習不能有淨而無染。此爲險陷可懼。（一流於染卽墮險陷）然吾人果能反身而誠。則捨暗趣明，當下卽是。本分原無虧損。染汚終是客塵。（本分謂性。染習雖障礙本性。然本性要不因染障而有改易。故云無虧損。譬如客塵雖障礙明鏡。然明鏡實不因塵障而有改易。故拂拭塵垢，則鑑照朗然如常也。）墜退固不由人。戰勝還憑自己。人生價值，如是如是。使其生而無險陷，則所謂大雄無畏者，又何以稱焉。（佛號大雄無畏者。就因爲他與衆生同在險陷之中，他卻能首先戰勝險陷，而自拔出來。并且不捨衆生，而願盡拔出之。以一己與衆生同體故。孔子己欲立而立人，己欲達而達人，與佛同一心事。）

本論所謂功能，和有宗根本異旨。在上面所陳諸義中，已可概見。現在要把根本大義，重行提示。以作本章的結束。

一，體用二詞，雖相待而立。要是隨義異名。（注意）實非如印度佛家以無爲及有爲，析成二片。（有爲者，以心物諸行，皆有起滅故。有變動故。故名有爲。）亦非如西洋哲學家談實體及現象，爲不可融一之二界。（融一者具云融通爲一）

二曰，至眞至實，無爲而無不爲者，是謂體。無爲者。此體非有形故。非有相故。非有意想造作故。無不爲者。此體非空無故。法爾生生化化，流行不息故。

從其生化流行，彰以用名。然用即是體。非用別成一物，與體對待，若親與子，非一身也。（非字一氣貫下）何以故。生而不有，化而不留，流行而無故之可守，一無形無相，無想之本然也。（無故可守者。謂雖發現生化，而實無物。焉有故物可守。）即用即體也。誰謂有異體而獨存之用耶。

無形者，空寂也。（空者，以無形無染，名空。非以空無名空。下準知。）無相者，亦空寂也。無想者，亦空寂也。空寂復空寂。離諸滯礙。含藏萬有。具備萬德或萬理。無可稱美，而讚之以至神。神故生。神故化。神故流行不息。是故稱之以大用也。用也者，言乎其神也。即體即用也。誰謂有異用而獨存之體耶。

是故用外無體。體外無用。體用，只是隨義異名。二之，則不是。

三，用也者，一翕一闢之流行而不已也。翕闢勢用，刹那刹那，頓起頓滅，本沒有實在的東西。然而刹刹勢速，宛有迹象。如旋火輪。（刹刹，具云刹那刹那。勢速者，前刹那方滅，後刹那即生。新新而起，其勢迅速。大滅故生新，流行不住。雖無實物，而有迹象。如燃香火，猛力旋轉，見有火輪。輪雖非實，宛爾不無。）因此。不妨施設宇宙萬象。

四，宇宙萬象，唯依大用流行，而假施設。故一切物，但有假名，都非實有。（不獨現前桌子，几子，乃至日星，大地，都是假名，而無實物。卽元子，電子等等，也都不是有實在的東西。也只是假名。）云何世間，執有日用宇宙。（亦云現實世界）應知。由習氣故，見有實物，堅執不捨。人生從無始來，染習熾然。於彼神化，無證解故。妄執化迹，爲實事故。（化迹者猶言大化流行之迹象。實事猶言實物。）故一切法．隨情不妨施設。謬執終成過患。（隨順世間情見，曰隨情。邪謬執着，曰謬執。）

五，窮神順化。卽於流行，而識主宰。於迹象，而見眞常。故不待趣寂，（印人厭離世間，趣向寂滅。非吾所許。）而生無非寂也。（生生之妙，無有留滯。所謂生而不有。生亦寂也。）

上來假設功能。以方便顯示實性。今當覆取前章（轉變）談心物，而未及盡其義者。鄭重申之。曰成物，曰明心，以次述焉。

卷下

第七章　成物

常途提及一物字，總以爲物者物質，即是有對礙的意義。（對著礙義。凡物有實質故，故名對礙。質即是礙故。）印度唯識論師，說器界及五塵，並有對礙。順俗諦故。（器界，相當於俗云自然界。五塵者，色聲香味觸也。）案彼所說。器界，則是第八識見分所變相分。（每人各有第八識，非共同也。人之一生有死期。而此第八識無死期。遠從無始，以至未來，不知其盡也。器界，即是第八識見分所變現之相分。非離第八識而獨在。故成唯識。然諸論師如護法等，則許此相分有自種子。非與見分同種生云。）五塵，則是五識見分各自所變現之相分。（如色塵，是眼識見分所變相分。聲塵，是耳識見分所變相分。乃至一切所觸塵法，是身識見分所變相分。但此云五塵，是有對礙。易言之，即具有實質之物。世或誤解，當別爲辨。據護法等義，此等相分，亦各各有自種子。非與見分共一種生。）諸見變相，（識有八聚。即是見分有八。故置諸言。）元非憑空突起。舊師蓋建立本識，以含藏一切種。（第八識亦名本識。種子亦省云種。此言一切者，謂八識聚，各各見分，相分，皆各有自種。數無量故。今通言之。）復以一切相種，依一切見種挾帶力故，得生相。（謂相種雖親生相分，而必由見種挾之以起，始得生相也。以見種於相種爲主故。）是故舉果賅因，而說一切相，是一切識之所變現。舊師樹義蓋如此。（此中識者，即謂見分。因果者。相見二分，對彼所從生之各自種子而言，即名爲果。相見種子，對其所生之相見二分而言，則名爲因。有問。相種得見種挾起，而始生相。應云，此相從種子變生。何名識變。答曰。剋就因位言。應說種變。若通果位言，可云識變。然今此中，欲顯舉果，便已賅因。故說相分依識變現。非不隱含種變義也。又此中據二分立義。與三十論談因變果變義者，頗異。然非不可會通，當別爲論。）夫謂人各具一本識，含藏一切種，是生心物諸行。（行字義，見上卷轉變章。）如其說，則與外道神我論，同其根底。且爲極端的多我論者。（從來談佛法者，皆謂佛家破我。實則佛家之本識，非神我而何。衆生各各有一本識，卽是多我論。至其破我之云，乃是因吾人於我起執，故施破斥耳。非眞破我也。於我而起執，卽起惑造業，長溺苦海。所以破我，實破執也。）印度唯識哲學，畢竟不脫宗教思想。因爲此派哲學，根本未曾變更神我觀念。（當別爲論）

附識　佛家說每人有八個識。而於每一個識，可析爲二分。曰相分及見分。此二分，或各有種。（第六識等，其相分亦有與見分同種生者。故置或言。參考佛家名相通釋。）例如眼識。以圖表之，如左。

眼識見分種（因）↑↓眼識見分（果）

眼識相分種（因）↑↓眼識相分（果）

眼識如上圖。耳識乃至第八識，均可例知。然一切識，雖皆析言相見二分。但諸識相分，有非物界所攝者。故此中不論。（此中物界，亦云物質宇宙。如第六識獨起思構時，必變似所思之相分。詳在佛家名相通釋。但此相分，雖是心上所緣之境。而此境究不是物質的。第七識計有自我，必變現一似我之相分。此相，非物質的不待言。第八識相分，有三部分。曰種子。曰根身。曰器界。種子是第八識中所藏。非其所變。但第八見分，以種子爲其所緣之境。故得名相分。根身，據云有自種。亦說爲第八見分所變。然是淸淨色。極微妙故。卽不同常途所謂物質。故唯器界，相當俗所謂物質宇宙。除第八所變器界以外，五識所變色等五塵，亦皆是物質的。學者如欲詳究舊師相分義。可參看佛家名相通釋。）

舊師（印度唯識師）以本識中種子，說明物界所由起。（雖彼亦以種子，說明心界所由起。今在本章，但約物之方面言。）適成戲論。詳彼所執本識，既同神我。而本識中種，是爲具有能生的力用，而沉隱以爲萬有根原的實體界。（亦名種子界）此一切種，所生一切相見，差別顯現，是爲現行界。（差別者，言其萬殊。）

種現二界對立。純是一種謬妄的猜想。中卷屢經破斥，此姑不贅。總之，舊師的見地，與其立論的根本旨趣，是我所不能贊同的。因此。舊師所以說明物質宇宙的一套理論，也是我所視爲戲論的。

附識　有問。相見二分之名詞作何解者。答曰。見者，識別了解等義。相者，相狀或境相義。云何言分。須知。舊師談心，只是用一種剖解法。他把心，剖作二分。甚至可以剖作三分或四分。不過，第三第四兩分，均可攝入見分。遂以相見對開，而說二分。詳在吾著通釋。見分，就能緣方面言。常途所謂心，即見分是。相分，就所緣方面言。常途所謂物，即相分是。（但據舊義，八識各別。故意識等相分，有不可攝屬於常途所謂物者。見前段附識中。）舊師之論，本不許有離心獨在的物。故破除外物之觀念。而把物，名爲相分，即是當作心之一分。然而用剖解法，析成多分。如將物質破作段段片片者然。終成過誤。彼亦知其不妥。故又云，以相攝入見，名爲一識。（詳基師述記。）然既已破之。又復拼合攏來。適見其展轉自陷也。舊師理論上之缺憾，往往如此。

上來略敍舊義，加以駁斥。今次當申述我底本旨。我以爲物質宇宙，是本來無有，而又不妨隨俗建立。我要說明這個意思，又非從宇宙眞際說起不可。（中譯佛籍，以眞際爲眞如之異名。眞如又即本體之異名。眞際者。眞謂眞實，無虛妄故。窮理至此，方是究竟，故說爲際。）眞際者，恆轉也。（恆轉即本體之異名。見上卷轉變章。）恆轉，是至無而健動的。無者，無形。非是空無。無形故絕待。絕待故至眞至實。眞實故健。無形而健，故生化無窮。亦名爲動。（夫有形者，域於形。域於形者，即凝固而爲死物。無健德可言。無生化可言。唯無形而實不空者。其德至健。而生生化化，無有窮竭。即此生化，亦名爲動。）健以動，故無所留滯。（化而恆捨其故。生而不有其成。）而恆如其寂無之本性。（詳玩轉變功能諸章）是故我說恆轉，亦名眞如。非異恆轉別有無爲法可名眞如也。又此恆轉，亦截然不同舊師所謂種子。舊師種子，是擬物的觀念。（彼所謂種子，實依世間草木等種子，比擬而構成此觀念也。）其爲妄構不待言。本論所云恆轉，則直就生生化化不息之實體，而強爲之目。所以異彼種子。這段話的意思，本已散見中卷。因爲在本章中，要將常途所計執爲實有的物質宇宙，給他一個正當的解說。就不得不從根本原理上鄭重提示一番。（根本原理一詞，乃指實際而言。）

在中卷裏面，曾經說過，恆轉亦名功能。又復說言，功能是渾一的全體。但不是一合相，而是有分殊的。（卽全中有分。）雖是分殊的，而亦不是如各別的粒子然。（卽不同舊師種子。）却是互相融攝，成爲一體的。（卽分中見全。詳在第六章功能下。）設復有問。功能本是渾一的全體。如何而有分殊。應知。功能自體，備萬德，具衆妙。是一切圓滿，無所虧欠，無有滯礙的。如何可以呆板的物事來猜擬他。

功能既有分殊。卽不妨於全體中，假析言之，而說爲一個一個的，或許許多多的功能。換句話說，卽是一爲無量。（就其爲全體而言，是謂一。於全體中見分殊，而說爲許許多多的，是謂無量。以至一而涵無量，故云一爲無量。）亦復應知，無量功能，互相卽，（一切卽一。一卽一切。）互相涉，（一切入一。一入一切。）而爲渾一的全體。非一一功能各各成獨立而不相涉不相卽之小粒子。（非字，一氣貫下。）應復說言，無量爲一。

現在，且剋就分殊方面言。卽無量功能中，每一功能，均具翕闢兩方面。易言之，卽每個一翕一闢的動圈，假說爲一個功能。（闢固無形。而翕亦未始有質也。翕闢，只是同一動勢的兩方面。元非實在的東西。故假說爲動圈。）這種動圈的形成，就因爲翕的勢用，是盡量收凝。我們可以把每個收凝的動勢，均當做一單位。這種單位，不可說是凝成了一小顆粒。也不是成爲一道圈子的相狀。然而，我們謹防人把他（收凝的動勢）當做小顆粒來猜想。所以，勉強用動圈一詞來形容之。（圈字，是把每個收凝的動勢，均當做一個單位的意思。幷不謂每個收凝的動勢，是各成一道小圈子。此處難措辭。須善會。）每個動圈裏面，均有闢的勢用，彌滿充周於其間。因爲闢，是無封畛的。是無定在而亦無所不在的。因此。應說翕，不是離闢而孤起的。申言之，翕的本身亦是闢。並不是異闢而別有來源。（本體是舉其全體，顯現爲翕和闢。闢，則冲寂剛健，而無方相。乃如其本體之自性。翕的勢用是收凝。將有物化之懼，殆不能保任其本體。然此收凝的勢用，其本性要不異闢。以本體無二故。）但闢，要表現他自己，不能沒有資具。否則闢的動勢，只是浮游無據。將何所藉以自表現耶。（注意。）因此之故。闢的勢用，決定與收凝的勢用，（即翕）恆相俱有。但闢的勢用，本無差別。而翕，則是有差別的。是多至無量的。每個翕之中，皆有闢的勢用周運其間。所以，就每個翕上說，可以當做一單位。可以名為動圈。實則，每個動圈之中，均有闢的勢用在。決沒有純翕而無闢的這種動圈。元來闢是無差別。本不可以動圈言。但因其與翕不一不異。即從翕，而說為同一動圈。（不異者。翕闢無二體故。不一者。翕是收凝，而將成物。闢是健行，而無形故。）前面所云，每個一翕一闢的動圈。假說為一個功能。實則，功能所以有分殊，而可說為一個一個的者，只以翕之故，才有分殊耳。

就功能之收凝的方面而言。便謂之翕。翕故成為動圈。動圈一詞，即表示每個收凝的動勢，可當做一單位。如前說訖。夫翕者，於至無而動之中，始凝而兆乎有者也。（至無者，言乎體也。至無而動，則體之繼現而為萬殊的妙用也。妙用之行，必有其收凝的一方面。此收凝，即有之幾兆，所謂翕是也。）動勢之始凝，本無形也。而已凝焉，則有之幾也。形物著見，名之為有。（見去聲。）收凝之勢，雖未成乎形。而已為形物所自始。故曰始凝而兆乎有也。

如前已說，物質宇宙，是本來無有，而又不妨隨俗建立者。稱體而言，（此中稱者，如實相應之謂。）一真無寄。（一者，絕待義。）寂然清澄。無形無象。聲臭俱泯。既已言詮不及，亦復心行罔措矣。故說物質宇宙本來無有。當知，是如實說。（理實如是，即說如是。名如實說。）然稱體起用，（狀體曰無。以無相無染故。非空無也。不無，故全成為萬殊的用。喻如大海水，全成為衆漚。此中稱字吃緊。一一用上，皆具全體。譬如一一漚，各以大海水為體。故曰稱也。他處用此詞者，皆準知。）不能不有所收凝。（收者收斂。凝者凝聚。他處用此詞者，皆準知。）上文所謂始凝而兆乎有者是也。凝而兆有，故物質宇宙不妨建立。

夫凝者，本於無。（凝者具云收凝。即翕之代詞。下倣此。無，謂體。全體成用。用不孤行，必有其收凝之一方面。故凝亦用也。而用非與體為二，乃即用即體。豈異於無，而別有凝者存耶。）無者虛也。（至真極浮，沕穆無形，故虛。）虛，至一也。（無對故至一。）虛而之凝。（此語，須善會。卽虛而凝，非可索虛於凝之外。卽凝而虛，無可求虛於凝之前。此理須沈思深體之。）遂以成多。故一立而數起。（有一則有二。有二則有三。自此以往，而數不可勝窮矣。）虛以含萬有，而數乃無不賅。（衆理備也。）知虛凝本一致（詳上注）一多互相卽者，（一卽是多，多卽是一，故云互卽。）造化之奧昭然矣。

或復問言。虛本至一。其顯爲用也，凝以成多，何耶。答曰。凝者，動而極斂，將成爲物。（將字吃緊。非果成爲實物也。）斂而將物，遂不期而分化。（不期者。大用顯現。非如人之起意籌度故。）若無分化，則將一味散漫，而不得極斂。故收斂之極，必分化而成爲無量的動圈。譬如水蒸汽在空中，只是游氣徧布而已。（氣體浮游，不固定故，曰游氣。本正蒙語。）及其漸凝也，則分化而形成無量的點點滴滴。（注意。凡喩，只取少分相似。不可執定譬喩，求其全似。）由此譬況。可悟凝斂，必至分化。亦緣分化，乃極凝斂。此乃造化之妙也。凝則成多，分化之謂也。我們於俗所謂物質宇宙，解析到最後的太素。（太素一詞，見易緯。今借用之。略當俗云元素。）只是前文所謂無量的動圈。每一動圈，卽一單位。這些單位，就是物質宇宙的基本。所以說爲太素。儒家的鉅典如中庸，曾有云。語小，天下莫能破焉。其所謂小，蓋卽吾所云動圈是也。每一動圈，卽是凝斂到極小的積，故可名爲小。（積字，曾見轉變章，只是凝聚的意思。非謂其已成形物也。）我們設想把這種積，用剖解的方法來破析他。畢竟無可破析。因爲物質才可破析。今則物質的觀念，旣已遮除。而窮到極小的積，便不可當做形物來想。如何可施破析。這種莫破的動圈，我在上卷裏，曾名之爲形向。（詳轉變章）形向者，謂其未成乎形，而有成形的傾向也。每一形向，元是極微小的凝勢，（雖未成形，但凝斂之極，已有成形之勢。故云凝勢。）可以名之爲小一。（惠施曰，至小無內，謂之小一。今借用爲形向之別名。無內，謂不可分也。若可分，則有更小於此者。今此不可分。則其小已極，無復有更小於此也。一者，謂每一最小的凝勢，均是一單位。故謂之小一。）此小一或凝勢，是剎那剎那，生滅滅生，流行迅疾，勢用難思，可以名爲勢速。這些勢速，是千條萬緒，極其衆多的。無量無邊的。可以圖表之如左。

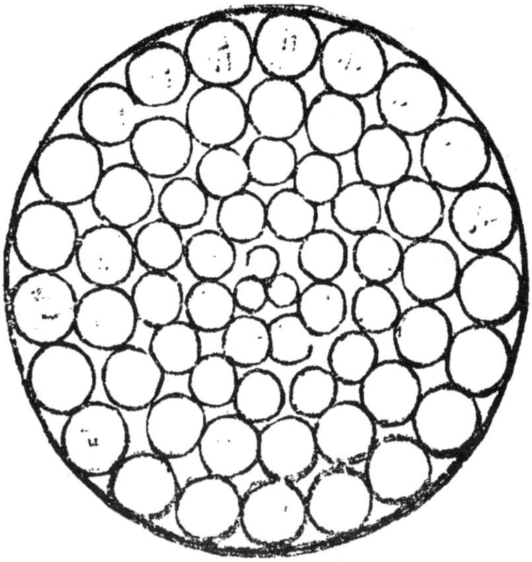

附說 圖，爲一大圓圈，是表示渾一的全體。其內含許多小圓圈，是表示全中有分。也就是一中有多。（一，謂全體。多，謂各個勢速或小一，即全中之分。）兼表示每一分，皆具全體。（如上卷明宗章，所舉海漚喻。每一漚，皆具大海水全體。）圖中小圓圈之數，卻無定。（非有意爲之安排多少數目也）但亦不無意者，只表示多數而已。圖取圓形者，乃取易傳圓神不滯的意義。或作循環解者，便大誤。他處用圓圖者，均倣此。

或復有難。如公所言，體則是虛，是一。用則凝以成多。自多的方面言之。每一凝勢，爲一單位，謂之小一。無量小一，爲物質宇宙的基本。若爾。更有一問題，即此無量的小一，將是各各爲生滅相續，流轉不已的單位耶。抑各單位，皆刹那頓創，不必以新生爲已往之續耶。

由前之說。則諸小一，似有定數。如甲小一，初刹那纔生卽滅。次刹那繼起，亦復卽滅。自此以往，刹那刹那，均是纔生卽滅。據此可知，甲小一，雖復刹那刹那，沒有絲微的物事留住。然其勢用，恆是前滅後生的，如此相續流轉下去。譬如一人之身，總是新陳代謝的，相續流轉下去。甲小一如是。乙小一，乃至丙丁等等，以及無量的小一，亦莫不如是。這樣說來。一切小一，從無始來，各各等流。（相續流轉曰等流）當然是有定數的。以圖表之如左。

甲
乙
丙
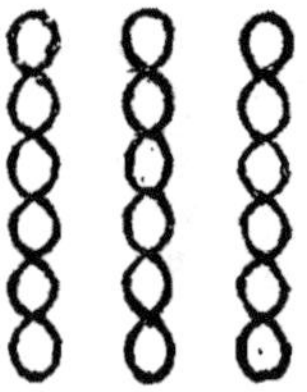

附說　圖中第一行，初一圈，表示甲小一，在初一刹那，纔生卽滅。次一圈，表示次刹那繼起的甲小一，雖不卽是初刹那的甲小一依舊延持而下。但是，繼續初刹那而起的，卽是甲小一續生。第三圈以下，均可類知。第一行，甲小一如此。第二行乙小一，及第三行丙小一，皆可類推。

從圖之甲乙丙各系列看來。一切小一，如甲乙丙，各自等流。據此可見，從無始際，小一有多少頭數，以後便永遠是那樣多的頭數。因爲後起的小一，都是過去的接續者。如圖之甲乙丙各系列中，都是後後繼於前前。不能於原始所有頭數以外，別有創新。所以說有定數。

小一既是物質宇宙的基本。而他（小一）卻是有定數的。又復每個小一，雖云刹那不住，然通多刹那言之，卻是相續不斷絕也。如甲小一，從無始來，盡未來際，刹那刹那，生滅滅生，恆無有斷。推之無量小一，亦莫不然。據此說來。小一既有定數，復具恆性，（小一不斷絕，卽是具有恆常性。）是等見解，未免以小一視同物質的分子，適成機械論。非眞知化者也。

如實而談。凡諸小一，都是刹那詐現（一刹那頃，纔起卽滅。本來無有絲微的物事可容暫住。故云詐現。）本無自性。（猶云沒有獨立存在的自體。）原其所自。蓋乃寂然眞體，確爾顯現。（小一非有質也。只是一種凝斂的勢用而已。此卽眞體之顯現也。）眞幾之動，（眞體虛寂，而不空無。何以知其不空。卽其動不容已而知之也。旣於動而識體。則不可離動覓體，亦明矣。）將顯其健進，（健進，卽所謂闢是也。）必先之以凝斂。（凝斂，卽所謂翕是也。此中先字，只約義理說先後。不是有時間上的先後。須善會。覆玩上卷轉變章。）如不有所凝斂，則其動也，只是浮游無據。亦無所憑藉，以彰其漸進之德矣。唯凝斂，而分化以成衆多的積。（積字見前）則健進之力，暢行於其積之中。而益顯其至剛之運。通達而無所阻。純粹而不可撓。此動之所以有健進與凝斂二勢也。凝斂，若將物化，自與健進的本體相反。然非凝斂成積，則雖固有健進之勢用，而以無所憑之具故，則亦無以顯其健進矣。故凝斂者，乃眞幾之動，自然會顯爲如此。設問，此中是否有意。當答彼云。造化有心而無意。容後方詳。（造化一詞，見上卷轉變章。）總之，凝斂與健進，只是渾一的動之兩方面。沒有兩方面的相反相成，也無所謂動。亦復應知，由相反相成，而只見夫凝勢，雖若物化，而終順以從健。健則純剛純善，而不靡於凝以物化。是故於動用處，而知其卽是眞體顯現，無可離動覓體也。（此段吃緊）以上，一大段話。似已總括本書根本大義。要須知此，然後了解凝斂的勢用，卽所謂無量的小一者，元屬眞幾微妙。（眞體成用。欲顯其健進，必凝斂爲無量的小一，而健進始有所憑之具。反以相成。故云微妙。）不可夾雜實物的觀念來猜測。在前文所述或人的疑問中，曾經設想到小一，也許是各各爲生滅相續流轉不已的單位。如甲乙丙等等小一，應是各各等流的。這樣說來。小一便成有定數，與有恆性的東西。前已敍說。或人此種疑問，不免把小一當做一顆一顆的實物來想。所以計度小一，也許是各各自類相續。（如甲小一，是剎那剎那前滅後生而不絕的。此爲甲小一自類相續。推之一切小一，莫不皆然。）他（或人）不能解決這個疑問，就因他的量智作用，一向着物。所以不能不膠滯於此。（着物之着，是染着義。宜深切自勘。量智，是從歷練於事物方面而發展的。因此。本量智以窮究道理時，總不免依據物理界的經驗去推索。而於理之極至，本不可當做一物事以推之者。彼亦以物推觀。此之謂着物。）實則，眞體成用時，（談理至此，本無所謂時間。但爲言語之便，而置一時字。）其顯爲凝斂的無量的小一者。只可借用吾先哲老子書中所謂衆妙之門一詞以形容之。（妙者，神妙不測之謂。妙而曰衆，言其無有限量也。凡形物，皆有限量。今此不可以形物求者，焉得有限。門者，所由義。唯其神妙，故爲萬物所由之而成也。夫大用流行中，不得不有所凝斂，以爲健進之具。然依凝斂，乃有萬物可言。不凝斂，卽無物矣。）因此。不可說一切小一，可以各各自類相續。如果一切小一，是各各獨立存在的東西，那麼，就應許他是各各自類相續。今所云小一，既不是一顆一顆的實物，便無各自相續義。

我們應知，一切小一，都是頓現。（一刹那頃，纔起卽滅，不暫住故。故云頓現。）前不至後。後不承前。（前刹那的小一，既不會延持至後。後刹那續起的小一，實是突起，非有所承受於前也。）此不至彼。彼不因此。（此時此處的小一，不會至於彼時彼處。彼時彼處的小一，亦不因此時此處而有。夫談義至此，本無時與處可說。但以語言方便故，假說時處耳。）所以一切小一，各各均是刹那頓現。實際上沒有那一個小一，是可以當做一件物事看待，及可以說他是刹那刹那，生滅滅生，自類相續的。（實際至此爲句。）我們推想他（小一）是自類相續者。其所以錯誤，大概，由誤計小一爲實物故，卽賦予以時相和空相。（所謂小一，本非有物，卽無時空可言。今誤計小一爲實物者，卽於小一而賦以時相和空相。）意謂，此小一雖是每刹那頃，纔生卽滅。但刹刹續生。（刹那，省云刹。）卽刹刹皆有所據。（刹刹相續，是時相。刹刹有所據，是空相。）如前圖，所列甲乙丙諸小一，各各自類相續，這種意計，確然是有時空觀念，從中作祟。

談至此。我要對於時空，略說幾句。我以爲時空本非實有。只緣量智，一向求理於外，卽以爲有外在的物事而去推求。如此。既有物相存。則時相，空相，乃緣物相俱起。何以故。有物相故，必計此物延續。若無有延續，便無物故。然於物計爲延續，卽時相起。又有物相故，必計此物擴展。若無有擴展，亦卽無物。然於物計爲擴展，卽空相起。（擴展，謂有形體擴張展佈，卽空間相。）所以說時空相，緣物相始有。實則，物界本依俗諦施設。（世俗共許爲實有者，曰俗諦。亦云世諦。隨情安立故。）於眞諦中，本無有物。（超越世間情計，契應眞理者，曰眞諦。）何以故。因於一切物而冥證本體，卽廓然無有物相可得故。物相泯絕。時空相卽俱泯。故說時空本非實有。現在，我們談到小一，卻是依據眞諦，以假設俗諦。故乃權宜方便，顯示眞體成用，其健進也，必有所凝斂，而始資之以顯健德，不凝斂，則大用之行，亦浮游無據，無以成其健進矣。唯凝斂，乃成爲無量的小一，而羣有遂兆於玆。此俗諦所以不妨施設。然復當知，小一者，大用流行，迅疾以凝。（其凝斂也，必流行之勢用，極爲迅疾，始有所凝耳。如旋火輪，旋轉勢用猛疾，乃宛若有所凝如輪者。此譬雖近。而推原萬物之始，其初凝也，亦不外流行猛疾所致耳。夫剎那不住，何猛如之。此所以名爲大用也。）凝故分化，成衆微勢，謂之小一。（衆微勢者。衆言衆多。數無量故。微勢者。每一小一，只是一種凝斂的勢用。以其極端收斂，成爲最極微小的一團勢用。故云小一。）小一者，用也。用也者，眞體之顯也。（用者，卽體之顯現爲如是用耳。故體者，用之體。豈可用外索體耶。）故小一，不可以物測。雖有凝勢，而未成乎形。無形而有分。（其凝也，便成散殊的。故云有分。）分理已具，而畢竟無形。此小一所爲不可以物測也。談至此。我們於所謂小一，不容夾雜時空觀念來理會之。只好冥心無物之地。物相旣遣。時空相俱遣。智與神會。（神者，大用不測之稱。）思與化通。（此中思字義深。非常途所謂思想。通者，冥會爲一，非以此通彼也。）而後免於戲論。

或有難云。如公言。一切小一，非是從其本際以來，各各自類生滅相續。而只是剎那剎那，各別頓現。易言之，卽剎那剎那，都是肇創。無有後後，續於前前。是義誠爾。便應一切小一，猶如空華，毫無根據。又應剎那剎那，皆是幻現。都無法則。（剎那剎那，通多剎那言之也。）如是二難，當以次答。且答初難。至理，非言說所及。尤爲凡情所不悟。強以喻明。嘗航海者，皆只見無量衆漚。（衆漚，喻一切小一。）若離衆漚，無別大海水可得。（大海水，喻本體。）所以然者。衆漚，皆攬大海水爲體故。大海水，全顯作衆漚故。（須知，任舉一漚，皆以大海水爲體。）衆漚頓起頓滅。不可說某一漚，從其前前至於後後，剎剎生滅相續，或自類延持不絕也。（不可至此爲句。此中延持一詞，謂若剎剎生滅相續，卽是延持義。）衆漚各各頓現。都無定實。（非固定故，非實在故，云無定實。）爲有自類前後延持。然漚雖不實。非如空華無體。一一漚，皆攬全大海水爲其體故。故不應爲漚，別尋根據。今所謂小一，雖復各別頓現，無一小一得有自類生滅相續。猶如幻化。（雖復至此爲句。）然諸小一，亦非如空華無體。每一小一，其體卽是眞如妙性故。（妙性猶言妙體。基師常以眞如妙體爲詞。言眞如自體至微妙。非有相狀或聲臭等等可睹聞嗅嘗故。）故知小一，非無體法。（無體法者。如空華或龜毛兎角，只有名言，而實無彼法。）不應更詰有何根據。

答次難者。法則一詞，可以包含規律，形式，條理，秩序，型範等等意義。這種法則，是與法相俱有故。（法相一詞，見中卷。）相起，卽有物有則。（如方圓等等形式，是法則。必須有方的或圓的各類法相或事物，才有方圓等形式與之俱在。不可計法則爲一空洞的架子，可以離一切法相而獨存於另一世界。）相泯，而法則並遣。故言則者，不離於相。我們應知，小一是刹那幻現，沒有定相的。因此。說他（小一）是沒有定則的。（卽其才起卽滅，如此詭變，是無有定則可以管理他的。）然亦不能說他無法則。前面說過，無形而有分。（分者，分理。卽是法則的意義。）他是各別頓現，卽不是無分理的。如何道他都無法則。尤復當知，我們說他纔起卽滅，無有定則。卻不妨說這種無定則，便是他具有的則。我們在經驗界裏，慣尋事物的定則。因欲推之於超越日常生活的境地，卽所謂神化不測之妙，亦冀其有定則可尋也。尋之不得，則以爲無則焉耳。不知，神化之妙，乃天則自然。豈曰無則耶。老子曰，道法自然。夫老氏所謂道，極至之稱也。（道者萬物所由之而成也。卽萬物之本體。故是理之極至。）而曰道法自然。豈道之上，別有自然耶。老氏蓋謂道之發現，乃無所待而然。無待而然，謂之自然。自然者，乃道體天然自具之則也。故曰道法自然。豈謂別有高出於道之上者，爲道所取則耶。夫無待而然者，殊詭奇譎，不可更詰所由然，而固已然矣。其然，卽有則也。若何云無則耶。易曰，不可爲典要。唯變所適。典要者，常途所云定則是也。此等定則，只是吾人對於經驗界的物事之一種解釋。以此猜度大用，或神變不測之地，則成倒妄。故曰不可。大用之行，只是唯變所適而已。以俗語翻之，他（變）要怎生變，就怎生變去便是了。（怎生一詞，朱子集中常用之，蓋當時通行白話。今俗言怎樣，或如何樣的者，近此。）所以我人不可以意爲之定則。然而他要怎生變，就怎生變去，這裏正可見他的天則自然處。（他無所待故，不受任何約束。）但如欲以依據經驗界的定則求之，便覺得他是無則了。據此。若計小一幻現，不可以定則求之，即謂爲無則者，卻是倒見。

如上已釋二難。復有問言。一切小一，雖無自類相續。然由剎那剎那，各別頓現故。即前後剎那間，有相承義。前後小一，有相似義。但後剎那繼起小一，與前剎那已滅之小一，無所謂自類相續。易言之，即不以後者爲前者之自類耳。然後者於前，要非無相似相續義。公意云何。答曰。如汝所言，雖於義不妨假說，要非稱實之談也。汝云前後相續者。仍是把剎那義，作時間解。實則，剎那非時間義。（詳上卷轉變章。）只爲言說方便而假設之。我們如理思維，（思維所及，必恰如其理之眞，不雜妄想，曰如理思維。）小一只是各別頓現。但於其各別頓現，不必雜時間觀念，以推其相續與否。如果要擬他（小一）是前後相續，那只是我們的一種解釋。不必符合實際。因爲我們攙入了時間觀念，已把小一當做經驗界的物事來推想。說至此。我聯想到古代的詩經，有句云。維天之命，於穆不已。此詩，我在轉變章似曾引述一番。天者，本體之目。命者，流行義，即是用義。於穆，深遠義。由本體顯爲大用，理極深遠，不可測度。只歎其無有止息。故云不已。這個不已的意義，眞乃恁地微妙，儘有千言萬語道不出。（恁地，猶言如斯或如此。）夫小一者，用也。其纔起即滅，纔滅又即起，如是如是，而無窮盡者，所謂不已是也。我們說剎那義，只顯小一無有暫住。只是方便施設。不應於此作時間想。我們若實理會到大用之妙，斷不可說他是常，是一的。（常者，恆常。謂無有滅故創新。無有變異。一者，一合相。謂無有分化。）如其是常是一，宇宙便成死物，寧有此理。我們說小一，便遮執一。（小一，是於渾一的全體中而有分化的。故遮執一的邪見。此中一字的意義，謂其只見爲渾一而不悟分化也。與以絕待言一者異旨。本段上下文一字，皆應準知。）說小一剎那頓現，無有暫住，便遮執常。（思之可知）方其遮常，遮一，同時即表大用之行，生滅滅生，無有窮盡。易言之，即總在滅故創新而不已。我因古詩的意思，得有印證。而深信此理不容夾雜時間觀念來理解。只可說個新新不已。（剎剎頓現，故恆是新新，而無暫時之故可守。所以不已。使其守故，則生理絕矣，何得不已。）前後相續的觀念，便有時間相。故是隨情作解。

又汝所云相似，亦不應理。世間情見，執有一一實物，而言其相似與否。若依是等見，而猜度一切小一，便成倒妄。小一皆剎那幻現，不可定執爲實物故。若復如理而思，大化之行，（大化猶言大用）其凝以成多者，（謂一切小一）一一具足。（每一小一的勢用，都是萬德具足的。都是含攝一切的。）一一皆是生而不有。（纔生卽滅，無暫住故，是乃至神無滯迹。故云不有。）故知一切小一，本性是同。（一切小一，言其本性，同是眞如。無有一法可遺眞如而得有故。）豈可以相似言之耶。相似者，擬物之詞也。（尅就物相而言相似，俗諦可爾。小一者用也。卽大用之分殊而爲言也。於此，不可執爲實物。故不應言相似與否。）

上來答難已訖。猶復應知，一切小一，互相望爲主屬。此義已詳中卷。（第六章功能下）今復略申。如甲小一，望乙小一，及餘無量小一而爲主故。乙與無量，皆爲甲之屬。同時，乙小一，望甲小一，及餘無量小一而亦爲主。甲與無量，又皆爲乙之屬。一切小一互相望，皆如是。華嚴家言。主伴重重，無窮無盡。（主伴猶言主屬。伴卽屬義。）法界之妙，如是不可思議。（此中法界一詞，謂本體，但言體，卽攝用。）金剛經言。如，非一合相。（如者，謂眞如妙體。一合相一詞，解見上中二卷。）易曰，羣龍無首。（旣互相主。亦互爲屬。則無有爲首者也。龍者，神變之物。以喩大用，亦以喩體。卽用卽體故。羣者，非一合相，故置羣言。）皆可互相發明。夫互爲主，則非頑然一物。譬如衆燿齊明。百靈交徧。一一微塵，是一一佛。（佛者，圓明極妙之稱。此用爲形容本體之詞。）豈若不平等因計，有超越萬有而獨爲其宰者耶。（宗敎家計有超越萬有而獨尊之一神。是爲不平等因計。）又互爲屬。則非各各獨立不爲一體。（則非至此爲句）譬如五官百體，互相聯屬，實爲渾全的一身。又如帝網重重，各各徧滿，實爲全網。（帝網見上卷。佛書言天帝以珠結網。重復一重，無有窮盡。就每一重言之，似各成一網。通多重言之，乃各各徧滿，而爲全整的網。）非同散沙，無量微粒，各各乖離，縱聚爲一堆，究是散沙，不成全體。（非同，一氣貫下讀之。）是故一切小一，互爲主屬。至一而顯不一。（至一謂體。其顯爲用，則不一也。不一故，皆爲主。無可別立一尊。）相對卽是絕對。（皆爲主，疑於相對矣。然亦互相融。不可離異。法爾渾全。卽相對是絕對。會萬化而識玄同，奚其有待哉。）奇哉奇哉。誰有智者，悟斯妙趣，而不躍如。

或有難言。公所云小一者，只是大用之行，其勢迅疾，則凝以成多。夫凝，雖未卽成形，而已是物之始。然則小一不猶元子電子乎。答曰。不然。言元子電子者，基於實測。要是於俗所計物質宇宙，而姑作一種解釋已爾。未能遣物相而理會萬化之眞也。夫談元子電子者，或以爲微粒也。或以爲波浪也。或以爲波粒也。（謂亦波亦粒）其實，實測所及者，不過依大用流行之迹象，而加以解釋。此等解釋，決不能與實理相應。（此中實理一詞，卽謂大用流行的眞相。亦云萬化之眞。）故非脫然離迹，廓然亡象，而直冥神於無物之地者，則不可證體。（故非至此爲句。冥神無物之地者，情見息，知識泯，炯然絕待，卽本體呈露也。本體呈露時，卽自明自證，謂之證體。非別有一心來證此體也。此義當詳之量論。）不可證體，卽是不識大用。何以故。用之爲言，卽於體之顯現，而名爲用。非用異體別爲實有的物事故。故知卽用卽體，卽體卽用義者。則知不曾證體，卽是不識用。是事無疑。

夫唯證體，卽知用。知用，便了大用之行，其凝以成多，卽所謂小一者，是乃至神極妙，生而不有，（纔起卽滅，刹刹皆爾。不暫住故。）應而無物。（應者，順應。凝者，翕也。本以爲大用健闢之具。故望闢而爲順應。然其凝也，只是一種極斂的勢用，刹刹詐現而已，本來無有實物。）故不可以物測。豈復可以元子電子擬之耶。科學家所謂元子電子者，只是依大用流行之迹象，姑作如是解釋。若謂彼已了達大用者，便無有是處。何以故。彼所謂元子電子者，只是圖摹大用流行的迹象，不可證會用之本體故。

附識　有問。此中所說，歸極證體。誠如公說者，則窮究宇宙之眞，直須反諸本心始得。恐滋人之惑。答曰。汝於本論明宗章意思，領悟不眞切。故有此疑。陽明子咏良知詩云。無聲無臭獨知時。此是乾坤萬有基。汝若參透此義，當無疑於吾說。須知。生天生地生人生物，只是一理。此理之存乎吾人者，便名爲本心。（陽明謂之良知。）惜吾人不能保任之。（心理學上所謂心，則剋就其緣形而發，感物而動，成於習染者，以爲心。此則每違其本心。不可無辨。）誠能痛下一番靜功。（靜之爲義，深遠難言。切近而談，如收斂此心，不昏昧，不散亂，不麻木，有如禮經所云，淸明在躬，志氣如神，此卽靜之相也。）庶幾本心呈露，此理便顯。而生生化化，不滯，不息之妙，（卽所謂大用）壹皆自明自喩。豈可以推度得之乎。

或復問言。小一者，凝極而將兆乎有。公所嘗言也。據此，則應成唯物，何名唯識。答曰。汝不解我所說義。夫凝極而有成物的傾向者，此非其本體自性固然也。由體成用，將顯其健進，（健進者，闢義。）不得不先有所凝，以爲健進之資具。（此中先字，只就義理上說。非時間義。）故凝斂若將成物，乃從其本體顯爲用時，（此處本無時間義。但因言說方便，而假時言。）自然之幾，必至之勢也。惟此凝勢，似與其本體自性相反。然正以相反故，而健進的勢用，得資之以爲具，否則將無所憑藉以顯其健也。由此應知，大用元是渾全的。但隨凝勢卽所謂小一者，而見爲分殊耳。（覆看中卷第六章功能下。）每一小一，皆有健進的勢用涵運其間。（涵者包涵，不相離異故。運者運轉，挾以俱化故。）決無有孤凝而不具健勢之小一。（健進的勢用，省稱健勢。）故就健勢言之，雖本渾全，但隨小一，便成分殊。然健進乃大用之本然。周流徧運。無定在而無所不在。雖行乎凝以成多之方面，可以說爲無量小一。但卽此周流徧運而言，畢竟未嘗隨小一而有分畛。故仍不失爲渾全，而可名爲大一。（惠施曰，其大無外，謂之大一。今借用其詞。此中大字，不與小對。乃絕待之稱。絕待故無外。）

是故每一小一，爲凝與健（卽翕與闢）相涵俱有的一單位。凝者，莊子所云形本。（參考十力語要二，答意人問老子義中。形本者，謂其爲一切形物之始也。）實則凝者，未卽成形，但有成形之傾向而已。唯然。故名此凝勢以形向。亦得說爲動圈。曰形向，曰動圈，則儼若獨化。（獨化，猶俗言好像成爲單個的物事。）因復說爲一單位，而名之以小一。其實，小一雖從凝得名。（若無有凝，便只渾而不分，何小一可名耶。）而凝者其幻象耳。（象字，須活看。只是無象之象，非如俗計有形質也。）其所以成乎此凝，而卽以運於凝之中而爲其宰者，只是至健至神的力用而已。（曰健進，曰闢，曰大用，皆其別名也。）自至健至神的力用之爲渾全或大一而言，則曰宇宙的心。亦曰大心。但此所謂宇宙的心，或大心，（以下，省稱大心。）元非一合相。他（大心）是一不礙多。（此心無待，故一。本一也，而顯現爲多。故云一不礙多。）多卽是一。（雖顯現爲多。而多卽是一。非於多之外別有所謂一故。故云多不礙一。）全不礙分。分卽是全。（準一多，可知。）這個道理，並不希奇古怪。因爲小一，卽是大一之凝以成多。（故大一含小一）而大一本來力用，周流徧運於其所內含的無量小一中者，（本來力用者，對小一而說。小一亦大一之所凝。然大一本來力用自無損減。其凝爲小一者，正爲要顯現自己，須得自造一資具出。此乃理勢自爾，非有意也。）雖隨小一成多，卽於全中有分。然大一自身畢竟無有封畛。無有限量。故全不礙分，而分卽是全。一不礙多，而多卽是一。譬如月印萬川。（月，喻大一。萬川，喻無量小一。）萬川各具之月，元是一月。（萬川各具之月云云，以喻無量小一中各具大一，元來卽是渾一的全體，無有差別。凡喻，只取少分相似，不可刻求全肖。學者宜知。）故說大一，便含小一。說小一，便於此識大一。（卽小卽大。卽大卽小。故大一不是各小一相加之和。應如理思。）其妙如此。

附識　哲學上二元論，固不應理。多元論，尤不見本根。（如解釋現象界。明萬法互相依而有。假說多元，似無妨。然爲此論者，恆不悟本體。過誤滋甚。）一元論者，若只建立一法，爲萬物所由始。則所謂一元者，與本論的意思，要自判以霄壤。（本論亦不妨說爲一元。然一卽含多。多卽是一。此義淵微，應如理思。）吾先哲惠子，其大一與小一之說。（見莊子天下篇）其持說之內蘊，今不可考。中庸亦有語大，天下莫能載，語小，天下莫能破之語。（大莫能載者，至大無外故。小莫能破者，至小無內故。）詞約而旨隱。要皆可與本論，參稽互證。

問曰。大一凝以成多，是謂小一。其凝也，有意耶。答曰。造化有心而無意。吾已言之矣。健而不可撓，名心。神而不可測，名心。純而不可染，名心。（純者，粹善義。）生生而不容已，名心。勇悍而不可墜墮，名心。廣說乃至無量義，恐繁且止。意者。謂如人作動意欲，起籌度故。不任運故。（任自然之運行，曰任運。有意則不如是。）我們可以說用之本體名爲心。卻不能道他有意。大用之行，不能不先有所擬。（先字，非時間義。注見前。）此乃神化自然。非有意造作也。易曰，神也者，不疾而速，不行而至。（參考上卷轉變章。）夫行焉而始至，疾焉而始速者，意之所爲也。至而未嘗有行焉者。速而未嘗有疾焉者。是無而有，（無者，無形無意故名。）虛而靈，不爲而爲，奚其有意耶。

綜前所說。已明小一義。復次世間現見有萬物。（現見者，謂感官之所覩聞攝觸，乃至意識之所覺察故。）此何由成。當知。萬物唯依一切小一，而假施設。若離小一，實無萬物可說。無量小一，相摩盪故。有迹象散著，命曰萬物。（摩者，兩相近也，即是相比合的意思。盪者，交相激也，即是相乖違的意思。此中用摩盪二詞，與易傳義異。）所以者何。小一雖未成乎形，然每一小一，是一刹那頓起而極凝的勢用。此等勢用，既多至無量。則彼此之間，有以時與位之相値適當，而互相親比者，乃成爲一系。（此中時與位，原是假設。因爲說到相値，便不能不假說時位以形容之。其實，談到此處，本無時位。）亦自有不當其値，而相乖違者。此所以不唯混成一系，而各得以其相親比者，互別，而成衆多系。凡摩盪之情，只生於彼此相値之當否。不必臆計其相摩之由於愛，相盪之出於憎，造化本無作意故。無量小一，有相摩以比合而成一系。有相盪以離異，因別有所合，得成多系。此玄化之祕也。凡系與系之間，亦有相摩相盪。如各小一間之有相摩盪者然。系與系合，說名系羣。二箇系以上相比合之系羣，漸有迹象，而或不顯著。（迹象亦省云象。積微而顯，故成象。科學家所謂元子電子等等，不過圖摹多數小一所比合而成的系羣之迹象。實無從測定小一也。）及大多數的系羣相比合，則象乃麤顯。如吾當前書案，即由許許多多的系羣，互相摩而成象，乃名以書案也。日星大地，靡不如是。及吾形軀，亦復如是。故知萬物，非離小一有別自體。夫小一，至微至微者也。積微乃成著。（嚴又陵云，微分術，言數起於無窮小。乃積之可以成諸有。）中庸曰，夫微之顯，誠之不可揜。此言眞體成用，其凝也至微。而積微，乃顯爲萬有，一本於其至眞至實之昭著不可揜。其旨深遠矣哉。

無量小一，相摩相盪，形成萬物。已如前說。設復問言。豈不已言小一剎那不住乎。今說相摩相盪，誰爲是耶。答曰。汝聞剎那不住，便起空見。（謂作空無想）此大謬也。夫小一，本剎那之異名。（剎那義，見上卷。本假說極小的時分名剎那。其小至極，猶不足比於一瞬。然是假說。究非時間義。所宜善會。小一頓現而不暫住。故得以小一爲剎那之異名。）尅約一剎言。（剎那省言剎）恍惚不可把捉。（恍惚，有無不定貌。以爲無耶，而凝焉有生矣。以爲有耶，纔生卽滅矣。）通多剎言。前剎纔滅，若有迹象。似未全消。（迹象者譬如音樂纔止，尙有餘音繞梁。若有之言，顯不可執爲實物故。似未之言，顯非不消滅，但約迹耳。）後剎新生，與前俱有。（後剎正生時，値前迹象未卽滅時。是俱有也。）準此而談，前後剎間，未可淪空。（雖前後都不住。卻也不是空洞無物。譬如電光的一閃一閃。本經多剎。曾無一剎得住。但其前後之間，儼然是前剎之一閃，與後剎之一閃，分明俱有的。何可說空。以此類況。前剎後剎小一，其相鄰者，可言俱有。然復須知，談理至此，本無時間義。今言前後者，乃爲言說上之方便計，不得不如是假說故。）又復無量小一，同時現者，不妨假說彼此。（注意假說二字。若計有實時間，及計小一爲個別的實物可分彼此者。便大謬。）由諸小一，可假說前後及彼此各各別有故。因此。可更進一步，而假說相摩相盪。汝聞剎那不住義，便起空見。以此妄難小一不得互相摩盪。此自汝失。不由吾過。

小一相摩盪，而成各個系。系與系相摩盪，而成各個系羣，於是顯爲萬物。所以萬物無自性，（猶云無獨立存在的自體）只是無量凝勢，詐現種種迹象，因名萬物而已。（凝勢者，小一之別名。以小一無形，只是凝斂的勢用故，亦名凝勢。）或有問言。誠如公說，則萬物本來皆空。似違世間。（世間現見有萬物故。）答曰。稱體而談，萬物本空。（稱者，契應，證眞理故。體者，萬物之本體。談理至極，迥絕尋思。洞達本體，冥然契應。到此，只是一眞絕待。亦云一理平鋪。何有如俗所計之萬物耶。）隨情安立，則以所謂凝勢，元是本體流行。（不是有實勢用，別異本體而獨行者，名凝勢。乃卽本體之流行名凝勢。）卽依此流行之迹象，而成萬物，於義無遮。（隨情云者，隨順世間情見也。流行，本翕闢之通稱。今約凝勢言，卽單就翕言。然言翕，自不離闢，但從言異路耳。而成之成，是成立義。謂依流行之迹象，可成立萬物也。無遮者，旣義可成立，無庸遮撥也。）

或復問言。若如公說，於流行而識其本體。則流卽不流。行卽不行。（流行者，生生不息義也。然生生，則刹刹不守其故，根本沒有東西留積着。不同宗教家說上帝創造別一世界來。老子云，生而不有，妙符斯旨。故云流卽不流，行卽不行。以生生者實未嘗有生故。）一眞湛寂。無物可云。然旣識本體已。則卽於體之流行，而假取其相，說名萬物。（流行卽有相幻現。相，亦云迹象。假取者，不於迹象而執爲實物。但隨情安立，名之以物而已。）然則萬物旣假設爲有。亦得許物有其則否。答曰。有物有則。此吾古詩之明訓也。則之爲義，至極寬廣。今此所欲略明者，只是物所具有的若干基則，爲一切科學知識所發見之法則或律則之所待以成立。實卽吾人對於物的知識之所由可能之客觀基礎。其在知識論或認識論，則謂之範疇。康德自知識論之觀點言。範疇是主觀的。是先驗的。不待經驗而成立。只爲經驗所以可能之條件，易言之，卽知識所以可能之條件。康德此種主張，其立言之分位，固與吾異。然吾亦實未敢苟同。卽自知識言之，吾以爲範疇，亦不能純屬主觀，亦當兼屬客觀。（此中客觀，卽俗所謂外界的事物。下倣此。與康德所用客觀一詞的意義，不必全符。）如果範疇是純主觀的。卽於客觀方面全無依據。好似思惟方面預儲有許多格式，（範疇）去應用在客觀的事物上。此實不可通。如果說此等格式，不是預定的。則必是吾人認識的能力，或想像力，（如康德之意，此種想像力，不只如常途所謂把一度發生的事實使之再現或再生而已。卻是完全從自己能有所造生的這種想像力。）於得到經驗時，（如已表現在直觀中的東西，卽是經驗的。）恰巧出生此等格式，來應用在事物上去，自然是有效的。（這個有效一詞，含有超越個人的意義。卽是一般人皆可公認的。否則不名有效。）若爾。則主觀上的格式，於客觀的事物上全無依據。卽科學上求知的方法，根本用不着實測。科學知識如何可能，畢竟是一大問題。康德似未注意及此。吾欲待量論，再加評判，此姑不詳。吾本主張範疇是主客兼屬的。今兌就物的方面言，則名爲物則。亦云物所具有的基則。略舉如後。

一曰空時。空間和時間，在哲學和科學上的解說，本極紛繁。我亦不獲詳徵博考。只略說我個人的一點意思。我以爲空相和時相，若剋就物言，只是物的存在的形式。我們假設物是有的，卽是存在的。如此。則凡物定有擴展相，否則此物根本不存在。由擴展相故，方乃說物是存在的。亦復由擴展相故，卽顯上下四方等空相。故知空間非實有，只是物的存在的形式。又凡物定有延續相。若延續義不成者，卽此物根本不存在。由延續相故，方乃說物是存在的。亦復由延續相故，卽顯過現未等時相。故知時間非實有，只是物的存在的形式。

問曰。所言物者，實是許多小一系羣之比合。小一本非物也，其所成之各系羣，實亦非物。但因衆凝勢故，（猶云衆多小一，）有相詐現，（相亦云迹象，）說名爲物。夫詐現有相，假云擴展，於義無妨。若云延續，似不應理。何者。小一本無前後相續義。則由其系羣所幻現之相，亦難許其有延續義。答曰。小一本非物故，故不許有前後相續義。然剎剎各別新生故。不常亦不斷故。（剎剎滅故不常。剎剎新生故不斷。）從其所成系羣之幻相言之，假說延續。隨俗諦故。亦無乖反。

復次空時，因爲是物的存在的形式。所以整個的空間，與不斷之流的絕對時間，只是主觀方面，因歷物之久，乃依各別的空時相，而構成一抽象的概念已耳。又因空時，只是物的存在的形式故。故知空時是不可分離的。又復應知，各事象相互間，復別形成各個空時系列。如於某日午前十時，乘飛機，由重慶上空，飛赴昆明。中途若不遇障礙，當以幾時到達。又如某時，坐汽車，由重慶開赴昆明。中途若不遇障礙，當以幾時到達。我們試想，飛機速度，與航程所經各地段之距離相組合而成之空時系列，較之汽車速度，與所經各地段距離相組合而成之空時系列，兩方迥然不同。準此。已可知空時系列之不一。然此猶就兩事而言。（謂飛行與車行。）復有同一件事，自甲乙二處各相觀待，而不同其空時系列。如在一時同處（同者，謂不相隔遠。）有兩光符發出。（所謂同一件事）若自甲處（假定甲在靜止的場所）看來爲同時出現者。自乙處（假定乙在運動的場所）看來不必爲同時。由是可知，甲乙對同一事件，各因其觀待不同，而形成各別的空時系列。總之，每一小一系羣（小一系羣，即所謂物者是。亦得云事情。）與其他無量的小一系羣，皆互相關聯，互相反映。在千條萬緒的各別不同的關聯與反映中，就有千條萬緒的各別不同的空時系列。所以，絕對的空時，只是抽象的概念，事實上殊不如此。

復次空時，只是物的存在的形式故。故空時非離物別有，而亦不即是物。（只是物上具有之形式故。）此在吾人直觀上說，（此中直觀一詞，係據印度佛家眼等五識，現量證境而言。依常途用語，即就純粹感覺，不雜記憶與推想等作用者而言。然哲學家或不許感覺爲知識。但佛家則說眼等識，親證境物的自體。此時，心與物冥會爲一。即心物渾融。能所不分。主客不分。內外不分。是爲證會，而不起虛妄分別，乃眞實的知識也。余於此處，與印度諸師，同其主張。）是否得物即得空時耶。印度諸師，頗有兩說。一云。感識（眼等五識，吾名以感識。稱名稍異，所目則一。）緣實，不緣假。（假實者。佛家於俗諦，說物是實法。物上所具之形式如空時等，則名假法。印度人分析諸法，嚴辨假實。）緣假法者意識。二云。感識亦緣假。以假依實有。得實則得假故。吾謂二義，實無違反。感識得實即得假，於義雖應許。但感識畢竟是證會，而不起分別。即不起物相與空時等相。二家於此，仍無異恉。（準此而談。感覺，唯是證會，都無分別，諸相俱泯。則感覺所得者，實無雜亂可說。俟量論再詳。）唯在意識中，乃行一切分別。今依意識而言。則空時相特別顯著。（此中所謂空時相，宛然是絕對的空間和絕對的時間了。）唯然。故能利用空時，以規定一切物，易言之，即置一切物於空時兩大格式中。於是明理辨物之功能以彰。（此中功能，係尋常所用語。與他處用功能爲體用之目者，絕不同義。）故空時，本緣物上具有此形式。意識作用依之，得有空時相起。（即構成空時的概念）然意識因有空時相故。乃反以規定感識中未經分別之各物，而條析之，綜理之，使證會中之物，成爲客觀的。空時這種範疇，所以最要，而居首列。

今總結上文。一者，談空時，雖是講關於事物的認識。而不可謂這種範疇（空時）於事物的本身上全無所據。如果剋就物上言，根本無有此等形式。（空時）則空時純是主觀上的一種迷妄分別。科學實測之術，復何所據。

二者，由空時不單從主觀的一方現起故。故說諸小一系羣，（注見前）各具有此等形式。（空時）而各個小一系羣相互間，又別自形成各個空時系列。

三者，感識冥證境物，無分別故。不起物相及空時相。

四者，意識繼感識而起。憶持前物，（前物者，謂前念感識中所得一切物。）加以抉別。（抉者抉擇。別者揀別。）遂於識上，現似物相及空時相（感識冥證中，本不起相。意識何故能憶前物而現似其相。此中未及詳。留待量論再談。）如此，慣習之久，遂構成抽象的概念。（謂空時）這種概念，不自覺的推出去，把空時當做了客觀的實有，就是絕對的空間，絕對的時間。反不自察其爲只是自心所構之概念也。（唯物論者不了物質只是他自心的一個概念。亦同此失。此例不勝舉。）

五者，絕對的空時的觀念，幷非無用。在感識中於所冥證的一切事物，本不作外界想，不作固定的物來想，（此種境界，難以形容。但以其泊然絕慮，無物爲礙，或可以體神居靈四字擬議之。）乃卒經過意識作用，而成爲客觀的者。則正賴有絕對的空時觀念，直將感識中親證之有，（感識所冥證者，只是有。而不曾作物想。）簡入兩大格式（空時）之內，令其忽然固定化，而成爲客觀的事物了。科學知識，於此始有可能。（意識分別作用，將感識所冥證之有，令其固定化。此時，便從體神居靈的境界中，墜落下來。於眞理上是不相應。而於實際生活上未能免此。然以此歸咎分別，則不可。若於物，但分別，而不迷執者。則即物得理，自不喪其神也。）

六者，雖不遮絕對的空時的觀念。要不可過任主觀。何者，就主觀方面言。空時觀念，元初自是由歷物得來。（歷物，猶云經驗於事物。）並不是無端的迷妄。其後，習之既久，（習字，包括遺傳或種族的經驗而言。）遂若不待經驗，宛然現作絕對的空時。遂爲外在世界成立之二大基柱。此固實際生活上不能避免之勢。然實事求是，則空時，不單從主觀一方幻現，頗有其客觀的依據。質言之，空時亦是事物上所具有之一種形式，如前說訖。若純依主觀，而談絕對的空時。畢竟是一種謬誤。（康德不以空時爲範疇。其說吾所不取。）

二曰，有無。此中有無二詞，取互相反爲義。（有者，無之反。無，亦有之反。故云互反。）有無這種範疇，就物的方面而言，便是物所具有的一種型範。也兼含有徵符的意義。凡物，具有某種相用等等，是名爲有。（相者，謂凡物各有自共相故。自相，如圓的桌子。共相，如圓，爲圓桌與其他圓的物所共有之相。用者，謂物皆有作用故。又言等等者，以凡物所有，不可偏舉故。）既具有如是相用，同時，不更具他相用。（不置等等字者，文省略故。）物各有其所有。即各無其所無。（其所本無者，即不復能有之。故云無其所無。）如地球具有橢圓形。則方形是其所本無。舉此一例，餘準可知。

三曰數量。數量者，謂一多或小大等數也。（多數爲大。反之爲小。）在談此種範疇中，元不必泛談數理。但欲略明一切物何以具有數量。關於此一問題，我的解答，就是一切物互相差別而又互相關聯，因此，纔有數量。沒有差別，固無數量可言。假如只是差別，完全沒有關聯，亦無所謂數量。須知。數量的意義，就是於差別中有綜合。而綜合卻是與關聯相對應的。如云八大行星。這個數量，把諸行星綜合在一起，不獨顯示諸行星的差別，而實重在顯示諸行星的關聯。又如說無量星體。則無量數的這個數量，便把太空中一切星體，都綜合在一起。也是因他們相互間有一種普泛的關聯。（雖不似同一太陽系中八大行星的關聯之密切，但非無普泛的關聯。）舉此二例，可概其餘。所以說數量，是於差別中有綜合，就因爲一切物是互相差別而又互相關聯的緣故。可是一層，把一切物數量化，才能馭繁以簡。然若過於信任此種簡單，卻恐未能透入物的內蘊。

四曰同異。同異二法，以互相反得名。（同者，異之反。異者，同之反。）古代印度勝論師，以同異爲實法。由此（同異）能令一切物成同成異。（實法，猶云獨立存在的東西。）這種謬想，不知從何得來。佛家因明諸師，談比量，（比者，比度。含有質測與思考及推求或推證等等意義。量者，知義。猶言知識。由比度所得之知，曰比量。但如專就推證言，則三支論式，名比量。）要在求同求異。詳在因明諸論。彼（佛家）所謂同異。則是依事物而立之假法。（假法者，謂同異二法，但是一切事物上所具有的規律。非離事物而別爲獨立實在的東西故。參考佛家名相通釋部甲，談五蘊中，不相應行法內，衆同分及定異二條。）假法，卽相當於範疇，以視勝論師妄計爲實法者，其短長不待論。今試卽同異之存乎一切物者言之。夫萬物繁然。一一自相，莫不互異。但舉共相，又莫不齊同。然自共相，亦由互相觀待，現差別故。由斯同異，因物付物。非是離物別有定法，理不容疑。

如依現前棹子，說爲自相。此棹子，與几子杯子等等，各各互異。然棹子，與几子杯子等等器具，並屬人造物。則人造物是共相。卽依共相，應說皆同。

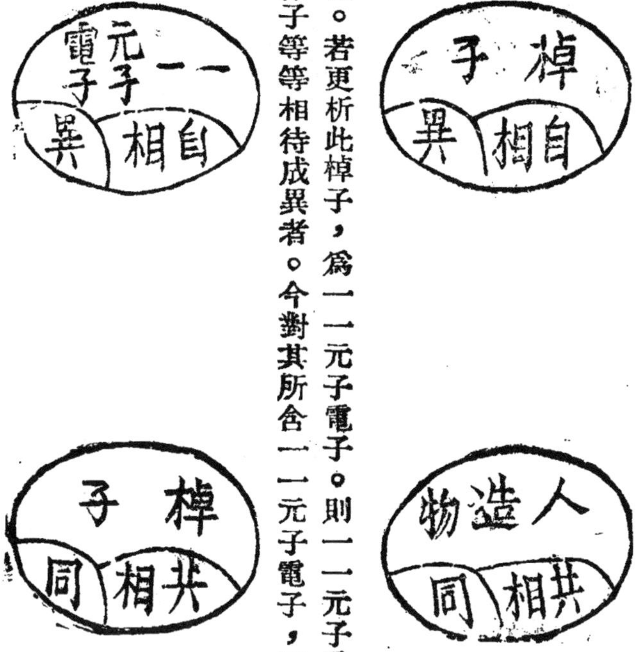

然雖說棹子爲自相。若更析此棹子，爲一一元子電子。則一一元子電子爲自相。而棹子復爲共相。如此。則前之以棹子與几子杯子等等相待成異者。今對其所含一一元子電子，便復爲同。

又上說人造物爲共相。然以人造物，對自然物言。卽人造物復爲自相。但人造物，與自然物，並屬於物。則物爲共相。如此。則前之斥人造物名同者。今對自然物成異。

如上所說。同異，依自共相顯。自共相又隨其所觀待如何而爲推移。故自共相不固定。同異亦非死法。（死法，猶俗云不是一種死板的法子。依上述各例。物之一共相，似屬至高。然談理至極。則遣除物相，以冥入本體。是物，猶不得爲眞共相也。）佛家說爲假法。足正勝論之謬。

以上，於自共相上辨同異。只明一切物互相觀待間，法爾而有同異這種規律。（法爾，猶言自然。）但讀者切勿以辭害意，以爲同異唯依一切物的自共相上施設。須知。同異，是普徧於一切物或一切事情和一切義理上都存着的。（義理上的同異略言之，如分析衆理，便是異。綜衆理而斷諸一個普遍的原理，便是同。）

復次同異之辨，於推尋因果時，所關至鉅。因果自當別爲一目。今此但取涉及同異者略言之。如曾見有如是因，從以是果。則後此，若見有與前同類果法時，便臆測其出自與前同類之因法。（出者，出生義。）若見有與前同類因法時，便臆測其將生與前同類之果法。（凡言同者，只是同類。非同一也。世俗計有同一事件得再現者。此實謬解。如今晨旭日東升，實非前日。因爲日之自體，確是刹刹生滅不已。今晨之日，乃新生之日。人只見其似前日，以為同一。而實非同一。但不妨假說今日，與前日為同類耳。即此一例，可概其餘。如此。每成巨謬。實則，天下事固有果同而因異者。如昔見下流水濁，（果）由上流大雨所致。（因）而今茲下流渾濁，或由人工所為。（因）不必上流有雨。此一例也。復有因同而果異者。如服毒藥（因）可以致死。（果）然有或種病，轉以毒藥得活。此等例，不可勝舉。〔所以同異之辨，求之於因果關係間，則至為繁賾與折。非精質測之術者，未易免於眩亂。但此為本書所不必詳。（談邏輯與言科學方法者，自當詳究。）本文所欲提示者，同異一範疇，其於因果間之相關至巨。眞不可忽視耳。

總之，一切事物，無有異性，則莫由予以解析。無有同性，則莫由致其綜會。（同性異性之性字。即中譯佛籍中自體一詞。此詞須隨文取義。如云色性。即此自體是質礙法。今云同異，本是假法，以何為自體耶。應知。由假施設故。如云同，便知不異。故知同有自體。不爾，言同，豈不與異混耶。言異，便知不同。故知異有自體。不爾，言異，豈不與同混耶。故同異性之性字，不可誤解。言同性者，此性字即斥同而言之。異性，準知。）唯同中有異。異中有同。其辨至嚴。勝論頗注意及此。惜其以同異為實法，乃陷謬誤耳。

五曰因果。大乘有宗，立種子義。謂如種子為因法，決定能親生果法。（種子即是一種能生的勢力。此中決定與親生二義，在彼宗為最要。親生者，謂因法親自創生果法也。覆看上卷唯識下章，談因緣處。）此不應理。吾已破訖。（詳在佛家名相通釋部乙。）小乘說因，相當於增上緣義。（此云緣者，緣由義。亦與因義同。）增上者，扶助義。若法（猶云事物）此依彼有。即說彼為此因。此為彼果。（依字注意。此法只依彼法而有。非從彼法親生，如母生子也。）由彼於此，作所依故。義說扶助。又復須知，一切事物，皆相依故有。以此待彼故。（待者藉待。）說彼為此因。彼亦待此或餘法故。（餘法，猶云其他事物。）亦應說此或餘法與彼作因。準此而談。因果，只就事物之互相關係而假立。每一事物，在其極複雜的或無窮的關係之中，必有其相依最切近者，以故，吾人欲甄明某一事物之因，唯取其所依最切近的事物，假說為因。如硯池安放在桌子上，可以說他與地球及太陽系，幷此太陽系以外之諸天，都有關係。然而吾人求硯池所以得安住者，則直取與硯池最切近之棹子，能與彼（硯池）作所依故，卽假說爲硯池安住的因。

右圖。表示因果，只是考覈某事物時，須在其所有無量的關係中，找出一段最切近的關係，而假立因果已耳。談至此。關於小乘的意思，尙有須發明者。小乘所謂因，實際上本是增上緣。然彼（小乘）增上緣一名，則取義甚狹，乃別於因，而另立此名。（小乘巳談四緣。除次第緣與所緣緣，各有專義外。其因與增上緣，不倂爲一談。）迹其用意。蓋以一切事物，本互相關聯而有。由是義故。吾人如說明某一事物之因，不過從其最切近的關係，明其相互間之律則而已。如此而言因，故是增上緣義。與大乘有宗所謂因，能親造生果者。自是截然不同。小乘因義，只是講明關係。不謂因有造生果義故。

夫小乘言因，既是增上緣義。然於因之外，又別立增上緣，何耶。大凡，於一事物而求其因。只於其關係最切近處言之耳。然此一事物，在無窮無盡的關係中。今欲盡其繁賾與曲折隱微之致，則必於關係最切近處，卽其直接爲此一事物之因者而外。更進而從多方面的關聯以測度之。此多方面的關聯，必爲說明此一事物之所決不容疏忽者。凡此。皆可謂之增上緣。緣亦因義。增上緣者，蓋亦可謂之輔因。

右圖。初層小弧形，表示因，是於果法爲最切近的關係。次層，一較廣之弧形，環於因之外。則表示尙有多方面的關係，皆於果法爲增上緣者。三層，一大弧形，則表示更有無量的關係。易言之，即此一果法，與全宇宙有關聯。然說明此一果法，却不必計及全宇宙或無量的關係。故最外一層，即第三層，一大弧形內所包含的無量關係，不在因與增上緣之列。易言之，即是於說明此一果法或一事物時，元來不必過問這些廣漠無邊的關係。

或有難曰。公之言因，略本小乘。不主張別有一種能生的勢力叫做因。並不許因，是決定能造生果的。如此。不幾於取消因果乎。答曰。不然，如大乘有宗所謂因，吾不能苟同。然吾非不許有因。但立義有異耳。吾前已云，若法，此依彼有。卽說彼爲此因。此爲彼果。吾言因果，只從關係上說。設如一旦事物的關係有變更，卽不能說有某因，決定造生某果，將無往而不然。這種主張，是吾之因果說所不容允許的。然吾幷非不許有因果。只是不許有固定的因果而已。如果建立有能生的勢力爲因，決定能造生果者。則一切事物，悉是固定的，各立的，實在的。此說不應道理。一切事物，非實在。非各立。非固定。只是互相關係而有的。是故從其關係，假說因果。於義無違。

復有難曰。公所謂最切近的關係云者。此切近一詞，卽表示是有時空上的相切近。如此。恐不足以究事物之內蘊。因果關係，至爲複雜奧折。略言之，如舉手擊棹，便生聲響。手擊棹爲因。聲響爲果。從因的方面說。舉手之時雖暫，而非不歷時分。擊在棹子上之某一點，是佔有空間。從果的方面說。聲浪因振動而發出，也是經歷時空的。我們覺得，一擊，便有聲生。好像因果是同時同處。其實，擊棹（因）與聲生，（果）中間當有最小的時分，但不妨說爲切近。聲浪傳播，所經的空間也大多了。但發自元來振動處卽手擊處，亦可說爲切近。據此而談。這種因果，只是兩件事物，（手擊棹，是一事物。聲響生，又是一事物。）由此（聲生）依彼，（手擊棹）緊相蹑俱，說爲因果。切近之說，若約此等因果而談，自無不妥。然而因果之情，極其奧賾。不盡如上述。如輕與養合而成水。輕養之合爲因。水則爲果。此等因果，確是因法（如輕養）自身起一種轉化，乃成一新事物。（如水）諸如此類，既不能不說爲因果關係。但此等因果，是事物的內在的變化。自不可以兩事物在時空上的切近來解釋。公意如何。答曰。汝之所難，不了我所謂切近的意義。我所謂切近，只明因果但依最切近的關係上假立。汝不必聯想到時空來解釋。須知，不一方言切。（切者，兩相切也。）相卽故謂近。若法果是一者。一卽絕待。無關係可言。卽無因果可言。若法不一，而不相卽。則各各獨立，不相影響。或諸法恆住自分，（如其自體而恆住。名住自分。）無有轉化。如此。亦無關係可言。無因果可言。又如承認諸法是互相關係而有。然若求一事物之因，其關係太疏遠者，則不相卽。而影響較微。不須計及。已如前說。是故不一而相卽，乃名切近。汝若了此，何至雜入時空的觀念以索解耶。至汝所舉輕與養合而成水。此等例，與吾之因果說，並無不合。輕養合，則轉化而爲水。分明是一種最切近的關係。水與輕養，彼此異故，本非一。而水與輕養又相卽。（從水言之，水卽輕養之合。從輕養言之，輕養合，卽已是水。故云相卽。）不一而相卽，故名因果關係。由不一而相卽義故，便隱示因之成果，大概是事物之內在的變化。至後當知。

（果）水
——————
輕二養一
（因）

或復難曰。公以不一而相卽，釋切近義。此於吾後一例，固可解釋。然於前例，似難兼賅。答曰。汝所疑者，相卽義耳。汝意，輕養與水，實是相卽。若手擊棹，與聲響生。此二事者，無有如輕養與水之相卽義故。故與難耳。應知。卽字，略有三義。（非止此三。故致略言。）一者。是一非二，言卽。如云孔邱卽孔仲尼。二者。由彼涵此。（涵者涵變。如輕養是彼。水則此也。輕養合，便轉化而爲水。是謂由彼轉化爲此。所以者何。以彼望此，涵有變化之可能故。）說此依彼有，而不異彼。故黴卽言。（異者離異。如水，非離異輕養而別有故。）三者。兩物常相躡。或常相俱而有。謂如甲有故，便有乙。若甲乙相互間的關係，不因他故而變更者。則乙依甲有，是事恆信。此三義中，初之一義，本書多用之。但與此中談相卽義無關。亦含三兩義，皆吾此中相卽一詞之所含也。汝所舉後例，（輕養合而成水）適合次中相卽義。（前云由相卽義故，便隱示事物之內在的變化者。於此可見。）汝所舉次例，（手擊棹則聲響生，）適合第三相卽義。總之，切近義者，是不一而相卽義。是義本無不賅。何須疑難。

附識　有問。公所謂因，已是增上緣義。然復於因之外，別立增上緣。殊不解。答曰。文中巳說得明白，子猶不解，何耶。如前舉例。手擊棹，便有聲響生。手擊棹是因。聲生是果。子當無疑。夫此中言因，正取手之一擊。而棹則可說爲增上緣也。（棹之所依爲地。則地亦增上緣。又卽棹而析之爲元子電子。亦皆增上緣。如此類推，便無窮盡。要皆可不計耳。）擊者體力強盛，故其手之出擊，足以發生振動。此又一增上緣也。（衰病之人，或不堪舉手。故知體力是增上緣。）又就輕養合而成水一例言之。此中以水爲果。

而正取輕養之合爲因。但亦兼有增上緣。輕養不合，則不成水。故合之所關甚大。亦得另說合爲增上緣。又輕二養一，合乃成水。則數量關係，亦於果法爲增上緣也。總之，因有正輔之分。正者但名因。輔因則名增上緣。如此求之，則卽一果，而究其繁複奧折之故。（故者因義。）庶幾可以實事求是。

如上所說，一切物所具有的基則，或範疇，總列五個項目。

空時
有無
數量
同異
因果

範疇論，莫詳於康德。康德有十二範疇。並且與判斷種類一致。又不以空時爲範疇。（吾所見關於介紹康德之文字，雖不完備。但大體可窺。）本論的體系和根本主張，元來與康德異軌。故談及範疇，亦不必有合於康德。

本論所謂範疇的五項目。第一空時。因爲空時兩範疇，是物的存在的形式。（詳前）所以居首。（由物的存在。吾人方得有對於物的認識。故空時稱首要。）

其次有無。有無兩範疇，包含至廣。（無所不包，故置至言。凡物所具有之一切，均此有之一詞所包。凡物所不具有之一切，均此無之一詞所包。是以至廣。）但此二範疇的意義，只顯一切物上具有此有和無的兩種型範。至如某物所有的是些什麼，（如何種性質，或何種作用等等。）及其所無的是些什麼，當然不是談範疇時所應過問的。有無兩範疇所以爲重要者。因爲一切物，各各於其所有，能任持有性。（如地球具有橢圓形。便能任持其所有，而不會失掉此有性。有性性字，解見前同異範疇中。有性者，卽斥指有而言之也。下無性，倣此。）於其所無。能任持無性。（如地球無有方形。便能任持其無性。假若地球由本無方形而倏忽變爲有方形。則是不任持其無性。然地球在其已然之關係中，如太陽系無特別變易中，決不會忽變其現有形狀。故知其能任持無性。凡物，各能任持其有和無。卽上述一例，可概其餘。）因此。質測之術，得所依據。科學知識乃有可能。故次空時，特談有無。（如果物上不具有無二範疇。卽吾人可隨意說有說無。科學知識不能成立。）

又次數量者。由有無兩範疇。我們可以於事物之複雜的散殊的方面，行其質測。由數量一範疇。我們可以把事物化繁爲簡。

又次同異者。由此二範疇，吾人對於一切物，得因其可別析也而別析之。因其可彙同也而彙同之。故次數量，而言同異。

又次因果者。因果一範疇，爲科學知識所待以成立之重要條件。因爲科學解釋事物，只是甄明一切事物的因果法則故。有人主張，談範疇，只須因果一種。此說雖不無理由。然未免一偏之見。如吾上說四項目，要皆與因果互相關涉。故以因果一範疇終結云。

余以爲範疇，當兼屬主客。（客觀謂物界。會見前注。）在主觀方面，只是一種裁制。並不是豫儲就許多格式。在客觀方面卽事物上決定具有與主觀的裁制相符應之法則。因此。主觀的裁制，乃因物曲當。程子所謂循物無違之謂信也。（循，率由也。率循物之則。而不以己意矯揉造作。乃無違物之眞。故云信也。）使物無自具之則，而只欲恃主觀方面的立法。以期待事物之受吾約束。若爾。則一切科學知識，將僅由心造，而無須徵驗於事物。雖三尺之童，亦知其不可矣。或復問言。吾人之認識事物也，只以吾之官能所感攝者爲依據。因此，而爲比量。（比量見前注。）然比量所得，究不能無限。宇宙廣大。吾人之心知，依官能感攝以行推測者，其所獲終無幾何。（合古今人類或諸學者知識之所及。雖云已博。然以比於宇宙之無窮，則所知究甚少。）審此。則知一切事物，本無窮盡。其不會呈現於吾人之官能感攝內與思唯中者，正不知凡幾。由是可知，吾人之辨識一切事物也，旣不可窺其全，則亦無從覓客觀的標準。唯有恃內心之裁制，使事物不越吾範而已。若謂事物本身具有法則，一定而不可移者。吾旣不能窺事物之全。又烏從知之耶。答曰。事物之全不可窺。是誠然也。吾人於其所知之事物，實賴內心的裁制。此又不待辨而明也。然有不可忽者。心知之裁制事物也，必非全無所據。易言之，卽事物本身必具有與此裁制相符應之法則。而後其裁制，乃不妄而可徵。又復當知，法則，無所謂一定不移者也。所以者何。此中所謂法則，非超事物而言其大原。（超之一詞，是就義理上說。事實上一切事物之大原，決不是超脫於事物之上而獨在的。）乃卽事物而言其呈現，隨在皆有軌範或形式等等之謂也。蓋事物云者，從其顯現而言之。法則云者，從其顯現有序而言之。（此中序字。含義最廣。法則或軌範形式等等，皆名爲序。）事物無定實。（不固定。不實在。）卽屬於事物之法則，亦無定實。事物唯變所適。卽屬於事物之法則，亦唯變所適。誰謂法則爲一定不移者耶。汝意，殆離法則於事物之外。以爲事物依法則而構造。事物可變易。法則乃恆存。此實倒見，不究理道之眞也。夫事物之成，必有其則。（具云法則）吾固云然。但不可離法則與事物而二之，謂法則可獨存於一空洞的世界也。果爾。則事物又何從取規法則而以之自成耶。唯法則不離事物而有。是以事物無恆，隨其所呈現，而莫不有則。因此。吾人心知之裁制事物也，乃得有所依據。而非純任主觀的構畫也。此中尙有許多意思，俟量論當詳。

總之，範疇，本兼屬主客。在客觀方面，名爲範疇。在主觀方面，亦名爲裁制。（亦之爲言，意顯在主觀方面非不名範疇也。）所以者何。物上具有種種軌範和形式或法則，是名範疇。此其屬客觀方面者也。心緣物時，（緣者，攀緣及思慮等義。）物之軌則，頓現於心。而心卽立時予以製造。是名裁制。此裁制，卽物上範疇經過心思的營造而出之者也。（心之攝取物上範疇，並非如照相器之攝影而已。）故範疇，不唯屬物或客觀，而亦屬心或主觀。但在主觀方面，範疇乃成爲活活的，有用的，並且變爲離事物而獨立的東西。可以把感識中未經分別的事物，呼喚出來，使之客觀化，而予以控制。此知識所由可能。這裏還有好多話，須詳之量論。

上來談範疇，本尅就物上而言之。復有問曰。於一切物的本體上，亦許有範疇否。答曰。一切物，本非實有。但依本體之流行而權設。（權設亦云假設。）故範疇亦是依物假立，不可執爲定實。汝問本體上是否可許有範疇者。應知。隨義差別，或有或無。（差別者，不一之謂。由義不一故，故有無不定。）云何義別。一由冥證義故。（冥證者，即自己冥合本體。易言之，自己是本體的實現。此際，眞體呈露，獨立無匹，卻是炯然目知，謂之冥證。非以己知彼也。）心行路絕。（心之所游履曰行。人心起思惟時，如有所游履然。故云心行。本體唯是自證。不可當作一種超越的境界而思唯之。纔起思唯。早已離異本體，而成顚倒見矣。故心行之路，至此而絕也。）語言道斷。（在心名行。出口名語言。既心行路絕，即語言之道亦斷。）云何得有範疇可說。二由權宜施設故。（權宜猶云方便。本體不可當作物事來思議。但證知體時，卻不妨以方便顯示。但既曰方便。則學者不可緣名言而起執。要當於言外有悟耳。）即依本體之流行，假設言詮。亦得有範疇可說。但此中談範疇，或只得三項目。（空時和因果，於本體上決不可說有的。）如左。

一數量。吾國先哲談數理，以爲數立於無。（無者，虛無。但非無有之謂。）不倚於物。故嘗以一，來表示道體。（道體即本體）如易曰，天下之動，貞夫一者也。（言此一，爲萬變之所由起。故萬變中自有貞固之德。而不憂夫變之或窮。以一故也。一者本體也。）此以一，爲道體之目。亦含有範疇的意義。因爲一之爲言，表示是絕對的。此絕對義，即本體上所具有之軌範也。又如易及老氏，以一生二，二生三，說明本體之流行。本論轉變章，（談翕闢處）頗加闡發。可以覆按。（詳在上卷）故知數量一範疇，於本體流行上，應說爲有。

二同異。依本體流行而言。翕闢相反。故異之一範疇，是其所有。翕以顯闢，闢以運翕，反而相成，歸於和同。故同之一範疇，是其所有。（參考上卷轉變章。）

三有無。絕待故。眞實故。圓滿故。成大用故。應說爲有。淸淨湛然。（湛然者，形容其沖寂及深遠與無相等等義。）遠離妄識所計種種戲論相故。應說爲無。故有無二範疇，是本體或本體之流行上所具有的。

是故就本體，而談範疇。隨義差別，有無不定。如上，說範疇已訖。

復次在本章中，雖依大用之翕的方面，而假說物。其實，言翕即有闢。此在前文，屢經說過。今更推明翕闢相互之旨。則翕之所以爲物者，其義益見。吾將借用易之八卦，以申吾指。

☰乾　☵坎

☷坤　☲離

☳震　☶艮

☴巽　☱兌

如右所列八卦。係分爲兩層排次之。這種排列法，（謂兩層）純爲篇幅之便，並不是有何意義。現在，先說乾坤二卦。我的意思，是拿乾卦（☰）來表示闢。拿坤卦（☷）來表示翕。在上中兩卷，本已曾經提到。此處更加以申說者。特別着重在幽明的意義。明者，勢用發現著明而易見。幽者，勢用默運深潛而難知。翕闢，元是本體之流行，故現作此兩種動勢。（流行者變也。變必有反。故云兩種。動勢，亦云勢用。故現云云之故字，謂若故意出此也。然實無意。）並不是對立的兩種東西。（吾國易學家說陰陽，則謂之二氣。此氣字，很容易使人誤會爲實有的東西。因此，便以爲陰陽本如二物對立，但可以合同起用云。本書談翕闢，實與彼等截然異指。學者宜知。）然又不得不分言兩勢。（具云兩種動勢。）此兩種勢用之發現也，一以凝斂成翕。一以健進成闢。闢者，稱體而呈現，寂寞無形，應說爲幽。（本體之流行也，即顯爲闢的勢用。闢者，備具萬德，而無形可覩。雖流行，而不捨失其體之本然。故云稱體。）翕者，有迹象昭著。雖是本體之流形，（流形一詞，本易經。本體之流行，必有其翕的方面。但翕，即凝斂而將成形物。故云流形。）而旣肇乎形，即已乖其本體。故乃依成形義，假說爲明。

夫幽以爲緼。（緼者，中藏之謂。幽者闢也。闢的勢用，運於翕或一切物之中。無定在，而無所不在。是縕義。）明以爲表。（明者翕也。翕成形物，此但是表象耳。其內縕充實者則闢也。）幽者謂神。（神者，至靈不可測。至妙不可窮。然不可計爲具有人格的，如宗教家所謂神也。）明者爲物。（兹就翕言，便成爲物。）神之德爲施。（施者，總萬德而爲稱。隨施皆當。故是萬善具足。非可以一德稱之而已。）物之德爲受。（受者順受，明者物也。物但以順受於闢爲德。而別無德，夫物之本性，亦是闢也。故以順闢爲德。物若不順，則失其性矣。）是故幽，以一表之，顯其絕待。（乾卦三畫皆一。一者絕待義。）明，以--表之，見其有對。（坤卦三畫皆--。--者有對義。）幽者明之縕。明者幽之表。幽明，本非截然二物。蓋本體之流行，有其反而成形者，（翕即成形，便失其體之本然。故云反。）正所以顯無形之運，盛大而不容已耳。（闢無形，乃本體率然呈現也。率然云者，謂闢卽是本體流行，而不失其體之本然。故冲寂無形也。然闢必待翕，乃有以自顯。若無翕者，卽空洞無物，則闢無所寄，又何以見其默運不息乎。不容已者，至剛至健，闢之盛德也。）又復當知。幽雖無待。本具萬德。運化無窮。明雖有對。而實與幽同體，故幽於明，潛移默轉，卽萬物皆歸神化。然物終滯於有象。（原物之本，自是神化所爲。然物象已成，卽失其本。故云滯也。）順化而非自化。（兹就物言，則物不自化也。順化者，順從於闢也。）故明之所呈，（只如其所呈的象而已。）不及幽之所可有。（幽之所可有者，無復限量。精神之運，思惟之極，其與無窮。其變無方。如生活之豐富，道德之崇高與日新，智慮之廣遠，幽深，繁賾，與夫發明，製造，新器物日出而未有窮者，凡此，皆闢之所爲。易言之，卽是幽之所大有。而其爲今時未形見之有，但爲其內涵的潛德所無弗可有者，且未知所極也。）此幽明之辨也。

夫萬化之奇，莫奇於翕。於空寂海中，（空寂海，喻本體。空者無形無染之稱。寂者澄靜不擾之目。但此靜字非與動爲相反之謂。須善會。海者，況喻詞。謂至大無外。）森然昭著而成散殊。（翕者，形之始。故云昭著。散殊者，翕便分化故。蓋體之成用，必有一個翕。否則一味浮散，其用不顯。）故謂之明。萬化之盛，莫盛於闢。備萬德而如本。（本，謂體。闢以用言也，而不失其體之本然，故言如本。）肇羣有而無形。（備萬德故，爲羣有所肇始。卽翕之所以爲翕者，究非異闢而別有體也。然闢終無形可覩，以如本故。）故謂之幽。

翕以明而爲闢之所資。（資者資藉。闢必藉翕，始有以自顯。否則浮游無寄，靡所集中，何以顯其勢用乎。）故翕，於闢爲首。（商易列坤卦居首。極有意思。坤，陰也。略當吾所云翕。）闢以幽而爲翕之主。則闢，亦於翕爲首。（周易列乾卦居首。乾，陽也，健也。吾謂之闢。）互爲首故，實卽無首。故冥應一極者，則翕闢皆幻化耳。（一極，謂本體。翕闢者，依本體之流行而假爲之名耳。故所謂翕，非別異本體而自爲實物。所謂闢，亦非別異本體而自爲實有。蓋於流行而識體，卽翕闢兩者，都無自性。幻化者，狀其活躍而復無有實事也。冥應者，知與理冥。無分別相。理，謂本體。）

或有問言。公以☰表闢。以☷表翕。意取陰陽與翕闢義相通耳。然易，以三爻成卦。（如☰卽乾卦。☷卽坤卦。餘準知。）又以二卦合，而始名一卦。（如乾卦，卽合上下兩乾卦而成。他卦倣此。）其義云何。答曰。此有通義。有專義。通義者。三爻成卦，明一生二二生三義。吾既言之矣。（詳上卷轉變章）復合二卦而名一卦者。恐有誤計，以爲變者，一生二二生三也，如是變已，更無有變。此乃大謬。須知，神變，不守故常。（變而曰神者，本體之流行，靈妙譎怪，不可測度也。）剎那剎那頓變，皆循一二三之則。（如前剎那頓變，是一生二二生三。後剎那頓頓變，復是一生二二生三。故不居者變。而不易者變之則。）故累卦以見義。（合兩卦故言累。累之，卽不盡於三爻而已，乃復有三爻。明繼起之變，總不外一二三相生之則也。有問。不可累三卦爲九爻乎。曰，二卦既足以見義。故不可再增。再增之，將至無窮。）如上已說通義。（參考上卷轉變章。但吾此說，與乾鑿度等不同。）專義者。凡卦，各六爻。（易爲卦六十有四。各卦，皆由二卦合成。故各卦皆有六爻。）變化叵測。欲求通則。須窮幽致。（繁賾之情，隱而難析，謂之幽致。）必依各卦，而求其各有之義。故云專也。然復當知，吾於此中，不欲深談易也。但援引八卦，以明吾恉而已。

吾以☷表翕者。坤卦，合上下兩坤卦而成。其六爻皆偶數。（一一卽偶數，有對義。如前已說。）蓋本體之流行，必於一方面有所翕聚。翕聚便散殊成多。故爲偶數。夫物之待名，依於翕聚。翕聚必由輕微而之重濁。（其始凝也，只是猛疾之動勢而已。凝而不已，漸有成形的傾向。然非有實形也。故云輕微。但所云凝而不已者，非有故物延持至後，乃刹那刹那，滅故生新，相續而不已耳。夫凝矣，則必分化而成多。既凝爲散殊的衆勢。則有互相比合，而幻現麤迹。世俗所謂物者是也。至此則重濁。）故六爻自下而上，所以著其變之序也。（凡卦，皆自下向上數之。起下卦初爻，迄上卦最上爻，明其凝以漸，乃從輕至濁，自然之序也。）

以畫表闢者。乾卦，合上下兩乾卦而成。其六爻皆奇數。奇者無對。易緯釋乾曰，祖微據始。是乃闢之象也。夫闢，則本體之流行，而恆不失其自性。是與翕之勢相反。且復轉翕以從己，而顯其剛健者也。本書上卷，曾以一二三相生，明變之則。即以一，來表體之將現爲用。（將字，只爲言說之方便而設。勿誤會。用者，流行義。）以二，來表翕。以三，來表闢。（覆看上卷轉變章。）因爲本體流行，不能不有所翕。而翕則不守自性。（翕便成物，是本體不守其自性也。易言之，即自爲矛盾也。）然而與翕同時，有一種剛健與升進的勢用。運乎翕之中。包乎翕之外，無定在而無所不在。是能使翕，和同順化而消其滯礙者。這個勢用，名之爲闢。因此，可以說闢是祖微據始。微者微妙，始者本始，皆本體之形容詞。唯闢，是依據本體而起的勢用。（依據二字，須善會。不可謂以此依據彼，妄分對待。）易言之，即是本體舉其自身全現作闢。所以說闢是祖微據始。（夫闢，即是本體之流行，非與體爲二也。祖者，自本自根之稱。據者，自足而無所待於他之謂。）故闢，表以奇數者，即顯其無對故。以於闢而識體故。又彰以六爻者。恆積其剛德而不已故。（六者多數，有積累義。闢之剛，所謂天德也。恆不捨其剛。故云積累。）又明其非一合相故。絕對即涵相對故。（一合相，詳前。）又不同造物主故。以即於相對見絕對故。（六數是相對的。六皆奇數，則是於相對而見絕對。）故彰之以六爻。

乾坤二卦，以表翕闢。自餘六卦，則皆因翕闢錯綜之情不一，而著其不測之變。（錯者，相對義。一翕一闢，故是相對。綜者，相融義。翕闢以反而相成，故是融和。）

先談震巽兩卦。震卦，本合上下兩震卦而成。如下所列，䷲。其實，上卦，只是因而重之。故如了解下卦的意義，則上卦可以類推。

巽卦，合上下兩巽卦而成。如下所列，䷸。上卦，係因下卦而重之，例同震卦。

震巽兩卦，恰恰相反。

☳ 震

☴ 巽

震巽二卦並列。（此二卦，各只列下卦。上卦則因而重之，不待列故。）比而觀之，其相反可見。凡卦（凡之爲言，即通大易六十四卦徧舉之。但此中只談八卦耳。）陽爻，吾則皆以表闢。（凡卦之奇畫，皆陽爻。）其陰爻，吾則皆以表翕。（凡卦之偶畫，皆陰爻。）

震，一陽在下。其上二爻，皆陰也。

巽，一陰在下。其上二爻，皆陽也。震巽二卦，名相反，而實相資。故並列之，以便說明。

在未釋此二卦之前，有一義須先陳者。易之爲書，妙於取象。（前談乾坤二卦，直抒其義，而未及象。）凡卦，舉象以示，而其意義昭然若揭矣。震卦，取象於雷。雷出無形，震動乎幽蟄。其力盛大而不可禦。震卦，一陽潛動於下。故以雷象之也。又有帝象。帝者主宰義。震卦，一陽居幽，而爲動之主。（居幽者，初爻居下，隱而未見也。故爲幽象。）故有帝象。

巽卦，取象於風。此有二義。一，風者輕微，而無不入。巽卦，一陰在下。卑順以入陽。而從陽之運。故有風象。（陰坤也。吾謂之翕。坤或翕，則唯順從乎乾或闢，而不自爲主也。故云卑順。風之輕微，可以象其卑順。）二，風之大者，磅礡六合。巽卦，二陽在上，周通無礙。（周者周徧，無虧欠故。通者通暢，無隔閡故。無礙者無滯也。）故亦有風象。

如上已釋卦象。今略陳大義者。由震卦言之。物質宇宙，本依翕立。然而默運之，且主宰之者，則闢也。

震之初爻，一陽潛伏乎下。其上二爻皆陰，則翕象也。易言之，即萬物發著之象也。唯物論者，只執有物而已。不知，物非實有，而默運其中者乃是健進的勢用，即所謂闢者是也。震卦之一陽，潛而在下，即表闢之默運乎翕之中，而爲翕之主也。震有取象者此也。

或曰。公固嘗言。翕只是一種動勢。其現似形物者，特由其動勢至猛至疾，故現迹象，假名形物耳。（譬如閃電。其閃動猛疾，故有相狀現。）據此而言。翕便是動。云何復待闢爲之默運耶。答曰。翕便是動，此推本之言耳。所謂翕者，元非與闢別有自體。蓋即本體之流行，不得不有此收凝之一種勢用而已。然此種勢用，既成乎翕，即翕形始。（翕者形之始。）是則已趨物化，（物化者，謂其轉化而成爲物質的故云。他處凡言物化者，倣此。）而幾迷其本體矣。（譬如冰。假說以水爲其本體。而冰之成也，則與其本體違異。成凝固相故。）夫物化，即成爲重濁。其德爲坤，謂其勢不自舉。（坤，即吾所謂翕。）故知翕者，常作物觀。而失其健以動之本性。不能不有待於闢也。夫本體之流行，而反以成乎翕也，（反者，翕則不循其本，故云。）疑於不守自性。然此但爲其自身表現之資具計，不得不故出於此。（故者，謂若故意也。）而本體畢竟不捨失其自性。（名本體以眞如者，以常如其性故。）乃恆保其剛健，（本體萬德具足。此中但舉剛健。非不兼餘。恆者，無有放失之謂。）升進而不已也。此升進之勢用，即名爲闢。闢固與翕反。而必資翕，以爲運行之具，否則浮散而無寄矣。故闢者，恆默運乎翕之中，利其反，而卒融釋以歸於太和。震卦一陽潛運，所以表闢之運翕，其力用盛大而不可禦，故以雷象之也。

震巽二卦，所以反而相資者。震卦，則陰外見，（二陰在一陽之上，名外見。）而陽居幽以動之。（初爻名居幽，見前。）表闢之默運乎翕也。巽卦，則陰入陽。（一陰在下，以進入乎二陽，而爲陽所含。）明夫闢者，乃體之全顯。（本體，舉其自身全現作闢。譬如大海水，舉其自身全現作衆漚。故云全顯。）無定在。（無形故無封畛。無封畛故無虧欠。所以無定在。）而無所不在。（無定在故，乃無所不在。如其有所不在，則有虧欠矣。今此不可以形物推測之，故不爾也。）故闢，既運乎翕之中。亦包乎翕之外。（翕便成形。凡有形者，卽有限。故恆排斥其他衆形，而不能包含之。唯闢無形，乃能包衆形。）而自翕言之，則是翕者，順以入乎闢之內，而翕其所含也。巽卦，陰自下以入陽，卽斯義也。

震，陰在上。明翕，則有物象著明。而闢乃斡運於其中耳。巽，陽在上。明闢雖居幽，（闢無形，本幽也。震初爻之象以此。）而實周徧含宏。（至眞不息曰周。圓滿無虧曰徧。無所不包通曰含。其大無外曰宏。）倂包萬物，而爲之主也。（萬物者，依翕而爲之名耳。）

或復問言。翕闢，本爲一體之流行。（翕闢之勢，生滅滅生而不已。是曰流行。翕闢，乃唯一的本體之顯爲如此者。元非截然兩種實在的物事。故云一體。）爲用雖殊。（翕闢相反，云用殊。）相融則一。（相融，則本非異體可知。）此公持論本旨也。然說闢爲主。夫云爲主，則有作意乎，無作意乎。（意者意欲。作意，猶云有造作的意欲。宗教家之上帝，則有作意者。）答曰。造化有心而無意。吾前已言之矣。此不贅論。夫翕，唯物化。而闢，則恆不捨其健。有以轉翕而伸其自由。（闢是自由的，終不隨翕轉。）故知闢主乎翕也。

已說震巽。次坎及離。

坎卦，合上下兩坎卦而成。如下所列，䷜。坎是險陷之名。此卦一陽陷於兩陰之中，如☵。卽陽爲陰所障礙而不得顯發。故陽在險陷中也。坎之象爲水。水之流也，度懸崖，入坑穽，泛濫乎淵廣不測之洋海。此至險也。故坎卦象之。

離卦，合上下兩離卦而成。如下所列，䷝。離卦爻象，恰恰與坎相反。

☵ 坎

☲ 離

坎卦，一陽在中，爲險象。以其受陰之錮蔽故也。離卦，一陰在中，而陽則破陰暗以出。故爲明象。（明者暗之反）上下兩離卦，故爲重明也。（其明繼續不已，故爲重明。）又陰在二五，爲居中得正之象。（上下兩卦合數之。從下卦初爻數起。陰居二爻及五爻。二者下卦之中。五者上卦之中。）則以陰能順陽，是履中正之道。非若坎卦，陰失其道而錮陽也。（失道，謂陰不順陽，卽失其中正。）

有據唯物論之見地，以難余者曰。公所謂翕者，卽物之一名所依以立也。公所謂闢者，卽心也，生命也，精神也，是諸名者所依以立也。（本論所云心與生命，精神三名詞。其名雖殊，而所目則一。以其爲本來靈明淨妙之體，是爲吾身之主宰，則名曰心。但有時以習氣或妄識名心者，則與此中心字異義。宜隨文辨別。又以其爲生生不息眞幾，則名曰生命。但與世俗習用生命一詞的意義不必同。又以其迥超物外，神用不測，剛健不撓，是爲萬有之原，則名曰精神。故三名雖異，而實無別體。譬諸某甲，以其慈愛而名仁人。以其武健而名勇士。仁勇雖異其名，而所目只是某甲一人也。此三名，在全書中散見。他處未及注。姑識於此。）公固以翕闢爲同行異情。（翕闢流行，元非異體。故名同行。情者情勢。一翕一闢，動勢則殊。故云異情。）闢主乎翕。翕終順闢。此心物所由不二。而以闢爲主故，克成其唯心之論也。雖然，理論上儘可如是主張。但由世間極成之所詔，（世間極成一詞，見上卷唯識章。）與科學實測之所及，則唯共許物爲先有。而心或生命等（精神一名不備舉，故置等言。）乃於物質宇宙經不可數計的長期發展之後，只儻然發現耳。何則。心或生命等唯著現於有機物。而有機物，固遠在無機物發展之後，而僅乃有之。此事實之不容否認者。今不暇旁徵博引，第就天文學言之。則物爲先有。而心或生命等屬後來儻見，其事甚明。斯亦言唯心者所可注意也。姑以三端略言。

一，物質宇宙，重重無盡。吾人所居地球，是八大行星之一。八大行星合太陽，乃組成太陽系。在此太陽系之外，還有許許多多的天體系列。（天體，卽星球之代詞。）其數目之多，遠過恆河沙數。天文學者（如瓊斯）有云。天際星球之數，差不多和全世界各海岸的沙粒那樣多。（此中全世界，猶云全地球上。）湯姆生云。夫以太陽系之碩大廣漠，宜無倫匹，而在衆星雲之大宇中，乃渺乎滄海之一粟耳。由此可見，充塞太空，只是無量物質宇宙。

二，具有心或生命的有機體，其所可存在之域，必與一團烈火似的熱度最高之圈圍，距離遠近適中，而恰爲混[illegible]全[illegible]之[illegible]。[illegible]，[illegible]則生[illegible]必消變。或爲黑火所造成，則生物必消變。唯吾儕太陽系中[illegible]。[illegible]，其[illegible]太陽而有利於生物發展的溫度者，似乎極[illegible]。[illegible]星中，其間有吾儕太陽一樣一樣地相同的星系，此則確屬稀有。三，[illegible]計算。行星之年歲甚小。太陽系的造成，大概因兩星雲之相撞。而兩星雲相碰一次的機會，約須[illegible]兆年。據此。則太陽系的年歲，在星雲中已甚幼稚。地球這一行星，是從太陽中分裂而出。其年齡較太陽更小。在地球形成之後，又不知經多少時期的變遷，始有生物產生之可能。自生物中進化爲人類，纔有高等心靈發現，則又不知歷時幾許矣。

綜上所說。一，充塞太空，只是物質宇宙。二，在無量的物質宇宙中，如吾儕地球這一小宇宙，其可以產生具有心靈或生命的生物者，確屬罕有其匹。不能不謂之出於偶然。三，即就地球上之生物或人類而言。其產生的時代乃甚晚。準此而談，則所謂心者，既是後於物而有。且其產生甚爲偶然。今如公說，依翕假名爲物。依闢假名爲心。而復以翕闢，爲同行異情。（詳前注）又謂翕爲闢所待以顯發之資具。闢運於翕之中而爲其主。以此成立唯心之論。是與天文學所給予吾人之啓示，何其相違戾已甚耶。

如上所述，難者之說。其陷於迷謬之故，略說有三。一曰，彼所謂物質宇宙，（亦省言物）但從迹象上執取。而不知此等迹象之本身，只可說爲流行不住的功用，而不當定執爲實物。（雖不妨依迹象，假名爲物。要不可執實。）這種功用，元是具有健進和收凝之兩方面的。無有收凝，不顯健進。（設想大化之行，只是虛浮莽蕩，沒有凝聚處。如何顯得出健進的勢用來。）無有健進，只是一味閉塞，而生化熄，宇宙奚其如是。健進名闢。收凝名翕。一翕一闢，反而成化，是名功用。翕則幻呈迹象。闢則無象可覩，乃徧運乎翕或萬象之中，而靡所不在。夫泯然無象，而實未嘗無者，此宇宙之眞也。其呈象者，非眞相也。世俗依迹象，而執爲實有如是物質宇宙。此大謬也。或曰。近之談唯物者，其論亦有進矣。非必有實質而始謂之物也。即公所云功用流行，便不妨名之以物耳。答曰。如是說者，則物之一名，乃神化之稱耳。已與世所云物之本義不符。神化者，至明而自在者也。（綜上四者，亦云四。翁用不滯，於物無礙，亦云自在。）總之，如實而言，物者，依翁之迹象，而假爲之名。本不可執爲定實。而翁與之同體。故不應隨逐物之膠執。

二曰，難者只知心者，爲人人各具之心。故說心是後於物而有。實則，人人各具之心，即是宇宙統體之心。（此中宇宙，乃一切物或萬有之都稱。統體者，萬有同體，無有差別，故云。此中即斥指本體名心也。）不可以剖析之術。而妄相推求也。自其各具者言之。若向也本無，而後乃偶現焉。（如有生物或人類時，纔見有心。其以前，則未之有也。難者之意蓋如此。）自統體言。則至無而妙有。（無者，無形相，無作意。非空無也。）其有特未定耳。（非預定其所將有。不可說如彼上帝創造世界故。）至寂而神變。其變唯所適耳。（唯變所適。非有意安排。）此心（統體之心）微妙，不可究詰。人類未生時，此心未嘗不在。無量諸天，（謂一切星球）無量世界，孰主張是。孰綱維是。（此心徧爲衆星球或萬有之實體。故可說爲主張，爲綱維。非謂其超然於萬有之外而爲其主張與綱維者。）人類生時，此心因人而善貸。（善貸本老子語。貸猶予也。隨人而貸予之。未嘗吝於給。以其本來至足，而發用無窮也。自統體之心望人而言。則曰貸予於人。自人而言，則此心是人所以生之理，非從他得也。語言異其方式。義無乖反。）孰謂其本無有而後乃偶現哉。

三曰，難者徒驚歎於空間之浩大，星辰之數量與容積之多且廣，及天文時間之冗長。益復致慨於生物或人類之晚出而且偶然。此種意思，實因將自然界析成段段片片，而不悟自然確是一個不可分截的完整體。須知。無量星球，互相關聯，互相影響，而爲一有組織的機體。正似一個人的身體，是許多互相關聯的組織細胞結構而成。從吾儕具有心靈的人類或有機物，追溯到地球，及此太陽系，幷所屬之衛星，乃至星雲，銀河，和銀河以外的一切，恁地廣漠的萬有，純是互相聯屬的一完整體。（恁地猶言如此）其呈著萬象，實有秩序，而非混亂。其發展，自衆星，迄於人類心靈昭顯，蓋一本於穆然不容已之眞，而非機遇。（穆然，深遠貌。不容已者，至眞之極，德盛化神，如何可已。機遇者，偶然義。夫自無機物，而至有機物與人類始顯心靈。乃不容已之眞，所必至者。何可謂之偶然。）因爲大自然是一完整體。所以，其間絕沒有偶然。絕沒有混亂。難者如果了解自然爲一完整體。則知生物或人類，本與自然爲一，而不可分。又何至妄疑心靈非自然之本性，而以爲偶爾發現耶。（本性猶言本體。吾人之本心，卽是自然之本性。非有二本也。）

復次自然爲一完整體故。其間各部分，互相通貫，而亦互爲依持。（持者能持。謂能任持其自相。卽有對其他一切部分而爲主的意思。依者。依屬於能持之謂。）此一部分，望彼彼部分而爲能持。卽彼彼皆爲此作所依。（彼彼者，不一義。凡此外之一切，通以彼彼言之。）彼彼部分，亦復望此而爲能持。卽此，通爲彼彼作所依。彼彼相望，互爲能持。互爲所依。故一切卽一。（隨舉一部分爲能持。其餘一切部分，皆依屬於此一，而不相離異。故一切卽一。）一卽一切。（如上所說，一切卽一。而此一，復通與一切互爲依持。故此一卽是一切。非離一切而獨在故。）大中見小。（一切爲大。其一則小也。今以一爲能持。而一切皆其所依。是以大從屬於小，而不名爲大矣。故云大中見小。攝無量世界於一微塵。世界不名大。此何足詫。）小中見大。（一雖小。而以一切爲其依屬。則小而大矣。故云小中見大。一微塵，攝無量世界。何大如之。夫小失其小，大失其大，是小大相空也。相空，而其眞始顯。）萬物互爲依持。莫不爲主。亦莫不相屬。是以不齊而齊。玄同彼是。（是猶此也）紛乎至賾，而實冥然無對也。

夫物皆互相依持。人類之在萬物中也，渾然與物同體。而惑者不知，反妄生區別，而離一己於天地萬物之外，顧自視渺乎滄海之一粟也。善乎楊慈湖之說曰。自生民以來，未有能識吾之全者。惟覩夫蒼蒼而淸明，而在上，始能言者，名之曰天。又覩夫隤然而博厚，而在下，又名之曰地。淸明者，吾之淸明。博厚者，吾之博厚。而人不自知也。人不自知，而相與指名曰，彼天也，彼地也。如不自知其爲我之手足，而曰彼手也，彼足也。如不自知其爲己之耳目鼻口，而曰彼耳目也，彼鼻口也。是何惑乎自生民以來，面牆者比比耶。又曰。不以天地萬物萬化萬理爲己，而惟執耳目鼻口四肢爲己。是剖吾之全體，而裂取分寸之膚也。是梏於六尺七尺之軀，而自私也，自小也。非吾之軀止於六尺七尺而已也。坐井而觀天，不知天之大也。坐六尺七尺之軀而觀已，不知己之廣也。詳此所云，甚有理致。然復須知，唯人類心靈特著。充其智，擴其量，畢竟足以官天地，府萬物。（官天地者，人與天地同體，而復爲天地之宰。所謂範圍天地之化而不過者是也。府萬物者，孟子所謂萬物皆備於我是也。）其不幸迷惑，而至自私自小者，非其本然也。故人類之在天地萬物中也，殆猶大腦之在人體內，獨爲神明之司，感應無窮之總會焉。自然界之發展，至人類而益精粹，心靈於是乎昭現。斯蓋眞實之顯，所不容掩遏者，（眞實，謂萬物之本體。）其不得謂之偶然也甚明。

復次據印度佛家說。凡無機物，皆謂無情。（情者，情識。無情者，無有情識之謂。）卽無生命，而生物中如植物者。亦云無情，無生命。（今俗云生命，大概就生機體具有生活的機能而言。本書生命一詞，爲本心之別名。則斥指生生不息之本體而名之。與通俗所云者不同。前注略而未詳。印人以具有情識者，謂之有生命。但所云情識，並非剋就本心言。與吾自不符。然其不以生命爲物質的，則與吾之旨相近。）當時外道有主張植物有生命者。頗反對佛家的說法。後來生物學家，亦多謂植物有極曖昧的心理狀態，卽非無生命。其言出於推測，蓋非誣妄。是則外道，於義爲長。或復問言。無機物亦有心靈否。應答彼言。無機物非無心靈。何以故。物依翕得名，心依闢得名，此義前已成立。玆不復贅。夫翕闢同體，而顯諸用則異者。唯翕無闢，無化可言。（一名爲變化，必是有待故。）唯闢無翕，亦無化可言。故翕闢本一體之動，要以反而相成。夫物成形體，則翕之所爲也。而其周遍包含一切形體，及潛驅默運乎衆形之中者，則闢之所爲也。無機物，資於翕故，凝爲形體。亦資於闢故，含有精英。（此中精英一詞，卽謂心靈。然不直曰心靈者。蓋在無機物中，心靈未得光顯發皇。只可說爲一種微妙的力用，姑名以精英而已。）故謂其無心靈者，甚不應理。然無機物之結構未免鈍濁，（極簡單而無精微靈巧之組織，曰鈍。麤笨而不足爲心靈發抒之具，曰濁。）故雖本具心靈，終亦不得顯發，而疑於無。（疑之爲言，謂雖似無。要非本無。）印度佛徒，說器界爲無情，無生命。非如理之談也。（器界者，一切無機物之都稱。）

綜前所說。心非後於物而有。但物之結構，尚未能發展至有機物或人類的神經系之組織時，則心靈被障礙，而不得顯發。要非本無。（或言心，或言心靈，皆隨文便。他處準知。）頗復有難。誠如翕闢成變之說。

則心非後起固也。然實體之動，終於完全物化。卽只見其翕而成物。而彼至神默運卽所謂闢或心者。縱說爲無定在而無所不在。然心之能用物而資之以顯發其自己也，則唯在有機物或人體之構造臻於精密時，始有可能耳。前乎此者，心唯錮蔽於物，而不得顯。據此。則心之力用甚微。奚以見其能宰物，而於心言唯耶。答曰。甚哉子之固也。夫一切物之本體，無思也。（思者，猶言意計構畫。）無爲也。（爲者，謂立意造作。）是不可以宗教家所謂神帝者擬之亦明矣。無思，無爲，卽非有預定計劃。而其顯爲大用也，一本於其德盛化神而不容已。（吾先哲於此，證會極深。此義廣大淵微，難着言說。唯有智者冥悟焉可也。）如其有預定計劃，則是有所爲而爲之。是以人之私意測大化，而與其不容已之實，大相剌謬矣。夫唯不容已之動，故唯變所適。而亦不能無差忒。蓋動，則不能不有所收凝。（不有收凝，則浮泛而無據。此義前屢言之。）動之至疾，而收凝益甚。收凝則有分化，而成物滋多。（詳前）列子云，天地，空中一細物耳。無量星球，其廣漠至不可思議。自凡情度之，一若本體完全物化。太空只是物質徧佈耳。然則一極如如，寂兮寥兮，獨立不改，周行而不殆之云，奚其然耶。（一極，謂本體。絕待故名一。萬物之本始故名極。如如者，謂此本體，恆如其性也。寂寥者，無形相也。獨立，無匹也。不改，猶如如也。周行，謂其顯爲大用也。不殆，謂不易其性，故無危殆。亦同如如義。今謂本體既物化，故疑上述諸義爲不然也。）明儒鄧定宇有曰。畢竟天地也多動了一下。此語甚有義蘊。吾所謂動則不能無差忒者，亦此意也。須知。本體是無思無爲的。不可說爲造物主。故無預定計劃，唯一任其不容已之動，則難免差忒者，勢也。坎卦，陽錮於陰。（☵之初爻，及三爻，皆陰。一陽居二，爲陰所錮蔽。）陽者，吾所云闢，卽本體自性之顯也。陰者，吾所云翕，是將成物，卽本體之動而反其自性者也。夫動，則不能無反，此未可以差忒言之。反之而或近於物化，乃至以物而障礙自性，是乃差忒也。夫天化廣大，（天化，猶云本體流行。）本非有意安排。（卽無預定計劃之謂。）故自然之運，有若失其貞常。坎卦之所示者，此而已矣。

夫天化不齊。（天化，注見前。不齊者，謂其動而不能無差忒也。）翕而成物，既已滋多。有物則不能無累。謂本體將因此而障礙自性也。然而，本體畢竟不可物化。畢竟不捨自性。（不捨者，不捨失也。猶云不變易。）方其動而翕時，（談至此，本無時間義。但爲言說之便，姑置時字。）卽有剛健，升進，純淨，虛寂，靈明，及凡萬德俱備的一種勢用，卽所謂闢者。與翕俱顯。（俱者，不相離義。謂闢與翕，本一體之動，而勢用有殊。實非可截爲二。又兩勢相俱，非次第起。故置俱詞。）於以默運乎翕之中，而包涵無外。（翕則成衆物，而皆在闢所包涵之中。故闢乃絕待而無外。以其爲本體自性之顯也。）易於乾元言統天，亦此義也。（乾元，陽也。卽闢也。此所云天，卽蒼然之天。實指一切星球而目之也。闢之勢用，實乃控御諸天體。故言統天。夫諸天體，則物之最大者。且爲闢之所統御。則無有一物不爲闢之所運者，蓋可知矣。吾人七尺之形，心爲其宰，又不待言矣。）但闢之運翕，（運卽有統御義）必須經歷相當的困難。翕旣成物，則其勢易以偏勝。何者。物成則濁重。闢之勢用，未能驟轉此濁重者而控御自如。易言之，卽翕或物，足爲闢或生命之障礙，而使生命墮於險陷。（生命一詞，注見前。）此坎卦之所示也。生命之出乎險陷，有以物物（上物字動詞。謂能用物及主宰乎物也。）而不物於物者。（猶云不爲物所障礙）必須有最大之努力，經長期之演進，始克奏膚功。易曰，陰疑於陽，必戰。爲其嫌於無陽也。（見坤卦）此中陰謂翕。陽謂闢。蓋翕或物之勢方盛，重濁難反。而闢或生命方被錮於重濁之物質，而不能總其統馭之力。故生命於物，若疑其侵蝕己也，則非奮戰以破重濁之勢，而控御之以從乎己，其有能自遂者乎。故曰，陰疑於陽必戰也。夫生命一息亡戰，則物於物。（猶云被侵蝕於物）而生命熄矣。故曰爲其嫌於無陽也。生命以奮戰故。始從無機物中，逐漸顯發其力用。於是而能改造重濁之物質，以構成有機物，及從有機物漸次創進，至於人類，則其神經系特別發達。而生命乃憑之以益顯其物物而不物於物之勝能。坎卦所爲必次之以離者，其義於此可徵。離之爲卦，（☲）陽則破除陰闇險陷以出。（坎卦陽陷陰中。離乃恰與之反。）闢以運翕也。陰履中道，而不爲陽之障。（陰居二爻，名履中道。蓋陰以順從乎陽爲中正。故以居中象之。）翕不礙闢也。由坎而離。則知天化終不爽其貞常。而險陷乃生命之所必經。益以見生命固具剛健，升進等等盛德。畢竟能轉物而不至物化。畢竟不捨自性。此所以成其貞常也。

或復問言。如公所說。本體流行，則以翕闢故反而成化。（故反者，謂若故意出此也。然本無意，蓋理之自然耳。）翕則成物，疑於本體不守自性，而物化矣。然闢，則自性之顯也。終以戰勝乎物，而消其滯礙。（物本滯礙。然爲闢所轉化，則滯礙消。）故本體畢竟常如其性。是說，誠無可難。然本體流行，無預定計劃。此固公所常言者。今謂闢或生命之戰勝乎物也，固一步一步的創進，（如自無機物，歷有機物，以至人類。）又似有計劃預定者然。而公云無之，何耶。答曰。天化者，自然耳。（老氏所謂自然，猶印度佛家所云法爾道理。法爾亦自然義。蓋理之極至，非有所待而然。是謂自然。又此理體，其顯現或流行，只是德盛而不容已。非有意造作而然。是謂自然。故此云自然義，與印度自然外道之旨，截然不同。自然外道主張一切物皆自然生。如烏自然黑，鵠自然白云云。此世俗無知之說。無學理上的價值。玄奘等詆老子爲自然外道。由其於老子全無所知故也。）豈嘗有意造作哉。謂其預定計劃，則是以人意測天化也，奚其可。夫自生命創進之迹而通觀之，（生命之表現，自無機物，而有機物，以至人類，皆其創進之迹也。）由一階段，進而爲另一階段，（如在無機物爲一階段。進而爲有機物，便爲另一階段。自植物以往，皆可準知。）若有計劃預定者然。抑知，迹者幻象。而其所以迹者，固不可執迹以測之也。（所以迹者，謂天化，或生命自身的活動。）生命之創進，本非盲目的衝動，可謂之有計劃。而不可謂其計劃出於預定。使其計劃預定，則應爲一成不變之型。何以其表現也，自無機物而有機物，乃至人類，有許多階段的變異，曾無定型。（何以至此爲句）又在有機物未出現以前，生命猶被物質錮蔽，而難自顯。是爲險陷之象。如有預定計劃，尤不應出此。或疑余爲反對目的論者。然余於目的論，亦非完全反對。持目的論者，如果有預定的意義，則吾所不能苟同。如果講得恰到好處。吾亦何反對之有。王船山解易。說乾知大始云。今觀萬物之生，其肢體，筋脈，府藏，官骸，與夫根莖，枝葉，華實，雖極於無痕。而曲盡其妙。皆天之聰明，從未有之先，分疏停勻，以用地之形質而成之。故曰乾知大始。（易傳曰。乾知大始。乾者陽也。相當吾所謂闢。闢者，本體自性之顯也。故於用而顯體，則闢可名爲體矣。體非迷闇，本自圓明。圓明者，謂其至明無倒妄也。故以知言。大始者，自體言之，則此體顯現而爲萬物。自萬物言之，則萬物皆資此眞實之本體而始萌也。大始之大，贊詞也。此中意云。本體具有靈明之知，而肇始萬物。故云乾知大始。船山云用地之形質。實則，地卽形質，特以地爲主詞耳。此形質非別有本。蓋卽本體流行，不能無翕。翕便成形質。而本體或生命之顯現，必用此形質以成物也。否則無所憑以顯也。）船山此說。吾大體贊同。唯其云天之聰明，從未有之先，分疏停勻，以用地之形質而成之。此則有計劃預定之意。吾所不能印可。夫易言乾知大始者。（乾注見上）謂乾以靈知，而肇始萬物。（知讀智）不可妄計宇宙，由迷闇的勢力或盲目的意志而開發故。（此處吃緊）易之義止於此。並不謂乾之始萬物也，有其預定的計劃。而船山乃謂從未有之先，分疏停勻云云。是與易義既不合。而其義之不可持，則吾前已言之矣。然本體之顯現而爲萬物也，雖無預定計劃。而不妨謂其有計劃，只非預定耳。但此計劃二字，須善會。非如人之有意計度也。其相深微而不可測。唯於其因物付物，而物皆不失其正。卽此，知其非盲目的衝動，而謂之有計劃也。（因物付物者，本體既顯現而爲萬物。卽是因物而付與之。如天也，地也，人也，物也，此一一物，皆本體之顯現。卽是本體因其所現之各物，而一一皆舉其自身以全付之。詳玩上卷明宗章，大海水與衆漚喻。）夫因物付物，則一任自然之化。未嘗有預定之的，立一型以期其必然。（譬如大海水，現作衆漚。乃自然耳。非以意爲之型，而期衆漚之必由乎一型也。）然物之成也，則莫不得其正。諸天之運行有序，天之正也。山川之流凝，各成其德。（山之德凝。川之德流。）山川之正也，動植物之構造，纖悉畢盡其妙，於以全生而凝命，動植物之正也。人之泛應萬感，而中恆有主，不隨感遷，（如衆色雜陳。而視其所當視。不隨衆色以眩惑也。是不隨感遷。舉此一例，可概其餘。）人生之正也。夫物之不齊。而莫不各葆其正。故知生命的本身是明智的，而非迷闇的。其創進也，則自其潛運於無機物中，以至表現於有機物，迄人類，其所以控御物質而顯其力用者，當然不是一種盲衝亂撞，而確是有幽深的計劃的。如船山所說，動植物的機體，分疏停勻，曲盡其妙。（生機體，由簡單而趨複雜，故云分疏。然各部分，必互相均和調協。故云停勻。）其有計劃，顯然可見。至其潛運於無機物中，則其計劃隱而難知，而固非無也。大易隨卦，頗著其義，是可玩已。隨卦爲震兌二卦之合。下三爻，震卦也。上三爻，兌卦也。

☱☳此卦，震陽在下，以從二陰。兌陽漸長，而猶從一陰。故名隨。夫陰從陽，化之常也。道之正也。今陽從陰，何耶。蓋生命之顯發也，不能不構成物，而用之以自顯。（此中生命卽謂闢。闢者，本體自性之顯。故可說爲本體。而生命旣是斥指闢而名之。則亦卽是斥指本體而名之也。）故此生命一詞，不同俗解。他處言生命者仿此。本體之流行，不能無翕。易言之，卽生命不能不構成物也。）物成而重濁。生命不能遽爾控制自如。姑自潛以隨乎物。震之一陽在下，以從二陰。（凡陽，皆表生命或本體。凡陰，皆表翕或物。他處言陰陽者仿此。）兌陽漸長，而猶不能已於隨。陽雖長。而陰之重濁，必制之以漸故也。（如植物出現時。陽固稍長。而猶隨陰，未能發顯陽之力用。必至動植物分化以後，陽乃以漸而制陰也。）王船山說隨卦有曰。陽雖隨陰。而初陽資始。（震之一陽，潛而在下卦初。爲萬物所資始。）以司帝之出。（震卦取象於帝。見前談震卦中。謂震陽潛動，以出生萬物。是爲帝象。）雖順陰以升，若不能自主。（順者隨義。生命之顯也，必構成物，而始資之以自顯。然物旣成，則乃自有其權能。故生命始以物爲工具。而終感工具之不易制。故必隨順之，而後乃漸轉工具爲己用。陽之順陰以升，卽此故也。）而陽剛不損其健行。可以無咎。船山此說，大義粗著。然吾於隨，而竊嘆生命之運用物質，非無計劃。其隨也，正其計劃也。生命在無機物的階段中，並非完全被物質障礙。（雖亦受其障礙。）而物方成重濁之勢。生命於此，不得不姑隨之，而徐圖轉化。其計劃亦只合如此耳。

問曰。公固曾言，天化之行也，無預定的計劃。而公云天者，乃本體之名。本體亦說爲生命。今乃復云，生命創進，非無計劃。但不預定。夫焉有計劃而非預定者乎。計劃之爲言，所以籌策將來也。如何非預定耶。

答曰。汝不了我所謂計劃一詞之意義。吾前已說，計劃者，非如人之有意計度也。其相深隱而不可測云云。夫未嘗有意。未嘗計度將來而定其趣。曷爲而言計劃哉。言計劃者，明其非盲目的衝動也。無將也。無迎也。

（有意規度未來曰將。有意奔趣未來曰迎。此人之所爲也。天化本無意，何將迎之有。）健動而明。（健以動。而大明內蘊。非迷亂馳流也。）成物而用之，不失其正。（物者，生命所自成也。非物別有本也。用物則有物化之患。而能保其自性，以免於患。故物成，而終必實現生命的力用。非果物化也。是不失其正。）以此故知，雖非有意計度籌慮。而由生命恆能戰勝物化之勢，以顯自力用故。（自者自己，設爲生命之自謂。）知其本非盲目的衝動。故謂之有計劃也。此計劃一詞，但顯生命創進，絕非迷亂。並不謂爲由籌度而始決定其行動，非擬天以人也。（人有意，而天無意。）

復次生命是全體的。而必翕而成物以自表現。則於全體之中有分化焉。自其爲全體言之，只是德盛而不容已。（注見前）故唯變所適。並非於變之開端，而預計將如何以構造物，以爲其所欲達之鵠。（此中變之開端一語，係順俗計而言。實則，變本無端。）前云無預定計劃者，以此。（或問，唯變所適。則是前之於後，無所規定。後之於前，不必依準。如此，則神變不可測。可謂絕對自由矣。答曰，變也者，言乎生命之生生而不已也。此生生不已者，前無所預期於後。後起續前，而不用其故。是以變無定準。唯隨所之而已。然必要說個自由，亦是以情計去猜卜天化。須知。自由，待不自由而後見。今談到宇宙的大生命，本無所謂不自由。亦無所謂自由。）自其分化而言之。則渾全的生命，憑物以顯，（憑者憑藉）若成爲各個體。（若之爲言似也。生命畢竟是渾全的。謂成爲各個體者，特緣物形而擬似之耳。非實然也。）生命用此個體爲工具，以表現自己。必非迷闇的衝動。而有其隨緣作主的明智。此可於其不肯物化而徵之也。所謂有計劃者此也。前云目的論，如講到恰好處，則無可反對。意亦在此。

總之，生命的創進，從其爲全體的，可說唯變所適。決沒有預計如何去構造物而用之。如船山所說，動植物之機體，其構造極妙，皆天之聰明，從未有之先，便已預先計劃妥當。此亦是一種目的論。卻甚錯誤。船山此段話，（見周易稗疏卷三）很容易被人誤會他的言天，同於宗教家之上帝。其實，船山絕非宗教家。船山所謂天，蓋指剛健不息之神而言。（此神的意義，卻不是具有人格的。以其靈明微妙，而無所不在，無物非其所發現。故謂之神。）但船山說易，頗有二元論的意思。（船山說大易乾坤並建。乾表神明。坤表形質。）本論所云體用之旨，蓋非船山所及悟。故非眞知變者也。夫唯變所適。即其於物也，非有如何構造之預計。易言之，卽未嘗懸一型，以爲其造物之鵠的。然而生命之表現，自不期而成物。（不期者，非有意造作萬物故。）其所爲不期而成者，蓋德盛化神，不容已之幾。故非意欲所存也。使其有意，則累於所欲，而生命且熄矣。故唯變所適，無有預立之鵠的以成物，而物無不成者，此自然之符也。（老氏言自然，意正在此。）然物成，而生命用之以自顯。則其用物也，必有隨緣作主之明智。因此，如船山所云，機體構造精妙，乃使物質不爲礙，而終隨已轉，於以顯其生生之盛。（此中已者，設爲生命之自謂。）所謂計劃或目的者，只合於此言之。（以上就生命用物言。則有計劃或目的。隨緣作主一語，卽是有計劃或目的之義。如是盲衝瞎撞，則隨緣不得作主矣。然曰隨緣作主，則又非如船山所謂從未有之先云云。蓋隨緣，則非預計或預懸一的也。機體構造精妙云云，正是其隨緣作主處。）是故談生命者，自其爲全體言之。只是唯變所適，決沒有如何去構造物的預計。自其爲全體而有分化言之。則生命表現於其所不期而成之物質中，乃用物而能隨緣作主，因以見其有計劃或目的。前面所謂無預定計劃，而又未始無計劃者。至此，則其義蘊已竭盡無餘。大易坎離二卦，明示生命跳出物質障錮之險陷，而得自遂。其仗以出險者，非計劃或目的之謂歟。

附識　或問。公所謂生命，本依闢而名之也。然亦以爲本體之名。夫闢與本體，義猶有辨。而生命一詞，乃兼目之，何耶。答曰。寂然無相，是謂體。卽此寂然無相者，而現起有爲，是謂用。（全體成用。非體在用外。譬如大海水，全成爲衆漚。非大海水在漚外。）用，則有翕有闢。而翕，便現爲形物。其運乎翕而爲之主者，乃闢也。故嚴格言用，唯闢是用。闢，具剛健，升進，虛寂，淸淨，靈明，或生化不息，及諸萬德。此本體自性之顯也。故於用而識體，卽可於闢說爲體。（雖翕亦是體之呈現。但此中取義自別。）故生命一詞，雖以名闢。亦卽爲本體之名。體用，本不妨分說，而實際上究不可分爲二片。達此旨者，則知本論生命一詞，或依用受稱者，乃卽用而顯體也。或斥體爲目者，舉體卽攝用也。何嘗有歧義乎。夫生命云者，恆創恆新之謂生。（恆者，無間斷義。恆時是創造的。恆時是新新而不守其故的。）自本自根之謂命。（自本自根，用莊生語。自爲本根，非從他生也。豈若宗教家別覓上帝或靈魂哉。）二義互通，生卽是命，命亦卽是生故。故生命非一空泛的名詞。吾人識得自家生命卽是宇宙本體。（舉體卽攝用，如前已說。此中宇宙一詞，乃萬物之都稱。）故不得內吾身而外宇宙。吾與宇宙，同一大生命故。此一大生命，非可剖分。故無內外。內外者，因吾人妄執七尺之形爲己，爲內，而遂以天地萬物爲外耳。

已說坎離。次談艮兌二卦。

艮卦，合上下兩艮卦而成。如下所列，䷳。艮之義爲止。此卦陰爻並隱伏於陽爻之下。陰有靜止之象。（易之取象，不拘一格。宜隨各卦之情而玩味之。）陽，乾也。取象於天。（此中天者，空界之名。非謂星球。）故可以表本體。（空界清虛。故可以譬喻本體。凡象，猶譬喻也。）此卦卽明本體固具許多潛能。（潛能者。潛言潛在。能謂可能性。）以其隱而未現。假說爲靜止之象。故此卦以艮立名。

兌卦，合上下兩兌卦而成。如下所列䷹。兌卦爻象，恰恰與艮相反。

䷳ 艮

䷹ 兌

兌卦，陰爻居上。象其發現於外也。陽以象本體，復如前說。此卦明本體所固具的許多可能性，於潛隱中，自當乘幾而發現於外。（幾者，自動之幾。非外有可乘之幾也。）由潛而顯。化幾通暢。故有欣悅之象。（兌卦，取象於澤。說卦云。說萬物者，莫大乎澤。以澤潤生萬物，故萬物皆說。故兌卦象澤者，卽表欣說的意義。）此兌卦所由立名。（正義曰，兌，說也。）

夫所謂本體固具許多潛能者，何耶。能者，猶言可能性。因爲本體是萬理賅備之全體，而無有一毫虧乏的。如其有所虧乏，便不成爲本體。須知。本體是圓滿至極。德無不全。理無不備。所以目爲化原，崇爲物始。（始字，須善會。由此本體，「徧爲萬物之實體。故云物始。非謂其超脫於萬物之上，如宗教家所云上帝也。）然復應知，本體是必現為大用。是即體即用，而不可分體用為二的。但是，我們為講說的方便計，姑且把體，別離開用來說。即是把萬理賅備的本體界，當做無窮盡的可能的世界。這無窮盡的可能，正是隱而未現。恰好像是一個靜止的世界。所謂本體固具許多潛能者，其義如此。艮卦之所示者，只此而已。

然而本體是即靜即動的。（此言動者，變義。非如俗所計物件移動之動。）即止即行的。（湛然寂止。故浩然流行。浮亂則未有能行者也。善體天化者，體之於己而可知。）易言之，即體必現為用。夫體現為用，其化也神。神化則新新而起，不留其故。（前用纔起即滅，後用即生。是通前後而皆新。焉有故化可留。）積頓以成漸矣。（用之生，或化之起，只是頓起耳。然每起皆頓。積不已之頓而成漸。）前面曾說，本體是萬理賅備之全體。（此語，宜善會。體之為體，不是兀然頑鈍的物事。他只是萬理賅備的全體。但不可妄計本體別為一物事，而能有萬理。若作是計，便大謬。此語，上文屢見，皆準知。）亦即是具有無窮盡的可能的世界。這些可能，自必以漸而發現。有時甲種的可能發現。而乙丙等等的可能，或暫隱而不現。（如低等的心作用發現時，而高等的心靈尚未顯發。）久之隱伏的可能，終當發現。至此，則化機通暢。即是本體現為大用，漸近完成時。（漸近二字，吃緊。事實上無所謂完成。大易終篇，纔示既濟，而即繼以未濟。其旨深哉。）一眞之體，現為大用。行至健而無止息也。使有完成，則化幾且息。本體不將為死體乎。中庸曰至誠無息，與大易未濟之旨，互相發明。至哉斯義，焉得解人而與之默於無言。）夫化幾暢而及於遂。（遂者，上文所謂完成。及於之言，猶漸近也。）故有欣悅象焉。此兌卦之所示也。（欣悅，只是表示一種暢遂的意義。化幾之遂，如自無機物，以至人類的心靈昭顯。可謂暢遂，而幾於完成矣。故以欣悅象之。）

如上所說，本體是含藏萬理，不妨假說他（本體）是具有無量的可能的世界。（此中含藏二字，須善會。非有能藏所藏可分。若分能所，則是二之也。後凡有類此之詞者，皆準知。）故體現為用，則用之著也有漸。（著者顯著。用不孤起，故有一翕一闢可言。翕而成物。物則始於簡單，終於複雜。如星球之形成，如生物之發展，及其他，莫不由簡趨繁。闢則心之名所依以立也。泰初有物，而心靈未現。未現者，非無有也。特居幽而至微耳。及有機物出現以後。而心靈發展，日益殊勝。故云用之著也有漸。）用者固理之所爲。無有一用之生而非其本體所含或種理之所發現者。（無有二字，一氣貫下。問曰。言或種理者，則是理有種類可分。夫理者本體之目。曷爲可分種類。答曰。金剛經言眞如非一合相。眞如即本體之名。一合相者，謂頑然而一，無有分理也。本體豈是如此頑鈍的物事。故非之。當知。本體是萬理賅備的。易言之，萬理交容交攝，而爲一全體。是名本體。由體非一合相，故言萬理。故可假說種類。卻非如分別事物之種類者然。切忌謬執。）理唯至足，無所不備，而爲潛在的無量的可能的世界。故用相之或未現者（用相者用之相故，斯云用相。以用起必有相狀故。用者翕闢也。翕則物相生。闢無物相，而非無相。但其相不可以感官接耳。或未現者，如高等心靈作用，在人類未生之前即未現此相也。）而其理固具於本體。特未顯發耳。程子所謂沖漠無朕，萬象森然已具。正謂此也。（沖漠無朕，形容本體空寂。無障染名寂。無形相名空。泊然無朕迹可得，云無朕。萬象森然即理。）理體成爲大用，（理體者，以本體是萬理賅備，故名。）是不容已的向前開展。正如老子所云虛而不屈。（不可窮竭云不屈）動而愈出。（有人說。宇宙是層復一層的創化不已。如物質始凝。而後有生命，有心靈，漸次出現。以此證老氏不屈與愈出之義。此說，吾不謂然。生命與心靈不容分爲二。離心靈無別生命可說故。可覆看前談坎離二卦中。此義，明儒已多言及，但辭略耳。又物質始凝時，非無生命或心靈。本論隨在發揮斯義。余以爲欲明不屈與愈出，不必如說者所云。如物理世界，由流之凝。由渾之畫。由單純而之複雜。心靈，則自其當無機物時，隱而不顯。迄至人類，乃特別發達。如哲學家極淵微的神解，科學家極奇特的創見，及凡文化上一切偉大制作的慧力，都是一層一層的創化不已。此正老氏所謂不屈與愈出之義。）其所以不屈與愈出者，正以含藏萬理，故能如此耳。理體世界的可能，恆是無盡藏。大用流行的世界，只是變動不居，而終不能盡其理體之所有，完全實現。（理體是圓滿的。用相有對而無恆，不能無缺憾。）此大化所由不容已。而人生終不絕其希望也夫。（人生唯向上，而反諸自性，方得圓滿。自性謂本體也。若不悟此，而淪溺於流行的世界中，不能於流行而識眞體。則將逐物不反。唯長苦缺憾而已。）

夫理無不備，而用待以成。故用相之現也，乃卽相卽理。（相者用相。后倣此。用相卽理之所成。故云卽相卽理。）用相有所未現，（未現見前注）而理體元無不備。則不可妄臆相方未生，卽無有此理也。異哉王船山之說曰。天下唯器而巳矣。道者器之道也。無其道，則無其器，人皆能言之。雖然，苟有其器矣，豈患無道哉。無其器，則無其道，人鮮能言之，而固其誠然者也。洪荒無揖讓之道。唐虞無弔伐之道。漢唐無今日之道。則今日無他年之道者多矣。未有弓矢而無射道。未有車馬而無御道。未有牢醴璧幣鐘磬管絃，而無禮樂之道。則未有子而無父道。未有弟而無兄道。道之可有而且無者多矣。故無其器，則無其道。誠然之言也。而人特未之察耳。（周易外傳卷五）詳船山所謂道，相當吾所謂理。船山所謂器，相當吾所謂相。（相者，具云用相。注見前。）由船山之說，則理體非固有。非大備，非圓滿無虧之全體。直須有如是相，而後有如是理。相方未現，卽固無此理也。然則用固無體，憑空突起乎。如觀海者，不悟衆漚以大海水爲體而始起。乃直謂其憑空突起。則人無不笑其倒妄者。船山之見，又何以異是。夫用則屢遷。（遷者，不守故常。）而理唯法爾完具。（完者完全。謂理無所不備。具者謂理乃本來具有。不由後起。）人類未生時，而爲父爲兄之理，固巳先在。（慈愛之理，自是本體固有的。故云先在。后倣此。）牢醴璧幣鐘磬管絃，此等事物未出現時，而爲禮爲樂之理，要皆先在。推之未有弓矢車馬，而射御之理先在。及凡古今異宜之事，當其未現，而理自不無。夫理備而數立。（理極備。故有數。而數亦無不備。）相則理之乘乎數以動而始顯。理數者，無假於相而固存。而相則依理數以顯。（依字，須善會。非以此依彼也。相成於理，而相卽是理。相因乎數故不異數。）但理之成乎相也，以其圓滿大備之全體，深遠無窮極。浩浩如淵泉而時出之。（出者出流義。淵泉極深極博。故其出，非可一瀉而盡。故言時出。猶曰時時不巳於出耳。夫出者，淵泉之實現也。時時不巳於出，則淵泉終不能舉其自所固有者而完全實現之。有餘故不竭也。理體現爲用相，亦同此況。）故相不卽是理之全現。而理恆極備矣。

如上所述，理體爲潛在的無量的可能的世界。故以艮卦表之。理體現爲大用，化幾暢矣。故以兌卦表之。

今復略為疏抉，以絕疑誤。

一曰，理者是實法。（實法者，謂其有實自體也。雖其自體不是具有形質的。要是實有，而非空洞的形式之謂。）非假法。（假法者，謂其只是空洞的形式，而無有實自體也。）或以為理字，具有條理與法式，軌範等義。故是共相。此等共相，乃離開現實界之特殊物事而自存於眞際界云云。（此說本之西洋談邏輯者。）如其說，則眞際界與現實界，顯劃鴻溝，不可融會。此已難通。而其所謂理，又只是空洞的形式，例如方等。（彼計方的桌子等之方，是一切方的桌子等之共相。亦說為理。夫方的桌子等，在俗諦說為實有的物事。而方的共相，則只是空洞的形式而已。今若僅在邏輯上，以共相為特殊物事的型範。而不與形而上學中所謂理者相混。似猶較妥。茲乃以共相，應用到形而上學裏來。以為是現實界中特殊物事之所依據以成者。而此共相既是空洞的形式。又謂其離開現實界而獨存於眞際界。則二界如何發生關係，既難說明。且此空洞的形式，無實自體，又如何得為特殊物事所依據以成者乎。果爾。則是無能生有，殊不應理。）此其說，與本論所謂理的意義，極端相悖。不容相濫。本論，乃直指本體而名之以理。本體是實有。不可視同假法。說共相為理者，只以理為空洞的形式，如方等。則理便屬假法。何得為一切物之實體。此其不得不相簡別也。然本論所云理，亦不妨假名共相。因為，理是有實自體的。但其自體，既非如現實界物事之可破析為斷片。卻亦不是頑然而一，無有條理和軌範的呆板的物事。（卻亦至此為句。譬如一顆種子，通常看做是頑然而一的物事。實則不然。他已是具有萌芽，及根幹，枝葉，花實種種的可能。便見得他是具有許許多多的條理和軌範了。理的自體上具有條理和軌範，也可由此譬而得其解。但譬喻只取少分相似。不可因譬，而轉生執著，將理體當做現實界的物事去推測也。）從其具有條理與軌範的方面來說，亦得假名共相。但此共相，乃依本體或實體上假說之。非尅就假法上立名。（世所言共相，只是假法。）與常途所用共相一詞的意義自不同。

二曰，理之現為相，（相者具云用相。見前。）不待別立材質而與之合。如果把理，說為一種空洞的形式或法式，則必需於理之外，更建立一種材質，而理乃與之搭合以成物。如此，似未免戲論。（宋儒言理氣，已有未盡善處。後人遂有以氣爲材質。而理別爲法式。遂成種種支離之論。余於此不欲詳，當別爲筆記。）本論所謂理者，既是實體。所以不須別找材質。理體淵然空寂。（淵然深遠貌。無障染名空，非空無也。無昏擾名寂。）空故神。（神者靈妙之極。體離障染故。）寂故化。（化者生生之盛。唯湛然眞寂，故生化不窮也。）神化者，翕闢相互而呈材。（翕從闢而起。闢資翕以行。故云相互。實則，一體之流行，現作翕闢二勢也。材者，具云材質。但此材質字，須活看。不可作質礙解。一翕一闢而材質現。心物萬象，於此而立。）生滅流行不已，而造化之情可見。（翕闢勢用，纔生卽滅。無暫時停滯。如此，新新而生，流行無已。所以謂之神化。造化，卽謂神化。情者，動發之幾。非機械性，故以情言之。此情字義深。須善會。情者用也。但用字義寬。大用流行，必有情故。）是故材質者，理之流行所必有之勢也。其情之至盛而不匱故也。材呈，故謂之相。（相者，用之相。見前。）故曰理之現相，不待別立材質而與之合。以其爲至實而非無故也。（世之以共相言理者，只是空洞的形式，卽等於無。）

三曰，理體與用相，不可分爲二界。天理流行，卽名爲用。用則有相詐現，故云用相。（名理體以天理者。至眞絕待。不可更詰所從來。故云天也。理之流行，卽予以用名。用則有相狀現。而相狀無實，不暫住故，遂云詐現。）全體成用。全用卽體。云何可判以二界。譬如水成爲冰。（水以喻理體。冰以喻用相。）水，本含有堅凝，流潤，及蒸汽種種可能。今成冰，卽堅凝之可能已實現。自餘許多可能，暫隱而不現，非消失也。然水與冰，不一不異。（不一者，水與冰有別故。不異者，冰之實體卽是水故。）理體與用相，亦復如是。（有體用可以別詮，卽不一。體者，用之本體，云何可說爲異。）

附識　宋儒說理不離乎氣，亦不雜乎氣。是直以理氣爲兩物，但以不離不雜，明其關係耳。此說已甚誤。明儒則或以氣爲實在的物事。而以理，爲氣之條理。則理且無實。益成謬論。後之談理氣者，其支離又不可究詰。余以爲理者，斥體立名。（體者本體。）至眞至實。理之流行，斯名爲用。亦可云氣。（氣者，非形氣或空氣等氣字。乃卽流行的勢用，而形容之以氣也。此氣字，卽謂有勢用現起，而非固定的物事也。

中卷有一段言及此。）故氣者，理之顯現。而理者，氣之本體也。焉得判之爲二乎。復次俗所謂現實界，則依用相或氣，而妄執爲實物有。（實物有者，吾人因實際生活，而執有一切實在的東西。遂不悟用相之神變不居，而只計有實物。故云實物有。）此則純爲情見所執耳。其實，非離用相或氣而別有如是現實界也。

綜前所說，以八卦，表示體用與翕闢諸大義，靡不包舉無遺。物理世界所由成立，於此已悉發其蘊矣。本章，首刊定舊師（印度佛家唯識論師）建立物種以說明物界，實爲妄計。（物種，舊云相分種子。）次依本體流行，有其翕的方面。翕則分化，於是成立小一系羣。由此，施設物界。夫有物有則。故範疇非純屬主觀，而畢論及此。終之以八卦，則大義無不畢舉。是故窮極物理，本無有如俗所計之物。但依眞實流行，則不妨隨俗設施物。（眞實謂本體。流行則有翕之方面。依此而假說物界。）俗情於此，庶幾無怖也歟。（俗情執物。聞無物則起驚怖。）

復次物理世界，或無量星球，雖復幻相宛然。（物理世界，實依翕的勢用，詐現迹象，而假爲之名耳。迹象者幻相也。本非固定的物事。而現似實物，故云宛然。）要有一期成毀。（一期者，如地球，自其初凝，迄至毀時。說爲一期。凡物有成必有毀。無有一成而恆住不毀滅者。）昔邵堯夫說天地當壞滅。學者或疑其怪誕。然近世科學家，並不否認現在的星球是在消蝕與放射。則堯夫不爲臆說矣。但科學家或計遠空某處，得因是處放射，又凝成物質。因此。如是處的宇宙不幸瀕於死亡。而別一新天地卻正在創造中。此新天地的構成，並非以舊天地的餘燼爲原料。而是舊天地燃燒時所發的放射，又凝成新天地。這種輪迴宇宙說，雖若有可持之理由。而仍有許多科學家，據熱力學第二定律，承認宇宙間死熱一定繼續增加。因判定輪迴宇宙的觀念，是一種荒謬的思想。上來主張與反對之二方面。吾儕誠難爲左右袒。然吾終相信，無量宇宙或一切星球，決定要遇到壞滅之神降臨，無法避免。但是，我亦決非持斷見論者。（斷見者，謂如宇宙滅已，更不復生。是謂斷滅見。）我相信宇宙的本體，總是至誠無息的。是要現爲大用，流行不已的。因此，可以設想宇宙整個壞滅之後，也許經過相當時期的混沌境界。（混沌無物貌）然後又從新形成無量的宇宙。設問，何故須經一混沌時期。我的答案是，物之極其大者，其成也不能不以漸。（印度佛家把諸星球或天地，總名爲大。以其相狀極大故。）如前已說，本體流行，有其翕的方面。此翕的勢用，雖復剎那生滅，而恆相續流故。即此無間的勢用，（剎那剎那，都是前前滅盡，後後續生。故云無間。）漸漸轉故，現似大物。非可不由積漸，暫然驟現一新天地也。（暫然，形容其時之暫。）夫物者，世間相也。（曰天地，曰宇宙或星球，皆物之別名耳。世間相者，謂此物相，乃世間情計執著，以爲有如是物耳。）其本相，則前所謂翕的勢用是也。翕勢，前剎那纔起即滅，而有餘勢，相狀宛然。（餘勢者，譬如香滅已，而有餘臭宛然。）後剎那似前勢續起。雖起已即滅，復有餘勢，相狀宛然。剎那剎那，生滅滅生，遞積餘勢，其相狀以漸增盛。是名大物。故物相之成也必以漸。新天地之生，可信爲理所必有。但非必當舊天地滅時，即代之以起，若與之緊相接續也。

問曰。天地不能無成毀。雖毀已，當復成。而值其毀時。則人類之一切努力，一切創造，畢竟歸空無。然則吾人既知其必毀，而何以爲安心立命之地耶。答曰。有心求安，是心則妄，而非其眞。有命自天。（命字，有多義，略言之。一流行謂命。如云本體之流行是也。二緣會或遭遇謂之命。如俗云命運是也。三物所受爲命。夫人物所以生之理，不由後起。因假說爲天之所賦予，而人物受之以爲命也。此中命字，屬第三義。實即斥指人與萬物所同具之本體而名之也。）萬仞壁立。（形容其至高無上。）易云以至。（易曰，窮理盡性以至於命。理性命三名雖異。而所目則一。絕對眞實，物稟之以成形，人稟之以有生。故謂之命。尅就其在人而言，則謂之性。以其散著而爲萬物萬事，悉有理則。復說爲理。窮者，博通而約守之，即散著以會歸大本。盡者，全其在己之性，而無以後起之私染障害之也。至字義深。與命爲一，方是至。）老則云復。（老子曰，歸根復命。人自有生以後，囿於形，縛於染污之習。漸以梏亡其本命。故須復也。大易復卦即此意。上歸根二字。與復命義同。）佛亦有言，證大法身。（法身者，佛說萬物之本體，名爲眞如。亦名法身。身者自體義。以是一切法實體故，名法身。諸佛即以法身爲自體故。更有餘義，此姑不詳。證者，證得。諸佛證得此法身故。

夫佛所謂證得法身，與儒老所云復命，至命，無異旨也。蓋體合至眞，卽超越物表矣。）詣乎此者，是立人極。離常無常及有無相。（離字，一氣貫下讀之。以爲常耶，而萬變無窮，是離常相。以爲無常耶，而眞淨剛健，其德不易，其性不改，是離無常相。以爲有耶，而寂然無象，是離有相。以爲無耶，而萬物由之以成，是離無相。）離去來今及自他相。（眞體超時空，故離去來今相。舉時，則空相亦離可知。證悟眞體，便無物我可分，故離自他相。）染汚不得爲礙。（自性淸淨故）戲論於茲永熄。（非戲論安足處所故。非思議所行境界故。）是盛德之至也。何以名之。吾將名之曰無寄眞人。亦名大自在者。（自在，略有二義。一離一切縛義。二神用不可測義。）夫無寄則至矣。何天地成毀之足論。

上來施設物界。今次當詳心法。

第八章　明心上

夫心者，恆轉之動而闢也。（依用顯體，故名本體曰恆轉。說見中卷。）蓋恆轉者，至靜而動。（此中靜者，非與動反之謂。而動者，亦非與靜反之謂。蓋就日常經驗的物事言，則方其靜止也，即不會動轉。而方其動轉也，亦即不會靜止。今就本體上言，則不可以物之動靜相，而相擬測。本體是即靜即動的。動者，言其妙用不測也。靜者，言其冲微湛寂，無昏擾相也。）至神而無。（神者，虛靈不滯之稱。無者，無形相，無障染，無有起意造作也。）本未始有物也。（物者，有形質與方所之謂。本體不可以物測之。）然其神完而動以不匱。（完者，無虧欠也。不匱者，無窮竭也。）斯法爾有所攝聚。（法爾猶言自然。非有意爲之，故云法爾。攝者收攝。聚者凝聚。）不攝聚，則一味浮散，其力用無所集中，唯是莽蕩空虛而已。（莽蕩，無物貌。空虛，無物之謂。）大化流行，豈其如是。故攝聚者，眞實之動，自然不容已之勢也。（眞實，謂本體。）攝聚乃名翕。翕便有物幻成。（物非實故，云幻成。）所以現似物質宇宙。而恆轉，至是乃若不守自性也。（恆轉，寂然無相，本非物也。今其動而翕也，則幻成乎物。是恆轉已物化，而疑於捨失其自性也，乃若者，疑詞。）實則恆轉者，眞實而不可渝。純白而無染。（純白者，清淨之形容詞。）剛健而不撓。（不可折撓）豈果化於物而不守自性者乎。其動而翕也，因以成物。而即憑之，以顯發其自性力。明宗章說，本體是徧現爲一切物，而遂憑物以顯。（詳在上卷）此非深於觀化者，則情解不及也。夫本體，若不現爲用，則直是空無而已，豈得名爲體耶。體現爲用，則不可浮游無據。故其動而翕也，則盛用其力以成物。而本體畢竟恆如其性，決定不物化者。乃自成其物，而憑之，以顯發其自性力已耳。故物者，本體所以顯發其自性力之資具也。而本體豈物化而不守自性者哉。夫本體之動也，（此中動者，變化義。謂其現爲大用也。此動字義深，不可作物件動轉之動解去。）其翕而成物，若與自性反。然同時，即顯發其清剛浩大之力，（此中力者，即謂闢。恐人誤計先翕而後乃闢，故以同時一詞防之。淸剛者，淸謂淸淨。無障礙故。無惑染故。剛謂剛健。不屈撓故。恆自在故。不可隨物改轉故。浩大者，至大無外故。此大字，非與小對之詞。）有以潛移默運乎一切物之中，而使物隨己轉。（己者，設爲上所云淸剛浩大之力之自謂。）畢竟融翕之反，而歸於冲和。是力也，蓋卽本體自性之顯發。易言之，卽本體擧其自身而全現爲此力也。（喻如大海水，全現爲衆漚。）此力，對翕而言，則謂之闢。闢者，開發義。升進義。生生不息義。翕成物則閉塞。此力運於物之中，而通暢無礙。故有開發義。翕成物則重墜。此力運於物之中，而實超出物表，能轉物而不爲物轉。故有升進義。翕成物則違其本。（物之本體，元非物故。）此力運於物之中，則用其反，而卒歸融和。益遂生生之盛。造化之大德曰仁。（仁只是生生義）矛盾要非其本然。（世之言黑格爾辯證法者，殊不識仁。）故有生生不息義。如上略說三義。（非止此三，故置略說。）則闢之得名，已可概見。

綜前所說，翕與闢，同屬恆轉之顯現。（恆轉者，本體之名。恆轉顯現爲翕闢。譬如大海水，現爲衆漚。詳上卷明宗章首段案語。）雖既現而勢異。（翕，凝斂之勢也。闢，則健以開發之勢也。故二勢殊異。）但翕終從闢。健順合而成其渾全。（翕之方面，斂而成物。則闢之方面，乃得憑物以顯其開發之功。否則浮游無據，而闢之力無所集中，卽無以成其爲闢矣。故翕之成物也，乃爲闢之資具，而其德恆順。闢則用物而不爲物役，其德恆健。健以統順。卽翕闢叶合爲一而無異致。故曰渾全。）本旣不二。（翕闢同一本體故。）用乃故反，而實冲和。（翕闢用也。一翕一闢，殆故爲相反。而實以是成其冲和。）故翕闢不可作兩片物事看去。（詳上卷轉變章）又翕則分化成多。（詳成物章）而由闢運乎一切翕之中，無所不包通故，（包者包含。通者貫通。翕以分化，而成一一個別的物事。闢的勢用，則貫通乎一一個別的物事之中。而復包含於其外。蓋闢者，圓滿渾全。無定在而無所不在。）故多卽是一。（翕成爲個別的，是不一也。然闢運於其間，無不包通。則翕不異闢，而多卽是一。）闢則恆是渾一。（渾者，不可分割義。一者，絕待義。全整義。非算數之一。）而以行乎翕或分殊之中故，卽一亦爲多。（闢行乎一一翕之中，卽隨翕，而各顯其用。譬如月印萬川。卽一一川中，各有一月在。參考功能章下及成物章。）知此者，可與窮神。

上來談翕闢大義，只將已前說過的話，在此總括一番，爲向後詳述心法的張本。（心法一詞，本佛典。法字，見吾著佛家名相通釋。）但此處須插入一段話，卽關於心之類別，不可不加辨析。晚周道家，有道心人心之分。（見荀子）印度佛家，有法性心依他心之分。（見雜集論等。然法性依他二心，各有多種別名。此姑不詳。）道家以宇宙本體，名之爲道。（道者由義。萬物由之而成，故以道名。）卽道卽心。故名道心。人心者，則形而後有者也。（形者，形氣或形骸。凡血氣之倫，以其一身，交乎萬物，而有心知出焉。此其心知，則以聽役乎身，而逐物以與物化者也。故謂之人心。人心者，言其非天然本有也。非眞性也。故謂形而後有。道心，則吾人之眞性。天然本有。不由後起。二者之異，宜深切體究。然使道心得恆時爲主於中。則人心亦皆轉化，而成爲道心之發用。則亦無有二心矣。）佛家法性心，則相當於道心。（法性，猶云一切物之本體。佛典中法字，與中文物字略相當。見通釋部甲及語要卷一。佛書性字，多用爲體字之異語。此中性字，卽謂萬法實體。以法性名之爲心。是與道心義相當。）依他心，則相當於人心。（依他，具云依他起。他者緣義。依衆緣而起，曰依他起。本書上卷唯識章下，說心識依四緣而生。卽此心識，是依他心也。此依他心，雖待本心的力用爲因緣。而必由前念對於後念爲次第緣，及境界爲所緣緣，與六根幷習氣等等爲增上緣，方乃得生此心。又增上緣義最寬。所緣緣與次第緣，皆兼屬增上緣。次第緣，若就習心言之，則前念習心，亦望後念而爲此緣。四緣中，以增上緣勢力最大。增上緣中，又以習氣或習心勢力最大。是以障蔽其固具因緣，而自成爲一種力用，卽依他心是也。但此中所說因緣，係據本論所立義。不同舊師種子說。詳上卷唯識章下。夫依他心既是緣生法。而諸緣中，又以增上緣如習氣，及根，境之勢力爲最盛大。則此心，明明是形而後有。與人心義相當。無可疑者。）本論融通佛道二家意思。分別本心與習心。（本心具云本來的心。習心則習氣之現起者也。其潛伏而不現起時，但名習氣。）本心亦云性智。（從人生論與心理學的觀點而言，則名以本心。從量論的觀點而言，則名爲性智。）是吾人與萬物所同具之本性。（本性猶云本體。以其爲人物所以生之理，故說爲性。

性者生生義。）所謂眞淨圓覺，虛徹靈通，卓然而獨存者也。（非虛妄曰眞。無惑染曰淨。統衆德而大備，爍羣昏而獨照，曰圓覺。至實而無相曰虛。至健而無不遍曰徹。神妙不測曰靈。應感無窮曰通。絕待曰獨存。）道家之道心，佛氏之法性心，乃至王陽明之良知，皆本心之異名耳。習心亦云量智。此心，雖依本心的力用故有。（習心非本心，而依本心之作用故有。譬如浮雲非太空，要依太空故有。）而不卽是本心。畢竟自成爲一種東西。原夫此心雖以固有的靈明爲自動因。（固有的靈明猶言本心的力用。參考上卷唯識章談因緣處。）但依根取境，（佛家所謂眼等五根者，是心所憑以發現之具。而不是心。亦不卽是頑鈍的物質。今推演其旨，蓋卽有機物所特有之最微妙的生活機能。其發現於眼處，謂之眼根。發現於耳處，謂之耳根。乃至發現於身處，謂之身根。身處，略當今云神經系。故根者，非卽是眼等官體或神經系。但爲運於眼等官體或神經系中最微妙的機能而已。此種機能，科學家無可質測。然以理推之，應說爲有。此心必憑藉乎根，而始發現。故云依根。取者，追求與構畫等義。境者具云境界。凡爲心之所追求或所思構，通名爲境。）成乎孟子所謂物交物之勢。（原夫本心之發現，旣不能不依藉乎根。則根便自有其權能。卽假心之力用而足以自逞。故本心之流行乎根門，每不易認識。而若只見爲物理的作用也者。心理學家每從生理的基礎如神經系等來說明心。或徑以心理作物理觀。亦自有故。夫假本心力用而自逞以逐物者，此乃從根門幻起之一種靈明。而人皆認此爲心。實則，此非本心，乃已物化者也。此心旣成爲一物。而其所交接之一切境，又莫非物也。故曰物交物。孟子言簡而義微。從來罕有識得。）此物化之心，純爲日常實際經驗之所熏染而成。旣成，則有勢用等流，（此由熏染所成之心。其勢用是個生滅滅生相續不絕的。故云等流。等之爲言，謂其勢用前刹那方滅，後刹那，緊相接續而生。然續生決定似前故。故言等也。等者相似義。由此勢用非是恆常凝固的物事。而是刹那刹那生滅滅生的東西。故其流轉不息也，非是以凝固的東西傳下來。應說爲等流。）潛伏不絕，是名習氣。（覆看中卷功能章下談習氣處，）此習氣現起，乃名習心。前謂其自成爲一種東西者以此。道家所謂人心，實卽習心。佛家依他心，亦指習心而言。其說爲依他者，正欲顯其不實在及非本有故耳。（唯本心是本有的。是實在的。）習心旣異本心。因此，其在生活方面，常有追逐外物而不得饜足之苦。其在緣慮方面，（緣慮一詞，賅認識及思唯等等作用而言。）則辨物析理，有其所長。然即物而究其本性，（猶云本體）窮理而要歸一極，（一者絕待義。猶易云太極也。）則蕩然無相。寂然離繫。（談至此。本來無一物。何繫之有。）不可分內外。（無物我故。無對待故。）不可說有無。（謂之有，則無相。謂之無，而實不空。）尋思路絕。（尋者尋求，思者思考，皆雜以習心，所謂量智是也。今此無相之地。則尋思之路，至此而絕。此處非尋思所及故。）語言道斷。（語言之道，至此而斷。非口說或理論所可表示得到故。）此唯是神明昭徹，冥冥內證之極詣。而從來哲學家，遊意幽玄，輒以向外推度之智，恣其戲論。則以習心未及廓清，無緣自識眞性故也。故習心與本心之異，不可以不辨。習心行相，（此中行相者，謂習心行於所取境之相狀。）如後另詳。（第九章明心下）本章所注意者，則將於本心，益加提示而已。

或有問言。新論，本以恆轉之動而闢，說名爲心。此所謂心，即是本心，非習心也。然心既只是恆轉之動。應不即是恆轉。（本心亦省云心。后皆倣此。）易言之，心不即是本體。（恆轉者，本體之名。既云心不即是恆轉。換言之，心不即是本體。）而新論卻又說心即本體。其義云何。答曰。言心即本體者，即用而顯其體也。夫曰恆轉之動而闢者。此動，即是舉體成用。（舉字吃緊。）直是本體將他自身完全現作大用了。問曰。動而闢者，固是用。若其動而翕也，則疑於物化，而不成爲用矣。答曰。翕隨闢轉，非果物化也。翕闢畢竟不二。只是大用昭然。）非體在用外也。離用不可覓體。（體者用之體。若離用而覓體，豈別有一兀然枯寂的世界耶。）故乃即用而識體。（譬如，於漚相，而知其是大海水。）夫於本體之動，而名爲用。（此中動字，義至深妙。非與靜反之謂。動者，言體之顯現也。即此顯現，是至神極妙的功用。故名爲用。）用之成也，恆如其本體，而無改於固有之德性。易言之，即體既成用，而恆不變易其眞實，剛健，淸淨，空寂之本然也。（恆字吃緊。眞實乃至空寂，皆本體之德也。空非空無，以不受障礙故名。寂非枯寂，以無昏擾故名。）故曰即體即用。（舉體成用故。）即用即體。（全用即體故。）不可析而二之也。夫心者，以宰物爲功。（心者，神明義。以其主乎吾人之一身，而控御萬物，不爽其則。故謂之心。）此固是用。（用者，言乎本體之動也。說見上。夫所謂心者，只是依本體之動而得名。所以云心卽是用。）而卽於用識體。以離用不可得體故。是故尅就吾人而顯示其渾然與宇宙萬有同具之本體，則確然直指本心。人人可以反求自識。而無事乎向外追索矣。

自昔佛法東來。宗門（禪學）獨闢於吾國。其道在自識本心，直澈眞源。（眞源謂宇宙本體。識得自心與萬物同體。眞源豈待外求。）唐世，有大珠慧海者。初參馬祖。祖曰。來此擬須何事。曰，來求佛法。祖曰，自家寶藏不顧。（寶藏，喻本心。此是萬化之原。萬物之本。故以寶藏喻之。）拋家散走作什麼。（戒其專恃量智或知識向外追求探索也。古今哲學家，多是拋家散走。）我這裏一物也無。（本體，不可當做外在的物事來推度。）求什麼佛法。（迷者以爲實有佛法可求。實則，佛者覺也，只此心是。法者軌範或眞理，亦只是此心。若離自心，便無佛可得。亦無法可得。又復應知，此心元無形相。不可當做物事去推求。纔起求之一念，便已迷失此心，而成爲妄想矣。）珠復問曰。阿那箇是慧海自家寶藏。祖曰，卽今問我者，是汝自家寶藏。（此時興問之心。淸淨虛明。不夾雜一毫染汚或妄念雜慮。故此心卽是自家寶藏。）一切具足。更無欠少。（備具萬德或萬善。參看上卷明心章談性智處。）使用自在。（這箇寶藏，是吾人所以生之理。亦卽是天地萬物所以成形之理。因吾人與天地萬物同一本源。不可分割故。由此應知，此大寶藏，具有無窮神化，無邊妙用。故云使用自在。又尅就吾人日常生活言之，此大寶藏，隨觸卽應。無感不通。亦見其使用自在。）何假向外求覓。（王陽明有詩戒學者云。拋卻自家無盡藏。沿門托鉢效貧兒。與祖意正同。）馬祖這段話，所以示慧海者，至爲親切。如前已說，心有本習之殊。（本者本心。習者習心。）實則，只有本心，可正名曰心。而習心直不應名爲心也。（當名之以心所。詳在下章。）然而一般人大抵都爲無量無邊的習氣所纏縛固結。而習氣直成爲吾人的生命。（覆玩中卷功能章下，談習氣處。）易言之，卽純任習心趣境。（趣者，向往義。競逐義。習心總是向外追求。卽是有所向往與競逐也。境者，不獨實物名境，凡爲心之所向往與競逐者，皆境也。）而不自識何者爲其自家寶藏或本來的心。（佛說衆生無始時來，常在顛倒中。猶如長夜。只是自己不認識自己。）慧海初見馬祖問佛法。意中以爲有佛法可求。此求之之一念，直將佛法當做物事來追逐耳。直緣其一向習心用事。所以於平平常常，無可起執追求處，而亦計爲有物可求。（平平常常云云者。吾人與天地萬物同體的大寶藏。本崇高無上。孟子所尊爲天爵者此也。然復須知，此崇高無上的，正是平平常常的。若悟得這個，才是我的眞實生命。易言之，這個，才是我自己。豈不平平常常。又復當知，若認識了眞的自己，便無物我，無對待，乃至無取捨等等。於此何容起一毫執著想。何容作一毫追求想哉。而迷者終不悟。其可奈何。）馬祖鑒其妄習未除。於是呵其外逐，令反悟自家寶藏。又示以無物可求。而慧海乃一旦廓然空其胸中伏莽。（伏莽，謂一切染汚習氣或習心。）始躍然興問。誰是自家寶藏。馬祖則直令其反悟當下之心。卽此時與問之心，光明純淨。（無有顚倒計度，故謂光明。無有些子雜染，故云純淨。）如赤日當空，不容纖毫翳障。此非自家寶藏而何。若時時在在，恆保任得如此時之心。便是藥山所謂皮膚脫落盡，唯有一眞實也。（皮膚，喻染汚習氣或習心。謂染習克治淨盡也。一者，絕待義。眞實者，無虛妄義。此謂本體呈現。）

上述一公案。直令慧海當下自識本心。可謂易簡直捷。（當下卽是。故云易簡。不待他求。故云直捷。）然學者如不知所持循，（持者，保任之而勿失也。循者，由之而勿違也。若識自本心，便須持循而勿失之。孟子所云收放心是也。或問。本心何曾有放失。答曰。剋就本心而言。他是恆存的。本無放失。若就吾人生活上言之。如妄念憧擾時，卽本心被障而不顯，便是放失了。舊匪一端，須善會。問，放心如何收。答曰。知放之知，勿令私欲起而間斷之。便是收。不是別用一心來收此心也。）則乍爾之明，正未可恃。（如慧海被馬祖提撕。習心偶歇。而本心之明，乍爾呈現。卻恐妄習潛存，還障本明。）

吾平生最服膺馬祖搊百丈鼻孔一公案。其揭示獨體，及護持工夫，至爲親切。（獨體卽本體之別名。以其至明無滯。至大無外。無物與匹。故云獨體。）百丈懷海大師者。馬祖門人也。師侍馬祖行次。見一羣野鴨飛過。祖曰，是甚麼。師曰，野鴨子。祖曰，甚處去也。師曰，飛過去也。祖遂回頭，將師鼻一搊，負痛失聲。

祖曰，又道飛過去也。師於言下有省。卻歸侍者寮。哀哀大哭。同事問曰，汝憶父母耶。師曰無。曰，被人罵耶。師曰無。曰，哭作甚麽。師曰，我鼻孔被大師搊得痛不澈。（大師，百丈稱馬祖也。）同事曰，有甚因緣不契。師曰，汝問和尙去。（和尙謂馬祖，）同事問祖曰。海侍者有何因緣不契。在寮中哭告。和尙爲某甲說。祖曰，是伊會也。汝自問取他。同事歸寮曰。和尙道汝會也。令我自問汝。師乃呵呵大笑。同事曰，適來哭。如今爲甚卻笑。師曰，適來哭。如今笑。同事罔然，次日，馬祖陞堂。衆纔集。師出，卷卻席。祖便下座。師隨至方丈。祖曰，我適來未曾說話。汝爲甚便卷卻席。師曰，昨日被和尙搊得鼻頭痛。祖曰，汝昨日向甚處留心。師曰，鼻頭今日又不痛也。祖曰，汝深明昨日事。師作禮而退。這一公案，其意義至淵廣。略言之。一，示此心是超脫萬物而獨立的。此中超脫云云者。非謂其離萬物而獨在也。但以其徧爲萬物實體。故云超脫。（心者，虛寂神妙，不可窮竭之稱。是爲萬物實體。而不卽是物。譬如說水爲冰之實體。而水不卽是冰。）又以其既現爲物，而卽運於物之中，以主宰乎物，畢竟不物化故。故云超脫。他處，凡有此類詞語者，皆準知。夫衆生一向是習心用事。習心只向外逐境。故妄執境物，而不可反識自己。（自己，謂吾與天地萬物同體之本性。以其爲吾身之主宰而言，則謂之本心。）習心是物化者也。是與一切物相待者也。本心則超越物表，獨立無匹者也。既習心乘權，則本心恆蔽錮而不顯。是以吾人一切見聞覺知，只是於境物上生解。終不獲見自本性。夫本性，體物者也。（體物者，謂吾自己本性，亦卽是天地萬物之實體。而無有一物得遺之以成其爲物者也。）故見自性，則徧法界爲一眞顯現，原無性外之物矣。（此中法界，猶言宇宙。乃萬有之都稱。）而迷執有外在境物者，亦終不獲自識其體物之本性矣。懷海於向上事。（透悟本性的工夫，名向上事。）用力已深。而未及徹。如天將明，而闇且甚，破闇卽明矣。馬祖知其然。故於行次，見野鴨飛過。卽試詰之曰。是甚麽。懷海果答以野鴨子。蓋習心發露於不覺也。（作野鴨子解時，此心只是習心。若除去習心，便無有所謂野鴨子這個物事。）祖再詰曰，甚處去。懷師猶不了祖意。復答曰，飛過去也。其爲習心所使如故。祖至是乃搊其鼻孔。更警之曰。又道飛過去也。懷師始於言下有省。蓋其曠劫以來染汚習氣，刹那頓息。由此，豁然識得自己。其後上堂示衆云。

靈光獨耀。（謂心也。人人有個內在的靈光獨耀的主人公，而不自識何耶。主人公一詞，本之宗門。然切不可誤會爲宗教家所謂靈魂。先哲名心曰天君。以其主宰乎身故也。主人公義同。）逈脫根塵。（根者根身。塵謂物界。言此心超脫乎一身與萬物之表，而爲其眞宰也。超脫義見上。）體露眞常。（體，即斥心之自體而目之也。露者，呈現義。眞者，不虛妄義。常者，不變易義。此心自體，雖無形相。而有無相之相，灼然呈現，不空無也。其德眞實無妄。恆常而不可改易。所以說爲吾人之本性，萬物之實體也。）不拘文字。（俗學拘守經籍。欲由文字以見道。而不悟道非離心而外在者。今不反之自心，徒欲因文字悟道。是猶守筌蹄以爲即魚兔也。）心性無染。（此中性者，自體義。謂心自體上，本無一毫染污。乃純淨至善者也。）本自圓成。（萬善具足，萬化不窮，是圓滿義。法爾現成，不待造作，復說成義。）但離妄緣，即如如佛。（所謂私意，私欲，惑障，染污等等，皆習氣之異名耳。習氣者，妄緣也。妄緣之言，顯其不實在，非本性故。如如者，不變義。佛者覺義。即謂心性。心性無染，圓明虛寂，故說爲佛。妄緣雖障礙心性。而心性恆自如故，不可變易，即是不隨妄緣遷改。所謂無染是也。譬如客塵，障於明鏡。而明鏡自體，恆自如故。不受客塵污玷。故拂拭客塵，還復朗鑒。心性亦爾。但捨離妄緣，即還復本來明覺。）

懷師這番話。直綜括十二部經旨要。富哉言乎。當其被馬祖搊鼻孔而有省。始伏除染習。頓悟自心是超物獨立的。（所謂靈光獨耀，逈脫根塵是也。）易言之，即豁然見自本性。乃深悔從前逐物生解而迷其眞。今始省悟。所爲哀哭而繼之以笑也。厥後所造益深遠，却自此番省悟擴充去。

二，示存持之要。（存者存養。持者保任。）夫馬祖指野鴨子問懷師。而師即以野鴨子對。問甚處去。復答飛過去。師兩番酬對，自俗諦言之，絕無錯亂。而祖乃搊其鼻孔，至負痛失聲。此何故耶。祖果不承認有野鴨子，亦不承認有野鴨子飛過一事實乎。而搊懷師鼻孔胡爲者。此一公案，實值得玩味。一般人所以放失其心者。只以習心用事，向外逐境。習與物化。障礙本性。積刼癡迷，無由解悟。懷師反己工夫。（反己者。息其逐物之妄，而反諸己所固有之本心。始信萬化之原，不可向外覓取。不可以物推觀。）大概近熟。（近者，未至乎熟也。）祖於行次，共見野鴨飛過時。因乘機故詰。（故者故意。）將誘而進之耳。懷師若果見性，則遇祖之詰，決不同於未見性人，直任習心衝口而出，以野鴨子答也。（懷師若果至此爲句。或問。應如何答。余曰。此無須代擬答詞。唯可斷言，徹悟人決不如是作答耳。從來禪師多向機鋒。只是當機妙應。若後人代擬之。便無謂。）見性，卽證一眞無待。（一眞之一，無對義。）寧復有物可說。故徹悟人（徹悟者，以見性故名。）覩山河大地，不作山河大地相想。（相者相狀。下倣此。）覩男女，不作男女相想。則其覩野鴨子也，寧作野鴨子相想耶。雖復隨順俗諦，幷不遮山河大地乃至野鴨子相。而遇詰者意存啓示本分事，無物可說時。（本分事，謂本性或本心。此宗門語。若見自本性，卽物我等相俱遣。故於此無物可說。）必能鑒機立應，妙符至理。懷師滯於習心，未臻斯詣。祖故再詰。而師猶不悟，乃以飛過去答。夫計有野鴨子之物，則必隨計野鴨子飛過。此皆習心逐境作解故也。於是而祖搊其鼻孔，至負痛失聲。且戒之曰，又道飛過去也。而師至是始有省。夫祖所以申警之者，旣令其自識獨體。（獨體謂本心。是乃吾與天地萬物所同具之本體。絕待故云獨。但以其主乎吾身而言，乃云本心。）則由此，勿捨存持。（人人具此本心，而常爲習心所障礙者。則以無存持之功故耳。）勤加涵養。（只存持不懈，便是涵養。）亦不能外是而別有進修之要道也。何者。存持之功，唯在息其向外逐境之心。（此心乃習心，非本心也。）常令胸懷空虛。（染習盡故。）無取無著。（取者，追求義，計度義。著者執著。習盡，則無取著。）此際，則獨體炯然。所謂空不空如來藏是也。（如來一名，有多義。舉要而言。無所從來，曰如來。藏者，含攝義。含攝萬有故。此中如來藏，卽本體或本心之別名。空者，空一切染汚習氣也。不空者，此如來藏心，是圓成實故。圓成實一詞，詳在中卷功能章。如來藏心，具有空與不空二義。謂習心空。而此圓成實自體不空故。）懷海猶未空其逐境之習。卽於存持工夫，未得其要。馬祖當機善誘，意深遠矣。

今世談禪學者。皆熟聞作用見性一語。然何謂作用。何謂性。云何於作用見性。則談者鮮不茫然。夫性者，吾人與天地萬物所同具之本體。但以其爲吾人所以生之理而言，則謂之性。以其主乎吾身而言，亦謂之心。作用者，卽凡見聞覺知等等，通名作用。（曰見，曰聞，曰覺，曰知，皆作用之名，復言等等者，作用相狀複雜，列舉不盡故。故舉見聞覺知，卽攝一切作用在內。）

云何而言作用見性。則非於作用，加以解析不可。若於作用加以解析，則非先說明所謂根或根身者不可。

印度佛家，自小乘以來，說有五根。曰眼根，耳根，鼻根，舌根，身根。此五根者，亦總名根身。（身者，自體義。卽根爲自體故，名根身。）

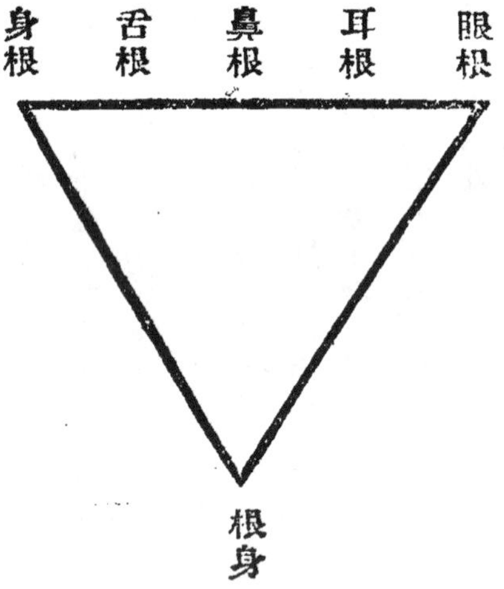

世或誤解根義。以爲卽肉眼等名根。（此中等者，謂肉耳乃至肉體。）及以肉眼等互相聯繫的全體卽物質的七尺之軀，計爲根身。此實大謬。佛家說根爲淸淨色。此中色言，是相用義。非質礙義。（雖不同於物之有質礙。而有相用可言。非空無故。亦名之爲色。）淸淨者，顯其相用微妙，故云淸淨。（微者精微，非目所見故。妙者神妙，其力用不可測故。）安慧菩薩說根者，最勝自在義。（見廣五蘊論。自在者，顯其力用無滯礙故。非機械性故。）此本非心。亦復非物。却是介乎心和物之間的一種東西。（自此以下，爲余所引申之義。）如果把他（根）作寬泛的解釋，就說爲生活機能。自無不可。但不如說他是生命力之健進所構成的一種機括。（機括者。古者弓箭有機括，以司發動者也。今所謂根者，乃生命力所自構之資具，而藉之以發現自力。故根可以機括喩之。）也可說生命力健進，隱然具有目的。因爲欲達其目的，遂形成了這種機括。根的意義，約略說來，只如此。凡有機物之所以異於無機物者，就因爲具有根的緣故。根力（具云根的力用）潛運眼處，能發視識，說爲眼根。（眼謂肉眼。發者發現。見色之識，名爲視識。此識只依根發現。而非根之副產物。勿誤會。下皆準知。）根力潛運耳處，能發聞識，說爲耳根。（耳謂肉耳。聞聲之識，名爲聞識。自餘準上可知。）乃至潛運身處，能發觸識，說爲身根。（身，謂肉體和神經系。言乃至者，中間略而不舉故。自餘準上可知。）故根者，不卽是肉眼等。而所謂根身者，亦非僅目物質的七尺之軀。（肉眼等互相聯繫的全體，叫做七尺之軀。這箇東西，只是物質的。是無機世界的一部分。此乃諸根之所附着處。而不卽是諸根。）此不容不辨。佛家雖說有根，而未詳其義。吾著佛家名相通釋，曾敍述其說。吾於佛家建立根的意思，極所贊同。但關於根的說法，頗以己意引申。不必悉符舊義也。（他日容當深論之。）

如上略談根義。現在要還入本文。夫見聞覺知等等作用，常途卽名之爲心。其實，此等作用，元不卽是本心。（后文，本心，亦省云心。）只是根門，假心之力用，而幻現一種靈明，以趣境云爾。（根門者。門以出入爲義。萬感來入乎根。而根出其靈明以立應之。故名根以門。幻現者。由根假心之力用，而現起靈明。此靈明，非根之本身所固有。故云幻現。趣境者，凡來感之物，皆境也。根則藉心之力用，而有靈明現起焉。足以發趣乎境，而應之不爽。故云趣境。）夫心之在人，本無或時息。然其流行於一身之中，（此對就一人之身而言之耳。實則，一人之心，卽是宇宙之心。元是無所不在的。非限於一身也。）隨感而應，既不能不藉乎根。

（若無有根爲此心發現之機括者。又何從見得心。夫根者，只是生命力健以進，所形成的一種資具而已。如在無機物中，生命力猶未顯發。卽所謂根者，尙未形成。這時便難見心了。）但尅就根言。則根自有其權能。而心之力用之發乎根也，根卽假之，以自成其靈明。（譬如笛。假人之聲氣，以自成爲笛聲。）這種靈明，恆與其無待之本然，不必相似。（無待，謂心也。此心卽吾人之眞性，萬物之本體。故無待。本然者，形容詞。謂此心固有的德性，本來是如此的。今根，假心之力用，以逞其靈明，而趣境。則此靈明，每與心之德性不必相似也。不必二字喫緊。非決定不相似。但易至不相似。故云不必。）而每習與物化。（根之靈明，恆逐物，以殉沒於物。故云物化。習者，猶云常常如此爲之。謂其慣習於物化而不知反也。）由此。遂有習氣等流。（根之靈明，現起趣境，以習與物化時。卽此剎那頃，便造成了一種慣性。此云慣性，並不是泛泛的說法，而是謂此剎那頃之習，便成功一種勢力，叫做習氣。這個習氣，不會無端消滅。但也不是恆常堅住的支持下去。却是習氣的自身，剎那剎那，前滅後生，相續流轉下去。因此，說爲等流。等者，相似義。謂後起續前，決定似前。相似而流，故名等流。）隨逐根身。（根身，見上文。習氣恆隨逐根身而不相捨離。）卽此習氣，還復乘機躍現。故根趣境時，雖假心之力用，而自逞其靈明，以追攀前境。（追者追求。攀者攀援。前境者，具云當前之境。凡言境者，不限於有形質的物事，只爲心之所追攀者，通得境名。他處仿此。）然於其時，必有染習突躍，以與根之靈明，相挾同流，叶合若一。（習分染淨，參看中卷功能章下。挾者逼附義。）染習依根明起。（根明，具云根之靈明。后倣此。）是根明之類故。於是而心之力用不得顯。乃孟子所謂放心之候也。夫根明，實假心之力用而現起。雖可以不似其本。（本謂心）而此明之所假藉者（卽心之力用）畢竟不改其性。（所謂根明者，從根之一方面而言。是根假於心之力用，而自成其明。但如從心之一方面而言。却是心之力用，發現於根門。此心之力用行乎根門，雖緣根之假藉以成其明，馴至物化。但此心之力用，畢竟不緣根之假以成明，而改其性。譬如明鏡，爲客塵所錮。而鏡本性卽所謂鑒照者，終不隨客塵遷改。）故釋迦敎諸學者，唯以守護根門爲要。（參考雜阿含等經）守護根門者，卽是恆持正智，正念。（此中正智，正念，卽是心之力用，發現於根門者。必須敬以持之，而不令絲毫走作。走作係諺語。謂如不能持之，將使正智正念爲根所假藉之，以成爲根之明。卽此智或念乃失其正。是謂走作。昔朱子持心之功甚密。嘗以走作爲恥。）不使根得假之以成爲根之明。如是。則根者，只爲心力所憑以發現之資具。而不得役心從己以殉物。（己者，設爲根之自謂。）天君恆時炯然在中。（心力，具云心之力用。天君，猶宗門云主人公。謂心也。）所謂照體獨立是也。（照體者，謂此心自體是卽寂卽照，卽照卽寂的。易謂之大明。大者，形容其圓滿而無虧欠也。雖只言明或照。而湛寂義自在其中。獨立者，無對義。）

綜前所說。約有四個要點。須加提示。

一，作用者，卽尅就見聞覺知等等而名之也。（詳前）

二，此見聞覺知等等作用，實卽心之力用，發現於根門者。故此（作用）不卽是心體。（心體，是獨立無對的。冲寂無朕的。故不可說見聞覺知卽是心體。）但心體，亦非離見聞覺知而獨在。（心體亦是流行不息的。若於其力用發現者如見聞覺知之外，而欲別覓心體。則心體又安在耶。）

三，見聞覺知等等，通名作用。固如上說。但如嚴格言之，則見聞覺知等等，固有不得名爲作用者。夫作用之云，乃言夫本體之流行也。故心之力用，（心卽本體）依根門而發現，爲見爲聞爲覺爲知，而非根所障，非習所錮者。卽此見聞覺知，名爲作用。（心之力用，流行乎根門。而根假之，以自遂其靈明。卽根乃乘權。而心之力用，始受障礙。且根乘權，則染汚習氣與之俱行。益以錮蔽此心。唯有守護根門而不放逸者。方不爲根所障，習所錮耳。）若乃根假心力以自遂，而挾習俱行。由此，而發爲見聞覺知，雖在通途，亦名作用。實則，此等見聞覺知，已不是本體流行，（但是根與習用事故）卽不成爲作用也。故談作用，應當簡別。

四，作用義，既經刊定如上。則作用見性義，亦不待深談而可知已。夫作用者，卽本體之流行而言之也。流行則未卽是體之固然。（流行是用。體者，用之體。夫體無差別。而用有分殊。故自用言之，不卽是體之固然也。）然體要不離流行而獨在。（舉體成用故，）是故於流行識體。

如前舉馬祖答慧海一公案，卽就慧海見聞覺知處指點。緣慧海與馬祖酬對時。他內部發生了一組見聞覺知。據常途的說法，慧海這時，內發的見聞覺知，就叫做心。不過，此所謂心，是以作用名心，非就本體而目之也。有難。見聞似非內發。答曰。凡引生見聞的，如人和語言，或其他物事，則屬外緣。而見和聞，却是內發的。非見聞在外也。見聞不只是感攝，而是具有明解的。此不可不知。馬祖答慧海，只令他反躬體認，當下虛明純淨，不雜一毫倒妄的見聞覺知。就在這裏，認識他固有性體，卽所謂自家寶藏。可謂易簡眞切之極。蓋見聞覺知，固是當下發生的作用。而此作用，不是沒有內在的根源，可以憑空發現的。（不是二字，一氣貫下。譬如衆漚。他有內在的根源，卽大海水是。）須知，此作用，卽是性體之流行，故於作用而見性也。（猶之於衆漚而見大海水。）馬祖搊懷海鼻孔一公案。則可與答慧海者，反以相明。（懷海於野鴨子飛過時，而起野鴨子的見。這個見，正是逐物生解。此解只是根與習用事。而不是本體之流行，卽不成爲作用。故於此不可見性。吾舉這一公案，却從反面說來，以顯正義。）

總之，性體渾然至眞。寂然無相。不可說見聞覺知等等作用，卽是性體。（不可至此爲句）故但曰作用見性。（非謂作用卽是性）然非離作用外，別有性體。故必於作用見性。（猶之非離衆漚外，別有大海水。故必於衆漚，而識大海水。明代，陽明派下，多有只在發用處說良知者。是直以作用爲性體。其謬誤不待言。及聶雙江羅念菴救之以歸寂。而於作用見性意思，似亦不無稍閡。夫歸寂誠是也。而寂然眞體，畢竟不離發用。如或屏用而求寂。其不爲淪空之學者鮮矣。倘得謂之見性乎。）

問曰。如上所說，心之一名，通體及用。有尅就本體而名之爲心者。有尅就作用而名之爲心者。是心之名雖同，而其所目則異實。不可以無辨也。答曰。同名異實之云，似將體用截成兩片。却成過誤。夫義理自有分際。辨析不可不精。而察其分際，尤貴觀其會通。夬說作用名心者。當知用不離體。纔說作用，便於作用見性。（性謂本體）說本體名心者。當知卽體而言，用在體。體用畢竟不可截成二片。是義宜知。（在宇宙論上與心理學上。均不可將體用分成二片。）

問曰。所謂作用者，將純爲本心之流行，而無習與俱乎。答曰。心之力用，流行於根門，而不爲根所障，習所錮者，方名作用。此前所已言也。夫習與根，恆相隨逐。習之得以錮其心者，以其爲染習，而與根相俱以乘權故也。（錮者錮蔽。如雲蔽日。習分染淨，見中卷功能章下。此明錮心者，只是染習。相俱者，同行義。叶合義。）若乃保任此心，使其不至見役於根。卽根乃不爲心之障。而染習亦不得起以乘權，卽心不被錮也。然復須知。染習必須伏除。（伏者，抑之使不現起。除則斷滅之也。）淨習畢竟不可斷。不斷故，恆與根同行，與心相應。（相應者，叶合如一也。）故未有心得孤起而無習與俱者也。（參看下章談心所處）夫淨習依本心而起，卽心之類，其相應於心也，固已和同而化。渾然無應合之迹。而習亦莫非眞幾之動矣。（眞幾之動，猶云本心之流行。此言淨習隨心轉化，故不異本心也。）

馬祖云，只如行住坐臥，應機接物，盡是道。（吾國儒道諸家，皆以宇宙眞源，人生本性，說名爲道。道者由義。以其爲人之所共由，故名。體道之人，其日用云爲，皆從本性上發出，而不雜以一毫後起之私。故云盡是道。）道卽是法界。（法界猶云宇宙本體。但以其在人而言，則謂之心。馬祖以此土先哲所云道，與印度佛家所云法界，同爲本體之目。）乃至河沙妙用，不出法界。（河沙，喻數量無窮盡也。吾人日常生活中，一切皆從眞體流行。）孟子曰，君子深造之以道。（言深造之功，將以至於道。非如俗學只務知識而已。）欲其自得之也。（自得者，實有諸己之謂。非徒尙解悟也。解悟則以心測道，其去道也遠矣。自得則心卽是道。道卽是心。而己與道爲一。）自得之，則居之安。（居其所自得。處乎至足。皦然無待。如何不安。）居之安，則資之深。（所資者卽其所居。故唯內資，而非有資於外也。夫外資者，無源而易竭。內資者不竭。存乎內者，源深而無極故也。）資之深，則取之左右逢其原。（資乎內者，深遠不可竭。故隨其取給，或左或右，靡不逢原。原者，萬有之本。萬德之基，萬行之宗。資者，資此者也。居者，居此者也。自得者，得此者也。深造者，造此者也。是乃所謂道也。日用之間，隨所取給，左之右之，莫不逢此眞實本原。起想動念，舉足下足，隨在皆是道體發現，焉往而不逢之哉。）馬祖所云恆沙妙用，不出法界。與孟子左右逢原之旨，蓋有互相發明處也。

夫佛家之學，無論小宗，大乘，要皆歸趣證體。（證見本體曰證體。證見者，謂本體呈露時，炯然自見耳。非別有一心來見此體也。）略小談大。空宗形容本體空寂。（無相故名空。離昏擾故名寂。）甚深微妙。窮於讚嘆。有宗形容本體眞淨。（離倒妄故名眞實。離諸戲論相故名淸淨。）甚深微妙。窮於讚嘆。（有宗將體用分析，故成謬誤。然其形容眞淨德相，亦自有契應處。）然諸大乘師談本體，（通空有二宗，故當諸言。）頗表現一種超越感。卽對於至高無上的至善的眞理，（此中眞理，卽本體之別名。下倣此。舉善，卽攝眞與美。）而有無限的莊嚴之感。同時起一種極懇重的欣求。如是，故謂超越感。這種感，固極可貴。吾人所以破現實生活之桎梏者，全賴乎此。然復須知。若學者由諸大乘師之所啓示，而發生此種超越感。便謂已至究竟。此則大謬。夫諸大乘師，以言說方便，引令學者發生超越感。固非以此爲究竟。而在學者當發生超越感時。其自身猶未能與眞理爲一。蓋未免心外有境。（超越的本體世界，却是其心外之境。）莊子所爲呵列御寇猶有所待者也。必自居超越，而漠然亡感。（漠然者，渾然無對貌。）始立乎無待。是故儒家興，而直指本心。心卽是理。（眞理，省云理。）理卽是心。於是心外無境。吾人自身雖復隨俗說爲在現實世界中。而實乃夐然超越。以在己之心，與徧爲萬法實體的理，既是一而非二。（萬法，猶云萬物或萬有。）則稱眞而談，（眞謂眞理。稱者契應。）當體超越。（當體，謂吾人自身，纔識眞理在己，卽自身便是超越的也。）豈於自身外，別有一超越之境爲所感者哉。夫超越在己，卽超越不是感。宗門直指本心，其視大乘空有二輪，又進而益親切者也。（華嚴爲有宗六經之一。其三界唯心，萬法唯識之旨，宗門實與之密契。空宗般若，蕩然破一切執。而其智始顯也。智本心也。宗門通空有二輪。但其入處，乃較親切。學者宜知。）

夫神明冲寂，（神明謂本心）而惑染每爲之障。（惑染本無根，而足以障礙本心。如浮雲無根，而能障日。）眞宰無爲，（眞宰謂本心）而顯發恆資保任。（保任者，吾人進修工夫也。眞宰不爲惑染所障而待以顯發者。則以吾人自有保任一段工夫故耳。保者保持。任者任持。保任約有三義。一保任此本心，而不使惑染得障之也。二保任的工夫，只是隨順本心而存養之。即日常生活，一切任本心作主。却非別用一心來保任此本心也。三保任的工夫，既是隨順本心。即任此心自然之運。不可更起意來把捉此心。程子所謂未嘗致纖毫之力是也。若起意，則是妄念或習心竊發，而本心已放失矣。）善夫陽明學派之言曰。即工夫即本體。一言而抉天人之蘊。東土諸哲（如儒與佛及老聃派）傳心之要，皆不外此旨也。工夫則萬行之都稱。（行者修行。亦云進修。吾人日常生活中，不論閒靜時，或動作萬端時。總期念念之間，恆由本心爲主。毋任惑染起而間之。然欲致此者，要當有不斷的努力，非廢然縱任而可至也。此云不斷的努力者，即修行或進修之謂。行而曰萬者。修行非一端而已。人各因其所偏失，而期以自克焉。故修行不泥於一執也。如佛家有六度，乃至十地等無量行。儒者於人倫日用之地，或以居敬爲要。或以主忠信爲先。乃至種種。亦非孤倚一行以爲法程也。）工夫誠至，即本體呈顯。若日用間，工夫全不得力。則染習熾，邪妄作，斯以障礙本體而喪其眞矣。（眞謂本體）故曰即工夫即本體。此盡人合天之極則也。工夫只是保任。（無量的工夫，無非保任此本心而已。）原於本體有所增益。但勿爲染習所縛。勿順軀殼起念。（人只爲染習所縛，即順軀殼起念。而本心乃梏亡矣。王陽明教學者，每於此處提醒。）而使本心恆爲主於中。（恆字吃緊。有不恆時。即本心放失，便無主人公也。）則大明朗乎無極。（本心不倚於物，故非知識的。而炯然至明，爲一切知識之原。故非無知。無窮盡故云無極。）性海淵兮絕待。（本心即是吾人與萬物同具的本體。故說爲性海。性者生生義。海則喻其至大無外也。）斯以靜涵萬理。（靜謂泯絕外感時）動應萬變。（動謂事物紛然交感時）動應則神不可測。靜涵則虛而不屈。（不屈謂無窮竭）是爲動靜一原。（吾人日用間，不論靜時，動時，通是本體渾然流行。故靜涵萬理者，靜時是本體實現故。動應萬變者，動時是本體實現故。此緣一向工夫沒有鬆懈。所以本體呈露，有動靜一原之妙。若工夫不得力，即染習乘機而起。靜時便昏沉，無從發現涵萬理的本體。動時便浮亂，無從發現應萬變的本體。王學末流，或高談本體，而忽略工夫，却成巨謬。）

明儒有楊天游者。於工夫即本體之旨，頗不契。其言曰。本體光明，猶鏡也。工夫，刮磨此鏡者也。若工夫卽本體。是謂刮磨之物卽鏡也，可乎。黃梨洲駁之曰。此言似是而非。夫鏡也，刮磨之物也，二物也。故不可說刮磨之物卽鏡。若工夫，本體，同是一心。非有二物。如欲歧而二之，則是有二心矣。其說之不通也云云。余嘗考楊氏說，蓋謂工夫有積累之漸，本體無積累之漸。工夫有純駁偏全不同。本體無偏全。無純駁。以此，不許工夫卽本體。實倒見也。夫保任此本體，方名工夫。但保任實由本體之自明自覺。易言之，卽工夫實自本體出。非是離本體，別有一心來用工夫。楊氏於此蓋未省也。工夫旣非離本體別有物。只是本體之發現而已。在工夫上說積累，說純駁，說偏全，此是從發現之迹上比擬。今說工夫卽本體者。是將一一工夫，會歸本體。自是探原之論。未可以常途滯迹之見相衡量也。楊氏歧本體與工夫爲二。故以積累等之有無，兩相比較。梨洲雖知其誤，而駁詞未足以解其蔽也。

無工夫而言本體，只是想像卜度而已。非可實證本體也。（唯眞切下過工夫者，方實證得本體卽自本心。無待外索。無工夫，則於此終不自見。不自承當。唯以一向逐物的知見去猜測本體。是直以本體爲外在的物事。如何得實證。實證乃本體之自明自了。故本體如被障而不顯，卽無實證可言。）知工夫切要矣。而未知工夫卽本體。是工夫皆外鑠，而昧其眞性。此之謂冥行。又且如無源之水，求免於涸也得乎。

夫求識本心，在佛家蓋自宗門興起，而後盛趣此一路向。固夫人而知之也。儒家則遠自孔子，已揭求仁之旨。仁者本心也。卽吾人與天地萬物所同具之本體也。至孟子提出四端，（惻隱之心，仁之端也。羞惡之心，義之端也。辭讓之心，禮之端也。是非之心，智之端也。）只就本心發用處而分說之耳。實則，四端統是一個仁體。（仁體卽本心之別名。儒家仁智等名，須隨文取義。如仁之一名。有時剋目本體。則非與義禮智信等德，對待立名也。有時與義禮智信等德，相對爲言者。則此仁字，係就發用處說。如隨事而發之爲惻隱則名仁。隨事而發之爲羞惡則名義是也。餘可類推。智之一名亦然。有時爲本體之目。有時就發用處說。準上談仁可知。）後來程伯子識仁篇云。仁者渾然與物同體。（此言仁，只是吾人與萬物統同的本體。）義禮智信，皆仁也。此則直演孔子大易元者善之長也意思。（易以乾元爲萬物之本體。坤元仍是乾元。非坤別有元也。楊慈湖深得此旨。元在人而名爲仁。卽是本心。萬善自此發現。故曰善之長。）逮王陽明作大學問。直令人反諸其內在的淵然而寂，惻然而感之仁。而天地萬物一體之實，灼然可見。羅念菴又申師門之旨。蓋自孔孟以迄宋明諸師，無不直指本心之仁，（實則，仁卽本心。而曰本心之仁者，爲措詞方便故。）以爲萬化之原，萬有之基，卽此仁體。無可以知解向外求索也。明儒徐魯源（魯源師事錢緒山。陽明再傳也。）曰。惟仁者性之靈。而心之眞。（力按仁卽本心。亦卽是性。）凝於冲漠無朕。而生意盎然，洋溢宇宙。（力按冲漠無朕者，空寂也。佛家只體會到空寂。而不知空寂之中，正是生意凝聚，盎然不容已也。本體元是如此。）以此言性，非枯寂斷滅之性也。（力按佛家小乘，頗近枯滅。大乘不住生死，亦不住涅槃。視小乘已一變。然仍以度盡一切衆生爲蘄向。終與儒家人生觀不同。由儒者之道，以衡大乘。則彼猶未離乎枯滅也。）達於人倫庶物。而眞體湛然，適出塵累。以此言心，非知覺運動之心也。（力按知覺運動之心，習心也。仁則本心也。然仁體作得主時。則知覺運動之心，亦成爲仁體之發用。此義宜知。）故孔子專言仁。傳之無弊。魯源此說，可謂得儒家之旨。

或有難言。孔門之學，教人卽實事上致力。曷嘗談本心，說仁體耶。論語一書，可考見也。答曰。論語載門下問仁者甚多。汝乃不考，何哉。孔子壽至七十以上。門下三千。通六藝與聞至道者七十二人。其平生講說極繁富可知。論語僅一小册耳。其所不載者何限。然卽此小册，所載問仁諸條。已於全書中，甚佔地位。夫門下逕直問仁。則必孔子平生專以求仁爲學，可知也。後儒如王陽明，以致良知爲學。亦與孔子言仁相類。夫良知卽本心。凡爲陽明之學者皆知之。仁卽本心。而治論語者顧不悟，何耶。孔子答門下問仁者，只令在實事上致力。易言之，卽唯與之談工夫，令其由工夫而自悟仁體。（卽本心或本體。）却不曾兌就仁體上形容是如何如何。一則此非言說所及。二則強形容之，亦恐人作光景玩弄。孔子苦心處，後人固不識也。昔有一友。亦嘗謂論語言仁，非卽本心。吾語之曰。論語云，君子無終食之間違仁。造次必於是。顚沛必於是。此所謂仁，非本心耶。非本體耶。豈可將此仁體說向外去，而只作爲行事上之一種規範或德目看耶。（豈可至此爲句）其友聞之，悚然有省。印度泰戈爾氏來吾華時。自云，曾讀論語，只覺是一部法典然。孔子果如此，則學無本源，何足云聖。泰氏讀論語而未通，亦足惜也。夫孔子豈未達本源者耶。彼自云十五志學。學者覺義。（見白虎通）於覺而識仁體焉。學之究竟在是也。（究竟一詞，簡異一切知識的學問。）不仁謂之痲木。痲木者，不覺也。不覺即仁體梏亡。（上蔡以覺言仁。甚是。朱子非之，誤矣。）志於仁，乃爲志學。三十而立。此志已立定也。四十不惑。自識仁體也。五十知天命。既自識仁體，涵養益深。至此，乃實證仁體即天命也。夫天命者。以其無聲無臭，而爲吾人與萬物所同具之本體，則謂之天。以其流行不息，則謂之命。故天命非超脫吾人而外在者也。（王船山不了孔子意思。其讀四書大全說，直以天道爲超脫吾人而外在者。迷謬殊甚。墨翟之言天，蓋說爲外界獨存。以此矯異於儒，而適成其惑。船山反陽明，而卒陷於墨。）唯自識仁體，寂然無相之謂天。淵然不已之謂命。（流行不息，古詩所謂於穆不已是也。於穆者，深遠義。）無可捨自本心以索之於外。是故其志學之始，內有存主。而非外鑠。（志者存主義。存主即不違仁之謂。）由是而立，而不惑，終乃灼然知天命之非外。知者證知，非知解之知。阿含經云，身作證，是此知義。此理於吾身實現之故也。到此境地，只是仁體流行，絕無閡蔽。故曰六十耳順。耳順者，形容其無閡蔽也。又進則七十而從心所欲不踰矩。（此義甚深微妙。學者切忌粗心作解。）至此，則神用不測，乃仁體自然之妙。孔子十五志學一章。須融會論語全部意思，及易春秋大旨，而潛心玩索。切忌斷章截句作解。夫易之乾元，即是仁體。萬物所資始也。春秋以元統天，與易同旨。（成形之大者爲諸天。皆乾元仁體之凝成也。舉天則賅萬有可知。易春秋，並言乾元統天。以皆孔氏之傳故。）證之論語，弟子紛紛問仁。則孔子平生之學，不外反求本心，洞識仁體。盡己性而即盡物性。本無內外可分也。論語曰，天何言哉。四時行焉。百物生焉。天何言哉。時行物生，形容仁體，活潑潑地。世之談哲學者，唯任知見去逐物起解。如何得領悟這般境界。認得此意，則知論語所記孔子言行，一一皆從仁體流出。唯其中有主故。淵然而恆寂。靈然而恆感。故發無不當。（無不當，即是不踰矩。）夫豈不見本源，而規規然於應事接物之間，擬立規範，若遵行法典之爲耶。以世俗之智而測聖人，其陷於巨謬也宜矣。

論語記子所罕言，仁居一焉。（仁卽本體）然則夫子並非絕口不言仁體，只罕言耳。非上根利器，不可與言仁體。只隨機感所觸，而示以求仁的工夫。論語所記，皆談工夫，無啓示仁體處。誠哉其罕言也。孔子蓋謂眞理當由人倫日用中實踐而證得。（此中眞理，卽謂仁體。證得者，前引阿含云身作證是也。）實踐不力，而逞解悟。其解悟必不實。終與眞理爲二也。此等精神，實爲治哲學者所不容忽視。容當別論。明儒呂涇野。爲學壹意踐履。（踐履亦云實踐。謂人倫日用中實修的工夫。）其教學者有曰。諸君求仁，須要見得天地萬物皆與我同體。一草一木，不得其所，此心亦不安始得。須看伊尹謂一夫不獲，（不獲猶云不得其所）若己推而納之溝中，是甚麼樣心。（力按於此識本心。於此見仁體。）王言曰。此氣象亦難。今日於父母兄弟間，或能盡得。若見外人，如何得有是心。曰，只是此心用不熟。工夫只在積累。如今在旅次，處得主人停當，唯恐傷了主人。接朋友，務盡恭敬，唯恐傷了朋友。處家不消說。隨事皆存此心。（此語吃緊）數年後自覺得有天地萬物爲一體氣象。（力按人人能如此爲學。則世界可大同，人道成至治矣。）涇野此段話，極老實。極切近。學者求識仁體，卻須如此下工夫。工夫做到一分，卽是仁體呈露一分。工夫做到十分，卽是仁體呈露十分。若全不下工夫，則將一任迷妄狂馳，（迷妄者，染習也。計執形骸之私也。）而仁體乃梏亡殆盡矣。（盡者滅盡。仁體本無亡滅。然自吾人生活上言之，旣完全違逆仁體，令其不得顯發。則等於亡滅之也。）

還有史玉池，（明東林派之學者）談求仁的工夫。亦極眞切。其言曰。今時講學者，率以當下指點學人。（力按當下一詞，本之禪宗。如前引馬祖答慧海一則公案，卽是就慧海當下的心，而指點他，令悟本體。宋儒中已多用禪機。明儒尤然。）此是最親切語。及叩其所以，卻說饑來吃飯困來眠，都是很自然的，全不費工夫。（力按饑來吃飯困來眠，本禪師語。只是形容不昏沉及不起若何貪著的意思。當初隨機指點，本無病。後來不悟者，妄附此語。遂成狂惑。）見學者用工夫，便說本體原不如此。卻一味任其自然，縱情從欲去了。是當下反是陷人的深坑。（力按陽明學派末流，確有至此者。）不知本體，工夫，是分不開的。（力按此語的當。）有本體，自有工夫。無工夫卽無本體。（力按本體，儒者亦名仁體。）試看樊遲問仁。是未識自家仁體而興問。夫子卻教他做工夫，曰居處恭，執事敬，與人忠。（參考論語）凡是人，於日用間，總不外居處，執事，與人這些生活情況。居處時便恭。執事時便敬。與人時便忠。此本體卽工夫。（力按恭與敬及忠的心，是本體發用。故云本體卽工夫。）學者求仁。居處而恭，仁就在居處。執事而敬，仁就在執事。與人而忠，仁就在與人。此工夫卽本體。仁體與恭敬忠，分析不開。（力按恭也敬也忠也，皆工夫之名。實則，此工夫卽仁體。如何分得開。）此方是眞當下。方是眞自然。若飢食，困眠，禽獸都是這等的。以此爲當下，便同於禽獸。豈不是陷人的深坑。（力按禪家末流之弊，須得有此簡別。）且當下尤要在關頭上得力。今人當居常處順時。也能恭敬自持。也能推誠相與。及到利害的關頭，榮辱的關頭，毀譽的關頭，生死的關頭，便都差了。則平常恭敬忠，都不是眞工夫。不用眞工夫。卻沒有眞本體。故夫子指點不處不去的仁體，卻從富貴貧賤關頭。（力按貧賤，如去之不以正道，則終不去也。富貴，如處之不以正道，則終不處也。此不去不處之心，卽是仁體。詳見論語。）孟子指點不受不屑的本心，卻從得生失死關頭。（力按如乞者遇食，得之則生，失之則死。但如與之者極無禮。則寧死不受，而不屑偸生。此不受不屑之心，卽是本心，亦卽仁體。參考孟子。）故富貴不淫，貧賤不移，威武不屈，造次顚沛必於是，舍生取義，殺身成仁，都是關頭時的當下。此時能不走作，纔是眞工夫。（力按此云不走作者，卽本心不放失之謂。如本心認爲當死時。忽私意起而間之。遂苟且偸生。此卽走作。不走作者反是。）纔是眞本體。纔是眞自然。（力按違逆本心而狥私欲者，爲染習所驅使。確是不自然。非自省密者不知也。）纔是眞當下。（力按以上，須參考論語，孟子。如極貧賤，乃至生死等關頭時。一毫不走作。此其念念的當下，都是眞的。易言之，純是仁體顯發。）玉池這段話。確極眞切。當與前所引涇野語參看。皆不失孔孟精神也。玉池謂有本體自有工夫。（工夫，畢竟是本體發用。非別有一心來用工夫。故云有本體自有工夫。）無工夫卽無本體。（黃梨洲明儒學案序云。心無本體也，工夫所至，卽其本體。此其晚年注重工夫，可謂進境。而世或以爲梨洲不承認有本體，則誤解也。其首曰心無本體者，蓋爲縱奪之詞。極言之，以起下文工夫卽本體耳。若不用工夫，則本體已梏亡矣。）此是的然見道語。

禪家作用見性。儒者卽工夫卽本體。於此可見二家旨意有相通處。（如前所舉居處恭云云。這時恭的心，是工夫。而實卽本心之發用，是名作用。禪於此見性。儒則於此識本體。故云相通。）然儒者於人倫日用，萬物酬酢處致力。雖云隨處體認天理。（此中天理，謂本心發用，自然有則也。如居處恭，執事敬，與人忠。何故不恭，不敬，不忠，便不可。此只是本心自然之則。必順此乃安，否則不安。無可更詰理由。所以說爲天理。居處必恭，執事必敬，與人必忠，就是隨處體認天理，而不敢違之。儒者用工夫只如此。）而精神發散易。收攝較難。如非上等根器，又深於涵養者。則日用踐履處，幸免差忒。而大本透脫殊不易。（大本謂本體。透脫者。謂吾人證得本體，恆保任之而無或違失。如是，卽心卽眞宰。便超越萬物之表。獨立無匹。故云透脫。顏子三月不違仁。仁，本體也。三月，久詞也。雖能保任仁體，久而不違。然未能恆常不違。則本體猶未能卓爾呈露。非眞透脫也。顏子且然。況其凡乎。）佛家遺倫物。獨處淸閒。（阿含經語）壹意收攝精神。趣入本眞。（本眞謂本體）反求自性。（此承上語，重複言之耳。自性卽本眞。以其爲吾人所以生之理，故曰自性。）高材故易證眞。（證得本體曰證眞。）鈍根猶難朝徹。（莊子云，朝徹而后能見獨。見獨，證見本體也。朝旦也。明也。朝徹謂洞然明徹也。）其道出世，而反人生。不可爲常。（非恆常不易之道也。孔子曰，道不遠人。人之爲道而遠人，不可以爲道。其旨深哉。吾著語要卷一，有一段說，佛家於本體生生不已之德，卻要逆遏住。本書中卷功能章，亦言及此。）蓋自釋迦沒後，小乘支分流別。而趣寂本旨，猶所共承。（趣寂者，趣向寂滅，出離生死海也。小乘無餘涅槃是也。）獨至大乘出。特標無住涅槃。（不住生死。亦不住涅槃。是名無住涅槃。）於是不染世間。（猶云不淪溺於世間。卽不住生死之指。）亦不捨世間。（不捨離世間。卽不住涅槃之旨。）尤復勤求世智。（世智謂世間一切知識的學問。如大乘菩薩勤學五明。謂因明，聲明等等。）此已漸近儒家。然所爲主無住涅槃者，則以衆生不可度盡故，乃誓願不捨衆生。經云，由有衆生故有大悲是也。大乘於佛家一貫相承趣寂本旨，固未根本改易。故大乘的人生觀，畢竟與儒家不類。只可從其不捨世間，而謂爲有接近儒家的傾向耳。（覆看中卷功能章）然此接近之點。關係極大。本論析儒佛之違，而會其通。以契應至理爲歸。而於佛家別傳之旨，（禪宗爲佛家教外別傳）尤覺其與儒者直徹心源處，特有吻合。（心源，謂本心或本體。）是故會寂與仁，而後見天德之全。（佛家談本體，畢竟於寂靜的方面，提揭獨重。此各宗皆然。禪師亦爾。儒家自孔孟，其談本體，畢竟於仁或生化的方面，提揭獨重。大易論語，可以參證。天者，本體之代詞，非謂神帝也。會通佛之寂，與孔之仁。而後本體之全德可見。中卷功能章上，可參看。夫寂者，眞實之極也。清淨之極也。幽深之極也。微妙之極也。無形無相。無雜染。無滯礙。非戲論安足處所。默然無可形容，而強命之曰寂也。仁者，生生不容已也。神化不可測也。太和而無所違逆也。至柔而無不包通也。本體具備萬德，難以稱舉。唯仁與寂，可賅萬德。偏言寂，則有耽空之患。偏言仁，卻恐末流之弊，只見到生機，而不知生生無息的眞體，本自冲寂也。夫眞實，清淨，生生所以不容已也。幽深，微妙，神化所以不可測也。無方相乃至無滯礙。而實不空無者，唯其仁也。故寂與仁，皆以言乎本體之德。寂故仁。仁亦無不寂。則本體不可執一德以言之也明矣。）大本立定，（前云透脫，方是立定。）而徹之人倫日用之際。其斯爲體用不二之學。（伊川說體用一原。似欠妥。以體與用對舉，而更云一原。豈別有爲體用之原者耶。實則，體即用之原。但體不在用外。如大海水與衆漚喻，可玩。本論意思，只是體用不二。）

附識一　文中趣寂下注云。寂者寂滅。寂滅，謂煩惱斷盡也。煩惱亦云惑。詳下章。惑盡故，始契寂然眞體。故云寂滅。又佛家哲學思想，與宗教思想混合。彼本主張個人的生命不斷絕。其入無餘涅槃時，以惑盡故，得出離人間世或生死海。而個體的生命，乃與寂然眞體冥合爲一。是謂不住生死。此亦寂滅義也。

附識二　文中是故會寂與仁云云，下一段長注。佛家談本體，於寂靜方面，提揭獨重。此言寂靜，則尅就本體而言之也。非若常途以靜與動爲相待之詞。常途以動靜相對爲言者。則以此心泯絕外緣時名靜。遇物感交至時名動，今云本體寂靜。（本體亦名心體）則寂靜一詞，乃即心體所具之德而名之。易言之，即以目心體。故此靜字，非與動對。此靜，只是無累，無擾，無倒妄，無繫縛等義。非謂其如實物之靜止然。寂靜二字，亦省言寂。宋明儒主靜之靜字，亦非與動相對之靜。俗學誑之，不了其義故也。

附識三　長注中談仁。有太和而無所違逆也，至柔而無不包通也二語。仁只是太和。太者讚詞也。太和故流行無礙。焉有違逆。世俗不識仁。只以矛盾言化。其實，矛盾非化理之本然，所以成其仁也。至柔一詞，形容太和眞體，沒有剛硬的意義。（剛硬一詞，與言剛健者絕不同義。剛硬即俗云狠戾的意思。剛健，則有純淨與不可屈撓及升進等義。本體之德盛化神，無可形容，而強目之以剛健也。）與和義相通。故此言柔，非與剛爲相對之詞。言柔者，狀仁之德相。其體本剛健。故無滯礙，而免於剛硬也。無不包含，無不流通者，徧與萬物爲其體故。（萬物之本體，即仁也。）

附識四　或有問言。公以禪學會通於孔。宋明儒固已爲之。而不免拘礙，公所嘗言也。而又衍其緒耶。答曰。宋明諸師。於大乘學，都不研究。若懼其浼我然。即晚周諸子，亦無弗擯斥。其思想已狹隘矣。雖稍參禪理，而亦未能虛懷以究其旨。諸師皆謂禪家以作用爲性。不知作用見性一語字，甚不可忽。（前文已辨正）若如諸師所誑，則禪家爲無本之學矣。（作用爲性，即不會識性。故云無本。）諸師所得之禪，正是其意見耳，實非禪也。以是而言融通，惡乎可。雖然。諸師學在反己。其精神上繼孔門，於大本大源處，確有體認。不可薄也。他日容當別論。（陽明透徹，不可忽。）

學者一向馳騁知見，（猶云知識或情見）而無守靜與體認之功。直無從自識本心。（靜者，不爲染習或私欲所擾亂，而澄然靜定也。體認者，收斂精神，不令馳散。即本心呈露，炯然自明自見也。）吾平生最喜永嘉大師語錄。永嘉由修止觀而入禪。（止觀，爲佛家入道方法。止者，寂定義。觀者，照察義。此粗略爲釋。廣如天台宗說。）故其發明心地，最極親切。其略曰。恰恰用心時。恰恰無心用。（力按此中心字，謂本心。后倣此。夫本心冲寂。無有作意。是謂無心。）無心恰恰用。（力按雖復無心，而鑒照昭然，非眞無也。）常用恰恰無。（力按鑒照無息，是常用。湛然淵寂，不隨境轉。離一切相。故雖常用，而實常無。）

夫念，非忘塵而不息。塵，非息念而不忘。（力按念者，妄念。亦云妄識。虛妄分別故。亦云習心。染習現起，名習心故。塵者，妄念之所趣逐，皆說爲塵。夫妄念，以逐塵故起。非忘塵，則念不可息。而妄塵，亦緣妄念始現。非息念，而塵豈能忘。）

塵忘，則息念而忘。念息，則忘塵而息。

忘塵而息，息無能息。（力按妄念本無自性。但緣塵幻有。故忘塵斯息。不可計念爲能知之體，今方得息。若作是計者，卽念本不空，如何而息。）息念而忘，忘無所忘。（力按妄塵本非實有。但緣妄念追求，而詐現有所趣塵相。故息念卽塵乃都忘。實亦無有所對而說爲忘。如實有所對，卽塵非本無，如何可忘。）

忘無所忘，塵遣非對。（力按息念卽塵忘。故知俗情執有外在世界者，特依虛妄分別之所趣逐而然耳。夫忘無所忘，則遺卻塵相，而實無有外境爲所對。此中外境，謂俗情所執外在世界，與凡爲妄情所攀援追逐者，通名外境。）息無能息，念滅非知。（力按念無自性。但緣塵幻有。故塵忘，則念與俱滅。足證念本非能。故曰息無能息。夫如是。則塵既非所。念亦非能。所相空故。能相亦空。而世俗不悟，或以妄念爲能知之體。陷大迷謬。今以念隨塵滅，足證念本非知。而世但以非知爲知耳。）

知滅對遣。一向冥寂。（力按夫世人皆以非知爲知。故乃無對而有對。何者。一眞法界。冥然空寂。是本無對。今以非知爲知，而虛妄分別，遂橫計有外境爲所對。於是狂惑熾然，自背其本有冥寂性海。衆生可悲，以此也。是故念息，而非知之知巳滅。塵忘，卽不見有外而對遣。乃恍然頓悟其一向冥寂之本體。譬如浮雲無實，何礙太虛。人患不反求耳。此中一眞之一，是絕待義。眞者，不虛妄義。法界，猶云宇宙本體。但以其在人而言，則曰本心。冥然，幽深貌。空寂之空，是無相義，及淸淨等義，非空無也。）

闃爾無寄。妙性天然。（力按獨立無匹，故云無寄。謂此眞性，具備萬德萬善，故說爲妙。無生無滅。湛若虛空。淸淨本然。恆無變易。雖遇染習爲障，自性畢竟不減。雖假淨習顯發，自性畢竟不增。故謂天然。）

詳此所云。必空妄識，方證冥寂。妄識如何空。要在析觀能所。說念（妄識）爲能。說塵（妄識所趣逐）爲所。觀所依能，（塵依念故現。是所依能方有。）所無自性，（所非自有。依能方有。故所無自性。無自性即是空。）不成所對。（塵本空故。）觀能依所。（念緣塵故起。是能依所方有。）能無自性，非是能知。（準上談所，可解。）是故析觀能所。妄識都空。而本有冥寂眞體，脫然呈露。永嘉善巧如是。實融瑜珈般若之長。（瑜珈爲法相唯識根本大典。談妄識相狀較詳。但其立說不免支離。此不暇論。永嘉直空妄識，而悟入空寂眞性。故深符般若。而無瑜珈支離之病，亦不捨其長。）世之持唯心論者，於本心，妄識，漫無抉擇。吾則期期以爲不可。

若乃本心自性，微妙難知。（雖無形無相，而有無形之形，無相之相，爲其自性。如後所云寂寂，歷歷是也。）永嘉形容之曰，忘緣之後寂寂。（力按緣者，妄緣，卽妄識是。妄識昏擾，障礙眞寂本心。故必遺絕妄緣，而後寂寂眞體始顯。忘者，遺義，絕義。）靈知之性歷歷。（力按靈知，簡異非知之知，卽簡異妄念或妄識也。歷歷者，分明貌。易云大明是也。靈知是無知無不知。參看上卷明宗章，談性智處。）無記昏昧昭昭。契本眞空的的。（力按無記一詞，記者記別。非善非惡，名爲無記。謂於善惡兩無可記別故。妄識之起，有時或不成乎善，亦不成乎惡者，是名無記。學者不了本心，或以無記當之。此乃大謬。永嘉故以忘緣寂寂，靈知歷歷二義，顯示本心之自性是如此的。學者深契及此，則無記之爲昏昧，昭昭可見也。無記畢竟是妄識。非忘緣寂寂，故言昏。非靈知歷歷，故言昧。亦復應知，必證得忘緣寂寂，靈知歷歷，而眞有見乎無記之爲昏昧者，方是的的契本眞空也。但此云眞空之空，非空無義。覆看前注。）

惺惺寂寂是。無記寂寂非。（力按惺惺，不蒙昧也。這個烱然不昧的，恰是冥然而寂，不昏不擾。此才是本心。若只善惡不形，而靈知眞體，未曾透露。雖不蒙昧，而是無記。仍屬妄識。但以籌度不顯著，有似寂寂。其實，此是無記中之寂，本非眞寂。故非本心。）

寂寂惺惺是。亂想惺惺非。（力按澄然至寂的，恰是烱然不昧的。此才是本心。亂想，攝論所云亂識。亂者雜亂。易云憧憧往來，朋從爾思，是其相也。當亂想時，並非蒙昧。然亂想中之惺惺，非眞惺惺。故非本心。）

如上所引，亦惺惺，亦寂寂，才是本心。此永嘉洞見心體語也。但於此有極宜注意者。學者一向爲習心紛擾。（習心謂染習。）及其稍知用功，漸漸克伏染習。忽然識得惺惺寂寂本體。此固向上初幾。（證見本體，才是向上。然涵養未深。）卻恐自此便貪寂默，以爲止境。蓋一溺乎寂，則屏動而遺物，廢此心之大用。（心謂本心）無淵泉時出之妙。（本心冲寂如淵泉。而動用不息，則亦如淵泉之時出無已止也。參考中庸三十一章。）遏時行物生之幾。（論語，天何言哉。四時行焉。百物生焉。天者，本體之目。不言，形容其寂也。時行物生，喻其發用無窮竭也。故寂非枯寂。而生生眞幾，寂之緼也。若溺寂者，則遏絕其生幾矣。）此其流極，將反人生而滅天理。佛氏之道，所以見擯於宋明諸儒，亦有以也。雖然。學未證見寂寂眞體。而談生生眞幾。惡知其非以惑取勢力爲生命耶。（此中惑字，含義甚深。佛云無明，數論所云闇是也。哲學家所謂盲目的意志，亦略當於此。取者，猶云追求。義極深微。）本論會佛之寂，與孔之仁，以言本體。（覆看中卷功能章）蓋屏情見而契眞極。然後分觀二家，而各有印證。學貴自得。尤賴博求往哲，觀其會通。顧可恃私智以爲學哉。

儒者無有捨工夫而談本體。此等精神，在孔子論語中甚可見。孟子實承之，以啓宋明諸師。孟子書中有一段話，最親切。其言曰。萬物皆備於我矣。反身而誠，樂莫大焉。彊恕而行，求仁莫近焉。此章之旨，學者每忽而不察。故稍疏通之，待有志者反而自求焉。萬物皆備於我者。就形骸言，則我與萬物若相待也。（相待，卽我與物對峙，而不能備物。若字注意。非本相待，但妄情分別耳。）就本體言，則萬物與我同體，非別有所本。是故卽於我而見萬物皆備。仰視天，天不離我而獨在。俯察地，地不離我而獨在。中觀人與一切有生之物，則皆我之情思所流通貫注。故我備萬物，我乃無待也。反身而誠樂莫大焉者。皆備之實體，我所固有，不從外得。（此中實體一詞，亦云仁體。）唯其非外。故萬物所以然之理，（所以然者，謂物之本性。卽物所由生成之理。）不勞我之逐物推測。直須反身而自盡其誠。則盡己性，而物性卽盡，灼然無疑矣。（盡者，率性而行，不使吾所固有者有一毫障蔽而不得顯發，是之謂盡。己性卽物性，非有二也。故盡性，無分於己與物。）夫皆備者，仁體也。反身而誠，則本吾所固有皆備之仁體而克盡之謂也。誠斯樂。不誠卽無樂。何以故。誠卽攝萬物爲一己，而無所不足。至足以居無朕，（無朕，不與萬有對。雖復森羅萬有，而其本體元無朕迹。）而神明之德備。（夫至足之體，無方無相，極靈極妙，故謂之神明也。德無不全，故云備。）至足以應萬感，而萬物之情通。（通者暢遂。萬物不在我外。我之情通暢，則萬物皆暢。而萬物暢，實卽我之暢。由會物歸己故。非萬物與我對峙故。）不誠，則我乃自虧其所固有皆備者，（尅就皆備之仁體而言，此理自無虧損。但就吾人生活方面言之，若不克盡此理，便是虧損。）卽我乃自畫，而限於小，以與物對。限於小，則不足。與物對，則將追求於物。攻取生而寇害熾於中，何樂之有。（追求於物，則有攻有取。求所欲，是取義。違所欲，便如遇敵而忿情生，是攻義也。攻固以寇害自性。取，亦殉物而虧自性，尤爲寇害之甚者。）故誠，則有樂俱。（俱者，同體不相離異之謂。）此誠字不與妄對。樂字不與苦對。誠與樂，正是仁體故。（此中誠與樂，皆就工夫上說。然工夫卽本體。故此誠與樂，是絕待義也。故云誠與樂正是仁體。）如此境地，乃上智事。未至於此者，卻須有彊恕工夫始得。（彊者勉強）恕者推己及人。我之所欲，當念人亦欲之，毋專欲以妨人。我所不欲，當念人亦不欲，而益求所以利人。行此既久，則人我對峙之見，可以遣除。而吾所固有皆備之仁體，於是實現焉。儒者於人倫日用工夫中，涵養得本體透露。此乃聖學至當而不可移易處。論語記孔子曰，參乎。吾道，一以貫之。曾子曰唯。子出。門人問曰，何謂也。曰，夫子之道，忠恕而已矣。世儒每不識曾子意思。證以孟子此章。若見到萬物皆備於我，卽是識得仁體。此乃夫子所云一貫，（一者仁體。識得此體，卽萬物之所以然，一齊俱徹。故云一貫。）而下手工夫，少不得彊恕二字。孟子猶承曾氏也。此等道理，如何可只向見聞知解上會去。

吾以返本爲學。（求識本心或本體，是謂返本。）歷稽儒釋先哲，皆有同揆。（儒釋之學，雖云互異。然不特知解以向外尋覓本體。此乃其大同處。釋家禪學，尤與儒者接近。）而或有疑之者曰。佛家談一眞法界，似是懸一至高無上，圓滿無虧之理境以爲的。而勇悍追求之。夫鵠懸法界，窮際追求。而一轉捩間，無住生涯，無窮開展。庶幾位育，匪托空談。若云反本，恐起自足於己之心，便已畢生陷身惰性。（明季[illegible]子駁陽明學派談本體者，已有此說。）公意云何。答曰。法界卽自心，亦卽自性。自性清淨，離諸障染。自性明覺，離諸迷闇。自性眞實，離諸虛妄。廣說乃至具足萬德，無可稱量。然反之卽是，無待外索。豈謂自心與法界爲二，而以法界爲自心所追求之鵠哉。夫懸鵠追求，趨向無上甚深妙境。進而不止，前而不退。如所謂一轉捩間，無住生涯，無窮開展。此說，甚有意思。但此中吃緊處，卻在追求不已。一息而歇追求，生涯盡矣。追求不已，又必於其所懸之的，信望殷切。（信者信仰。望者希望。）情感弱者，不足語此。然雖窮際追求，要是拼命向外。終不返本。此之流害，未可勝言。眞性無外。而虛構一外境。乖眞自誤。其害一。追求之勇，生於外羨，無可諱言。外羨之情，猶存功利。惡根潛伏，烏知所及。其害二。反本，則會物歸己。位育功宏。外羨則對待情生。禍幾且伏，如何位育。（情存彼此，故釀禍幾。）其害三。外羨者內不足。全恃追求之勇爲其生命。彼所謂無住生涯，無窮開展。雖說得好聽。要知所謂開展者，只恃外羨之情，以鼓其追求而已。畢竟虛其內，而自絕眞源。非眞開展。其害四。總之，窮際追求云云。只是一直向外求索，而自無可據之本。譬如鹿迷陽餤，狂馳不已。中間實無轉捩處。夫自性清淨，諸佛所言。煩惱並是客塵，亦諸佛所言。（煩惱亦云惑。儒者所云惡或私意私欲等者，相當於此。客塵之言，顯非本有。）去客塵而復自性，是乃轉捩間事。古德所謂一念迴機，便同本得是也。（本得，謂自性清淨，不從他得故。）夫唯錮於客塵而迷失自性者。一旦乘性覺而返識本來。（性覺者，自性清淨，元是覺照圓明的，故云性覺。雖客塵障於自性。而性覺要未嘗泯。如積陰之際，非無日光，但不甚顯耳。）則恆保任此覺，（恆字吃緊）俾得日益顯發。方可剷去客塵。（日益顯發，卽孟子所謂擴充。）性覺顯發一分，則客塵可去一分。顯發十分，則客塵可去十分。乃至全體顯發，則纖塵淨盡矣。若不有性覺在。憑誰照察客塵而滌去之。學者若於自身識得此事。方許讀如來十二部經。否則讀徧三藏，未許知佛。豈唯佛學。儒者言克己，若不求返天理之心，（天理之心，即是本心或本體。）將仗誰去克得己來。論語，記顏淵問仁。子曰，克己復禮。從來注家多未得聖意。王船山卻善會。船山以爲必先復禮。才克得己。（先字，非時間義。）禮即天理。（禮與理古通用。）通常說禮，蓋就節文或儀則而言。此中之禮，決非節文儀則之謂。注家於此每不辨，如何識聖意。沒有天理爲主於中，憑誰去察識己私。憑誰去克。大本不立，而能克去己私巨敵，無是事也。（克字甚重。如克敵之克。）船山平生極詆陽明。於此卻歸陽明而不自覺。陽明良知，即天理之心也。即先立大本也。（參考船山讀四書大全說。）總之，我云轉捩，即是返本一幾。若斥絕返本。即不識自性。而徒懸鵠於外，窮際追求。則所說轉捩，不知轉向何處去也。

又如疑者所云，以其返本，纔起自足於己之心。便已畢生陷身惰性。吾以爲講返本之學，而不免陷身惰性者。此必其未能證得本體者也。吾平生談本體，原主體用不二。但既立體用二詞，即其義不能無辨，夫本體，具足萬德。含藏萬化，本無所不足者也。故敻然絕待。然體雖無待。而成爲用，則有分殊。分殊即是相待。故體之成用，是由無待而現爲相待。於此相待，便喚作一切物。（人亦物也。）此一切物，隨舉其一，皆具有大全的本體。（自甲物言之。甲物得此個大全的本體。自乙物言之。乙物亦是同得此個大全的本體。餘可例知。參看上卷明宗章大海水與衆漚喻。）但本體舉其自身現爲相待的一切物以後。而從每個物或個人分上來說。（每個物或個人一詞，此下省言個人。）則個人雖是具有全體。（大全的本體，省云全體。后倣此。）雖性分上無所不足。然約個人成形言，畢竟爲有限的。（凡相待的，即是有限的。）由此，而形有障性之可能。易言之，吾人很容易爲形軀所使，而動念即乖，以障礙其自性。（乖者，陽明所云順軀殼起念，而違其自性之本然也。有生之倫，由順形而起染習。染習即形之流類。所謂障礙，即此爲之。）由障礙故，本性雖至足，卻是潛伏不顯。由此，吾人生活方面，則以拘於形，而陷於相待之中，遂常常感得不足，並且不足之感極迫切。因此，便有一個極大的危機，就是要向外追求。追求路判以二。曰向下。即物欲的追求是。曰向上。如蘄依神帝，（宗教）注想眞極，（哲學家向外覓本體者）及所謂鵠懸法界皆是也。上下雖殊。向外則一。外則離本。雖存乎上，而浮虛無實，與下同歸。故吾平生，獨持反本之學。唯求見自性。（卽本心或本體。）須知，吾人自性，雖一向被障，畢竟無有減損。卻常在障礙中流露至誠無息眞幾。（此眞幾卽覺照是也。亦云性覺。）吾人保任此眞幾，（不斷的保任，卽是眞幾無窮的顯發。孟子所云擴充，其義在此。）才仗着他來破除障礙。（因爲他是自覺的，故可破障礙。）而把自性中潛伏的與無所不足的德用，（此中用字，卽指上文自性含藏萬化而言。用字卽萬化之代詞。后倣此。）源源的顯發出來。這種顯發，就個人生活上言，他是破除障礙，而不斷的創新。其實正是返本。因爲個人的生活日益創新而愈豐富者，都是其自性的德用，不匱的發展。非若無源之水，驟形竭涸。所以有本纔得創新。創新亦是返本。這個道理，眞是妙極。夫本體至神而無相。若不現爲物，則無資具以自顯。及其現爲物也，則物自有權。而至神無相之體，所以成物而卽運行與主宰乎其間者，便有受拘於物的形軀之勢。而必待物之能聽命於己，以起修爲，（此中己者，設爲本體之自謂。）乃得以自顯發。（工夫卽本體之義，須於此參悟。）否則物乘其權以自逞，而錮其神。（神謂本體）則本體終不得自顯。（佛家所云眞如在纏，亦此義也。）論語，人能弘道。非道弘人。其義蘊蓄在此。苟深見此義。則知至神無相者，雖主乎吾之一身。而吾不能曰，反求而得其至足者，更無所事事也。識得本體已。不可便安於寂。（前已說過。）要須恆不違眞，（恆字吃緊。眞謂本心或本體。）勇悍精進。如箭射空。箭箭相承。上達穹霄，終無殞退。如是精進不已。是謂創新不已。如是創新不已，實卽本體呈露，其德用流出，無有窮極。故修爲進進，（進而不已曰進進。卽精進義。）卽是本體顯發無窮。妙用自然，不涉爲作，又烏有不寂者乎。是故返本之學。初則以人順天而自強。（人，謂修爲的工夫。天者，本體之代詞。工夫實卽本體德用之顯發。自強，謂吾人精進不息也。吾人不息的工夫，實卽本體德用顯發無窮。人能皆本天性故。）久則卽人而天。純亦不已。（初時工夫猶未純。久則純熟，天體全顯。斯時卽人卽天。純亦不已者，天德至純，無雜染故。不已者，天之德用，無窮盡故。無止境故。）不已者，彰其剛健。純者，顯其寂寂。然則吾人以知本而創新。創新而返本。到得返本，亦剛健，亦寂寂。何至有陷身惰性之事乎。其陷於惰，必未眞證本體者也。許多哲學家將本體說向外去。懸之爲的，而追求焉。其中無所本。而唯外羨，以鼓追求之勇。則吾已陳其害如前，不復深論也。

上來斷斷致辨者。一則向外追求之學，與吾學全異其指。不容不辨。二則恐學者或以悟入冥寂自性，（即本體）便安於寂，而爲止境。孔子五十知天命以後，（中庸首言天命之謂性。天命即是吾人與萬物所同具之本體。無待故名天。流行不已故言命。其在於人則謂之性也。中庸末章，以無聲無臭言天。即顯本體冥然寂寂也。據此，則孔子自述其年五十，乃證冥寂自性。）又十年而耳順。（耳順者，聲入心通，全無閡蔽之象也。六十以前，雖證見寂體。然契眞則有遺俗之患。老氏之棲於無。似於眞俗圓融之道，猶有隔在。孔子知天命而不遺人倫。蓋融眞入俗。即俗皆眞。所以洞達無礙。取象於耳順，以形容其妙。若高言證眞，而未能融俗。則於至理未暢，適自爲閡蔽耳。）又十年，而後從心所欲不踰矩。（隨心所欲，莫非天則自然。此是大自在境地。蓋勝用無窮，渾是一眞之體。其妙如此。）佛家初地證眞。（地之一詞，若泛釋，則修行位次也。工夫有淺深，故分位次。初地見眞如，即證體。）從此，歷二地乃至十地之終，而後入佛地。孰謂一旦悟入自性，便可安享現成，無所事事哉。明季，王學末流之弊，甚可戒也。（一旦有悟，便安享現成，流入猖狂一路。晚明王學，全失陽明本旨。爲世詬病。夫陽明自龍場悟後。用功日益嚴密。擒宸濠時，兵事危急，絕不動心。此是何等本領。然及其臨歿，猶曰，吾學問纔做得數分。後學空談本體，非陽明之罪人哉。）

附識　孔子五十知天命之知，是證知義。其境地極高。非學人悟解之謂。佛家證眞之境，又不待言。夫悟解，則船山所謂儻來之一悟。本非實得。而學者妄以之自信，則自安暴棄而已。

上來提示本心。大義略備。今將取佛家唯識之論，加以勘定。佛家直指本心，自宗門始。已如前說。若夫自昔號爲傳承釋迦經典以張其教義者，宗門則目之以教。（教者，聲教。凡經典所載，皆釋尊聲教故。）而自居教外別傳。夫宗之所以自別於教者，非徒不立語言文字而已。教中談識。宗門則主自識本心。此其根本異處。未堪忽視。然宗門旨趣，既在前陳。則教中所談之識，茲宜略論。

夫教中唯識之論，自無着瑜珈而後，迄世親三十頌，以及護法諸師，而後其理論漸臻完密。（世親及其後學護法諸師所相繼闡明之唯識論，其根據皆在瑜珈。故唐賢號瑜珈爲一本。）本書中卷，曾經提控其理論之體系，而予以評判。（可覆看功能章。）今於此中，但欲略述瑜珈宗（卽大乘有宗）建立八識旨趣，並予以疏決而已。（疏者，疏通其滯礙，而在某種意義上，可承認其有是處。決者，判決其謬誤。）

昔在小乘，只說六識。及大乘興，乃承前六，而益以末那，賴耶，是爲八識。六識者。隨根立名。曰眼識，依眼根故。曰耳識，依耳根故。曰鼻識，依鼻根故。曰舌識，依舌根故。曰身識，依身根故。曰意識，依意根故。（眼等五識所依根，稱淸淨色根。固不謂肉眼等爲根也。肉眼等但與根爲扶助故。至於意根，則小乘如上座部等，亦立色根。所謂胸中色物，卽心臟者是。而餘部更不許立色根。乃以六識前念已滅識，爲意根。及至大乘，建立八識。始說第七末那識爲意根。詳在佛家名相通釋部乙。）或許從境立名。卽眼識亦名色識，唯了別色故。（唯者，止此而不及其他之謂。後準知。色有多義。或通目質礙法，則爲物質之異名。今專言眼識所了，則爲顏色之色，如靑黃赤白等是也。）耳識亦名聲識，唯了別聲故。鼻識亦名香識，唯了別香故。（香與臭，通名香。）舌識亦名味識，唯了別味故。身識亦名觸識，唯了別觸故。（於前四識所了，直舉色聲香味四境。而於身識所了，乃虛言觸，而不直舉何等境者。則以身識所了境，最爲寬廣。列舉不盡，故以觸言之。）意識亦名法識，了別一切法故。（有形無形的一切事物，乃至一切義理，通名之爲法。他處言法者，準知。）如上六識，大小乘師，共所建立。

然大乘於前六外，又建立第七及第八識者。彼計五識（眼識乃至身識）唯外門轉。（轉者起義。五識皆以向外追取境界故起。）必有依故。第六意識，內外門轉。（意識一方面追取外境。一方面內自緣慮。雖無外境，亦自起故。）行相麤動。（行相者，心於境起解之相。麤者麤猛。動者囂動。）此非根本。（麤動故非根本。）亦必有依故。（意識自身旣非根本。故必有所依。例同五識。）由斯建立第八阿賴耶識，含藏萬有，爲根本依。（依字注意。彼計前七識，各有自種子。不從賴耶親生。只是依托賴耶而生。故說賴耶爲根本依。）賴耶深細。藏密而不顯。前六（眼識乃至意識）則麤顯極矣。疑於表裏隔絕。（賴耶是裏。前六是表。）故應建立第七末那，以介於其間。（第七，介於第八與前六識之間。）大論五十一說，由有本識，（賴耶亦名本識。是前七識之根本依故。）故有末那，其義可玩已。尋彼所立八識，約分三重。初重為六識。（眼識乃至意識。）通緣內外。麤動而有為作。次重為末那識。（第七）恆內緣賴耶，執為自我。（恆者無間斷故。）似靜而不靜。（唯內執賴耶為我，而不外馳，故似靜也。然恆思量我相。此乃麤動之極，實不靜也。）三重為賴耶。（第八）受熏持種。（持種者，賴耶自家底本有種及新熏種，並前七識各各底本有種及新熏種，均由賴耶攝持。所以為萬有基。受熏者。謂前七識各各有習氣熏發，以投入賴耶自體。而賴耶則一切受而藏之，遂成新熏種子也。）動而無為。（經論皆說賴耶恆轉如暴流，是動也。然惟受惟持而已，是無所為作也。）大乘說八識行相，其略如此。

又復應知。大乘以一身所具之識，分為八個。（章氏叢書中，似有一篇文字，說阿賴耶識為衆生所共有。此太炎誤解。據諸論，每一人身中有八個識。即賴耶非一切人所共有。只是一切人各各皆有賴耶識而已。）即此八識，將為各各獨立之體歟。然每一識，又非單純，乃為心心所組合而成。（心亦名王。是主故。心所者，具云心所有法。以其為心上所有之法故。心所亦名助伴。是心之眷屬故。心則唯一。而心所乃多云。）如眼識，似獨立也。實則為心與多數心所之複合體。絕不單純。特對耳識等等說為獨立而已。眼識如是。耳識乃至第八賴耶，復莫不然。（每一識，皆為心與多數心所之複合體故。）故知八識云者，但據八聚而談。（聚者類義。）非謂八識便是八個單純體故。倘考大乘建立種子，為識因緣。（種子為能生識之因緣。識即是種子所生之果。）無著初造瑜珈。後依瑜珈造攝論，授世親。明種子有六義。第四曰決定。第六曰引自果。（瑜珈言種子七義。攝論約為六義。）世親釋云。言決定者，謂此種子各別決定。不從一切，一切得生。（意云，非一切種子各各皆能徧生一切法也。）從此物種，還生此物。（此物種子，還生此物，而不生彼物。所以成決定。）引自果者。謂自種子，但引自果。（引者引生。）如阿賴耶識種子。唯能引生阿賴耶識云云。（餘識種子，均可類推。又凡言識，亦攝心所。隱示諸心所，亦各各有自種子。）據此，則八聚心心所，各各從自種而生。（種子省言種。他處準知。）如眼識一聚。其心從自種生。其多數心所，亦各從自種生。眼識如是。耳識乃至賴耶，亦復如是。故知八聚心心所，爲各各獨立之體。（各各二字，注意。如眼識一聚中。其心有自種故，故是獨立之體。其多數心所，亦各有自種故，卽各各是獨立之體。眼識一聚如是。耳識乃至賴耶，均可類推。）而實非以八個單純體，說爲八識。（雖說爲八個識，卻都是複合體。）此自無著世親兄弟迄於護法玄奘窺基諸師，皆同此主張，而莫之或易者。斯亦異已。

逊小乘談六識，猶與晚世心理學家之見解略近。（五識，實與所謂感覺者相當。以其不雜記憶與推想等作用故。但心理學家或不許感覺卽是識。此當別論。至第六意識，則亦與心理學上所云意識爲近。）大乘自無著以後，盛宣第八賴耶識，謂其含藏一切種子，爲萬有基。又析賴耶爲相見二分。（雖亦析爲四分，而內二分，可攝入見分。則只相見二分也。）見分是能緣。（卽爲能了別相分者。）相分是所緣。（卽對於見分而爲其所了別者。亦云境界。）此所緣相分，復析爲三部分。一種子。（賴耶所含藏之一切種，爲賴耶見分之所緣，卽亦名爲相分。）二根身。（卽淸淨色根，謂眼根乃至身根。此非卽肉體。據佛家義，則人死時，雖肉體毀，而根身不亡也。）三器界。（相當於俗所目之自然界。）此三，通是賴耶相分。而見分，則是能了別此相分者。設問。賴耶見分，何由知有。而大乘師則以爲此非凡夫所可知，唯佛知之而已。第七末那識，亦有二分。因末那內緣賴耶，以爲自我。此時，末那識必仗托賴耶見分，而變似一自我之相分。依此相而起我執者，卽末那見分。第六識，亦有二分。意識緣或種法時，（法字注見前）必變似所緣法之相分。（如思蘭花時，必變似蘭花之相。設問，此相必有所托，卽有實蘭花故。答。實蘭花者，卽屬色等塵，卽眼等五識相分。設問，五識相分亦必有所托而始起。其所托爲何。答，所托卽器界，是第八識相分。）意識見分，則爲了別相分者。五識，皆有二分。如眼識相分卽靑黃等色是。而了別靑黃等色者，卽眼識見分。乃至身識相分卽所觸境是。而了別所觸者，卽身識見分。綜上所述，八識各各由二分合成。（如眼識，由相見二分合成。耳識乃至賴耶皆然。又復應知，諸識，各分心心所。每一心及每一心所，實各各有相見二分。而文中只總略爲說。又諸識相分，詳細分別，當參考佛家名相通釋。）據無着等義，則諸識相見，皆從各自種子而生。是諸種子，皆藏伏賴耶識中。（設問。賴耶見分，及其根器相分，均從各自種子而生。總略言之，即是賴耶從其自種而生。今乃說賴耶含藏一切種。則是能生之種，亦藏在所生之賴耶內。理如何通。答曰。大乘主張能生因與所生果，乃同時而有。無先後故。因此，賴耶得含藏種子。）因賴耶含藏一切種。故種子非是離識而外在。得完成唯識之論。（如不建立賴耶以含藏一切種。則當成唯種之論矣。）

復次賴耶所藏種子，應分有漏無漏性。（性者德性。有漏者染污義。無漏者清淨義。覆看中卷。）據大乘義，衆生無始以來，只是賴耶爲主人公。易言之，只是賴耶中有漏種子發現。而無漏種子，從來不得現起。必至成佛。方斷盡有漏種。始捨賴耶。其時，無漏種發現，即生第八淨識，是名無垢。（第八識分染淨。衆生無始以來，只是從有漏種，生起有漏的第八識，名爲賴耶。此賴耶是染污性。染污者，清淨之反，即壞的意思。及經修行，而至成佛。則染種斷滅淨盡。第八染識不復生，即賴耶已捨棄也。此時之第八識，則從無漏種而生，遂名無垢識。）賴耶未捨以前，其前七識（五識乃至第七末那）悉從有漏種生，自不待言。（十地中有別義，姑略之。）設問。衆生無始時來，純是有漏流行。如何而修。如何成佛。答曰。據無着等義，唯依聖教，多聞熏習，生長淨種而已。詳在解深密等經，瑜珈，攝大乘等論。

無着諸師談八識。其旨趣略說如上。較以小乘六識之談，迥不相同者。則第八識之建立，顯然成爲宇宙論方面之一種說法。而第八識中種子，又成多元論。種子染淨雜居，亦是善惡二元。且諸識相見，劈裂得極零碎。如將物質，裂成碎片然。凡此，皆不饜人意。若其談緣生，復成機械論。尤無取爾。（覆看中卷功能章。此中不贅。佛家名相通釋部乙，亦可參考。）其極悖謬無理者。衆生無始時來，只是賴耶爲主人公。自性涅槃與自性菩提，於衆生分上，不可說有。（涅槃者寂義。菩提者覺義。自性是亦寂亦覺的。本來無昏擾故。本來無迷闇故。）而專恃後起與外鑠之聞熏，以生長淨種。此非無本之學哉。（論語，夫子許顏氏三月不違仁。三月久詞也。仁體，即冲寂明覺之自性也。自性本無可增減。故學者無限功修，只是不違二字盡之。要須識得仁體，而後不違之功有所施。否則茫然無主於中。從何說不違。聞熏，吾亦不可謂其可廢。要知聞熏，但爲不違仁的工夫作一種參驗而已。若如無著一派之學，衆生從無始來，唯是有漏流行。根本無有寂覺自性可說。乃欲之專靠聞熏以造命。毀生人之性，莫此爲甚。吾何忍無辨耶。又本文，以寂與覺言仁體者。夫子固曰仁者靜。此靜，非與動對之詞，乃寂義也。易於乾言仁，而曰大明。故仁有覺義也。）

從實而談。教中所云識，（此言教者，賅大小乘。）即吾所云習心是。習心，即染污習氣之現起者是。染習所由生，則因本心之力用，流行於根門，而根假之以成爲根之靈明。乃逐物以化於物。由此，有染習生。（覆看前談宗門作用見性諸段文中談五根義處。此中生字，乃無端而幻現之義。后倣此。）故染習者，形物之流類也。（形物謂根。吾言根義，與佛家本義有別。蓋根非可離肉體而存在，只是肉體中最精粹的一種生活機能而已。根雖不同於具有拘礙性的物質，然究屬形物。不徑言根者，形物義寬故。亦賅肉體而言之故。流類之流，亦類義。）或復問言。何故說心爲形役。（前云根得假本心之力用，以成爲根之靈明。是心爲形所役也。）何故說染習緣形物而生。答曰。本體之顯現其自己，不得不凝成爲各各獨立之形物，以爲顯現之資具。而形物既成，便自有權能。即有不順其本體之趨勢。易言之，即得假其本性力用，以成爲形物之靈明。（本性謂本體。亦云本心。亦云自性。以上答心爲形役之問。）形物之靈明，其運用皆從形骸上打算。即妄執有小己，而計爲內。同時，亦妄見有外，而不息其追求。此其虛妄分別，孰明所以。而相狀複雜，尤難究詰。要不妨總名爲惑。（違其本性，故以惑名。）惑之起也無根。（吾人自性清淨，非有惑根。）一剎那纔起，即此剎那頓滅。雖復滅已，而實不斷。方其滅時，即有餘勢，相續而起。等流不絕。（等流者。謂此餘勢，亦非堅住之體。乃生滅相續而流轉下去。譬如一身，並非堅住，乃新陳代謝，前後相等而流。仍名一身。是名等流。）潛伏內在的深淵。（內在的深淵一詞，係爲語言之方便而設。不可執定有如所謂深淵一類的物事。須知，吾人生活的內容，畢竟不可當做現實界的物事來刻畫。此意難言。）此諸惑餘勢，潛伏而不絕者，即名染污習氣。夫染習既是惑之餘勢。而惑非自性固有，乃緣形物而生。（生字義見前。）今以由惑成染習故，即說染習緣形物生。是義何疑。（以上答染習緣形物生之問。中卷功能章，談染習由來，實因殉形骸之私而起。須與此參看。）染習千條萬緒，潛伏深淵。（深淵只形容其潛伏耳。）其乘機而現起者，則與根之靈明，（即本心之力用，流行於根門，而爲根所假以自成其明者。）叶合爲一。是稱心所。（如下所舉無明與貪嗔等等。）亦得泛言習心。故習心者，形物之流類。顯非本有。（本有謂本心。）此不可不知也。

大小乘說六識，內外門轉。（前五，皆向外追求。第六，亦外逐，亦內自作種種搆畫。）此皆習心虛妄分別之相。大乘說末那，依賴耶起我執。實則，形物之靈，妄分內外，而謬計有自我耳。（形物之靈，即前所謂根，假本心之力用，以自成其明者。此習心所由始。）不必立一賴耶，以爲我相之所托也。大乘賴耶，本爲含藏種子。吾謂習氣，亦不妨假名種子。但此習種，（習種作複詞。）千條萬緒，實交參互涉，而爲不可分離之整體。亦可說爲一團勢力。不必更爲之覓一所藏處。（大乘說種子爲能藏。賴耶是所藏。）夫賴耶實等於外道之神我。果如其說，則衆生無始以來，有一染性之神我。（有漏性亦名染性。）而自性菩提，果安在耶。（言菩提即攝涅槃。自性亦覺亦寂故。）宗門崛起，直指本心。而後斯人得以自識眞性。染習究是客塵，除之自易。譬如旭日當空，詎容纖障。故知教中談識及種，（種者，具云種子。）實以習氣或習心，說爲衆生之本命。經宗門掃蕩廓清，而後吾人有眞自我的認識。其爲功也豈不大哉。（黃蘗云，此心是本源清淨佛。人皆有之。蠢動含靈，與諸佛菩薩，一體不異。又曰。深信含生同一眞性。心性不異。即心即性云云。如教中談賴耶，則衆生分上，直無眞性可說。是惡得爲正見乎。但教中如楞伽等經，談如來藏，容當別論。）

夫本心即性。（性者，即吾人與萬物所同具之本體。）識則是習。性乃本有之眞。習屬後起之妄。從妄即自爲縛錮。（如蠶作繭自縛。）證眞便立地超脫。（若識自本心，即是證得眞性。便破縛錮，而獲超脫，得大自在矣。學者或謂動物只靠本能生活。故受錮甚重。唯人則理智發達。足以解縛，而生命始獲超脫。夫本能者，吾所謂染習也。動物以此自錮不待言。理智是否不雜染習，卻是難說。吾人若自識本心，而涵養得力，使本心恆爲主於中。則日用感通之際，一切明理辨物的作用，固名理智。而實即本心之發用也。是則即理智即本心。自然無縛，不待說解縛。本來超脫，何須更說超脫。若乃未識本心，則所謂理智者，雖非不依本心而起。但一向從日常實用中熏染太深，恆與習心相俱。卽此理智，亦成乎習心，而不得說爲本心之發用矣。夫理智作用，既成爲習心作用。縱有時超越乎維護小己的一切問題之範圍以外，而有遐思或曠觀之餘裕。但以其本心未呈露故，卽未能轉習心，而終爲習心轉。所以理智總是向外索解，而無由返識自性也。如是，則何解縛之有。又何超脫之有。頗欲於量論中，詳論理智。老來精力乏，未知能否執筆耳。）上達下達，皆由自致。易曰，君子懼以終始。人生無一息而可自放逸也。（此云懼者，卽中庸所謂戒懼。戒懼卽是本心。）

本心是絕待的全體。然依其發現，有差別義故。（差別者，不一之謂。）不得不多爲之名。一名爲心。心者主宰義。謂其徧爲萬物實體，而不卽是物。雖復凝成衆物，要爲表現其自己之資具，卻非捨其自性而遂物化也。不物化故，謂之恆如其性。以恆如其性故，對物而名主宰。（恆如其性，卽不至墮沒而爲頽然之物。故乃對物而名主宰。）二曰意。意者有定向義。夫心之一名，通萬物而言其統體。（萬物統共的實體，曰統體。）非只就其主乎吾身而目之也。（主宰省言主。后做此。）然吾身固萬物中之一部分。而徧爲萬物之主者，卽主乎吾身者也。物相分殊，而主之者一也。今反求其主乎吾身者，則淵然恆有定向。（淵然，深隱貌。恆字吃緊。這個定向，是恆常如此，而無有改易的。）於此言之，斯謂之意矣。定向云何。謂恆順其生生不息之本性以發展，而不肯物化者是也。（生生者，至寂至淨也。不寂不淨，卽成滯礙，而惡得生。不息者，至剛至健也。剛健故，恆新新而生，無有已止。以此見生命之永恆性。）故此有定向者，卽生命也。卽獨體也。（劉蕺山所謂獨體，只是這個有定向的意。）依此而立自我。（此非妄情所執之我。）雖萬變而貞於一，有主宰之謂也。（文言本，以大學誠意之意，釋此中意字。實誤。明儒王棟劉蕺山解誠意，並反陽明。亦好異之過。今此中意字，非常途所謂意識。乃與心字，同爲主宰義。但心約統體而言。意則就個人分上言之耳。）三曰識。（謂感識及意識。）夫心意二名，皆卽體而目之。復言識者，則言乎體之發用也。（此中識字意義，與佛教中所談識，絕不相同。彼所云識，實吾所謂習也。此則以本體之發用說爲識。）淵寂之體。感而遂通，資乎官能以了境者，是名感識。（亦可依官能，而分別名之以眼識，耳識，乃至身識云。）動而愈出，（愈出者，無窮竭義。）不倚官能，獨起籌度者，是名意識。（眼所不見，耳所不聞，乃至身所不觸，而意識得獨起思維籌度。卽云思維籌度，亦依據過去感識經驗的材料。然過去感識既已滅。而意識所再現起者，便非過去材料之舊，只是似前而續起，故名再現耳。且意識固常有極廣遠，幽深，玄妙之創發。如邏輯之精嚴，及凡科學上之發明，哲學之超悟等等。其為自明而不必有待於經驗者，可勝道耶。）故心意識三名，各有取義。心之一名，統體義勝。（言心者，以其為吾與萬物所共同的實體故。然非謂後二名，不具此義。特心之一名，乃偏約此義而立。故說為勝。）意之一名，各具義勝。（言意者，就此心之在乎個人者而言也。然非識之一名上無此義。特意名，偏約此義而立。故獨勝。）識之一名，了境故立。（感識，意識，同以了別境相，而得識名。感識唯了外境。意識了內外境。內境者，思構所成境。）本無異體，而名差別。隨義異故。學者宜知。（此中心意識三名。各有涵義。自是一種特殊規定。實則，三名亦可以互代。如心，亦得云識或意。而識，亦得云心或意也。又可複合成詞。如意識，亦得云心意或心識也。）

如上所說。感識，意識，通名為識。亦得泛說為心。卽依此心之上，而說有其相應心所。（謂有與此心相叶合之心所故。）夫心所法者。本佛家教中談識者所共許有。所之為言，（心所亦省云所。下準知。）非卽是心。而心所有。（心所法者，不卽是心。而是心上所有之法。）繫屬心故。（恆時繫屬於心，而不相離。）得心所名。（敍得名之由。）惟所於心，助成，相應，具斯二義。勢用殊勝。云何助成。心不孤起。必得所助，方成事故。（成事者，謂心起而了境，如事成就。此必待所為之助也。舊說心所亦名助伴者以此。）云何相應。所依心起，叶合如一。俱緣一境故。然所與心，行相有別。（行相者，心於境起解之相，名行相。心所於境起解之相，亦名行相。（三十論言。心於所緣，唯取總相。心所於彼，（所緣）亦取別相。（亦者，顯示亦取總相。）瑜伽等論，為說皆同，唯取總者。如緣青時，卽唯了青。（青是總相。）不於青上更起差別解故。（差別解者，卽下所謂順違等相是也。）亦取別者。不唯了青。而於青上更著順違等相故。（如了青時，有可意相生，名之爲順。有不可意相生，是之謂違。此順違相，即受心所之相也。順即樂受。違即苦受故。等者，謂其他心所。如了青時。或生愛染相，即是貪心所之相也。或生警覺相，即是作意心所之相也。或生希求相，即是欲心所之相也。自餘心所，皆應準知。）舊說心唯取總。如畫師作模。所取總別。猶弟子於模填彩。（如緣青時。心則唯了青的總相。是爲模。而心所則於了青的總相上，更着順違等相。便是於模填彩。）可謂能近取譬已。然二法（心及心所）根本區別云何。此在印度佛家未嘗是究。大乘師說，心心所各有自種。雖不共一種而生。然種則同類。（心種與心所種，雖非一體，要是同類。）即無根本區別可得。如我所說。心乃即性。（此中心者，即前所云意識及感識。以其爲本心或本體之發用。故云即性。可覆玩前文。若佛教中談識，則謂每一識中，有一心。乃對心所而名爲心王。實則，彼所謂心及心所，只是依習心，而妄作分折耳。與吾所言心，絕不同義。）心所則是習氣現起。（此中習氣，通染淨。非單言染習。）所唯習故，（唯字注意。）純屬後起人僞。（僞者爲義。習氣無論染淨，皆屬人爲。）心即性故，其發現豈本固有。其感通莫匪天明。覆徵前例。了青總相，不取順違。純白不雜。故是天明。唯心則然。若乃了青，而更着順違等相。熏習所成。足徵人僞。是則心所。（順違之情，自是熏習。深體之自見。）故以性，習，判心心所。根本區別，斠然不紊。心即性故，隱而唯微。（人之生也，形氣限之。其天性常受障而難顯。）所即習故，麤而乘勢。（習與形氣俱始，故麤。其發也如機括，故云乘勢。）心得所助，而同行有力。（心本微也。得所之助而同行，則微者顯。）所應其心，而毋或奪主。則心固即性，而所亦莫非性也。反是而一任染心所猖狂以逞，（染心所，如下所舉無明貪嗔等等。）心乃受其障蔽而不得顯發。是即習之伐其性也，習伐其性，即心不可見，而唯以心所爲心。所謂妄心者此也。

夫習氣千條萬緒。儲積而不散。繁賾而不亂。其現起則名以心所。其潛藏亦可謂之種子。舊以種子爲功能之異名。吾所不許。（詳功能章。）然習氣潛伏而爲吾人所恆不自覺者，則亦不妨假說爲種子也。即此無量種子，各有恆性，（染種不遇對治，即不斷絕。故有恆性。）各有緣用，（緣者，思量義。種子就是箇有思量的東西。不同無思慮的物質。但思量的相貌極微細耳。）又各以氣類相從，（如染淨異類。詳功能章談習氣處。）以功用相需，而形成許多不同之聯系。即此許多不同之聯系，更互相依持，自不期而具有統一之形式。（既具有統一之形式，便知是全體的。）古大乘師所謂賴耶，末那，或即緣此假立。小乘有所謂細識者，（細者深細）亦與此相當。今心理學有所謂下意識者，儻亦略窺種子之深淵而遂以云爾耶。習氣潛伏，是名種子。及其現起。便爲心所。潛之與現，只分位殊，無能所異。（舊說心所從種子生。即是潛伏之種子，爲能生因。而現起之心所，爲所生果。因果二法，條然別異。如穀粒生禾。眞倒見也。）故知種子非無緣慮，但行相曖昧耳。（前謂種子各有緣用，即此意。舊說種子爲賴耶相分。即無緣慮。必其所生識，方有緣慮。此蓋妄分能所耳。）然種子現起而爲心所之部分，與其末現起而仍潛伏爲種子之部分，只有隱現之殊。自無層級之隔。無量習心行相，（此中習心，爲習氣之代語。）恆自平鋪。（一切習氣，互無隔礙。故云平鋪。）其現起之部分，（心所）則因實際生活需要，與偏於或種趨向之故，而此部分，特別增盛，與心俱轉。（謂與意識及感識相應。）自餘部分（種子）則沉隱而不顯發。故非察識精嚴，罕有能自知其生活內容果爲何等也。（察識猶云觀照。若返照不力，則染污種子，潛滋暗長，而不自知。喪其固有生理。危哉危哉。）

第九章　明心下

上來以習氣言心所。但明總相。（前云心所卽是習氣。卻只說明心所總相。）今當一一彰示別相。原夫無量種界，勢用詭異。（習氣潛伏，卽名爲種。已如前說。種無量故，名無量界。諸種勢用，至不齊故，說爲詭異。）隱現倏忽，其變多端。每一念心起，俱時必有多數種之同一聯系者，從潛伏中，倏爾現起，而與心相應，以顯發其種種勢用。（諸種元有許多互不相同的聯系。而同一聯系者，其現起必相俱。）卽依如是種種勢用，析其名狀，說爲一一心所法。諸數別相，（數者，心所之別名。后倣此。）三十論略析五十一法。蓋亦承用小乘以來古說，（大小談心所，有異義，及多少不同處，此不及詳。）取其足爲觀行之引導而止。（觀行二字，爲方法論中名詞。行者進修。略當宋明儒所謂工夫之意。觀者，反躬察識。觀卽行故。名以觀行。）然頗病繁複。今仍其舊名。而頗有省併。爲若干數，理董之如次。（吾人理會心所法時，須把他當作自家生活底內容的描寫。反觀愈力，愈覺眞切。若徒從文字上粗率了解過去。便不覺得有甚意義。或問。舊談心所，類以六分。若以今日心理學的眼光衡之，果有當否。余曰。此中大體是描寫生活底內容。雖對於心理學有所貢獻。卻不是講心理學。須辨之。）

諸數，舊彙以六分。（元名六位。）今約爲四。性通善染，恆與心俱，曰恆行數。（性通善染之性字，乃德性之性。謂此恆行心所，其性有善有染。故置通言。若與善數俱起者，必是善性。若與染數俱起者，必是染性。舊說於善與染之外，更立無記性。此不應理。諸心所，其性非善卽染。非染卽善。無有善染兩非者。此義當別論。恆與心俱者，此恆行數，恆與意識感識相應故。未有識起時而無此六數相應者。故名恆行。）性通善染，緣別別境而得起故，曰別境數。（通善染者，如恆行中說。別別境者，所緣義境多不同故。此中諸數，旣是緣別境方起。故非恆與心俱者。）性唯是染，違礙善數令不並起，曰染數。（舊云煩惱。）性唯是善，對治染法能令伏斷，曰善數。（對治者，如藥對病症而治之也。亦與儒者言克治義近。善數，對治諸染，能令染法伏而不起，乃至斷滅。）如是四分。以次略述。（舊本六分，今多省併。）

恆行數，舊說唯五。今併入別境中欲，即爲六數。曰觸，作意，受，欲，想，思。

觸數者。於境趣逐故。故名爲觸。（趣者趣取。逐者追求。境義有二。一物界名境。如感識所取色等是。二義理名境。如意識獨起思搆時，即以所緣義理名境故。後凡言境者，倣此。）如眼識方取靑等境。同時，即有追求於境之勢用，與識俱起故。乃至意識獨行思搆時，亦有一種勢用，對於所緣義境，而專趣奔逐以赴之者。如是勢用，是名觸數。而非即心。（這個趣逐的作用，正是習氣現起而與心相應者。故名觸數。元非即是心。）心者，任運而轉。（任運者，任自然而動，非有所爲作也。轉者，起義。）心所則有爲作。（心所，即是習氣現起，而與心相挾附以俱行者。其起也如機括。而心亦資之以爲工具。故心所必有爲作。）如此中觸數，依趣逐得名。趣逐即是一種爲作。）此其大較也。（心恆是任運。心所總是有所爲作。後述諸數，皆可準知。）

作意數者。警覺於心，及餘數故。故名作意。（餘數者，作意以外之諸心所，而與作意同起者。）心於所緣，任運轉故。元無籌度。由作意力，與心同行，而警於心，令增明故。（心旣被警。則雖無籌度，而於所緣，亦必增其明了。）又於餘數同轉者，警令有力，同助成心，了所緣故。（如遠見汽車，預知避路。即由作意，警覺念數。憶念此物曾傷人故。又如緣慮或種義理時。設有待推求伺察而後得者。而作意力，即於尋伺二數，特別警覺。蓋推求伺察之際，恆有作動興奮之感相伴。此即作意是也。）又如理作意，有大勢用。（順性而起的作意，名如理。）如惑熾時，（惑謂無明及貪等心所。）瞿然警覺，明解即生。（明解即無癡心所。）故染汚法，畢竟不足障此心者，賴有作意也。（提醒之功，即是作意。）

受數者。於境，領納順違相故。故名爲受。（領納即是一種爲作。心恆任運，即不作苦樂等領納。）領順益相，即是樂受。領違損相，即是苦受。舊說於苦樂二受外，更立捨受。謂於境，取俱非相故。（捨受者，非苦非樂故。俱非者，非順非違故。）此不應理。夫所謂非順非違者，實卽順相降至低度。（取順較久，便不覺順。）然旣無違相，卽當名順。不得說爲俱非。故彼捨受，義非能立。

欲數者。於所緣境，懷希望故。故說爲欲。隨境欣厭，而起希求。於可欣事上，未得，希合。已得，願不離。於可厭事上，未得希不合。已得願離。故皆有欲。舊說於中容境，一向無欲。故欲非恆行。此不應理。彼云中容境者，謂非欣非厭故。（彼立捨受，故有此境。）不知，單就境言，無所謂可欣可厭。受領於境，欣厭乃生。領欣境久，欣相漸低，疑於非欣。然旣無厭，仍屬可欣。不得說爲俱非。（彼云中容，卽是欣厭俱非之境。）夫領欣境久，則欣相低微，而欲歸平淡。要非全無欲者。故不應說欲非恆行。或復有難。人情於可厭事。經歷長時，求離不得。其希望以漸減，而之於絕。由此言之，欲非恆有。不知，歷可厭事，欲離不得，如是久之，則求離之欲，漸卽消沮，終不全無。且其欲必別有所寄。（人心一念中，固不必止緣唯一事境。如鄭子尹避難農家，與牛同廐而居。讀書甚樂。現前牛糞爲可厭境。求離不得。無復望離。然同時讀書別有義理之境，爲其欲之所寄。非一切無希望也。）人生與希望長俱。若有一息絕望，則不生矣。故欲是恆行。義無可駮。

想數者。於境取像故。施設種種名言故。故名爲想。云何取像。想極明利。能於境，取分齊相故。如計此是青，非非青等。（非青者，謂青以外之一切色。等，謂色以外之其他物事。）云何施設名言。由取分齊相故，得起種種名言。（若不取分齊相，卽於境無分別，名言亦不得起。）想形於內。必依聲氣之動，以達於外。故想者，實卽未出諸口之名言。

思數者。造作勝故。於善惡事，能役心故。故名爲思。云何造作勝。心者，任運而轉。（妙於應感，而無造作之迹。）思數，則是一種造作的勢用。由慣習故，其力特勝。於善惡事能役心者。謂由善性思數力，能造作善故。而心亦資之以顯。（心卽性也，本至善。得善性思數爲助。而心之至善始顯發。）故說思數，於善事之造作，能役使其心，以相與有成也。由染性思數力，能造作惡故。而心乃被障而不顯。故說思數，於惡事之造作，亦能役使其心，而果於自用也。（染性思數之役其心。譬如豪奴奪主，而自用其威。）

如上六數。恆與心俱。（同行而不相離異，曰俱。）故名恆行。（若以此六，配屬於心理學上之知情意，則想屬知的方面。受屬情的方面。觸，作意，欲，思乃皆屬意的方面。至於別境等數，亦均可依知情意三方面分屬之。然曾見人作一文，謂觸數卽感覺。想數卽意象或概念者。此未盡符。蓋六數是恆行。感覺中全具之。豈止以觸數名感覺耶。但六數之行相，復分麤細。其與眼等識相應者，則行相極細微，乃若全無分別然。故佛家說爲現量。）

別境數，舊說爲五。今有移併。（移欲入恆行。移定入善。而併入不定中尋伺二數，及本惑中疑數。）定爲六法。曰慧，尋，伺，疑，勝解，念。

慧數者。於所觀境，有簡擇故。故名爲慧。慧者，由歷練於觀物析理，而日益發展。然必與想數俱。以於境取分齊相故。（若不取分齊相者，卽不能作共相觀，簡擇如何得起。）亦必俱尋伺。以於境淺深推度故。（淺推度名尋。深推度名伺。）由推度已，方得決定。如決定知聲是無常。乍緣聲境，未知是常無常，必起推度。瓶等所作，皆是無常。虛空非所作，而唯是常。於是決知聲亦所作，故是無常。爰自推度，迄於決定，總名簡擇。故一念心中，簡擇完成，實資比量之術。（此中一念者，實攝多念。簡擇初起，只是推度。又必經多念續起推度，始得決定。方號完成。乃綜其自創起推度，以迄完成，凡經無量念，而名一念。）但以其術操之至熟。故日常緣境，常若當機立決，不由比度者。而實乃不爾。又慧唯向外求理。故恃慧者，恆外馳而迷失其固有之智。卽無由證知眞理。（此中眞理，卽謂吾人與萬物同具之本體。）若能反求諸自性智而勿失之，（此云自性智者，與明宗章言自性覺義同。）則貞明徧照，不由擬議。雖復順俗差別，而封畛不存。稱性玄同，而萬物咸序。此眞智之境，非小慧之所行矣。

慧，非恆行何耶。若無明與貪嗔等惑熾盛時，卽無有簡擇。（於理之誠妄，事之是非，有所簡別與抉擇，而不迷謬者。此則是慧。明宗章所云量智或理智者卽此。無明等惑熾然時，則簡擇不起。）故慧數非恆行也。

尋數者，慧之分故。（即就慧初位，淺推度相，檢出別說。故云慧之分。）於意言境麤轉故。故說爲尋。（意言境者。意即意識。意能起言，故名意言。意所取境，名意言境。麤轉者，淺推度故云。）

伺數者。亦慧之分故。於意言境細轉故。（細轉者，深推度故云。）

尋伺通相，唯是推度。推度必由淺入深。淺者，麤具全體計畫。猶如作模。深者，於全體計畫中，又復探賾索隱，親切有味。如依模塡采，令媚好出。蓋後念慧，續前念慧而起。歷位異故。淺深遂分。淺推度位，目之爲尋。深推度位，名之以伺。世以爲推度之用，先觀於分，後綜其全。此未審也。實則慧數與心相應取境。纔起推度，即具全體計畫。然推度創起，此全計畫，固在模糊與變動之中，實有漸趨分畛之勢。（分畛者，謂作部分的密察。）及夫繼續前展。則分畛以漸而至明確。即全計畫，亦由分畛明確而始得決定。然當求詳於分畛之際，固仍不離於全計畫。唯因全計畫，待分畛明確而後可定。故疑於先觀其分，後綜其全耳。又乃由尋入伺，從淺之深，即由全計畫降爲分畛伺察時。則慧之爲用，益以猛利。常與觸數相俱，奔赴甚力，如獵人之有所逐追者然。舊說尋伺能令身心不安住者，就染慧言之確如此。若性智顯發時。慧依智起，即稱淨慧。其時亦不廢尋伺。但任運自然，無急迫之患。而明睿所照，亦自無蔽矣。

尋伺二數，並依慧數，別出言之。慧非恆行，已如前說。

疑數者。於境猶豫故。故說爲疑。舊說以疑屬本惑之一。（本惑後詳。）此亦稍過。夫疑者，善用之則悟之幾也。不善用之則愚之始也。理道無窮。行而不著，習焉不察，則不知其無窮也。然著察之用，往往資疑以導其先。蓋必於其所常行所慣習者，初時漫不加意。（冥冥然遇事不求解。）又或狃於傳說，（如佛教徒以聖言量爲依據，而不務反求諸己。）安於淺見，（不能博求之以會其通。不能深體之以造其微。）故於所行所習之當然與所以然者，未嘗明知而精識也。（知之不明是不著。識之不精是不察。）忽焉而疑慮於其所行所習之爲何。向所不經意者，至此盛費籌度。（疑問起時，必作種種籌度。）向所信之傳說，至此根本搖動。向所執之淺見，至此頓覺一無所知。於是自視欿然。思求其故。疑端既起，欲罷不能。思慮以濬而日通。結滯將渙而自釋。然後尋疑可亡，著察可期矣。故曰善疑則悟之始也。夫疑之可貴者，謂可由此而啓悟耳。若徒以懷疑爲能事。一切不肯審決。則終自絕於眞理之門。須知，疑慮滋多。百端推度。祇增迷惘。而窮理所困，即事求徵，則難以語上。（持科學萬能之見者，一切必欲依據經驗以求之。而形上之理，豈可以物推徵。）刻意游玄，則慮將蹈空。（知玄想與空想之辨者，可與窮理。）但使知此過患，勿輕置斷。疑情既久，思力轉精。不陷葛藤，則膠執自化。眞理元自昭著，患不能虛懷體之耳。若懷疑太過者，便時時有一礙膺之物。觸塗成滯，何由得入正理。周子曰，明不至則疑生。明無疑也。謂能疑爲能明，何啻千里。此爲過疑者言，則誠爲良藥。故曰不善疑則愚之始也。夫疑雖有其太過。而人生日用，不必念念生疑。故疑非恆行攝。疑之過者，可說爲惑。然善疑亦所以啓悟。舊說疑屬本惑，亦所未安。故今以疑入別境。

勝解數者。於決定境深印持故。（印者印可。持者執持。）不可引轉故。故名勝解。由勝解數，相應於心。便於所緣境，審擇決定，而起印持，此事如是，非不如是。（於決定境，纔有印持。但印持與決定卻是同時。非先決定了，後方印持。）即此正印持頃，更有異緣，不能引轉，令此念中別生疑惑。（異緣不可引轉云云，係約當念說。非約前後念相望而言。儻有前念於境審決而印持之，於此念頃，固是異緣不可引轉。及至後念，乃忽覺前非，而更起審決印持者矣。）故勝解者，唯於決定境，乃得有此。（決定境者，從能量而名決定。不唯現比量所得是決定境。即非量所得亦名決定境。如見繩謂蛇。此乃似現即非量所得之境。此境本不稱實。然爾時能量方面，確於境決定爲蛇。非於境不審決故。非有疑故。故此境，應從能量而名決定。又如由濁流，而比知上流雨。實則濁流亦有他因。上流未嘗有雨。是所謂雨者，乃似比即非量所得之境。元不稱實。但爾時能量方面，確於境決定爲雨。非於境不審決故。非有疑故。故此境，亦從能量而名決定。）猶豫心中，全無解起。非審決心，勝解亦無。（非審決心者，謂心於境不起審決故名。此心亦即非量。世言非量，或唯舉似現似比。實則似現似比者，非於境不起量度，但不稱實，乃云非量耳。更有純爲非量者，即散亂時心，於汎所緣。實不曾量度者。即此中所言非審決心。）以故勝解非恆行攝。

念數者。於曾習境，令心明記不忘故。故名爲念。念資於前念想，（想數見前）由想相應於心，而於境取像故。雖復當念遷滅，而有習氣潛伏等流。（等流者，想之餘勢，名爲習氣。此習氣非堅住之體，乃是刹那刹那，生滅滅生，相續流轉，而不斷絕。故名等流。）由想習潛存故。（想的習氣，省云想習。后倣此。）今時憶念，遂乃再現。（若非想習潛存者，則過去已滅之境像，何能再現於憶念中耶。）然念起，亦由作意力。於所曾更，警令不失故。故有憶持。由念能憶曾更，故能數往知來，而無蒙昧之患也。（若無憶念，則不能據已知以推其所未知。人生直是蒙蒙昧昧焉耳。）

念，何故非恆行耶。於非曾更事，不起念故。又雖曾更，而不能明記者，卽念不生。故念非恆行攝。或有難言。若於曾更不明記時。但於曾更某事忘失，說名無念。而此時心，非無餘念。（餘者猶言其他。）如我憶念舊讀漢書，苦不得憶。此於漢書，名爲失念。然此時心，於現前几席等等，任運了知，不起異覺。卽由几席等等曾所更故。今此任運生念，故不覺其異也。是於曾更，雖有不憶。（如於漢書。）而此時心仍非無念。（如於几席等等。）詳此所難，實由不了念義。故乃妄相責詰。須知，念者，本由明記得名。於曾更事，警令不失。遂有念起，分明記憶。卽此明記，非任運生。必由警覺，特別與力，始得分明記取故。若汝所云任運生念者，實非是念。乃過去想習，適應日常生活需要之部分，（想習見上）任運潛行，不俱意識同取境故。（任運者，因任自然而起。不由警覺故。潛行者，以此想習，尚屬潛伏的部分故。雖云於現前几席等等任運了知。然既云任運，則無計度分別可知。而所謂了知，亦甚曖昧。前云習氣潛伏，卽名種子。而現起，方名心所。此等想習，亦屬種子狀態。或亦可說爲種子底半現。要不得說爲心所也。大抵吾人日常生活中，其應境多由種子潛伏的力用，卽所謂不自覺的力用。此等力用，本不與明了的意識相俱取境。故不名心所也。）此與明記，截然異相，何可併爲一談。故汝所云於几席等等任運了知者。此猶屬種子潛行相狀。必憶漢書而果得分明記取者，方是念故。然則方憶漢書不得，卽此時明了的意識中，實無有念。故念非恆行，彰彰明矣。

如上六法，緣別別境而得起故。故名別境。

染數，舊分本惑及隨惑。（惑亦名煩惱。煩擾義。惱亂義。凡惑皆是擾亂相故。）本惑者，以其爲一切惑之根本故名。隨惑者，以隨本惑而起故名。）今略其隨。而唯談本。本惑，舊析以六。今出疑入別境。存其五法。曰無明，貪，嗔，慢，惡見。

無明，亦名癡數。於諸理事迷闇故。故說爲無明。（舊分迷理，迷事。今此不取。迷事，亦只是不明那事的理而已。非可於迷理外別說箇迷事也。故此言理事，取複詞便稱。實只一箇理字的意義。然理賅眞俗。俗諦中理，假施設有。曲盡物則。眞諦中理，一道齊平。唯證相應。迷者，於俗妄計。於眞不求證故。）夫癡相無量，或總名之，或專言之。總名之者，一切染法皆屬癡故。（全部染數，通名爲惑。惑亦癡之異名。）專言之者，迷闇勢用，實爲一切染數之導首。即此勢用，名爲無明。亦云癡故。人之生也，無端而有一團迷闇，與形俱始。（無端二字注意。這個元不是本性上固有的。只是成形之始，便忽然有此迷闇。）以漸增盛。觸處設問。總歸無答。（反問諸己。生於何來，死於何往。莫能解答。即在宗教，哲學，多有作答者。然彼一答案此一答案。已難刊定。矧復任取一家答案，尋其究竟，終於無答。遠觀諸物。疑問萬端。隨舉一案，問此云何。即有科學家以分子元子乃至電子，種種作答。復問電子何因而有。仍歸無答。更有哲學家出而作答者。終亦等於不答，又無待言。以此類推，何在不如是耶。）而仍不已於問。不已於答。豈知俗諦，問答都是假名，勝義諦中，問答泊爾俱寂。（豈知二字，一氣貫至此讀。勝義諦者，眞諦之代語。）若使循俗假詮。問答隨宜如量。固亦無過。（如量者，稱境而知。蓋在俗諦，本假設一切物事爲有。而甄明其所具之則。故得夫物則者，即爲稱境而知。謂之如量。然所謂如量，亦假設如是而已。尋其究竟，便非眞解。故以隨宜言之。）爾乃任情作解。逞臆卜度。既已非量。而不知虛中以契理。（此不如量，即迷俗諦理者。）矧復於答問不行之境，（此謂眞諦。）猶且囂囂馳問。昏昏恣答。如渴鹿趁燄。演若迷頭。遺貧子之衣珠。攫空潭之月影。（迷眞諦理者鑿於是。）此非至愚而何。（總結迷俗，迷眞。）至若顛倒冥行。無知故作。（故作惡業也。）雖或自爲詭釋，適乃長迷不反。（作惡者，恆自欺。自欺者，即對於自己良知之譴責而爲詭譎之解釋，以爲所作亦有理道也。自欺正是無明。良知則本心也。無明起，而本心乃被障礙。）夫無明一詞，不可作虛詞解。（如謂由明無故名無明。便作虛詞解。卽大誤。）實有此迷闇習氣，無始傳來。導諸惑而居首。（詳緣起經十二支。）負有情以長驅。（有情者，人有情識故名。）其勢用之猛，雖轉劫旋嵐，猶未足喻也。

貪數者。於境起愛故。（此愛是劣義。非仁愛之愛。）深染著故。（深染著於境也。語云貪夫殉財。烈士殉名。深玩殉字的意義，便知此云起愛及深染著的意義。）故名爲貪。貪相不可勝窮。（隨在發現，故難窮也。）略談其要，別以八種。一曰自體貪。（此云自體，相當於身的意義。）謂於自體，親昵藏護故。（此貪極難形容。強狀其情，曰親昵藏護。人情唯於自體，親昵至極，無可自解。亦唯於自體，藏護周密，莫肯稍疏。不獨人也。下生動物於茲尤甚。吾昔在北京萬壽山園中。見大樹上，有長約二寸許之厚皮。移動甚疾。余猝爾驚曰，樹皮既脫。胡能附樹疾走而不墜耶。徐取觀之。明明一粗塊之樹皮。及剖視之，則其中固一蟲也。此蟲不知何名。乃深歎此蟲於自體親昵藏護之切也。此等事，生物學上所發見不少。）二後有貪。謂求續生不斷故。（此從自體貪中，別出言之。）或有問言。世人持斷見者，自知死後卽便斷滅。宜若無後有貪可言。曰，不，不。愛力非斷見可移。愛潤生故，故有生。（人之有生，由愛力滋潤之故生。楞嚴經談此義極透。）如汝明知當來斷滅，而猶厚愛其生。則愛力非斷見所移，審矣。汝後有貪，豈隨斷見而捨耶。汝昨日之生已逝，今日之生已有。今日之生方盡，明日之生方有。故後有貪，爲有生類所與生俱有者。何足疑耶。三嗣續貪。謂求傳種不絕故。（自植物至人類，隨在可徵。）四男女貪。謂樂著淫欲故。（徵之小說詩歌，幾無往而不表現男女之欲。憂國情深，亦託美人芳草。卽寄懷世外，猶復侈言仙女。）五資具貪。謂樂著一切資具故。（凡日用飲食，田宅，財貨，僕隸，黨與，權勢，名譽，乃至一切便利己私事，通稱資具。人類之資具貪，亦從獸性傳來。每見禽獸巢穴多集聚芻糧等資具。）六貪貪。謂若所貪未及得者，貪心自現境相而貪故。（如好色者，心中或懸想一美人。）七蓋貪。謂於前所樂受事，已過去者，猶生戀著，卽有蓋藏義故。（蓋藏者，言其不肯放捨故。）八見貪。謂於所知，所見，雖淺陋邪謬，亦樂著不捨故。（見貪重者，便難與語。）如上八種，貪相略明。（瑜伽五十五，說有十貪。但列名目，而無解說。緣起經，說有四種愛。以明貪相。今並有採擷，說爲八種。學者以是而反躬察識，毋自蔽焉可也。）

瞋數者。於諸有情，起憎恚故。故名爲瞋。倫記五十九，說瞋，略有三。一有情瞋。於有情而起瞋故。二境界瞋。於不可意境，卽生瞋故。三見瞋。於他見生瞋故。有情瞋者，由有我見故，卽有人見生。（人見與我見同時生。）由有人我二見故，卽有瞋生。（瞋與人我二見同時生。）瞋相無量。略分麤細。麤者，因利害毀譽等等衝突所引發。其相麤動，或轉爲忿恨等。細者，其相深微。雖無利害毀譽等等衝突，亦常有與人落落難合意故。（隱士孤高，正是瞋惑。）夫羣生懷瞋而好殺。世間歷史，大氐爲相斫書。前世小說詩歌，亦多以雄武敢鬬爲上德。皆瞋之著也。（或曰，瞋爲習心固也。徵以達爾文生存競爭之論。則瞋者當亦出於生存之需，而不必訾之以惑歟。余曰。互助論者所發見之事實，明與達氏反。伊川釋易之比亦云。萬物莫不相比助而後得生。其言皆有證驗。故知生存所需者，乃比助而非競爭。然則謂瞋非惑而爲應於生存之需可乎。）境界瞋者，亦有情瞋之變態。由於有情懷瞋故，境界隨之而轉。遂覺邱陵坎窞，並是險巇。暑雨祁寒，俱成嗟怨。懟人則器物皆罪。伐國則城邑爲瀦。忮心每及於飄瓦。誅鋤亦逮於草木。此皆有情瞋盛，故無涉而非乖戾之境也。見瞋者。復於有情瞋中別出言之。此與前貪數中所舉見貪實相因。夫唯貪著己見，故不能容納他見。遂乃惡直而醜正。是丹而非素。從來朋黨之禍，門戶之爭，皆由此起。凡人不能捨其見貪，見瞋。故一任己見以爲是非。（可說爲感情的邏輯。）而不暇求理道之眞。此物論之所以難齊也。

慢數者。依於我見而高舉故。故名爲慢。舊說慢有七種。今述其略，而稍有省易。一者，私其形骸而計爲我。自恃高舉。名爲我慢。二者，視材智劣於己者，卽謂我勝彼。視材智等於己者，卽謂我與彼相等。此皆令心高舉。總說爲慢。或問。於等己者，卽謂我與之等。似不爲慢。答曰。由計等故。自心高舉。豈若澄懷了無計量。三者，於他人遠勝我者。我顧自謂少分不及。此名卑慢。（雖自知卑劣。猶起慢故。故名卑慢。）四者，於彼勝己，顧反計己勝。斯名過慢。五者，己實不德，而乃自謂有德。恃惡高舉。名爲邪慢。若無知而自謂有知。少得而自謂已足。皆邪慢攝。夫慢多者，胸量極狹。不能求賢自益，納善自廣。咎始於居滿。（心懷高舉，即是滿相。）其流極於無慚無愧。（儒者謂之無恥。）至不比於人。故學者宜先伏慢。

惡見數者。於境顚倒推度故。慧與癡俱故。（別境中慧數，與染數中癡數，相俱而成惡見。癡即無明。）故名惡見。（見不正故名惡）惡見，相狀複雜，不可究詰。抉其重者，略談三見。曰我見，邊見，邪見。

我見，亦云身見。梵言薩迦耶。由不了自性故，遂私其形軀而計我我所。是名我見。（言我者，亦攝我所。由計我故。同時，即計我所。云何我所。我所有者，名我所故。如於形軀，計爲自我。同時亦計爲我所，云是我之身故。若身外諸法，則但計爲我所。如妻子，田宅，財貨，權位，名譽，乃至一切爲我所有者，皆是我所故。故有我見，即有我所。此是自私根源。萬惡都由此起。蓋人心隱微中，緣形軀而起自我之見。念念堅執，曾無暫捨。是乃與生俱生而不自覺其如是者。此所謂俱生我執。不獨在人爲然。動物亦執形軀爲自體，即是我執。植物護其形榦爲自體，亦隱有我見，但甚曖昧耳。大氐有生之類，限於形氣而昧其本來。不了自性上元無物我種種差別。乃計其形骸爲獨立的自體而私之爲我。其實非我。特妄計耳。）

邊見者，亦云邊執見。（執一邊故，名邊執見。）略說有二。曰常邊，斷邊。常邊者。由我見增上力故，（言常邊見之起，亦由我見加上之力。）計有現前諸物。攀援不捨。謂當常住。不了諸物元是刹那生滅，曾無實法，但假說爲物。(不了至此爲句。)變化密移。今已非昔。而迷者視之若舊。計此相續之相，謂是常恆。此則墮常邊過。斷邊者。由我見增上力故，於物怙常不得，轉計爲斷。由見世間，風動雲飛，山崩川竭，倏忽無跡。根身器界，悉從變滅。如經言，劫火洞然，大千俱壞。遂謂諸法，昔有今無，今有後無。此則墮斷邊過。若悟物本無實，依何云斷。故知斷見，亦緣取物。然常斷二邊，元是迭墮。是所當知。（迭墮者。有時離常，即便墮斷。有時離斷，還復墮常故。）

邪見，亦云不正見。略說以二。曰增益見，損減見。增益見者。於本無事，妄構爲有。如於色等法上，增益瓶等相。（眼識所取唯色，乃至身識所取唯堅，本無瓶等。故瓶等相，純是增益於色等之上的。）轉增益瓶等無常相。（只是重重增益。）乃至於形軀不如實知故，妄增益我相。（一切物皆刹那生滅，本非實有。形軀非離一切物而獨立者。故亦不實。今乃緣形軀而妄計爲自我，卽是無端增益我相於形軀之上也。）於自性不返證故，妄增益外在實體相。（哲學家談本體者，都是看做離自心而外在的東西。此由不了自性故，向外杜撰一重實體，卽是增益也。）故增益見，幻構宇宙。猶如幻術家，幻現象馬種種形物。損減見者。於本有事，妄計爲無。治故籍者，任情取捨。將於古人確實之紀事，不肯置信。（故籍誠有可疑者。然亦不可謂全是作僞。如大禹治水，古書所載。今或不肯信有禹其人者。非損減見而何。）生長僻陋者，涉歷旣狹。聞殊方異物，則擬之齊諧志怪。淺見者流，不悟深遠，則詆玄言爲空誕。大氐憑有限之經驗，以推測事理。則不得事理之眞，而自陷於損減見者，此不善學者之通患也。若乃淪溺物欲，不見自性。宇宙人生，等同機械。是於自家本分事，損減之而不惜，愚益甚矣。凡增益見，以無爲有。凡損減見，以有爲無。然增與損，必恆相依。無孤起故。如昔人說地靜者。於地上增益靜相。同時，卽於動相爲損減故。增益見，無孤起之理。旣增妄相，必損眞相故。然而人生知識，無往不是增益妄相。則覩眞者其誰耶。（或言，綜事辨物，務得其理，卽不爲增益者。不知，約眞諦言，一切事物，皆假設故有。元非實在。云何非增益歟。）

綜上三見。邪見最寬。一切謬解，皆邪見攝。

本惑五數。各分麤細。麤者猛利。動損自他。（其發動，必擾亂於心，以損自己。又必不利於物，卽損他人。）細者微劣。任運隨心。於他無損。（隨心者，言其受節制於心而不自恣。）然麤者，必嚴對治，令不現起。細者，與恆行數。常與心俱。（謂其與恆行數同行，而與感識意識相俱以取境也。）當嚴對治，令其伏斷。具在善數中。

善數，舊說有十一法。今省倂爲七法。曰定，信，無癡，無貪，無嗔，精進，不放逸。（省去慚等五法。倂入別境中定。）

定數者。令心收攝凝聚故。正對治沉掉故。（沉者惛沉。掉者掉舉。亦云浮散。沉掉皆不定相。）故名爲定。由如理作意力故，有定數生。（作意數，見前。如理者。作意若與惑俱者，卽是染性法。今此作意，乃背惑而順正理。深自警策，以引發其本心。此卽善性法。故名如理作意。定數，必由如理作意引生。）定者，收攝凝聚，併力內注，助心反緣。（注者專注。助者相應義。定數以其收攝凝聚的力，應合叶助於心，而深自反觀故。）不循諸惑滑熟路故。（諸惑，從無始來，與生俱有。與形相昵，未曾斷捨。故其現起，如率循他滑熟的路子走一般。所以惑起如機械而不自覺。今此收攝凝聚力者，卽是自己新創的一種定力，卻要背惑而行，不肯率循他的滑熟路子走了。）是能引發內自本心，使諸惑染無可乘故。（內者，謂此本心，不由外鑠故。自者，卽此本心是自性故。不從他得故。諸惑無可乘者，本心既藉定顯發，得爲主宰。故惑不容生。）夫本心者，元是寂靜圓明，毫無欠缺。（寂靜者，澄湛之極。其應恆止。圓明者，虛靈之極。其照恆遍。）但惑起障之，則心不得自顯，而等於亡失。此昔人所以有放心之說也。然心雖受障，畢竟未嘗不在。卽惑染流行，而此心法爾自運，亦未堪全蔽。如浮雲蔽日，而言無日。實則日亦未嘗不在。雖復積陰重閉，要非絕無微陽呈露其間者。但勢用微劣，而說爲無陽耳。（無陽猶云無日。）定數者，卽以其收攝凝聚勢用，乘乎本心之運，不容全蔽，如所謂微陽者。乃令其保聚益大，而無亡失之憂。使本心浸顯而極盛，則諸惑亦漸伏而終盡。故定力者，實能對治諸惑。（諸惑者，卽綜全部染數而言之。）而云正對治沈掉者，則以定相與沈掉相，正相翻故。故乃舉勝而談。然既置正言，卽顯不獨對治沈掉可知。定數如是。餘對治力（餘云云者，猶言其他善數底對治力。）可例觀也。

信數者。令心清淨故。正對治無慚無愧故。故名爲信。由如理作意力故。引生清淨勢用。卽此淨勢，叶合於心，而共趣所緣者，是名信故。（清淨勢用，省言淨勢。此與如理作意乃同時而起者。叶合卽相應義。）此信所緣義境。略說以二。一者，於眞理有願欲故。（此中假說眞理爲信之所緣義境。眞理者，隱目自性而言之。吾人爲惑所蔽，不見自性，而又不甘同於草木鳥獸之無知。必欲洞明宇宙人生之蘊。易言之，卽欲自識本來。此卽求眞理之願欲。）能見眞故。故起信。（見自性故，名見眞理。見眞而起信者，是惟反求實證者乃能爾。）二者，於自力起信。卽依自性，發起勝行。深信自力，能得能成故。（行者，造作義。自思慮之微，至身語之著，所有創造，所有作爲，總說名行。勝行者，以此行是依自性而起。純善無染故。故名勝行。此行旣順性而發。故可深信自力，能得而無失，能成而無虧也。如印度哲人甘地，抵抗強暴侵略之行，絕無己私惑染，乃順循乎其自性所不容已。故深信其自力，於所行能得能成也。孔子曰，我欲仁，斯仁至矣。亦此旨也。）故信之爲義極嚴格。信者清淨相。與無慚無愧渾濁相，正相翻故。（渾濁至於無慚無愧而極）故說信，於無慚無愧，爲正對治。

無癡數者。正對治無明故。於諸理事明解不迷故。故名無癡。無癡依何而起。由定力故。於本心微明，保聚增長。（微明者，心爲惑所障蔽而不得顯發。但於障蔽中微有呈露故云。）由信力故。引發本淨。（本淨，謂心本來清淨故云。）於是有性智生。（性智卽本心。見明宗章。）依性智而起明解。亦云始發智。（由前被障，今始顯發，故云始發。）前述別境中慧數，捨染性而純爲淨慧者，卽此中明解是也。性智全泯外緣。親冥自性。（親冥者，謂性智反觀自體，而自了自見，所謂內證離言是也。蓋此能證卽是所證，而實無能所可分。）故是照體獨立，迥超物表。明解（始發智）緣慮事物。明徵定保，必止於符。（言其解析衆理，必舉徵驗而有符應。）先難後獲，必戒於偸。智周萬物，而未嘗逐物。（不逐物故非癡）世疑聖人但務內照而遺物棄知。是乃妄測。設謂聖人之知，亦猶夫未見性人之鑿以爲知也。則夏蟲不可與語冰矣。（鑿者穿鑿。刻意求入，而不順物之理。又乃矜其私智，求通乎物，而未免殉於物也。）

無貪數者。正對治貪故。無染著故。故名無貪。由定及信，相應心故。有無貪勢用俱轉。無貪者，謂於貪習，察識精嚴，而深禁絕之，是名無貪。（無者，禁絕之詞。）身非私有，元與天地萬物通爲一體。卽置身於天地萬物公共之地，而同焉皆得。（各得其所。）何爲拘礙形體，妄生貪著，梏亡自性。（形雖分物我，而性上元無差別。人若私其形而拘之，則必梏亡其性。自喪其本眞。故深可哀愍。）故自體貪，應如是絕。（非絕自體。只是絕自體貪。蓋私其自體爲己，而染著不捨，此卽是貪。故須絕也。）萬物誘焉皆生，而實無生相可得。生生者不住故。（剎那滅故）不住故無物。（無物，謂無獨立存在的物事。）無物矣，則生者，實未嘗有生也。旣生卽無生，則寄之無生，而寓諸無竟。奚其不樂。何不悟生之幻化，而欲怙之，妄執有一己之生，冀其後有耶。（何不至此爲句。幻化一詞，不含劣義。所謂生者，元來是頓起頓滅，沒有暫住的東西，故謂幻化也。義詳轉變章。妄執云云者，生者大化周流，本無所謂一己。而人之後有貪，則妄執有一己之生。故惑也。）故後有貪，應如是絕。（非絕後有。只是絕後有貪。蓋於其生而妄計自體，卽私爲一己之生，而怙留不捨者，此卽是貪。故應絕也。）嗣續者，大生之流。（大生者，萬物同體而生故名。如吾有嗣續，亦大生之流行不息故也。）物則拘形，私其種息。（動植傳種，各私其類。）人乃率性，胡容私怙我嗣我續。（列子曰，汝身非汝有，是天地之委和也。孫子非汝有，是天地之委蛻也。以嗣續爲我之私有者，執形氣而昧於性體。故是大惑。）故嗣續貪，應如是絕。（非絕嗣續。只是絕嗣續貪。私嗣續爲己有，此卽是貪。故應絕也。）匹偶之合，用遂其生。愛而有敬，所以率性。（敬愛之愛，非貪。）狥於形者，愛戀成溺，或同人道於禽獸。（中土禮教，於夫婦之倫，義主相敬。故燕私之情，不形於動靜。此相合以天也。西人則言戀愛。愛而曰戀，正是染著。則溺於形，而失其性矣。）故男女貪，應如是絕。（非絕男女。只是絕男女貪。男女合不以禮。交不由義。居室恆瀆褻而無敬。此卽貪之表現。故應絕也。）本性具足。無待外求。（人的本性上，那有缺憾。只因向外追求，才起了缺憾。）養形之需。元屬有限。隨分自適，不虧吾性。狂貪無厭，本實先撥。（逐物而失其性，是本撥也。）故資具貪，應如是絕。（非資具可絕。只是絕資具貪耳。併心外馳，殉物喪己。此貪過重。故應絕也。莊生逍遙，所謂窅然喪其天下。論語曰，巍巍乎舜禹之有天下也，而不與焉。是能絕資具貪者。）貪貪，蓋貪，（參看貪數）作繭自縛。心與物化。生機泯滅。故此二貪，應如是絕。眞見性者，無己見可執。（己本不立，何執己見。）其有若無。其實若虛。循物無違之謂智。匪用其私。（循物云云者，謂率循乎物理之實然。而非以己見臆度，與之相違也。）莊生曰，道未始有封。言未始有常。惟自私用知，（讀智）分畛始立。是非之塗，樊然淆亂。故見貪者，應如是絕。如上粗析，八種對治。說無貪略竟。

無瞋數者。正對治瞋故。無憎恚故。故名無瞋。由定及信，相應心故。有無瞋勢用俱轉。無瞋者，謂於瞋習，察識精嚴，而深禁絕之，是名無瞋。於諸有情，以利害等因，引生憎惡。此念萌時，反諸本心，惻然如傷，不忍復校。（校者計較。）心體物而無不在。其視天下無一物非我故也。（本心卽性。性者物我之同體。故云心體物而無不在。）然瞋勢盛者，猶欲瞞心而逞其惑。此在常途，故云理欲交戰。當此頃間，必賴無瞋勢用，助叶於心，方能勝惑。（心卽性也。性難自顯，必藉淨習以行。無瞋數者，則是淨習，乃順性而起者。故心得藉之以顯。）人能率性，不因利害瞋物而失慈柔。體物所以立誠。（此言體物者，視萬物與吾爲一體故。故無瞋而盡其誠也。）備物所以存仁。（無瞋故備物。瞋則損害乎物，而不能備之。故傷吾仁。）故人極立，而遠於禽獸也。（禽獸因氣昏惑重，故天性全汩沒，本心全障蔽了。所以只知利害而不知其他。如其善於逐食，及厲爪牙以防患。皆動於利害之私。尋不出他有超脫利害的優點。至人則不然。卻能發展他底天性，本心。而有無瞋，無貪，無癡等善心數之著見。此其所以異於禽獸。）設有難言。於暴惡者，亦起瞋否。應答彼言。於彼暴惡，隨順起瞋。而實非瞋。瞋因於彼。而不以私。（瞋因於彼云云者，彼爲暴惡。不利羣生。公理所不容。因而瞋之。非以私利私害而起瞋故。）廓然順應。未嘗有瞋之一念累於中也。故雖誅殺暴惡，而不爲瞋。因彼故也。（因彼之當誅而誅之耳。吾無私也。故不爲瞋。世儒或云嫉惡不可太嚴者。則是鄉愿語。惡既可嫉，焉得不嚴。不嚴，則必自家好善惡惡之誠未至，而姑容寬假之私。須知，嚴嫉者，亦因乎彼之惡耳。非可以私意寬嚴於其閒也。自鄉愿之說行，而暴惡者每逞志。此可戒也。）然瞋之爲私與否，此最難辨。非私與無私之難辨也。人情恆以其私，託於無私而自詭。故難辨也。（如矯託革命者，當其在野，則瞋在位之暴惡。而爲羣衆呼籲。固儼然不爲私瞋也。然其實絕無矜全羣衆之心。特欲肆一己之貪殘，而苦於不得逞。故託於羣衆，以詭示革命之謀不爲私瞋已耳。彼既自詭如是，浸久亦不自覺爲私。及一旦取而代之。其暴惡益厲於前。而後羣衆乃察見其前此之隱衷。而彼猶不自承爲私也。）果其瞋不以私。則當憎恚因物而起時。其中必有哀痛慘切之隱。曾子所謂聽訟得情，哀矜勿喜者，稱心之談也。是其發於本心體物之誠，而不容已也。若瞋發於私，則惑起而本心已失。（心爲惑所障故。）卽物我隔絕。乃唯見有物之可憎，而何有於哀痛慘切耶。（此段吃緊）於物纍惡，以瞋相報。便已隨轉，而弗自知，可懼孰甚。故有情瞋，畢竟應斷。安土敦仁。（本易傳。土者境義。言隨境能安。乃所以敦篤吾之仁。）無入不得。（中庸云，君子無入而不自得焉。）心爲境縛，則天地雖大，詩人猶嗟蹐跼。境隨心轉，則陋巷不堪，賢者自有樂在。故境界瞋，畢竟應斷。是非之執，每囿於情識。守其一曲，斯不能觀其會通。取捨兩端，必有偏倚。彼其明之所立，正其蔽之所成。（莊子曰，是非之彰也，道之所以虧也。道之所以虧，愛之所以成。此云愛者，屬所知障。當此文所謂蔽。）明與蔽相因。斯執礙橫生。諍論競起。詆諆瑕釁。互爲主敵。故天竺外道，至以斬首相要。此士異家，亦有操戈之喩。此見瞋之害也。惟見性者，不爲情識所封。故能因是因非。玄同彼我。息言忘照。休乎天鈞。知辨者之勞，猶蝱虻之於天地。雖不得已而有言。始乎無取。終乎無得。故智與理冥。而喜怒不用。豈復有斷斷之患乎。故見瞋者，畢竟應斷。

精進數者。對治諸惑故。令心勇悍故。故名精進。由如理作意力故。有勇悍勢用俱起。而叶合於心，同所行轉。凡人不精進者，卽役於形，錮於惑，而無所堪任。是放其心以亡其生者也。（無所堪任者。無所堪能。無所任受。如草木鳥獸然也。放者放失，不自存養其心故。心者生理。放心卽亡其生理故。）精進者，自強不息。體至剛而涵萬有。（此言體者合也。人性本來剛大。而役於形，錮於惑者，則失其性。故必發起精進。以體合乎本來剛大之性。夫性惟剛大，故爲萬化之原。唯率性者，爲能盡其知能。故云涵萬有。）立至誠以宰百爲。（誠者，眞實無妄。亦言乎性也。立誠卽盡性也。百爲一主乎誠。卽所爲無不順性。一切眞實而無虛僞。故是精進。）日新而不用其故。（易曰，日新之謂盛德。唯其剛健誠實，故恆創新而不守故。）進進而無所於止。故在心爲勇悍之相焉。（精進起而叶合於心，卽成爲心上之一種勢用。故言在心。）舊說精進爲五種。一被甲精進。最初發起猛利樂欲。如著甲入陣，有大威勢故。二加行精進。繼起堅固策勤方便故。（卽以堅固策勤爲方便，乃得精進不已也。堅固二字吃緊。）三無下精進。有所證得，不自輕蔑，益勤上達故。四無退精進。忍受諸苦。猛利而前。雖逢生死苦，亦不退轉故。（雖云無下，逢苦或休。故應次以無退。）五無足精進。規模廣遠。不爲少得，便生饜足故。（孔子曰，我學不厭，而誨不倦也。又曰，發憤忘食。樂以忘憂。不知老之將至云爾。又曰，忘身之老也。不知年數之不足也。俛焉日有孳孳，斃而後已。此皆自道其精進之概。）總之，人生唯於精進見生命。一息不精進，卽成乎死物。故精進終無足也。精進卽身心調暢。古師別立輕安。今故不立。（精進，與常途言勤者異義。如勤作諸惡者，常途亦謂之勤。此實墮沒。非是精進。）

不放逸者。對治諸惑故。恆持戒故。（恆字吃緊）名不放逸。由如理作意力故。有戒懼勢用俱起。叶合於心，同所行轉。令心常惺。惑不得起。爲定所依。（佛氏三學。以戒爲本。由戒生定。故戒是定依。不放逸卽攝戒。儒家舊有主靜主敬之說。學者或疑有二。不知敬而無失，始能息諸憧擾。主一無適，內欲不萌，卽是靜也。此中說定，卽該主靜。說不放逸是定依，卽該主敬。）夫微妙而難見者心也。猛利而乘權者惑也。心無主宰，則惑乘之，陵奪其位，心卽放失。（喻如寇盜相侵，主人被逐。）記曰，斯須不莊不敬，則暴慢之心入之。斯須不和不樂，則鄙詐之心入之。（敬則自然虛靜。敬則自然和樂。故不和樂卽是不敬。）故必齋明儼恪。收攝止畜。（卦名有取於畜者，畜止卽存在之義。與放失相翻。人心不止畜則流蕩。凡虛妄攀援，皆流蕩也。）然後此心微妙不可睹聞之體。始得顯發於隱微幽獨之地。而力用常昭。默存於變化云爲之間，而不隨物靡。（易謂顯諸仁，藏諸用者。卽此義。）識得此體。須勤保任。故朝乾夕惕，唯恐或失。見賓承祭，同其嚴畏。造次顚沛，亦莫之違。防檢不忽於微漸。涵養無間於瞬息。絕悔吝於未萌。愼樞機於將發。斯能正位居體，不爲諸惑之所侵矣。故儒者言閑邪則誠自存。又言不敬則肆。禪家謂蹔時不在，卽同死人。此皆不放逸之教。其言至爲精切。詩謂文王無然歆羨。無然畔援。此卽不放逸相。學者當知。始自凡夫，至於大覺，戒懼之功，不容或已。故曰懼以終始。無可縱任。（縱任有作自在解者，卽是勝義。有作放肆解者，卽是劣義。此中是劣義也。）安不忘憂。治不忘亂。有不斷惑之衆生，卽如來無可忘其戒懼。（自本心言之，衆生與如來，本是一體。衆生惑相，卽是佛自心中疵累。何得不戒懼耶。經云，有一衆生未成佛，終不於此取泥洹。亦此義也。）唯知幾其神，斯自強不息。故敬也者，所以成始而成終也。今以不放逸，爲諸善心數之殿。此義甚深。學者其善思之。（或疑常存戒懼，有似拘迫，而礙於心。不知拘迫由惑起。戒懼則惑不得乘。而不失此心坦蕩之本然。卽當下受用。故戒懼恆與和樂相依。何有拘迫之患耶。又戒懼之保任此心。猶如舵工持舵。不敢稍疏。初時似勞照應。久之功力純熟。則亦卽身卽舵。如庖丁解牛，游刃有餘。象山有言，得力處卽省力。故以戒懼爲拘迫者，無有是處。）

如上七法，是淸淨性故。對治染故。故名善數。夫染數，卽染習之現起。而染習緣形物故生。已如前說。善數，卽淨習之現起。而淨習由循理方起，如功能章說。（功能章有云，如自作意，至動發諸業，壹是皆循理而動，未嘗拘於形骸之私者，凡此所作，必皆有餘勢潛存，名無漏習，云云。）故淨習者，實以本心發用，而有餘勢，故名。淨習屬心。染習屬物。染習現起，爲染性心所。卽障自性。淨習現起，爲善性心所。此卽工夫。亦卽於此識自性。（舊言心所。但具名數。無甚說明。又以染淨一一相翻。似如頭痛醫頭。脚痛醫脚。全無立本之道。如何對治得去。大抵世親以來言唯識者，全走入辨析名相一途。頗少深造自得之功。奘基介紹此學於中土。雖盛行一時。而終不可久。宗門迅起代之，亦有以耳。）

綜前所說。心者卽性。是本來故。心所卽習。是後起故。（淨習雖依本心之發用故有。然發現以後，成爲餘勢，等流不絕，方名淨習。則淨習亦是後起。）本來任運。（任自然而行）後起有爲。本來純淨無染。後起便通善染。本來是主。（只此本來的性，是人底生命。故對於後起的習，而說爲主。）後起染法障之，則主反爲客。（無據曰客。本心障而不顯，雖存若亡。故說爲客。）後起是客，染勝而障其本來，則客反爲主。（吾人生命，只此本來者是。然吾人不見自性故，常以染習爲生命。一切所思所學所爲所作，莫非滋長染習，而恃之以爲其生命。而眞生命乃日戕賊於無形。此亦愚之至也。）如斯義趣，上來略明。今更申言。欲了本心，當重修學。蓋人生本來之性，必資後起淨法，始得顯現。雖處染中，以此自性力故，常起淨法不斷。（起者創義。依據自性力故，而得創起淨習不斷。卽自性常顯現而不至物化故。）依此淨法，說名爲學。（創起淨習，卽是認識了自家底生命，而創新不已。這個自識自創的功用，總說名覺。只此覺，纔是眞學問。）若向外馳求，取著於物，只成染法，不了自性，非此所謂學。（此語，料簡世間一切俗學。）故學之爲言覺也。學以窮理爲本。盡性爲歸。徹法源底之謂窮。無欠無餘之謂盡。性卽本來淸淨之心。理卽自心具足之理。不由外鑠。不假他求。此在學者深體明辨。今略舉二義。以明修學之要。一者，從微至顯。形不礙性故。性之所以全也。本心唯微。必藉引發而後顯。（微有二義。一者微隱義。以不可睹聞言之。二者微少義。以所存者幾希言之。此兼具二義。）旣凝成形氣，則化於物者多。而其守自性而不物化者，遂爲至少。如易消息，從姤至剝，僅存在上之一陽。（此段道理，極難說。參看轉變章。成物章，明心上章首段。須深心體究翕闢之故才得。本來者，性之代語。已見上文。性者，言其爲吾人所以生之理也。若賅萬有而言之，則亦假名恆轉。形氣者，謂身軀。此卽恆轉之動而翕所凝成者。易言之，卽此形氣，亦是本來的性底發現。但形氣旣起。則幻成頑鈍的物事。忽與本來的性不相似。所以，性至此，幾乎完全物質化了。而尙能守其自性而不至全化爲物者，實只至少的一點。如易剝卦中所剩下底一陽而已。這點眞陽，是生命底本身。宗門所謂本來面目，他確是形氣底主宰。王弼易略例。所謂寡能制衆者此也。然此只就原理上說。未可執一曲以衡之。蓋此點眞陽，若不得顯發，卽未能主宰形氣，而爲物役者，又隨在可徵。故不可持一曲之見，以疑此原理爲妄立也。）此僅存之眞陽，（卽性）雖徧運乎形氣之內，而隱爲主宰。然其運而不息者，固法爾自然，未有爲作。（法爾猶言自然。不直言自然者，以法爾幾深故。下言自然者，顯無作意。與常途言自然者，義亦稍別。）而形氣旣生，卽自有權能。（形氣底權能，本是隨順乎性的。而亦可以不順乎性。）則性之運於形氣中者，旣因任無爲。（因任者，因而任之故。）形乃可役性以從己，而宛爾成乎形氣之動。（形氣，簡言形。乃可者，未盡之詞。形之役性，非其固然也。故云乃可。己者，設爲形氣之自謂。）故性若失其主宰力矣。所謂本來唯微者此也。然則形爲性之害乎。曰，否。否。若無形氣，則性亦不可見。且形者，性之凝。卽形莫非性也。故孟子曰，形色，天性也。形何礙於性乎。形之役夫性者，本非其固然，特變態耳。如水不就下，而使之過顙或在山者，此豈水之固然哉。

染習與形俱始，隨逐增長，以與形相守，而益障其本來。（染習與形相守。故學者難於變化氣質也。）遂使固有之性，無所引發，而不得顯。如金在礦，不見光采。反之，性之主乎形者，則以善習力用增長，與性相應，引發不窮。故全體頓現。如易消息，從復之一陽，漸而至於純乾。如鍊鑛成金，不重爲鑛。然性之爲主，亦行乎形氣之中。故先儒有踐形盡性之說。使視極其明，聽極其聰，斯無往而非全體之昭著矣。二者，天人合德。性修不二故。學之所以成也。易曰，繼之者善。成之者性。全性起修，名繼。（性是全體流行不息的。是萬善具足的。故依之起修，而萬善無不成辦。是謂全性起修，即繼義。）全修在性，名成。（修之全功，依性而起。祗以擴充其性故。非是增益本性所無。故云全修在性，即成義。）本來性淨爲天。後起淨習爲人。故曰，人不天，不因。（性者天也。人若不有其天然具足之性。則將何所因而爲善乎。）天不人，不成。（後起淨習，則人力也。雖有天性，而不盡人力，則天性不得顯發，而何以成其爲天耶。此上二語，本揚子雲法言。）故吾人必以精進力，創起淨習，以隨順乎固有之性，而引令顯發。在易，乾爲天道。坤爲人道。坤以順承天故，爲善繼乾健之德。（坤卦表示後起底物事。吾人自創淨習，以引發天性。即坤法天之象。）是故學者繼善之事。及其成也性焉。論語曰，人能弘道。非道弘人。（論語言道，當此所謂性。人能自創淨習，以顯發天性。是人能弘大其道也。人不知盡性，即化於物，而性有不存者矣。故云非道弘人。）弘道之目，約言之，在儒家爲率循五德。在佛氏爲勤行六度。五德本性具之德。其用必待充而始完。六度乃順性而修。其事亦遇緣而方顯。（佛氏言六度，多明事相。不及儒家言五德，尅指本體。於義爲精。）故曰，無不從此法界流。無不還歸此法界。（法界即性之異名耳。）此謂天人合德，性修不二。學者於此知所持循，則精義入神以致用，利用安身以崇德，皆在其中矣。或曰，染縛重者，惡乎學。曰，染淨相資。變染成淨，祗在一念轉移間耳。何謂不能學耶。夫染雖障本，（本者，具云本來。染法障蔽本來。）而亦是引發本來之因。由有染故，覺不自在。不自在故，希欲改造。（自己改造自己。）遂有淨習創生。由淨力故，得以引發本來，而克成性。（性雖固有。若障蔽不顯，即不成乎性矣。故人能自創淨力以復性者。即此固有之性，無異自人新成之也。）古德云，一念廻機，便同本得。明夫自心淨用，未嘗有間。諸惑元妄。照之卽空。苟不安於昏愚。夫何憂乎弱喪。故學者首貴立志。終於成能。（易曰，聖人成能。人能自創淨習，以顯發其性。卽是成能也。）皆此智用爲主。（智體本淨。不受諸惑。辨惑，斷惑。皆是此智。）淨習之生，卽此本體之明，流行不息者是。引而不竭，用而彌出。自是明強之力。絕彼柔道之牽。（中庸云，雖愚必明。雖柔必強。此言其力用也。易曰，困於金柅。柔道牽也。柔道卽指惑染。以諸染法，皆以柔暗爲相。陽德剛明，自不入於柔暗。故智者不惑。）如杲日當空。全消陰翳。乃知惑染畢竟可斷。自性畢竟能成。斯稱性之誠言。學術之宗極也。故曰欲了本心，當重修學。

附錄

余初服膺無着世親之學。嘗據其義以造論。潛思既久，漸啓疑端。民國十一年，講世親唯識之論於北庠。（國立北京大學）忽不自安，遂輟講。翌年，改造新論。（新唯識論，省稱新論。）仍以未定稿，講於北庠。自是歷十年。稿亦屢易。壬申（民國二十一年）始删定成書，自印行世。是爲新論原本。戊寅以後，復依原本，而改用語體文重述之。（詳初印上中兩卷序言）於是新論別有語體本。新論之旨，本出入儒佛。而會其有極。（極，謂理之至極而不二也。觀衆理之極，而會其通，則不二。）然原其所由作，則以不愜意於無着一派之學，而不容已於言。故書中評及有宗者特多。上中兩卷印行時。每聞讀者於中卷評有宗大義處，輒以未易瞭解爲苦。實則，新論敍述有宗，本提控綱要，極其詳明。讀者若肯細心，往復尋索。（前後文義，相爲鈎鎖。故有前所陳義，待後方顯。後所述義，承前以彰。通前後往復數番，即衆義畢見。）則脈絡分明，而義蘊昭揭矣。然有宗之學，自昔以來，號爲難治，則亦有故。其持論尙剖析，而析得太零碎。既破碎已，而又爲之拼合排比。極穿鑿之能事。故欲究其說者，非耐心以索之，則不可詳其條緒。條緒未詳，則莫由察其所以立說之意，無足怪者。夫不得其意矣，而可辨其爲說之短長乎。是以論正古學，貴乎好學深思，心知其意也。

或問。佛家大乘學，向分空有兩宗。龍樹提婆，實啓空宗。（提婆乃龍樹弟子）無着世親，是爲有宗。（世親乃無着異母弟，而傳無着之學。）有宗亦曰法相宗。空宗亦曰法性宗。（參看佛家名相通釋）近日歐陽大師，復以無着世親之學，互有不同，因區別法相唯識二宗。（世親成立唯識，是唯識宗。無着以方便解析一切法相，是法相宗。參考大師所著瑜珈師地論序，及諸論序。）章太炎盛贊其說，稱爲獨步千祀。據此而談。則新論許正有宗處，其內容多屬唯識宗，未可以概有宗也。答曰。宗者宗主義。凡學之異宗者，必彼此主張有特別不同處，非只理論上疏密之異而已。無着之學，根柢在大論。（大論取材甚博。自是彙集衆說而成書。然無着貫穿諸義，自有宗恉。故成其一家之學。）世親成立唯識。其中根本大義，如八識及種子與緣生義，三性義，並據瑜珈。（大論本名瑜珈師地論。省云瑜珈。）其以轉依爲宗趣，（轉依有二義，曰轉捨。曰轉得。轉捨雜染，轉得清淨故。宗趣者，宗謂宗主，趣者歸趣。）亦同稟瑜珈。自昔以來，未嘗拔唯識於法相之外而別號一宗者，要非無故。夫法相宗立言。其始詳於分析。猶未有嚴密之體系。及世親秉無着之旨，盛張唯識。（無着作攝大乘論，成立第八阿賴耶識。以授世親。）於是作百法論，首以識統一切法。（色法卽物質，是識之所變，故不離識。乃至無爲法卽眞如，是識之實性，亦不離識。故一切法皆統於識。）又作二十論，三十頌，而後體系宏整，完成唯識之論。故法相宗，自世親唯識論出，其理論始嚴密。而面目一變。要其根本大義，悉據瑜珈。無着析薪。世親克荷。精神始終一貫。似不必以一家之學，強判爲二宗也。然大師弘闡久絕之唯識，其功要不可沒。夫有宗談境（境謂所知。法相，法性，是所知故，說之爲境。法相卽指宇宙萬象而言。法性猶云宇宙本體。）莫備於唯識。新論評有宗，特詳唯識，亦有以哉。

學者研唯識，每苦不易瞭解。此或弗思之過耳。夫振衣者，揭其領而全章理。舉網者，提其綱而衆目彰。新論轉變章末後，敍述有宗唯識論。總其綱領，而說以三。曰現界。（一切現行，總稱現界。）曰種界。（一切種子，總稱種界。）曰眞如法界。（法界，猶云萬有之實體。眞如卽法界之名。此以眞如法界連用爲複辭。）循此三綱領而析求之。則有宗談境處，宜無不可曉者。轉變章，結以此段文字，正爲後二章（功能上下）評正有義發其凡耳。（有義，具云有宗之義。）

現行卽識之別名。（現者顯現義。行者遷流義。識從種子而生。不同種子潛伏未現故，說爲顯現。識之生也，不暫住故。念念之間，前滅後生，復說遷流。）所言識者，義分廣狹。（狹義，則識以對境或物而得名。卽能緣名識。所緣名境或物。廣義，則識之一名，實賅全宇宙而舉之。蓋一切境或物，皆攝屬於一切識。故一言乎識，便已包含境或物在內。非但爲與境物對待之名而已。）此中則約廣義。

有宗談唯識，不許有離識而獨在的世界。故欲知其宇宙論，則八識之談，宜

- 眼識
- 耳識
- 鼻識
- 舌識
- 身識

　　總稱前五識

- 意識——亦稱第六識
- 末那識——亦稱第七識
- 阿賴耶識——亦稱第八識

每一衆生身中，皆具有八箇識。此八箇識，前五皆是向外追求。其所追求之境物，乃是五識各各自所變現。如眼識變似色境，耳識變似聲境，鼻識變似香境，（香與臭，通名爲香。）舌識變似味境，身識變似所觸境是也。（變似之言，簡異世俗執有離心獨在之境。謂諸識所緣境，皆識自變似之。非是離心別有實境也。）

第六意識，能與五識同時，變似色聲香味觸境。復能獨起思構，（五識不起時，意識獨起。）變似獨影境。（獨影境者，謂所變境，非如色聲香味觸等有實質故。如思唯一切義理時，意中亦變似所思之相。此相無質，名獨影境。）第七末那識，唯內緣賴耶爲自我。（阿賴耶識，省云賴耶。）不外緣故。（五識及意識變似色聲等境時，即視爲外物。而追求之不已。故云外緣。末那唯內執有自我，非外緣也。）第八賴耶識，其所緣境則有三。曰種子。（此非賴耶之所變，但是其所藏而已。）曰根身。（眼耳鼻舌身五根，總名根身。賴耶即執持此，以爲自體。）曰器界。（相當於俗云自然界，或物質宇宙。）根與器，皆賴耶之所變現。非離識而獨在也。（根器不離第八識故。）

如上八識。亦各各析爲二分。曰相分及見分。如眼識所緣色境。是名相分。而了別此色境者，是名見分。（二分合而名識。）乃至第八賴耶所緣種子根身器界，是名相分。而了別此根器種者，是名見分。（乃至者，中間略而不舉故。賴耶了別之相甚深細。三十論說爲不可知。）其更析每一識，爲三分或四分者。取義別故。（詳佛家名相通釋）此略不舉。

又復應知，凡言識者，義攝心所。（詳成唯識論）如說眼識。此非單一體。乃由一心（心，亦名心王。）與多數心所（心上所有的各種作用，非即是心。而實各有自體。但與心相應合以取境。是名心所。）複合而名爲一眼識。眼識如是。耳識乃至第八賴耶，皆可例知。

每一識，各各析爲心及諸心所。（此中每一及各各等字，須注意。心所有多，故置諸言。）而每一心，析以相見二分。每一心所，亦復析以相見二分。故前言，八識各各析爲二分者。當知言識，皆攝心所。

據上所述。一切心，及一切心所，總括而談，只是千條萬緒的相分見分而已。據此看來。有宗唯識論，竟將完整的宇宙，剖得極細碎。蓋其所謂千條萬緒的相分見分，各各從自種子而生。（種子後詳）就相見言。相見既是段段片片。就相見所從生之種子言。種子亦是紛然衆粒。故謂剖得極細碎也。然則宇宙殆如一盤散沙乎。有宗亦知其不妥。故建立賴耶識。賴耶所由立，略說有二義。一，含藏一切種子故。蓋現行界或一切相見，非無因而得起。故應建立種子，爲現界之因。（現行界，亦省云現界。）然種子是個別的。紛散如衆粒。故建立賴耶，爲種子所藏之處。（賴耶者，藏義，處義。是一切種子所藏處故。）二，爲諸現行作根本依故。（現行見前注）夫諸現行或一切相見，若唯任其散漫，無有統攝。此於理論上亦說不通。故建立賴耶，爲前七現行（亦云前七識。五識及第六意識與第七末那識，總稱前七。）或一切相見（每一識，各各析爲相見二分，已說如前。）作根本依。（賴耶亦名爲根本依。見三十等論。）前七諸相見，各各有自種子爲因，故得生。本非賴耶所親生。然諸種子，皆藏伏賴耶中故。又必賴耶生，前七方得生故。故說賴耶爲前七之根本依也。（依字吃緊。前七各有自種，但依賴耶而生非由賴耶親生故。）

賴耶與前七並名現行。亦通名爲識。但爲前七之所依。已如前說。然賴耶行相極深細。（行相者，行謂行解。相者相狀。賴耶非冥昧無解。但其解相極深細。細者細微。深者深沉。）難可窮測。

賴耶，亦析爲相見二分。（前文說一切心及一切心所，各各析爲相見二分。可知賴耶亦爾。）亦從其自種子而生。（一切心及心所，各各有自種子故。）却與種子互爲能所。（賴耶之自種子爲能生。而賴耶爲其自種子之所生。賴耶自種子及前七種子，並爲能藏。而賴耶則爲一切種子之所藏。故賴耶與種子互爲能所。）因果同時。（種子能生，是名因。賴耶是種子之所生，卽望因而名果。）故賴耶得含藏種子。（如種子先在，賴耶後生，卽因果不同時。便不可說賴耶能含藏種子也。今說因果同時，故無過。）

有宗既立種子爲現界之因。而種子之性，復分有漏無漏兩類。（有漏性，亦云染污性。非淸淨故，取喻漏器常下墜。故云有漏。無漏者，有漏之反。淸淨故。純善故。）故所生現行，性從其種。（謂有漏種子，其所生現行，必是有漏性。無漏種子，其所生現行，必是無漏性。）賴耶識者，唯從有漏種子而生。故賴耶是有漏性也。

賴耶含藏一切染淨種子。（染謂有漏性。淨謂無漏性。）而賴耶自身却是染性。雖含有淨種，而不得發現。（無漏種子，省言淨種。有漏種子，省言染種。）據有宗義。吾人的生命，只是染種所生之賴耶。佛家雖斥破外道之神我。但有宗所立賴耶，實有神我的意義。持說雖有不同。其以為吾人自有法爾固具的個體的生命，超脫形骸，無始無終者，則一也。或謂之神我，或謂之神識，（賴耶一名神識）奚有異哉。夫佛家立第八識，而分染淨。衆生自無始有生以來，其第八識，唯從染種而生。即此第八識唯是染性，而名之曰賴耶。此賴耶非可寶貴之物，乃淪溺生死海，而大苦不可拔者也。衆生以是故，應發心求無上菩提。（菩提者，覺義。）積劫修行。漸斷賴耶中染種。久之染種斷盡，即賴耶亦俱斷。（其所從生之染種已斷故。）然非第八識可斷。（注意）蓋染種斷盡時，賴耶即捨。（捨亦斷義）斯時，第八識中淨種發現。易言之，即是淨種生第八現行。（現行即識之別名，已見前。）由此，而第八識乃不可復名之以賴耶，但名無垢識而已。此無垢識，則永無可斷也。故染種與賴耶斷時，只是第八識捨染得淨，所謂轉依是也。（轉捨染第八識，而轉得淨第八識。前後第八識雖相續。而後之淨第八識，與前之染第八識，確非一體。前後種子，染淨異故。）然則佛家本非無我論。其言無我者，謂不當於我而起執耳。（執之義甚深。貪瞋癡等惑皆依執我而起。）執即增長賴耶。而眞淨之我，終不得發現矣。

問曰。賴耶自種，與賴耶並斷時。其前七染種，與前七染識（前七識從染種生者，即是染性，故云染識。）亦皆同時斷耶。答曰。皆先時或同時斷。但前七淨種，生前七淨識。如三十論等說。

問曰。有宗建立染種與賴耶。則與荀卿性惡之論相通矣。答曰。荀卿不見本體。其所謂性，非眞性也。乃後儒所謂氣質之性耳。氣質不能無惡。有宗染種與賴耶之說，其不悟眞性，與荀卿同。而任猜想，以構成一套理論。則荀卿繇是也。（有宗成立種子與賴耶，理論甚繁密。其實只是戲論。）

有宗八識之談，以賴耶，末那為恆行。（恆行謂無斷絕時。如人雖死，而此二識不隨形骸俱亡。但此只就衆生分上說。若至成佛，則第七第八兩識，皆捨染得淨。即賴耶末那已不行。）前六識（眼識乃至意識）則有不行時。（如極重睡眠及死亡時，六識皆不行。但六識種子，自藏伏賴耶中。）賴耶是前七識之根本依。宇宙人生，由此建立。（由有賴耶，根身器界方得有故。）故賴耶無斷絕。第七末那，恆內緣賴耶以為自我。（即

五十四

托賴耶見分，變似其相，而執之以爲自我。問，末那緣賴耶，何不親緣之，而必變似其相乎。答，如有宗說，八識各各獨立。故每一識之所緣，皆其自變之相。末那緣賴耶，亦須變相。）故末那恆與賴耶相依，無有斷絕。

有宗以賴耶或第八識，變現根身器界。（器界，如山河大地及諸天體皆是，相當於俗云宇宙。根身，略當於俗云身體。略之爲言，顯非全合。蓋佛家所云根身之爲物，極微妙，非指肉體爲根身也。肉體只是器界之一部分。爲根身之扶助，而不即是根身。亦名爲扶根塵云。）前七一切相見，又皆依賴耶而有。（前七之一切種子，皆藏伏賴耶中。）賴耶非衆生所共有。乃每一人或一動物，各各有一賴耶。據此，則有宗關於宇宙論方面之見地，直以爲衆生各一宇宙，同處各徧，互不相礙。（宇宙者，一切相分見分之都稱耳。一切相見，各各從自種子而生。而含藏一切種子之賴耶，又是各別的。故云衆生各一宇宙。同處云云者，如某甲的宇宙，與某乙的宇宙，同在一處。譬若千燈，各各徧滿於一室，互不相礙。）此亦可謂多元論歟。

上來略說現界。次談種界。種子者，以其具有能生的勢用故名。（種子省言種）象物種爲能生故。（象，猶取譬也。物種如稻等種。）是爲生生不已之大力，（此中說種子是生生不已之大力，却與新論言生生不已者異其旨趣。新論所謂生生不已，乃卽本體之顯爲大用而言之。是剛健純善者也。有宗談種子，則不見本體，而出於妄構。且其所謂種子，本通染淨而言，其染性種子，與後起之習氣，亦皆說爲生生不已的。故與新論，判若天淵。）故亦字以功能。（功者功力。能者能力。功能卽勢力義。）更有許多異名，此姑不述。

有宗建立種子，所以說明現界。（八識或一切相見，通名現界，說見前。）蓋一切相見之生也，是名現行。而此現行，必非無因而生。故乃建立種子，以爲現行生起之因。今敍述種子，略以七義。

一，種子是個別的。不可說爲渾一的完整體。此在瑜珈種子七義及攝論種子六義中，其爲個別的意義，已甚明白。輕意菩薩意業論云。無量諸種子其數如雨滴是也。因種子差別故（不一之謂差別。紛然如衆多粒子故。）而其所生現行，或一切相見。則亦千條萬緒，各各獨立，所謂法相釐然不亂是也。

二，種子是有實自體的。故說藏在賴耶中，而爲賴耶的相分。但其自體，非兀然常住法，却是刹那生滅法。（每一個種子，其自體均是刹那刹那，前滅後生，相續不絕的。譬如一人之身，是一個前後相似相續，刹刹生滅的物事。）否則是常住法，云何能生。

三，種子與現行，是一能一所，互相對待的。吾嘗言。如種與現，只作爲隱顯的說法。其潛藏則謂之種。其呈顯則謂之現。如此說法，似較有意義。而有宗種現之談，確不如是。蓋有宗以種子爲能生。現行爲所生。其一能一所，乃相對峙。藏伏賴耶中的一切種，是隱於現界之後，而爲現界作根源。現界雖從種而生，但既生，則有自體，即別爲顯著的物事。所以種現二界，成爲對峙。

種（能生）……（所生）現

四，種生自現，各各不亂。謂眼識種，親生自類現行。（即眼識）決不生他現。（他現謂耳識乃至賴耶）如世豆種，不生麻。眼識種如是。耳識種乃至賴耶識種，皆可例知。（此中言識，皆通括之詞。如析言之，當云眼識心種，生自現。及眼識心所種，生自現。若更析言之，當云眼識心相分種，生自現，及眼識心見分種，生自現。眼識心所，相見二分種，各生自現可知。眼識種如是。耳識種乃至賴耶識種，各各生自現，皆應類推。）

五，種子分本始。（本者，具云本有種。亦云法爾種。始者，具云始起種。亦云新熏種。）無着在瑜珈及識論等，建立種子，以爲現界之因。尚未討論種子所由來。及世親以後諸師，始興諍論。有主種子唯是法爾本有，不由後起者。（法爾猶言自然。法爾本有，即不可更詰其所由來。易言之，即不可謂種子更有因也。又由本有故，即非後起。）有主種子竟是始起者。（由非本有，今始起故，謂之始起。）其說以爲前七皆爲能熏。（熏者熏發。如眼識，只是相見二分。此二分從自種生起時，便有勢力熏發，而投入第八賴耶之中，是謂能熏。眼識如是。耳識乃至第七末那識，皆可例知。參考吾著佛家名相通釋。）第八賴耶識，則是所熏。（第八爲前七之所熏。即前七一切熏發，而第八皆受持之也。）前七一切相見，各各從自種起時。皆有餘勢續生，是名習氣，以熏入賴耶中而潛藏之，遂成爲一種新的勢力，復能爲因，生起後念一切相見。此潛伏賴耶中之新勢力，即名始起種。又名新熏種。如上二說，互相乖競。及至護法師，始起而折衷之。乃謂種子所由來，有是法爾本有。亦有由新熏始起者。於是種子有本新二類。若無本有種，則無始創生之現，（現者具云現行）便成無因。若無新熏種，則現行起時，無復有習氣續流。亦不應理。故本新並建，護法固以爲折衷至當。

又復應知，由新熏義成立故。於是說現行識（現行本識之別名。今與識連用爲複詞。）能熏生新種。此新種者，實即現行識之餘勢不絕者，所謂習氣是也。（餘勢一詞，詳新論功能章下。通常所云習氣，實即現行識起時，便有一種餘勢續流，決不斷絕。即此謂之習氣。）而現行識熏生新種時，即對彼藏伏賴耶中一切本有種之同類者，亦同時熏發而使之增長。（同類者，如染性現行，與本有種染性者，即爲同類。）故本有種，亦受現行識所生習氣之影響。因此，而一切種，無論爲本爲新，得通名之以習氣。有宗諸師談種子義至此，雖持論愈密，而其支離究不可掩。夫既建立本有種矣。而又以現行識之習氣，亦名爲種。遂使習氣與法爾種混同不分。謂非矯亂論待乎。

六，種子分相見。無着最初立說，只謂八聚心心所各各有自種而已。（八聚者，聚者類聚。八識只是八聚。並非八個單純體。如眼識，乃由一心及多數心所，合爲一聚，而名以眼識。耳識乃至賴耶，皆可例知。故云八聚。）若乃於每一心，析爲相見二分，因此，討論二分之種，爲同爲別。（同者，謂二分同一個種子，而生。別者，謂二分各別有種。即相分有自種子，非與見分同種故。下言同別者倣此。）於每一心所，析爲相見二分，其種同別，復成疑問。此自世親以後諸師，頗多聚訟。及至護法，始折衷衆說。謂二分種，有同有別。如第六意識相分，有與自識見分同種生者。（此中但約獨影境言。如意識思量一切義理時。見分心上必變似所思之相。此相分無實質。即與見分同種。）是爲相見同種。如五識等相分，即色聲香味觸，有實質故。此相皆有自種，不與見同種。乃至第八根器相分，並有實質故。亦有自種，不與見同種。是爲相見各別有種。護法兼融同別之論。頗近似二元論之主張。（相見別種，猶心物二元論。）

有問。護法諸師既主相分別有自種。如何而說相由識變。答曰。彼計見種挾帶相種而起故。（見分種爲主動，而相分種只是從屬的。）又因隨果攝故。（相見種各望相見二分爲因。二分名望其自種而名果。）舉果即已賅因。故依果上，說相分境，是見分識之所變。（相分境複詞。見分識亦複詞。）非謂相依識變，即相無自種。（非字，一氣貫下讀之。此中識字義狹，即謂見分。）護法等之義如是。

七，一切種子，性通染淨。（性者德性。德者得也。言種子之所以得成其爲此物也。一切二字及通字，須注意。無量數的種子，有是染性。有是淨性。非一切種同一性也。故置通言。）淨性亦云無漏。是清淨義。染性亦云有漏。是染汚義。（亦云雜染）有漏性中，復分以三。曰善。（有漏之善，非純善也，非眞善也。）曰惡。曰無記。（非善非惡名無記。記者記別。不可記別其是善是惡，故云無記。）無漏性，唯純乎善。（唯字吃緊。惡與無記，皆非所有。此善眞實。與有漏善，截然不同。）有漏性者，不唯惡是染。即善與無記，亦同屬染性。非清淨故。

一切種子，有是染性。有是淨性。淨性種子，名爲淨種。染性種子，名爲染種。染種所生現行，即是染法。（染法，猶云染汚的物事。切無將法字誤解爲規律。蓋現行從染種生者，自是染法。下言淨法者準知。）

淨種所生現行，即是淨法。然則凡聖適別，衆生國土是穢，（國土猶云宇宙或世界。非謂國家壤地。）菩薩（猶言聖者）國土是淨，則以菩薩能伏除本識中染種，（伏者伏滅。本識即第八識之別名。）乃令淨種發現，（發現，謂淨種生現行。）而衆生不爾故也。（衆生不能斷除染種，即一向是染種發現。而淨種恆隱，直等於無。）

上來略說種子義。今當簡述緣生義。緣生者，謂依種現，分別安立諸緣，以說明現界，由衆緣會合而得生起。略舉四緣如左。（緣亦得名爲因。而因緣之因，則以其能親生自果故名。義至嚴格。自餘三緣，便非能親生果。但於果，有相扶助之關係而已。）

- 因　緣（種子爲現行之因緣。是能親生現行故。）
- 次第緣（前念現行，對後念爲因。是能引生後念現行故。）
- 所緣緣（現行相分境，對現行見分識爲因。以境能引生識故。）
- 增上緣（例若第八現行相分，如根身，則爲五識發現之增上緣。現行意識等，亦皆爲五識作增上緣。各識增上緣多少，可考佛家名相通釋。）

每一現行識生時，必具四緣，如上所述。初因緣，依種子立。餘三緣，皆依現行立。有宗雖建立種子，爲現界或一切相見之因。然非僅恃孤因，不待衆緣，可以生果。（然非，一氣貫下讀之。孤因者，若只立種子爲因，更無餘緣，即此因是孤獨的。果謂現行，對因而名果故。無着說種子六義中，有待衆緣一義，可玩。衆緣者，謂次第，所緣，增上諸緣。）惟其建立四緣，故緣生義得以成立。（孤因則無緣生義）夫孤因，則不平等因計之緒餘也。（不平等因者。如建立一神，爲萬有之因。即此因體，超出於萬有之上。故云不平等。作是計者，名不平等因計。若如外道立自性爲因，而不待衆緣。則是從不平等因計演變得來，昭然可見。）緣生義成。斯與不平等因計，異以天淵。又遮自然外道之論。此其卓絕處。（一切物，由衆緣會合乃生。非自然生。自然生者，卽不待緣；但印度自然外道，似無深解。如云烏自然黑。鵠自然白。其持論一本俗情。蓋與中土老莊之旨，絕不相侔。老莊言自然，與佛家所云法爾道理者爲近。法爾猶云自然。如言萬物之本體，佛曰眞如，老亦曰道。有能進而詰眞如或道之所以然者乎。不可致詰，自然而已。窮玄至此，斯爲極則。而從來佛者之徒，猥以老莊與天竺自然外道一例同譏。玄奘亦同此見。可謂無識甚矣。）然緣生之論，本始自釋迦。逮小乘以迄空宗（龍樹提婆學）其說屢變。及至無着世親，則其言緣生也，又成爲構造論，而無復存龍樹遮詮之旨。學者宜知。（參考吾著破破新唯識論。又新論中卷談及有宗緣生義處，亦說得極明白。）

有宗以種子爲現界之因。而其所謂種子，卻是個別的。是多至無量數的。故是多元論。至其言種子自體，則分相見兩類。又有二元論的意義。又言種子性通染淨。復成善惡二元論。

有宗以有漏種所生之賴耶，爲衆生之本命。雖云賴耶中亦含藏淨種。然就衆生分上說。則無始以來，唯是有漏流行。而淨種從來不曾發現。是與世儒性惡之論，無甚懸殊。

上來略說種現二界。今次當及眞如法界。眞如者，普光（唐玄奘弟子）釋云。法性（猶云一切物之本體）本來常自寂滅。（此中寂滅之滅，謂法性上恆無惑染。幽微湛寂。故云寂滅。切勿誤作斷滅解。）不遷動義。（無方所，無形相，無惑染，故非可遷動。）名爲眞如。窺基云。理非倒妄，故名眞如。眞簡於妄。（簡者簡別）如簡於倒。（如者，其德性恆無變易之謂。故離顚倒。）又曰，眞如者，顯實常義。（實者眞實。常者恆常。）眞卽是如。（古譯眞如，只一如字。亦或作如如。如，本形容詞。蓋理之極至，非言說與思想所可及。他是那模樣的，就還他那模樣。不可妄猜他。此如義也。又剋就法性自身言。他的德性是不可改易的。故曰恆如其性。此亦如義。又法性是不可致詰其所由然的。是謂法爾道理。莊生云，惡乎然，然於然。此皆如義。）如卽無爲。（眞如亦名無爲法。無爲者，法性湛然常住。無所造作。故曰無爲。）據光基二師之釋，眞如義趣可知。

有宗既立本有種，爲現界之因。卽本有種已是諸行實體。（諸行，謂一切相見，亦卽現界。）而又承諸佛菩薩相傳之旨，說法性卽眞如。此眞如者，既不是種子。又不可說本有種卽眞如之顯現。然則本有種與眞如，究是如何關係。有宗於此旣無所說明。此實其在理論上之最不可通者。（學者稽考有宗諸經論，其談種子義，則與眞如無融會處。其在三性中談圓成實性卽眞如，又與依他性中種子無融會處。）由有宗學說之體系衡之，種子既是現界根源，而又於種界外，別說眞如法界。則不得不謂之有二重本體。可謂支離極矣。

有宗確張三性義。（謂徧計，依他，圓成三性。詳新論中卷。讀者如字字留心，並不難了解。）極須玩索。有宗整個的意思，可以說三性義包括得盡。學者研究有宗，須有此個大綱領在胸中，方不至茫無頭緒。否則必炫惑於其紛雜的名相，繁瑣的辨析，而莫知其所謂。

有宗學說，根本只是一個對待的觀念。其言種與現。則曰能藏所藏。（種子爲能藏。第八現行識，是種子之所藏。）能生所生。（一切種子，皆爲能生。一切現行識或相見，皆爲所生。）能熏所熏。（立新熏種者。則以前七現行識，皆爲能熏。第八現行識，則是所熏。）其言識與境。則曰能緣所緣。（此中識字義狹，乃就見分言。境卽相分。見爲能緣。相爲所緣。此據相見二分義立論。若別開四分，則見分等等，互爲能所。詳佛家名相通釋。）凡此一能一所，均是互相對待。至其以種與現，並爲有爲法。（亦名生滅法。以其是生滅滅生相續流故名。）眞如爲無爲法。此有爲無爲，亦是截成二片，對峙而不可融通。（諸經論中雖有時說無爲法是有爲法之實體。然絕不許說無爲法是無爲而無不爲。絕不許說有爲法卽是無爲法之顯現。三藏十二部經具在可證。然則其所謂無爲法或眞如者，似只是有爲法所依托的一個世界。這個世界，是無形無象，無障無染，淸淨湛寂，眞實恆常，離諸倒妄。有爲法只是於此世界中顯現。如種種色相，在虛空中顯現。經論中每舉虛空喩眞如，以此爲最切合之喩。其旨可見。所以說此世界爲有爲法的實體，並不謂有爲法是此世界自身的呈現。只是有爲法依托於此世界，而顯現其中。故說此世界爲有爲法之實體耳。但有宗確不許說這個世界是邏輯上的概念，或意想中追求的一種境界。他卻以爲是絕對的眞實的存在的。吾人修行到成佛時，是可以實證的。所以這個世界，畢竟是與有爲法相對的。非可說卽有爲卽無爲。）故其談證量也，（量者猶言知。但非常途所云知識之知。證者親知之謂。蓋能知入所知，卽所相亡，而能相亦泯。能所冥爲一，故謂親知也。）以正智爲能證。眞如爲所證。雖欲拂能所之迹。而實際上究是能所對待。總之，有宗唯識之論，雖極其繁密，而骨子裏究是一個對待的觀念。夫對待的觀念，本從經驗界而起。（經驗界的事物，都是對待的。）凡哲學家立說，以經驗界之知識爲依據者。若注重質測之術，以矯空想之弊。則雖不足以深窮萬化之原。而於物理世界，必多所發明。（卽可由此以發展科學。西洋哲學大概有此長。中國之學，超物而達於神化。非知識的也。）若其不務質測，而好逞空想。則將本經驗界之見地，而應用到玄學上去。懸空構畫，以組成一套嚴密的理論，而說宇宙人生，如是如是。（有宗說八聚現行，各各獨立。各各有自種。而復以第八現行，藏一切種。且爲前七現行之根本依。又以根身，器界，並爲第八現行相分。更說有眞如無爲世界，爲種與現之所依托以顯現。如此說來，卻是由他意想，構畫宇宙人生。好似工匠構畫一具機械者然。）此等空想，乃王船山詩所謂如鳥畫虛空，漫爾驚文章是也。上不足以窮神。下無當於格物。故佛家至大乘有宗，而弊亦甚矣。雖然，所病乎有宗者，未能遠於空想也。若其剖析之詳密。系統之宏整。吾於有宗，不能不慇重嘆服。哲學家者，不可不養成其解析與組織的能力。則有宗之學，固爲凡治哲學者之所必需探討，而不容或忽者乎。

（以上略談有宗唯識論大意。自此以下，檢札記中有關新論之答辯者擇錄之。）

問曰。新論遮撥賴耶，何哉。答曰。有宗不見本體。直妄構一染性之神我，當做自家生命。（此中神我者，佛家雖遮撥外道神我。而其賴耶說，實不異神我。故此直以神我，目彼賴耶。）此其大謬。若證見本體，卽知我所以生之理，與天地萬物所以生之理，元來無二無別。易言之，我之生命，卽是宇宙之大生命。非可橫計有個體的生命，以爲我所獨具者也。如果執有個體的生命，則生命界應有一定之數量，遠從無始，以至盡未來際，（未來本無盡無際。而此曰盡曰際者，強爲之名耳。）其數恆爾，無增無減。如此，則造化將一守其故，而無創新可言矣。此神我或神識之說所以難通也。或曰。公固嘗言，習氣聚集，成爲一團勢力。人身雖亡，而此一團勢力，不必散失。俗所謂靈魂者或即此。然則以此而成立個體的生命，其可乎。答曰。吾所謂生命者，指吾人與天地萬物所共有之性海而言也。（此中性海，用為本體之別名。以其為人物所以生之理則曰性。此性具萬善，妙用無窮，故喻如海。）習氣本後起之虛幻物。縱許其可由甲而傳之乙，終不得謂之生命。習氣，佛家亦云業力。（業者造作義）明儒黃梨洲謂聖賢之死而不亡者，其精爽存也。彼云精爽，亦即習氣。（但非染習）人生一切造作，或好或壞，（凡一好或壞的造作，都是內心的一種勢力發動。）都有一種餘勢潛存，（餘勢二字宜玩）是名習氣。（造作的勢力發動時名為業。其餘勢潛存者，方名習氣。）無量習氣，相與叢集，成為一團勢力。人身雖死，而此一團勢力，不遽散失。此於事難徵。卻於理可信。若賴耶之說，僅如此寬泛言之。勿如有宗，用許多猜想，構成一套嚴密的體系的說法，如蛛造網然。（勿如二字，一氣貫下讀之。）則吾亦無所遮撥矣。有宗卻未免戲論。

客曰。新論之言性也，即斥指本體而目之。（眞實無妄之理，為萬物所資始，則曰宇宙本體。但剋就其在人而言，亦謂之性。）本體，則眞實，剛健，清淨，空寂，（空者無形相故名。非空無之謂。）至善者也。公故反對有宗建立染性之賴耶。然孔子論語，性相近也章。似謂人性無善無惡，故言相近耳。新論主張，畢竟與孔子異乎。答曰。汝不得孔門意。又不辨性字有異義。夫性字之義不一，有以材性言者。（材性即就氣質言。如人與動物，靈蠢不齊。則以人之軀體，其神經系發達。足以顯發其天性之善與美。動物軀體之構造，遠不如人類。即不足以顯發其天性之美善。人與動物成形之異，是謂氣質不同。氣質亦云材性。）有以人生本原言者。如性相近也之性字，即材性之性。相近之言，即據中材立論。凡屬中材，其材性皆相去不遠。故云相近。但視其所習。習於上，則成上智矣。習於下，則流為下愚矣。故云習相遠也。唯上智之人，其材性生來即是上。不會習向壞處。下愚之人，其材性生來即下。難得習向好處。故曰上智與下愚不移。此章性字，明是材性。從來注家胡亂不清。極可惜。至如中庸天命之謂性。此性字，便剋就人生本原而言。此章，朱子注欠妥。今按天命性三名，所指目者是一。一者何，曰本體是已。本體絕待，隨義而異其名。無聲無臭曰天。（中庸末章，上天之載，無聲無臭至矣。上者，絕對義。天者，宇宙本體之目。非謂神帝也。載者，言其備萬理，含萬化也。無聲無臭者，言其寂然無象也。）於穆不已曰命。（詩曰，維天之命，於穆不已。命者，流行義。維天之命者，言乎本體之流行也。於穆，深遠義。不已者，眞體之流行，無有止息也。）民之秉彝曰性。（彝美也。此美絕待，非與惡對。天命者，本體之目。本體具萬善。至美者也。民猶言人。夫人皆秉天命以有生。即秉至美之理，以成為人。故就此至美之理之在人而言，則曰性。然則性即天命。玩之謂二字可見。豈可外自性而別尋天命乎。）此性字，即目本體。與新論所言性者同義。材性之性，實非此之所謂性也。子比而同之可乎。從來言性者，不辨天性（天命之謂性，省言天性。）與材性。故成胡亂。朱子注論語性相近也章。似欠分曉。荀卿董仲舒諸儒之言性，都只說得材性。孟子灼然見到天性，故直道一善字。

客曰。人之天性，本是至善。如何材性得有不善。答曰。天性是本體。本體之流行，那有一毫雜染。但其流行也，不能不翕而成物，否則無所憑藉以自顯。然翕也者，造化之無有作意而一任其自然之幾。非有定準，可為之齊一也。故人物之氣質，有通塞不齊。（通者，如大腦發達者是。塞者通之反。）雖云物之自致。而物所得為，要非不本於其在大化中之所受與所遇。受之有量，遇之有適不適，而氣質之成，通塞以殊。夫通者，足以顯發其天性，即全乎固有之善。塞者，難以顯發其天性，斯成乎不善。而不善者，特氣質之偏，因不齊之化，而偶成其如是。要非天性之本然也。君子之學，貴乎率性以變化氣質。固不以材性之或偏而累其天性矣。

周通且問，先生所言材性，亦云氣質。氣質者，實就生機體之構造而言也。氣質有通塞。通者，能顯發其天性之善。塞者則否。通塞如何分，則必以神經系或大腦之發達與否為衡。然腦筋發達者，或有知能過人，而不必優於德慧者。（德慧一詞，見孟子。其意義極深遠。德慧之慧，便非常途所謂知能。此乃本體呈露。故以德慧言之。慧者，明智義。德者，純淨離染，至善之謂。）其義云何。答曰。氣質通塞，以神經系或大腦之發達與否為判。此亦略言其大較耳。生理微妙，孰能一切窮其所以。尼父生而將聖。商臣生而蠭目豺聲。非商臣天性異於尼父也。直以氣質上之缺憾，易以習成乎惡，而難以顯發天性，故卒成弒父之逆耳。夫氣質有通塞不齊，此可從其大較而言之者也。若氣質不美者，（如所謂塞）其缺憾果何所以，欲測知之，固有所不能悉也。然復當知，同爲人類之氣質，其相差也不必甚遠。雖下愚之資，倘能從事盡性之學。（保任本心，而無以惑染間之，卽天性顯發，是謂盡性。）以愼其所習。則氣質可以轉化，而不至障礙其天性。是在莊敬日強，毋自暴棄而已。然則孔子下愚不移之言，非歟。曰，言匪一端，義各有當。孔云不移，責之之辭也。所謂不屑之敎也。人皆有天性，不當受限於氣質。故困知困行，皆有成功。實孔門相傳敎法也。

問曰。大乘談眞如，似是懸擬一無上甚深微妙之理境，而追求之。新論意思，卻不如此。答曰。般若家言。智及智處，（智處謂眞如。以是智所緣處故名。）並名般若。般若卽心。（般若係譯音，義卽智慧。）是則亦以眞如名之爲心矣。但玩其辭義，只是攝境從心。（眞如名智處，卽對智而名境。非如卽是智。今攝境從心。故眞如亦名般若。實則智爲能而如爲所。究非一體。）非謂智卽是如也。佛家談眞如，似有懸擬爲崇高的絕對的妙境，而竭誠趣向的意義。新論卻破除能所對待觀念。乃卽吾人與天地萬物所共有之性海而言，則曰眞如。克就其在己而言，亦曰自性。更就其主乎己之身而言，復曰本心。卽此本心，元是圓明昭澈，無有倒妄，又曰性智。故其談證量也，直是性智自明自識，謂之內證。（亦云自證）故智卽是如。如卽是智。非可以智爲能，如爲所，而判之爲二也。此是新論根本大義所在。確從反己體認得來。非臆之也。

問曰。新論既破除對待觀念。則在新論中之眞如，當非以爲萬法之所依托故，說名實體。（當非二字，一氣貫下。萬法，猶云萬有或萬物。）卻是以爲萬法，條然宛然，（條然者，千差萬別貌，宛然者，相狀燦著貌。）而實均是眞如妙體之自身顯現，（眞如妙體四字，複詞。）故說眞如是徧爲萬法實體。（卻是以爲，至此爲句。）答曰。善哉。汝已得解。譬如大海水，徧現爲衆漚。（大海水，喻眞如。衆漚，喻萬法。每一漚，皆以大海水爲體。覆看上卷明宗章。）眞如徧爲萬法實體。義亦如是。所以體用不二。

體用本不可分。（不可剖分爲二重世界）但既說體用二詞，則體用畢竟有辨。體，則舉其自身而全成爲用，故說爲用之體。（譬如大海水，全成爲衆漚。）用，則是體之顯現，故非別異本體而有其自體。（譬如衆漚，非別異大海水而有其自體。）讀新論者，須識得此個根本意思。佛家以虛空喻眞如。（眞如卽體之名。）於此可見其差失。虛空是無爲無作。萬象雖於虛空中顯現，而不可說萬象是虛空自身之顯現。虛空非能變故。（能變一詞，說見上卷轉變章。須覆玩。）萬象不由虛空成，但依虛空顯。（依字吃緊）如此，則體用分爲二片。

問曰。如新論中本體之意義，亦可說爲萬法之因否。（法字，詰見前。）答曰。此看如何說法。因者，因由義。萬法由其本體顯現。不妨假說體望用有因義。（此中體望用云云，似當云體望萬法。今不曰萬法而言用者。以萬法皆依用上假立故。非離用而別有萬法故。）但此因字的意義極寬泛。只顯由有體故，才有用。以用非憑空得起故。然如是言因，只是言說上之方便。並非對果而名因。以本體絕待故，非有果法與之爲對故。又用卽體故，非用與體有能所義故。以是，雖不妨假說因，而實非對果名因。不可以常途因果觀念應用於玄學中故。

問曰。體用，云何不一不異。答曰。體無形相。其現爲用，卽宛爾有相。（宛爾，不實而似有之貌。下倣此。）乃至體無差別。其現爲用，卽宛爾差別。故不一。（譬如水非堅凝。其現爲冰，卽成堅凝。故水與冰非一。由此譬喻，可悟體用不一也。）體，卽用之體故。（如假說水卽冰之體。以喻體成用而非超脫於用之外。）用，卽體之顯故。（顯者顯現。如云冰卽水之顯。以喻用非異體而別有自性。）故不異。由不異義故，當卽相以會性。（相卽於相對見絕對。而從來哲學家有於形上形下，不能融會者。其誤可知矣。由不一義故，（相者法相，猶云宇宙萬象。性謂本體。）不可取相而迷其眞也。（此中取者，執着義。眞謂本體。取着乎相，則不可於相而識其眞體。）新論全部，可說只是發揮體用不一不異意思。

本體是無對的。而𡸁就一一用相上言，卻是有對的。但於一一用相，而透悟其本體。卽一一用相，都是無對的。所以說一華一法界。一葉一如來。（法界與如來，皆用爲本體之代詞。一華一葉，皆用之相也。一華本是相對的世界裏極小的物事。但於一華而透悟其本體，即一華也是全法界，何小之有。下一葉云云，準知。有問。莊子云，秋毫非小。亦是此意否。曰，自是此意。復問。莊子云泰山非大，何耶。曰，此言大者，以對小得名。泰山雖較秋毫爲大。若於泰山而透悟其本體。即泰山相，與一切物相，俱遣。將何所對而名大耶。故曰泰山非大。所謂不壞假名而說實相，即此旨。假名者，如泰山，如秋毫，乃至一切名言所表，都無實物，只是假名耳。然冥應眞極者，並不毀壞一切假名，卻依一一假名，而顯示實相。如泰山，假名也。此假名所表詮之山相，本是空無。但山相空，而有不空者存。不空者何，謂實相也。即假名而說實相，是謂即俗詮眞。）

有人問。新論上卷明宗章云。今造此論，爲欲悟諸究玄學者，令知一切物的本體，非是離自心外在境界等語。然則石頭的本體，亦不離吾心否。答曰。此是開宗明義語。向下細讀去，容有悟期。石頭與汝何嘗是各自獨立的。汝細讀唯識，轉變，乃至成物，明心諸章，當知汝所以生之理，與石頭所以成形之理，只是一理。（此云一者，絕待義，非算數之一。）沒有兩個。難道石頭的本體竟是汝心外之境耶。汝只誤將自己與天地萬物分離開。所以不信汝之本心即是石頭的本體。（其實，剋就石頭而言其所以成形之理，則曰本體。剋就吾人而言其所以生，與主乎吾身之理，則曰本心。這個本心，也就是吾人與石頭，或天地萬物所共有的本體。如何分割得。既分割不得，如何說石頭的本體在汝心外呢。老夫不嫌辭費，終未知汝得解否。）

問。新論翕闢義，即是用義。但此二詞，似本於大易。按易繫傳云，夫乾，其靜也專。其動也直。夫坤，其靜也翕。其動也闢。翕闢二詞，始見於此。殆爲新論之所本乎。答。新論言翕闢，實與繫傳言坤靜翕動闢之文無關。新論闢字之義，甚淵深廣遠。與繫傳言坤其動也闢，自不相同。新論說一翕字，與繫傳言坤其靜也翕，義亦自別。按繫傳此處說乾坤，實取象於天地。（乾爲天。坤爲地。）宋衷注曰。乾，靜不用事，則淸靜專一。含養萬物矣。動而用事，則直道而行，導出萬物矣。一專一直，動靜有時。而物無夭瘁。是以大生也。翕猶閉也。坤，靜不用事，閉藏微伏，應育萬物矣。動而用事，則開闢羣蟄，敬導沈滯矣。一翕一闢，動靜不失時。而物無災害。是以廣生也。詳此，皆就天地生物之功用言。（天之靜專動直，地之靜翕動闢，皆其生物之功用。）但乾坤動靜，皆以時言。卽動靜不能合一。因其取象於天地，卽在物上着眼。（天地皆物也）故動靜不相融耳。（凡物動靜異時，卽是動靜不能融爲一片。）此非在本原上立論也。新論談翕闢，卻是超出物表，而冥會實體之流行。流行卽是一翕一闢，（一一者，言其勢用以相反相成。非有二體也。）否則絕待而不成爲流行矣。故流行者，言乎體之成爲用也。用故不能無翕，所以爲闢之具也。（具者工具）闢以翕而顯。此流行之妙不可言。故新論談翕闢，乃探原之論。與繫傳之取象於地道，以言翕闢者。其根底絕殊。要不可併爲一談。新論所云翕闢，卽是本體之流行。夫本體流行，則動而未嘗不靜，以其非如物之動故也。（物滯於形，則不神。故其動時，只是一味發散，而無淵含潛蓄之妙。）卽動卽靜。是謂動靜合一，而動靜亦無時之可言矣。且動靜合一。則無可專於動言闢。其闢也，固未嘗不靜也。亦無可專於靜言翕。其翕也，又何嘗非動耶。動靜不可分。翕闢本無異體，但勢用有殊，以成其流行之妙耳。唯夫翕而現似有物。則世俗隨情施設，遂以爲蒼蒼在上者天，有其靜專動直之功用。塊然博厚者地，有其靜翕動闢之功用。此則在化迹上立論。而非所以言化之原也。

問。翕闢與大易乾坤之義，頗相當否。答。大概說來，闢與乾之義爲近。翕與坤之義爲近。然從來易家講乾坤者，多不能無病。無論漢宋各家派，其言乾，則曰陽氣也。言坤，則曰陰氣也。其所謂二氣之氣字，含義究如何，亦無明白之訓釋。新論說翕闢是用。則氣之爲義，可以說，只是用義。用相不實，故說爲氣。這個氣字，自不是常途所云空氣或形氣等氣字的意思。只形容其有勢用顯現，而不實在，不固定的意思。（新論功能，成物兩章，談理氣問題時，均曾說過。）用者體之顯。卽非別異於本體而有其自體。（譬如衆漚，是大海水之顯現。卽非別異於大海水而有其自體。）用之本身，元非實在的東西。其勢用只是一翕一闢，頓起頓滅。生生不息。如電光之一閃一閃，活躍無匹。（無物可以比擬之）所以說有勢用顯現而不實在不固定者，意正如此。氣字之意義，亦只形容其如此。

易家談陰陽二氣，有近二元論者。（王船山易內外傳，極多精義。然其言乾坤並建。頗近二元。根本處卻未透。）新論說翕闢，雖云兩種勢用，而實只是一個勢用，有此兩方面，以相反而成其用，乃假說爲兩種勢用耳。（詳轉變，功能，成物諸章。）體之現爲用，本唯是闢。（剛健，升進，生生，清淨，乃至萬德，皆闢也。）而不能不先有一個翕。（此中先字，非時間義。只是在義理上說一先字。勿誤會。）否則只是虛無莽蕩，將無所據以自顯。（此中虛無者，非謂空無。以其不能構成形物故云。）故翕之反乎本體而將成乎物者，（本體是無形的，是不物化的。翕故與之反。）特妙用之不得不然。實則，翕亦是闢。非其本性與闢有異也。故新論說翕闢，與易家誤解乾坤爲二元者，自不可同年而語。或曰。漢儒荀氏言升降。以爲陽常升而不降。陰常降而不升。復推乾坤之本，合於一元。世儒以爲得易之大義。新論翕闢之旨，與荀氏義亦有合否。答曰。陽常升而不降，與新論闢義有合。陰常降而不升，則稍違新論翕義矣。翕而成物，固有降之趨勢，然翕之本性，究不異闢。故翕終隨闢轉。則非常降而不升也。使一升一降，爲二者之恆性。（二者，謂乾陽坤陰。）則陰陽何可融和。荀氏亦難自圓其說矣。至謂推乾坤之本，合於一元。恐非洞達本體，要爲推測之論耳。使其證體，則常降而不升之陰，果何所本。何至有此計哉。易學自漢以來，糾紛難理。百家之書，雖各有所明，而眞得宣聖旨歸者其誰耶。（繫傳本孔子傳授，確然無疑。然戰國及西漢儒者，容略有竄入。茲不及論。）

問曰。由翕闢之論，則物質，生命，心靈三者，雖其發展有層級。但決不可說泰初物質世界成就時，尚無生命與心靈也。只是物質這方面顯著。而生命與心靈諸方面尙潛伏未現，卻非無有。答曰。汝已得新論意。成物章說得極分明。大易屯卦意思深可玩。屯，難也。其卦䷂震下，坎上。故彖曰，動乎險中。震卦初之一爻，（初爻陽）爲陽動於下之象。坎卦二陰錮一陽於中。爲陽陷於險之象。夫陰者，所以表物質。陽者，所以表生命或心靈。萬物初生，則生命心靈潛而未顯。爲震陽初動之象。此時物質重錮生命心靈，令其不得顯發。故云動乎險中。此其所以爲屯難也。

問曰。新論說功能非一合相。故於全而有分。（全者全體。分者部分。）若就其分言。即每一功能，互爲主屬。（詳新論功能章）是義云何。答曰。如就汝與萬物或衆人言。當知汝自爲主。而一切物或人，對汝則爲屬。如五官百骸之屬於一體然。是汝乃通天地萬物爲一體也。但其間自有主屬之別。（此中天地萬物，包括人類在內不待言。）又於天地萬物中，隨舉某物或某人爲主。亦皆以汝及其他一切人物爲屬。是某物或某人，亦與汝及天地萬物通爲一體。而互爲主屬可知。由互爲主言之。萬物莫非主。一微塵卻是三千大千世界之主體。由互爲屬言之。萬物莫非屬。故不可得一超物之眞宰。（宗教家計有超出萬物之上的大神，究是迷妄。）汝若體認得此理，當知功能非一合相。其一一部分，皆互爲主屬。此謂法爾道理。不可致詰。

問曰。新論說每一功能，具翕闢兩極。（詳中卷功能章下）闢極卽是心的方面。翕極卽是物的方面。心物只是同一功能之兩方面，本無異體。據此原理。草木土石之類，其所具功能，旣非唯翕而無闢。卽不得說草木土石爲無生命或心靈也。而印度佛家卻說草木土石爲無情何耶。（情者情識。無情者，謂其無有生命，無有心識也。）答曰。佛家說草木土石之類爲無情。此實無理。有宗唯識論，主張相見別種。吾謂其爲二元論。實則，有宗此等主張，遠有端緒。自釋迦創教時。首立五蘊。五蘊，總括言之，只是色心二法。（新論中卷功能章上，曾釋五蘊。）色法居首。次及心法四蘊。當時解析色心，只是平列而談。並未以色攝屬於心。其骨子裏已近二元論。由二元論之見地，則承認有無情世間，亦不足希奇。（佛家以具有心識之衆生，說名有情世間。若草木土石或山河大地等，則爲無情世間。亦云器世間。）但此等思想，殊嫌粗。依新論翕闢義，則無機物亦非無情，只其情識不顯著耳。人之百骸五臟，植物之枝幹花實，礦物之形體，皆生命或心靈之所凝成與著現。但生命，心靈，將利用乎形以自顯，而卽不免有錮於形之險。而昧者遂謂宇宙間有無生命心靈之死物。豈其然哉。若夫依報之說，則宗教家之情懷，存而不論可矣。（佛家說有正報，依報。如人生而得此身，是正報。生在如此之自然環境，則名依報。報之爲言，則先世所作善惡之感應也。如此，則草木土石等等，悉爲依報，不可承認其有生命心靈也。）

新論根本意思，在遮遣法相，而證會實體。（覆看中卷功能章上）超出知解，而深窮神化。（知解所以測物。故不足以窮神化。）伏除情識，而透悟本心。（情識者，情謂虛妄。情識，猶云妄識。俗所謂思想或知識與理智，及宗門所斥之知見或情見與意計等等，大概屬情識。儒者亦謂之人心。）既悟本眞。（本眞猶云本心。）而後依眞起妄，情識亦現。但悟後之識，（識者，具云情識。下倣此。）依眞起故。用能稱境而知。（稱字吃緊。於所緣境，無有謬解，謂之稱。）離於倒妄。斯與未悟之識，截然異性。故知妄法亦眞。（此中妄法，即謂情識。）

新論要義有三。一，尅就法相而談。心物俱在。（心起，即物與俱起。心寂，即物亦俱寂。）二，攝相歸體。（相者，具云法相。下準知。）則一眞絕待。物相本空。心相亦泯。（所謂遮法相而證實體者，即此旨。）三，即相而顯體，則說本心是體。雖復談心未始遺物。然心御物故，即物從心，融爲一體。豈有與心對峙之物耶。（大易以乾爲體。却是即用而顯體。坤元即乾元。楊慈湖最說得透。新論明心章，直指本心爲體。正是即用顯體。與易義通。）如上三義。學者瞭然於胸中。則新論不難讀。而亦有莊生六通四闢，小大精粗，其運無乎不在，與陽明橫說豎說皆是之樂矣。適與李聖三談此意。

夫體之爲名，待用而彰。無用即體不立。無體即用不成。體者，一眞絕待之稱。用者，萬變無窮之目。夫萬變無窮，元是一眞絕待。（即用即體）一眞絕待，元是萬變無窮。（即體即用）新論全部，只是發明此意。中卷（功能章上下）平章空有，在在引歸此意。

古今學術思想，或從萬變中追尋絕對。（絕對，即上云一眞無待。）自宗教以至哲學正統派皆是也。（哲學中談本體者，畢竟是正統派。）或依萬變之迹，而行觀測。（注意之迹二字）則科學自此興。科學於萬變處，不能謂之無所得。但其所得終不離迹。無緣理會萬變之原。其所仗者量智或知識，又當守其領域故也。

宗教與哲學雖分途。而哲學家中頗有與宗教相通處者，即同具有超越感是也。（例如黑格爾氏之絕對精神，與宗教家上帝，雖精粗異致。其爲興起超越感則同。）由此超越感，不知不覺，而將本體世界，與萬變的世界劃鴻溝。於是體用不得融成一片。（許多談本體論者是如此。黑格爾似較好。但與吾大易之旨究不類。）

新論直是不得已而有作。烏容掉以輕心。

新論談體用，輒舉麻與繩或水與冰喻。此正對治用外覓體之病。至理，言說不及，強以喻顯。因明有言，凡喻，只取少分相似。不可求其與所喻之理全肖。吾書中亦屢加注明。乃讀者不察，竟有來函謂吾所舉喻，是以因果言體用。亦怪事也。

問。新論談佛，不及中土諸宗何耶。答。新論改革印度佛家思想，只從根本旨趣上立論。不可枝枝節節為彼各宗派作論文也。此點須認清。佛家自小迄大，只分空有兩輪。小空不及大空。小有不及大有。故吾只扼住大乘而談也。雖中土自創之宗如天台華嚴等，其淵源所自，能外於大有大空乎。凡著書者。如評判其所從出或所欲改造之學派，則必綜覽該學派之全體，而抉其本根，撮其要最，加以衡斷。始抒己見。至其支流，可勿具論。吾書乃自成一家言。自有體系。非為佛家作概論或歷史也。焉得一一取而論定之乎。

昔者梁任公嘗疑小宗或優於大乘。此蓋揣測之談耳。任公固未之學也。吾於小乘雖未暇致力。但就涉獵所及，當以大乘為長。般若家解空，可謂深遠極矣。小乘無此境界。（大般若經，大智度與中觀等論，廣大幽遠已極。凡夫何能攀援此等境界。小知讀此等經論，厭其重複。難以終卷。智者會心於文言之外，而後窮於讚嘆也。夫言之重複，而後使人之印入也深。善讀者其敢忽諸。）無着一派談境，（境謂法相及法性）唯識之論，析得極瑣碎。而後排比，拼合。甚不饜人意。當有不及小乘處。然攝一切法歸唯識。比小宗較有統系。（小宗雖多精到處。究是繁瑣哲學。）末那，賴耶，如活講，卻甚有意義。（張德鈞問。如何活講。曰，禮經所云知氣，即人之精爽，不隨七尺之形俱滅者也。明儒黃宗羲，頗信有此理。末那，賴耶，卻可以知氣或精爽言之。問。大乘說末那，以其恆內執有自我。故建立此識。如何與賴耶併說為精爽耶。曰。瑜珈言，由有賴耶，故有末那。大乘說末那與賴耶恆相俱而有。人死時，此二識不滅。故併言之。又賴耶含藏一切種子之義。今若勿以種子，說為現行或一切相見之因。亦勿立本有種。更勿以賴耶為現界之根本依。勿以根身，器界，說為賴耶所變現。總之，不虛構一大套嚴密的理論來建立賴耶，以為宇宙人生根本。如此，乃免除其在玄學上之妄構。而只將賴耶作下意識講。豈不極有意義。門人鄧永齡云。賴耶含藏一切種。若就心理學之觀點來講，正是下意識。可惜舊唯識師種子義，講得太糟。遂成爲懸空妄構之玄學耳。）

有問。新論評及空有二宗大義處，有據本體論的觀點云云，及據宇宙論的觀點云云。竊謂本體論，宇宙論，只是西歐學人作此分別。佛法中似無此等意義。答曰。異哉子之言。不審如何讀佛家書也。佛典並用三分法，敍述法義。曰境。曰行。曰果。境之爲言，是所知義。其間分別談法相，法性。（法相者云法。相當俗云現象界或萬有。法性之性，作體字解。猶云萬法實體。亦名眞如。）次行。謂功修。（猶云修習的工夫。）次果。謂所證得。（功修是因。所得是其果故。）今試問境中法相一詞。與哲學中宇宙論一詞，其意義頗有相通處否。境中法性一詞。與哲學中本體論一詞，其意義復有相通處否。而吾子乃云佛法中無本體論宇宙論等意義何耶。若云當用法相法性二詞，不應採時行術語者。則吾固嘗籌度及此。凡古今流傳之偉大學派，必皆於至道有所證見。其給人類以光明，而資益吾人生命者，功亦鉅矣。講古學者。當發明其要義。使有智者得解。可以取長捨短，與道消息。不應以陳言僻語而述古學，使人不可措思也。昔人論文，多不喜用奇字僻典。而故作艱深，無實義者，尤惡之。顧亭林先生卽持此主張之一人。卽徵之佛說，如楞伽經中，以執着種種美妙言詞，爲妄計所由。宗門語錄，蓋遵經旨。（楞伽爲宗門所本。）昔在舊京，馮芝生教授，嘗謂佛書難讀。宜取重要經論，而以時下語言疏釋之。使其意義瞭然可解。因聘王生，助教清華哲系。欲其準備此業。其意甚美。王生旋赴英，而此願成子虛矣。後生不學。每謂孔佛無有本體論宇宙論。而吾子亦惑之。試問佛家浩浩三藏，是歸趣證見圓成實性否。如何漫道佛家無本體論。佛家自阿含，以迄小宗，大乘，其五蘊之談，首以色蘊。卽將內而根身，外而物質宇宙，析別相狀。平列敍述。而總歸色蘊。不謂之有宇宙論的意義也得乎。至大乘空宗，遮撥一切。其不成立宇宙論，正是表現其關於宇宙論方面的一種見地。有宗八識與種子及緣生之論。分明是有組織精嚴的宇宙論。新論敍述詳明。（中卷尤詳）雖具廣長舌，又何可辨。強辨，亦難誣事實。孔子之學，具在大易。春秋亦從是出也。論語，與易春秋相印證也。（在舊京時，張孟劬先生嘗曰。世界有三部奇書。曰大易，論語，老子。欲吾爲作新疏。吾忽忽已衰暮，無能爲役。）易爲義海。六十四卦，顯無量義。要歸易有太極一語。謂易無本體論可乎。乾道變化。品物流行。（二語，係節錄乾卦。）畫爲卦爻，而表之以數理。神哉神哉。巧不可階。妙不可言。而謂易無宇宙論可乎。川上之嘆，（見論語）於變而顯常也。與易義可互證也。

有問。外間頗議新論中卷談空，不免以清辨邪宗，上逆般若者。（清辨爲空宗後勁。有宗如護法窺基諸師力詆之，謂其爲惡取空。惡者，毀貲詞。取者，取着。以其耽空，呵爲惡取。）答曰。新論敍空宗義，時引心經，依文訓釋。彼義既明，乃伸吾意。此亦矜慎之極矣。夫空宗隨說隨掃。不似有宗持論，有所建立，條件分明，易以核舉。（不似至此爲句。）吾初欲依般若，達其神旨。繼念世人虛懷者少。將謂吾未讀經，但憑臆說。於是思得一法，卽引據心經，以彰幽旨。蓋心經爲大般若之撮要。以少文而攝無量義。自昔相傳如是也。基師尊重此經。厥有幽讚。然以瑜伽之學，（瑜伽師地論，爲有宗所據。）妄附般若之意。甚失其眞。余擇舉經文，加以疏解。辭略義備。歸於至當。夫探衡聖意，既如其分理。而發抒創獲，要無所偏私。平情以精義者，將自知之。奈何以清辨邪宗，妄相誣詆。以此推知，古人論著之苦心，爲並時與後人之所不肯體察者，豈少也哉。（有宗起於空宗之後，而亦稱大乘。又有矯異空宗之處，而唱有教。雖復承宣空義，而骨子裏究與空宗本旨不同。故有宗雖詆清辨以惡取空。要未可據爲定評，而疑清辨不得空宗本旨也。韓裕文有志斯學，吾望其有所究明。）

有難。新論以心經解般若。巧取捷徑。亦失玄宗。夫毘曇結小說之終。般若啓大乘之始。息息相關。學歷如此。經言五蘊自性空者。色空變礙性，受空領納性等，皆於毘曇見其眞詮。豈常人耳目體膚之所感覺，能盡其意耶。般若正宗，在不離一切智智，而以無所得爲方便。故遍歷染淨百八句，以爲觀行。此豈五蘊皆空得限之耶。五蘊不攝無爲也。新論於此等處，一無所知。乃謂能由心經，以彰般若幽旨。吾不敢信。答曰。君之所論，均屬膚談。夫所言色者，唯是變礙性。（色者，是可變壞與有質礙的東西。諸論定色之義界，皆如此。）非離變礙性可有色之名。今言色空變礙性者，易言之，卽色空也。受空領納性，例色可知。小宗只空我執。（不執有實自我。）未空法執。（法執意義，深廣無邊。非可咬文嚼字而解。此等名詞，直須透悟般若整個的意思於文言之外，方許解得。）今云般若空五蘊性，於毘曇見其眞詮。此成何說。毘曇結小說之終，既是爲空蘊性之眞詮。則般若何須出。此吾所不解也。至云豈常人耳目體膚之所感覺，能蘊其意耶。新論何曾有此說。眞乃無的而放矢矣。新論云，經言五蘊皆空者。謂一切法相，都無實自性故。即是皆空。如以色蘊言。此色法無有獨立的實在的自體故。即色法本來是空。云云。新論下語極質實，而意義極深廣。君等掉以輕心，宜莫能喻。夫般若談空，豈是茫無歸着。蓋破相以顯性也。佛家當初說個五蘊。元是總括一切法相或宇宙萬象而爲言。（宇宙萬象，不外心物兩方面。色蘊即物。受等四蘊即心。）如果法相是獨立的實在的。便無從談法性。憶昔在舊京，與友人數輩，聚西直門外某寺中。專爲討論西洋哲學上現象與實體一大問題。大家的意思皆以爲，如本體是潛在現象界之背後，而爲現象作依托。則有現象與本體兩界對峙之嫌。且現象界何須要個依托，亦無從說明。如果說本體是發生現象的根源。則現象既是實有的。何必爲他（現象）另找根源。既另有根源，仍是兩界對峙。當初有主張只承認現象界，不談本體。但又覺得現象界分明是變動不居的。宇宙人生不應如此虛幻無實際。當時大家反覆論難。終付之闕疑，不可得一結論。自後余常念念不忘此問題。久之，稍涉中論，大智度論，漸及大般若經。恍然有悟。以爲空宗蕩除一切法相。即是遮撥現象，以顯實體。實體不是超脫現象界而獨存之一世界。唯空諸法相，方乃於一一法相而透悟其本有眞性。（此中眞性，即謂本體。）譬如於繩，而不作繩相想，即繩相空，方乃於繩而見其本是麻也。積年疑滯，始得豁如。心經言五蘊皆空。蓋即於色蘊，而見一一色法，都不是獨立的實在的東西，是色變礙性空。（此中見一一色法云云。見字義深。心經云照見之見，乃定中智照也。凡夫所有見聞思考等，非此境界。近世新物理學，亦不謂元子電子有實質，即色法是空。然與大乘菩薩定中智照所了者，其境界淺深之判，奚止天壤。科學雖不謂有實質，要未能廓然亡相，以其未除情識故也。菩薩定中智照，冥證眞體。離一切相。如此境界，深妙難測。故謂此中見字義深也。下文見字，倣此。）乃至於識蘊，而見一一心法，都不是獨立的實在的東西，是識了別性空。（諸論說識，以了別爲自性。）由諸法相皆空故。而其本有不空眞性，不可作色變礙性想，不可作受領納性想，乃至不可作識了別性想者，斯乃可得而悟矣。心經弘闡般若究竟了義。新論以空相顯性（空法相而顯法性）釋心經。如何輕詆巧取捷徑，有失玄宗。君謂五蘊不攝無爲。此正心經妙處。而君未得解耳。般若說無爲空。正恐人於無爲法上着相耳。（着者取着。亦云執着。無爲法者，本法性之目。不可說爲空。但如將無爲法，當做實在的物事想。便是着相。經故說空。以破其所執相。）然一往施破。易滋流弊。設有誤計法性亦空，則爲空見外道矣。心經空五蘊，即空一切法相盡。而不空無爲，所以存性。此心經善宏般若也。君又云，般若正宗，在不離一切智智，而以無所得爲方便。故遍歷染淨百八句，以爲觀行。新論於此等處，一無所知云云。夫新論中卷所談，若用佛家術語，只是談境而已。（法相，法性，通名爲境。曾說見前。）其引用心經以彰幽旨者，自亦取其有關境論之部分。新論自有體要。不可爲般若作通論也。何得以其有所不談，遂謂一無所知耶。君謂般若正宗，在不離一切智智，而以無所得爲方便。吾猶有疑於君者，不卜果於此語有眞解否。從來尊宿，皆喜談一切智智。而此詞究作何解，竊恐不茫然者無幾。夫一切智智，將謂橫盡虛空，豎窮永劫，一切事理，無所不知耶。以此言一切智智。雖三尺之童，將知其不可矣。若云超越俗諦一切知能，法執淨盡，冥應眞極。（法執盡，則我執盡不待言。眞極者，法性或眞如之代語。應字義深。智即是性。非二，故言應。）世諦正知，必依此而始發者。是則名爲一切智智。斯固吾之所許。佛家喜弄名詞。即以智言，其名數之多，幾不勝數。其於各種智，所示之分際與境界。時有令人起治絲益紛之感，而或不必有甚意義。此等繁瑣哲學，非經一番改造不可也。更有言者。一切智智，爲是修所顯，（修謂功修。亦云修行。）抑是熏習始起。修所顯者，即智即性。非智與法性爲二也。熏習始起，則此智由外鑠也。君或不以前義爲然耶。天下固有無根之木，無源之水耶。無所得三字，尤忌在字面上作解。須先在生心動念處，察識如何是有所得心。（心纔生，念纔動，便如向外有所追求，與有所構劃者然。便不能亡相。便不與眞理相應。此即有所得。非無所得也。句中須先二字，吃緊。察識工夫，只是初步。）若只熟誦許多經文，有甚相干。（卻非不要誦經。）君謂遍歷染淨百八句，以爲觀行。吾謂百八句，皆人自是聊示方隅。後學不可死於句下。人心染淨之相。略舉染淨兩字，亦無不賅。欲詳究之，十萬八千句，也說不盡。觀行下手處，只在當人切著己。惡可守古八一定句子耶。且以觀行言。心經空五蘊，是徹下徹上工夫。色蘊空，是所緣空也。受等四蘊空，是能緣空也。能所雙亡。卽染妄盡而眞體顯。故曰徹下徹上工夫也。玄奘大師宣譯之業，以大般若經爲最愼重。殆捨身命以從事。其契入之深可以想見。然臨歿誦持，猶是心經之旨。則知善發般若者，莫如心經。孰謂心經猶不切於觀行耶。

有難。新論中卷，批評無著三性說。引據大般若經。以爲三性始於空宗。無著更張原意。云云。此解無稽。眞出意外。舊所引般若，爲慈氏問品。原係瑜伽所宗，晚出之書。取以自成其三性說者。此與空宗何關。羅什大品，不載此文。梵本與藏譯舊本般若，亦無此品。乃至奘譯無性攝論，引用經文者，西藏譯本亦不見有。可證其流行之晚也。西藏大藏經目錄，亦謂龍樹於龍宮所得般若大本，竝無此品。又可證其非龍樹學之所宗也。今存藏譯二分般若，有此品。乃晚世補訂加之。題名般若之經，非空宗所專有。如般若理趣分，爲密宗所依。與空宗亦無關。豈可一見般若，卽目爲空宗之說。云云。答曰。新論所引般若，說三性文。君據梵本，與藏譯舊本般若，都無慈氏問品。斷爲瑜伽所宗。晚出之書。吾意，謂之晚出，則或然也。謂爲瑜伽所宗，與空宗無關。則期期以爲不可。夫大小諸經，多由釋尊後學，依據聖言、廣爲推演。其卷帙極繁重者，如大般若經之類。原非一人所製。蓋自釋尊歿後。諸大弟子之言論，空有分途，隱有端緒。逮小乘繁興，其異遂著。空派文籍，前後流傳，當極繁富。及龍樹菩薩出。以雄才睿智，搜羅談空一派之衆說。而運以精思，抉擇貫穿其間。輯成鉅典。此大般若經所由傳。而龍樹集談空之大成，遂爲大乘之開山。猶孔子集羣聖之大成，乃爲儒宗之開山也。舊謂龍樹於龍宮所得般若大本，（龍宮不過自神其說。只是深山幽宅儲藏文獻之地。）無慈氏問品。吾則以爲，欲推論慈氏問品之早於龍樹，或晚於龍樹，二者皆有可能。龍樹僅爲空教之集大成者。小乘早有空教之思想已可證。大般若非一手之爲。觀其書之體勢而可知。（各宗所傳承之鉅大典籍，皆非一人所爲。不獨般若也。）龍樹搜集空派文獻時。或未得見慈氏問品。其所輯般若大本，因缺此品。此固事理之所可有者。如此推論而確。則慈氏問品，爲早於龍樹之般若家言。不得以其未見收於龍樹，遂判爲瑜伽所宗也。卽令推許爲晚於龍樹。要是承龍樹之思想而開演之。不得判爲瑜伽宗說。君謂題名般若之經，非空宗所專有。如般若理趣分，爲密宗所依。與空宗亦無關。云云。吾則謂般若理趣分，爲密宗所依，此言甚是。與空宗無關，此言甚誤。密宗本依據般若。而得云無關耶。君又謂，此經已有三性名稱。則阿毗達磨經，亦不必費大周折，以幻等異門，爲般若說三性之證。又清辨般若燈論，亦無由破斥瑜伽建立依他之非。殊不知，三性名稱是一事。建立依他性與否又是一事。經文於依他性，明明說唯有名想施設言說。何曾建立耶。此經既不曾建立依他。則阿毗達磨之曲說，與清辨般若燈之破斥，皆有由矣。又君據瑜伽宗，以色等三法，配合三性。雜揉空有。矯亂實甚。頗厭繁文，姑置不答。

有難。性相之稱，原同考老轉注。三自性，卽三自相。而在新論，乃以附會於本體與宇宙。甚不可也。答曰。佛書中凡言相者有二義。一者相狀。二者體相。凡言性者，（性字，多與體字互訓。）有二義。一者自性。（亦云自體。）二者實性。（亦云實體。猶云本體。）實性者，具云諸法實性。（省云法性）卽是眞如。亦云圓成實等等。（名字甚多。）自性，則隨舉一法，皆有自性可言。如說靑。則有靑之自性。以其不同於黃赤白等等故。乃至說眞如，卽眞如有自性。眞如不卽是諸法。而是諸法之實性。故說眞如有自性。甚至如剛纔說這一句話。卽應知這句話，也有他的自性。以其與前一句話及後一句話都不同故。由此可知，自性與實性二名，大有區別。卽自性一名，隨所指目。全不固定。而實性一名，卻是專目萬法本體。佛書中性字，有自性與實性兩種用法不同。此不可無辨。性字既已辨淸。而後性相二字，非一概可以互訓。乃不待辨而明。試舉二例如左。

（甲）如云，識，以了別爲自性故。　此中性字，亦可改用相字。因爲佛書中凡言相者。有處須作相狀之相解。有處須作體相之相解，依後解而用之相字，應訓爲性字。（或體字。）如本例中，自性之性字，與作體相解之相字，可互訓也。自性（或自體）一名，本不固定。隨所指目。今兹就識言。卽識有自性，

（或自體）不同色等法故。此中相字，與作體相解之相字，可以互訓。而與相狀之相，要不可互訓也。

（乙）如云：眞如是識之實性。 此中性字，與作體相解之相字，本可互訓。眞如亦名爲萬法之實相。（猶云實體。）經論皆有明文。但決不可與相狀之相字互訓。又實性一名，剋目萬法本體。與自性一名之全不固定者，截然不容混視。此則前已說明。

如上略舉二例。可見性相之稱原同。考老轉注之說。謬誤太甚。至於三自性，亦云三自相。諸本譯文，隨所用之。吾豈不知。但吾欲問君者。此中自性一名，究作何解。夫三自性者，（談者每簡稱三性。爲省便故。實則應云三自性。）一徧計所執自性。二依他起自性。三圓成實自性。（三性，見新論中卷。學者平日縱未讀佛書，然新論卻說得明白。只須字字留意，無難解者。）夫徧計所執，全無物事。（意識，周徧計度，名爲徧計。而此計度，不稱實故。陷迷妄故。由此，妄有所執之相。是名所執。如依眼識等所見堅白等相。而妄計度有整個的瓶子。其實，眼等識只各得堅或白等。都不可得整個的瓶子。瓶子只是迷妄所執。故云全無物事。）而於此用自性一名何耶。蓋此徧計一詞所表之意義，與後二詞（依他起及圓成實）所顯示者，互不相同。故說到徧計所執，即此一詞有自性也。後二（依他起及圓成實）本與初之徧計所執，虛實不同。（據有宗義。依他起法，於眞諦中，說爲幻有。幻有即非無。於俗諦中，且說爲實有矣。圓成實，是眞實有，而亦說爲非有非無者。謂於此圓成實之上，本無徧計所執相。故說非有。而圓成實亦名眞如。是萬法實體。故說非無。非有非無，是實義。並非玄談。更非矛盾之論。故後二皆實。不同初之所執，全是虛無。）而各置自性之詞者。二中依他法，不同於初之全無。亦不同於第三之爲絕對眞實。故應置自性言。明此依他起自性，不同初與第三兩種自性也。三中圓成實，亦置自性之言。準初及第二，可以例知。佛書中修辭極謹嚴。凡立一名詞，即此所詮義，必有其自體可言。（自體猶言自性。體字與性字通用。此意前已說過。）否則只是淆亂不清。所謂名不正，言不順也。故凡一名詞下，而置自性之言者。即顯此名詞之特殊性。並無他種深解。讀佛書者，於其辭例，不可不知。凡此極平常之名言。而君乃得如斯紊亂，以狂誣新論。誠不可解。夫圓成實，即眞如之異名。（圓者，本來圓滿。無斷欠故。成者，亘古現成。非所造故。實者，絕對的眞實。無倒妄故。）眞如若非萬法本體，（萬法猶云萬有）則眞如一名所目者是什麼。願君平懷澄慮而體究之。君以吾談本體。遂嫉厭本體一詞，乃欲曲解眞如及法性等詞，謂佛家無本體之義。佛家豈空見外道或斷見外道耶。或者佛法只承認生滅流行爲實在耶。此皆異乎吾所聞。夫法相之相，是相狀義。（與俗云現象，義亦相通。）佛書中凡談蘊界處（蘊即五蘊。新論中卷引心經處，已有解釋。又有十八界及十二處之說。則只將色心五蘊，另變一種排列耳。詳在佛家名相通釋。）或八識等，（佛書中凡言等者。有內等外等。內等，略當助詞。無別所指。外等，則指所餘列舉不盡之同類法而言。此中等字，即外等也。）通屬法相。（今哲學上現象界一詞，實即一切法相之都稱。）凡稍有哲學頭腦，能讀佛書者。當知法相一詞之所目者，有其一定之範圍。易言之，即眞如法性，不在法相一詞所目之內。（眞如亦名爲法性。經論有明文。此中以眞如法性合用爲複詞。）謂眞如法性，是一切法相之實性，則是。謂眞如法性，亦名法相。則大悖。而曰性相之稱原同考老轉注云乎哉。至於三自性中依他起自性。吾只謂其屬宇宙論方面的說法。何曾以依他性（省稱）一詞，徑訓爲宇宙二字乎。而曰以之附會宇宙。極不成話。夫依他之他，是緣義。依他起者，明色心諸相（此相字，即法相之相。）皆依托衆緣而生。所謂緣生論是也。（緣生亦名緣起。雖此二詞，唐賢有稍加分別者。卻無關要義。）佛家緣生論，屢有變遷。釋迦首唱十二緣生，只在人生論方面講。及小乘說四緣，便變爲宇宙論方面的說法。大乘有宗始建立種子爲因緣。雖與小乘同爲宇宙論方面的說法。而實際則與小乘截然異旨。蓋小乘不立種子。其談緣生，與晚世哲學家談關係論者，義趣頗堪和會。至無著世親兄弟，立種子爲因緣。其後學一脈相承。始說因緣爲作者。餘增上等緣爲作具。（詳見新論中卷）自是而緣生論，乃復變成構造論。此則其不及小乘處也。然大有（大乘有宗之省稱）既立種子。則其談緣生，不變成構造論不得也。依據種子論者之思考與理論，必推演至此而後已。此固無足怪者。三自性中依他性，即據緣生論而立名。實則，大有種子論出。已變緣生論而爲構造論。新論中卷，言之已詳。依他性中，本是說明一切法相（謂色心諸法）有待而起，（待者謂待衆緣）或宇宙所由構成。（宇宙，即一切法相之都稱。依他性中至此爲句。）義據分明。而君必謂佛家無宇宙論。以君之明，豈見不及此。或由輕視西洋哲學太甚，竝其名詞而唾棄之。或自是太過，視迂陋所言，必相矯異。此皆有所未可也。

有難。新論強分空有。殊欠妥。龍樹無着之學，後先融貫。兩家皆對一切有而明空。乃從淸辨立說，謂空有異輪。此爲唐賢章疏所誤也。云云。答曰。君所謂唐賢章疏者，卽指窺基圓測二師之疏。測基著述太多。於枝節處容有疏漏。若空有分宗。自小乘二十部，已顯然異轍。異部宗輪論，略見其概。龍樹無著二宗之學，皆前有所承，都非突起。無着出龍樹後，亦自標大乘。雖復承宣空義。要其骨子裏，確是繼小乘以來談有一派之精神。而緣飾以龍樹之空。自鳴中道。此徵之解深密經與大論，其用心所在，歷歷可考見也。龍樹之學，不建立依他。（中論破四緣）而無著一派所宗經論，無不盛張三自性。極成種子，以堅固依他性之壁壘。此其精神與面貌，根本不同。而君乃謂後先融貫何哉。乃以詆誣測基章疏，豈不冤哉。夫奘師之在天竺也，有大乘天之稱。其學之精博，天竺耆宿未能或之先也。測基在奘師門下，親承音旨。何至於空有宗派，尙茫昧無知，任意傳訛，遺譏後世，如君所詆者乎。吾國近來治古學者，好逞臆見，而輕翻前人成案。異乎宣聖好古之風。夫義理無窮。前人亦有見不到處。後人儘可補救與發明。至於古人學問淵源脈絡，自有廬山眞面。治古學者不可以己意爲之曲解也。君本博學多通。若恐空有二宗之學，不相融會。而欲如鄭康成揉通今古，陳蘭甫調和漢宋之爲。此意未嘗不佳。但當如王輔嗣所云，異而知其類，睽而知其通。卻不可將其本異本睽之眞精神，消失淨盡也。

有難。公於大乘空有二宗之學。夙依舊說，空宗所宗經，則大般若。所宗論，則中，百，十二門。有宗所宗經，則有六經。所宗論，則有一本十支。此乃相沿之誤。龍樹兼主華嚴。羅什傳習，亦以十住婆沙與智論並宏。而謂空宗單宗般若可乎。無着通宗般若，寶積。瑜伽決擇，解盤部迦葉品，以見大乘宗要。中邊亦有遵依般若，寶積明文。乃以爲專主六經。亦大謬。六經自是成唯識論所依。且如來出現，卽是華嚴一品。何得並稱爲六。答曰。華嚴，相傳龍樹得自龍宮。是否依托之詞，殊難斷定。卽令果自龍樹得之。而是否奉爲宗主，又別爲一問題。龍樹精神命脈，不能不謂其全在中論。（智論是釋經）殊難見有兼主華嚴之徵。有宗所主六經。君卻謂只是成唯識論一書所依。此其致誤之由，則以將無着世親兄弟授受之學，而強分爲二宗。此其說雖始自宜黃大師。然吾未之敢信。世親唯識之論，其根本大義，一切依據無着。只持說之體系，較諸其兄之諸作爲更完密。非主旨有異。故不必以一家之學，判爲兩宗也。整個有宗之學，既不可分。則不得以六經爲世親唯識所專主，而謂無着未嘗有是也。夫無着所宗解深密等經，瑜伽等論。明明以般若爲不了義教。而謂無着宗般若可乎。君謂瑜伽抉擇，解螫部迦葉品。中邊亦有遵依般若寶積明文。以此證無着通宗般若，寶積。此等論證法，太不合理。古今哲人爲學，莫不有所宗主。亦莫不汲納衆流，旁參博證。焉得以其採擇所及，便是其宗主所在乎。鄭玄釋經，雜識緯。謂其有取於是則可。謂其所宗在是則不可。基師嘗云：清辨有言，應當修學。將謂基師亦宗掌珍等論乎。且無著諸作，「出入羣經。豈止般若寶積，將謂其無所不宗耶。君以羅什傳習十住婆沙，證空宗亦主華嚴。論證不成，毋須復辨。又凡佛家巨册大典。本由搜集衆說而成。豈是一人之作。如來出現，雖是華嚴一品。或者華嚴未總輯時，此品早已單行。或是華嚴總輯以後。無著等特尊此品。故抽出單行。與總經並列。以示提倡。如大學中庸，本屬禮經中二篇。今自宋以來，談經籍者，以學庸與禮經並舉。孰謂其不當耶。總之，異宗之學，謂其不能不有互相兼取與融通之處。則理所應爾。我亦無遮。但如欲將各宗根本主張，與其特有之精神，一概矯亂而掍同之。則違實事求是之規。非吾所仰企於明哲也。又凡宗派之分。遠自古昔。本屬成案。後人如欲溝通之，只合明其異中有同。斷無可取消成案。古學不曾分宗，而後人以意強分之者，亦是徒勞。此皆談古學者所宜謹也。

有難。無着據瑜伽以談境，備在顯揚。以二諦開宗，無所不包。建立依他，又無比其要。公一向持論，謂識論，唯識獨詳、何耶。（唯識卽成唯識論省稱）答曰。顯揚，於瑜伽設教節目，提控較詳。若云談境，豈二諦開宗，便可包括耶。誠如此，則法苑義林之二諦章，比顯揚詳悉多矣。建立依他，顯揚果何特要。須知。無着之依他義，首在種子。（依他卽是緣生義。談緣生，必析四緣。而四緣以因緣爲主。無着所云因緣，卽是種子。）攝論首建賴耶，以含藏一切功能。（無着功能，即種子之別名。）而歷評外道等所各立之萬有初因。（如大自在天及自性，神我等，是諸外道所建立爲宇宙之初因者。）以爲皆不如己之種子說。復承瑜伽之種子七義，而約爲六義。又申熏習義。自是種子義確定。世親及其後學承之。只有推演加詳。而無有絲毫改易其本義者。依他建立。特異空宗。若非原本小有，（小有猶云小乘有教）借鑑外道，以組成極有精嚴的體系之種子說。則三自性中之依他性，又如何建立得起。孰謂攝論談境，不如顯揚耶。唯識談境。堪稱義海。以言其廣。則無所不包。（世親於外道及小乘學，無不博究。且無不精研。後因乃兄作攝論授之，遂捨小入大。承受其兄之學。晚而造唯識。稟無着之精髓。而理論方面，則獨照於外小。而肆應無方。）以言其細。則無所不入。規模宏遠。體系精嚴。雖與顯揚等論，並列十支。而實瑜伽以後最偉之作。中邊雖善，詳密遠遜。吾生今日。雖病其懸空構畫。兼厭瑣碎。但在印度古代哲人工玄想而不免空想，精解析與排比，而易流繁瑣之學術空氣中。（但在至此爲句）唯識甚有其長。而亦難避其短。（玄想甚重要。西洋人非富玄想，不能有科學上之發明。印度前哲，亦富玄想。然復過富於宗教之情趣。遂多陷於空想。印度人極精解析之術。但不務質測。輒以空想，而流於繁瑣哲學。其持論尙排比。而每失倫類。如五蘊中色蘊，本分析物界，即以質礙名色。而內心之相，亦名爲色。列在色蘊。極無倫類。此例不勝舉。總之，印度人長短之處，自外道小乘，以至大乘，隨在可見。）要之，世親唯識，其骨髓的承無着。而運思之密，立論之精，實受當時外小影響。而或有融攝。或相反對。所資者博。所造者宏。其爲彼時代極偉大之創作。而亦佛家有教中談境最精最備之書。（成立依他性。恢宏小有之緒。而矯空宗末流沉空之弊。新熏種義，應用於人生論方面，卻極有貢獻。與大易日新之謂盛德，可相和會。新論淨習，亦本其旨。自餘可稱者多。茲不暇詳。）在歷史上價値之鉅，固永不可磨滅也。自唐以後，此學漸成絕響。近世宜黃大師，赫然之績，實在於是。其可忽哉。近來學者，或輕視世親唯識一書。以爲不足深研。甚者至欲遺世親而獨崇無着。則是尋金沙之源，而不肯覩揚子江流之廣遠也。夫不深窮世親唯識一書。則亦不知新論所由作。宜其視新論如無物也。

有難。攝論，唯識，依毗曇經。與瑜伽異說。本地分，依圓染淨，相對而談。論經始說依他爲二分。公向以爲兩論悉據瑜伽，可乎。答曰。本地但據染分依他言之。詳略異耳。僅此一節，足爲兩論不據瑜伽之證哉。夫瑜伽稱一本。兩論並在十支。支自本生。自昔傳承如是。豈吾臆說耶。

有難。基師纂成唯識。淆亂三家。迷離莫辨。既誤安慧說爲難陀。又以勝子等說改護法。今有安慧論梵本，與護法論淨譯本，可證。測更自鄶而下。公一向誤信兩師解說有據。奚可哉。答曰。奘師之譯世親唯識也，本主十釋別翻。（十師各有釋文。）基請糅成一部。（卽今存成唯識論）別翻與糅譯，互有短長。基師於論本外，別爲述記。用意良善。（常與賀自昭麟談此意。自昭亦謂此種譯書法，最好。）惜述記成得殊草率。此無可爲諱。然既是糅譯。只十師要義不遺，足以發揮世親之旨。便稱善本。至於某義發之誰氏。記憶有誤。自所難免。曾見後生稍有記問考覈工夫。於章實齋書中，發見引用故事，錯亂頗多。遂狂詆實齋爲不學。余喟然曰。須識得章書旨要。枝節之誤，雖亦宜知。究無傷大體。吾嘗與人箋。談皮錫瑞五經通論。誤將皮字寫爲裴。設譏吾改皮書爲裴書，可乎。以此推知。君所舉基師某說誤爲某，及以某說改某。似未足爲基師深病。要之，基譯唯識，不失世親本旨。未容輕議。測公精博，或遜基師。然彼似多存眞諦學。時有卓見。豈可等諸自鄶。（眞諦所傳唯識，似不屬無著世親一派。世親說三能變，實承無著攝論。此意須另爲文詳之。眞諦朋一意識師。顯與無著分途。古籍不完，無從考其來歷。）測基親炙玄奘。學有淵源。吾儕不信測基而誰信。至謂玄奘喜以晚說改易舊文。此或偶有是事。然若以極少數之發見，輒疑奘譯諸籍，無不改竄。則奘師將如世儒所譏之劉歆。吾不敢信。且所發見改易之處，吾猶存疑。俄之梵文專家鋼和泰，曾校奘譯攝論。稱其謹嚴。此一證也。

有問。無著世親所立法爾種。不可說卽是眞如顯現。（法爾種亦云本有種）眞如無爲故。（眞如無爲。不得說眞如顯現爲種子。則種子只是自本自根的。而與眞如對峙爲二。）故有宗學，與新論體用不二之旨，根本迥異。然新論謂空宗遣相以顯性。（性字與體字通）則是性相不二。與新論意思似可通。公嘗謂佛家所云實體，似是現象界所依托的一個世界。有宗頗有此嫌。空宗卻不如此。答曰。空宗不立依他，卽遮相以顯性。從玄學的意義來說，空宗卻無病。但空宗決不肯道眞如是無爲而無不爲。只說個無爲。汝通十二部經大旨體會去。他說眞如，總是無爲。大概有遏逆生化的意思。或因出世思想使然。易繫傳言太極，便說是生兩儀。（太極，本體之名。兩儀，謂陰陽。生字，發現義。太極發現爲陰陽。卽陰陽卽太極。非太極與陰陽爲二也。不可妄計太極爲能生，陰陽爲所生。有能所，便是二。非易恉也。）老子言道，便說無爲而無不爲。（道亦本體之名。老子乃易之別派。）佛家談體，絕沒有繫傳道經的意思。學者但虛懷參互究之，大易與佛氏不同處便可見。有人說。佛家也講流行。彼卻不會新論。新論於流行識體。以流行卽是眞體呈現故也。佛家說流行，如就衆生分上言，只是妄習流傳。豈新論所謂流行。如云，從初發心，歷一切勝行，至獲無邊智力德用，此有爲淨法，亦曰流行。是不得以妄習言之。殊不知，淨法流行，雖非妄習。然在佛家，並不謂此淨法卽是眞體。智與眞如，猶分能所故。（前有一則言之。）新論於流行識主宰。卽工夫卽本體。與空宗猶自不同。有宗更無論矣。

問曰。新論平章華梵。權衡今古。所涉亦已博矣。持論固自成體系。宗旨究密朋大易。是固不純爲佛家言。而乃以新唯識論名書。其將以新有宗自旌異耶。答曰。新論之作，元由研習有宗唯識論，漸悟其失。久之旁參博證，終歸求己一路。困而後通。乃不容已於言。如蠶吐絲，如蜂釀蜜，豈復有所爲而然哉。嘗與人言。迂陋平生之學，以破除門戶，捨先入爲主之見，爲實下手處。以旁參博採，而後反己體認，虛中冥應爲實得。新論本不爲佛書作注解，而必欲純爲佛家言耶。曰，若是，則書名何必沿有宗唯識之稱，招佛門之議。曰，甚哉子之陋也。從來哲學思想，不外唯心唯物兩途。（雖有持非心非物之論者，而其骨子裏，不是偏重在心的方面，便要偏重在物的方面。實無俱非之論。）吾非唯物論者。不以唯識名吾書。而將何名。吾書之作，由不滿有宗之學而引發。不曰新唯識論，而將何名。且吾之言學，夙主會通。夫豈無故。嘗語人曰。古今中外，哲學上許多無謂的糾紛。大家弄到把窮究眞理的本務，完全拋開不顧。而要自立門戶。自樹一幟。因此，哲學史，也是一部相斫書。此正表現人類的見貪，見嗔。（見貪，見嗔，詳新論明心章下。）甚可痛惜。新論包羅儒佛而爲言。既自有根據，非同比附。而取捨貫穿，又具有權衡。純是破除門戶，一以眞理爲歸。吾中國人也。又老年人也。所見自不出中國。中國哲學思想，要不外儒佛兩大派。（佛雖外來，而自漢迄今，已成固有。道家宗易，實儒氏之旁支。其崇無，亦有近於佛。故不別提。）而兩派又同是唯心之論。吾故匯通儒佛及諸子。析其異而觀其通。捨其短而融其長。於是包絡衆言而爲新論。始信象山心同理同之說。無可議。理有所不同者，非至理也。（至者極也。談理到極處，不容有異。）心有所不同者，非本心也。（妄心或私心自不同。）新論之作，不欲拘一家之言，守一家之形貌者。所以破除門戶，而歸於心理之同然。以斬免於哲學家相斫之害也。世人不識吾意，紛紛妄議，豈不惜哉。新論原本印行時。（民國二十一年）南京支那內學院，刊布內學第六輯，曰破新唯識論。其書攻詆新論甚力。內有一條，謂不應雜取儒道諸家。吾時作破破新唯識論，曾答之云。夫取精用弘，學問斯貴。博覽徧觀，唯虞孤陋。吾友馬一浮與人書曰。恥爲一往之談。貴通天下之志。此言若近，而有遠旨。融攝諸家，詎爲吾病。前過漢上。曾遇人言。佛家與此土諸宗。理當辨異。無取融通。余曰。自昔有三教融通之談。吾亦唾之夙矣。其所謂融通，非融通也。直拉雜耳。比附耳。習比附者，絕望於懸解。喜拉雜者，長陷於橫通。今古學人，免此者寡。如斯之流，公所弗尚，吾何取焉。若乃上智曠觀，百家之慮，雖各有條例，各成系統，而如其分理，不齊斯齊，會其玄極，同於大通。故乃涵萬象而爲宰。（遍徵羣慮，而自有宗主。否則與拉雜比附何異。）鼓鴻鑪而造化。（融會貫穿，新有所創。成爲化學的變化。）同歸儘自殊塗。百慮何妨一致。斯固小知之所駭怪。一察之所不喻。宜其等華梵於天淵，視內外若矛盾。道隱小成。明窮戶牖。其所患豈淺哉。昔羅什東來。覩遠論而歎與經合。見肇文而欣其解符。此皆三玄之緒也。而什不以爲異，何哉。（遠公著法性論。什覽而歎曰。邊國人未有經。便闇與理合。豈不妙哉。肇公四論。什見之曰。吾解不謝子。文當相揖耳。遠肇兩師之學，其根底只是三玄。什未嘗以爲異也。）夫學，必析異以盡其偏曲。必一貫以觀其大純。知異而不知同。非所以爲學也。吾說未竟。而彼人欣然會心。故知世無宗匠。士溺近習。脫鬪勝論。忍礙通途。破破論久未翻印。世人得見者甚少。

問曰。佛家工於持論。老莊亦妙以文學達神旨。儒者似不屑馳騁論議。其故何耶。答曰。論語開宗明義，而首提一學字。白虎通言。學者覺義。覺者，明解之謂。吾人努力對治其與形俱始之迷闇，而復其明解之本性。是之謂學。（迷闇只是與形俱始。非本性上便有此。本性確是明解的。吾人學問工夫，做到離闇得明，離迷得解，只是復其本性。不是於本性上添得些子。亦未曾減得些子。人生在迷闇時，本性只是障蔽而不顯。非本性上有所減損。新論全部，不外此意。）學者，非由外鑠我也。此是性分內事。一息不容鬆懈。何暇論議。然論議亦不必可廢。嘗與人言。中外學術（自是就玄學或哲學言）有本其所明解，而發爲一套理論，以喩諸人者。（如印度佛家。）有明解內歛，直爾忘明息解，（明不忘，則與所明爲二。解不息，則與所解爲二。）體神化不測之妙於人倫日用之間，（體神至此爲句。）其示人，亦只在躬行處提撕警醒，令有以自得，而不屑敷陳理論者。論語記夫子曰。仁者，己欲立而立人。己欲達而達人。與佛言自度他度同旨。立人達人，故敎以之興。敎法則有假與論議，以喩諸人。如印度佛家及西洋學者皆是。其不務論議，而從人生日用中親切指點者，獨儒宗爲然。吾意論議是不得已。儒者精神，確甚重要。宋明諸師風範，猶承孔孟。惜乎今之學子，此義蕩然矣。

牟生云。有宗說話，處處分割得太死煞。新論破之已詳。空宗，從玄學之觀點去看。只是破而不立。自無有宗之失。（只是無有宗之失。）然談到心地，與新論所云全性成行，全行是性，及智卽是如意思，畢竟迥別。不知何故。余曰。佛家思想，根本多矛盾。此意，非簡單可說。亦難爲不知者道。且佛家派別甚繁。各宗之高文典册，多半是總輯衆家之說而成。其思想也不完全一致。甚難董理。余通玩佛家大旨。約有三義，是其超越古今處。一，於人生惑染方面，深觀洞照。詳悉說與人看，好令自反。孔子不嘗毀人生。不肯從這方面說。佛家偏要揭穿。雖不無短。（佛家出世思想由此。而且把人生看得太壞，更有許多不好處。）卻亦是萬不可少的說話。吾以爲人生惑染方面，識得最透者，自有天地以來，恐無過佛家者。（中外文學家，揭人生壞處者雖多。然其態度冷酷。且從其小知小解，世間聰智而說出來。不是從悲心發出。更不能見大見深。此意難與世俗言。）二，佛家書，形容空寂，清淨，眞實，遠離一切倒妄或戲論的一眞法界。無上莊嚴。眞令人有顏子欲從末由之感。吾於此，直是窮於讚歎。人生不識此味，極可惜。孔子於此方面，只是引而不發。大概恐人作光景玩弄，欲人深造自得之。孔子甚切實。但有佛家說一番卻好。三，佛家書，破除知見或情識處。直是古今中外無量哲人罕有如斯深遠。老莊雖反知，迹其言說，猶未臻妙境。其境界自不及佛家之高。歐西哲人，大抵不出思議窠臼。更難望老莊矣。孔子境界高。卻不肯向這方面說話。應有佛家一說。昔在舊京，與友人林宰平梁漱冥言。佛家之學，須看他大處，深處。若云理論，則爲宗教思想與空想所誤，荒誕處殊不少。余故欲評而正之。吾國向來嗜佛者，大概屬名士。談玄說妙，無不陷於儱統與混亂。久爲思想界之毒。其於佛家，罕能得眞實受用。今後從事西洋哲學者，甚願其於儒佛二家學，作極深研幾工夫也。

向與牟生宗三言。東土哲人破知見或反知等話說。實非不要知識之謂。他只不遺知識，而更有超知之一境。因俗學陷於知見中，不知有向上一層。故不得已，而破之，而反之。其實，非屏斥理智或知識也。

與友人言。東方哲學，皆談本體。印度佛家，闡明空寂之一方面。甚深微妙。窮於讚揚。中國大易，闡明神化之一方面。甚深微妙。窮於讚揚。新論融佛之空，以入易之神。自是會通之學。

（答謝幼偉書）承寄思想與時代第十三期，評新論一文。其後有疑問三點。復承函屬答復。吾大病初痊。老來不易恢復康健。意興蕭索。略酬明問，不得暢所懷也。第一。先生認爲吾之玄學方法，非純恃性智或體認。實亦兼恃量智。此見甚是。但若疑吾有輕量智之嫌。則或於吾書，有未子細看也。又量論未作，則吾之意思，隱而不彰者實多。又向未有接談之機會。宜先生不盡悉素懷也。此一問題，實在太廣大。每以爲東西學術之根本異處，當於此中注意。先生第二疑點，實與此中密切相關。吾三十年來，含蓄許多意思。欲俟量論暢發。而以神經衰弱，爲漏髓病所苦。一旦凝思構文，此病輒發，便不可支。此苦，非旁人可喻。又談理之文字，不可稍涉苟且。宋玉之賦美人。謂增之一分則太長。減之一分則太短。施朱則太赤。傅粉則太白。審美如是。論文亦似之。哲學文字，其於義理分際，謹嚴蓋亦如此。朱子爲四書集注。自云，字字皆經秤量。此非深於理者無從知此意也。佛家以幽讚玄義之文辭，歸之工巧心。（工巧二字，勿作世俗的意義會去。）有味哉。世俗可與語此耶。每見相識，怪吾著書之難。曰，何不坐而言，令從遊紀述。吾聞之，俯首而嘆。此輩以爲天下無不可明白說出的道理。說出卽錄下。便成著述。如此見解，滔滔者天下皆是也。吾誰與言。又凡喩之於心者，出諸口便困。口頭有時勉強道得者，形之文字，又覺無限艱難。邏輯律令，其難猶次。深入其阻，而顯出之。偏歷其廣博，而如量以達，無有漏義。則難之又難。且文章之事，純是精神氣力之表現。精氣虧乏，雖胸羅萬理，無可傾囊而出。偶爲語錄式之筆語，則在今日似不適應羣機。今欲昌明一種學術，總以系統的論著爲宜。吾少孤苦。極人生難堪之境。中年困學，加以病患。初猶不敢輕爲著作。年鄰半百。始有意乎斯文。而精氣已不堪用矣。今迫六十。更復何言。新論語體本，若以文學眼光觀之，自是短闕。若僅作談理文字看去。則每下一義，每置一字，皆經周察審慮，無有絲毫苟且。渺於字字見吾之心肝臟腑而已。若夫辭義往復。百變不離其宗。期於達意。孔子曰。書之重。辭之複。嗚呼，不可不察也。其中必有美者焉。（春秋繁露）非精義入神，誠難知制作之不易。量論之所以難寫出者，自度精氣只如此。欲本不苟之心作去，乃大不易耳。然此書不作。則於新論之了解，要不無閡礙。不卜將有作者起而彌吾缺憾否耶。上來許多枝蔓談。聊爲賢者傾吐。此后，將正酬來難。

東方學術，無論此土儒道，及印度釋宗，要歸見體。此無疑義。但其從入之途，則有頓超直悟者，乃上根利器也。亦有婉轉迂迴久歷艱辛，而後忽遇明珠者。根器雖鈍，及其成功，一也。（明珠，喩性智。前所謂頓超直悟，亦卽於此超悟而已。至此，則迂迴者與頓悟合轍。所謂殊途同歸也。）性智是本心之異名。亦卽是本體之異名。見體云者，非別以一心，來見此本心。乃卽本心之自覺自證。說名見體。此義確定。不可傾搖。玄學究極在此。如何說不純恃性智或體認耶。（純恃二字吃緊。）此處容著得絲毫疑情耶。此非量智安足處所，寧待深言。頓超直悟人，當下覿體承當。不由推求。不循階級。宗門大德，皆此境界。顏子，蒙莊，僧肇，輔嗣，明道，象山，陽明諸先生，雖所造有淺深，要同一路向也。根器鈍者，難免迂迴。其觸處致力，全憑量智作用。探索不厭支離。徵測尤期破碎。以此綜事辨物，功必由斯。以此求道，（道謂本體）豈不遠而。但使心誠求之。久而無得。終必悟其所憑之具（具謂量智）爲不適用。一旦廢然。（不信任量智有無限的效能。）反之卽是。（反之卽得性智。）宋人小詞，衆裏尋他千百度。回頭驀見那人正在燈火闌珊處。正謂此也。故玄學見體，唯是性智。不兼量智。是義決定。不應狐疑。會六藝之要歸，（孔門標六藝）通三玄之最旨，（魏晉人標三玄）約四子之精微，（宋明諸師標四子）極空有之了義，（佛家大小乘，不外空有兩輪。）以吾說證之。未見其有一焉或偶相戾者也。斯乃千聖同符，百王共軌。非有意爲合，乃神悟之玄符耳。

然玄學要不可遮撥量智者。見體以后，大有事在。若謂直透本原。便已千了百當。以此爲學，終是淪空滯寂，隳廢大用，畢究與本體不相應。譬之遊斷航絕港，而蘄至於海，何其謬耶。大人之學。由修養以幾於見道。（見道卽見體之謂。）唯保任固有性智。而無以染習障之。無以私意亂之。使眞宰恆時昭然於中，不昏不昧。只此，是萬化根原。通物我爲一。陽明詠良知詩，無聲無臭獨知時。此是乾坤萬有基。實了義語也。此種境地，豈可由量智入手得來。然到此境地，卻又不可廢量智。須知，量智云者，一切行乎日用，辨物析理，極思察推徵之能事，而不容廢絕者也。但有萬不可忽者。若性智障蔽不顯。則所有量智，唯是迷妄逐物。縱或偶有一隙之明。要不足恃。人生唯淪溺於現實生活中，喪其神明，以成乎頑然之一物。是可哀可慘之極也。若修養不懈，性智顯發。（此卽見體時。）則日用間，一任性智流行於萬物交錯，萬感紛綸之際。而無遺物以耽空，屏事以溺寂。至靜之中，神思淵然。於物無遺。而於物無滯。是所謂性智流行者，亦卽是量智。但此云量智，乃性智之發用。與前云性智障蔽不顯時之量智，絕非同物。從上聖哲爲一大事因緣出世。兢兢於明體立極之學，豈無故哉。得此學者，方成乎人。方善其生。否則喪其生而不人矣。然若謂見體，便游乎絕待，可以廢絕量智。抑或看輕量智，以格物致知之學爲俗學，無與於大道。此則前賢所常蹈其弊。而吾儕不可復以之自誤而誤人也。

抗戰前。張東蓀先生常欲與吾討論中西文化。以爲二者誠異。而苦於不可得一融通之道。吾時默而不言。因量論未作。此話無從說起。實則，中學以發明心地爲一大事。（借用宗門語。心地謂性智。）西學大概是量智的發展。如使兩方互相了解。而以涵養性智，立天下之大本。則量智皆成性智的妙用。研究科學，經綸事業，豈非本體之流行而不容已者耶。孰謂量智可廢耶。

佛經，說佛號徧知。其徒或以爲成佛，則自然無所不知也。不知，徧知云者。就眞諦言。謂其證見眞如，（眞如卽本體之名。）已知萬法之本，萬法之原。故說爲徧知耳。若尅就俗諦言。一切事物之理，雖成佛見體，果能不待量智推徵，而自然無所不知耶。

新論，主於顯體。立言自有分際。量論意思，此中固多有不便涉及者。

大文第二點云。著者一口抹煞，謂西洋哲學無體認。此亦未免武斷。實則，吾未嘗武斷也。若肯承認吾前文所說之不謬。卽中學歸極見體。易言之，唯任性智。從修養而入。則西學是否同此蹊徑，似不待申辯而知其判然矣。夫體認之境，至難言也。由修養深純，滌除情識，而得到之體認。此天人合一之境地。（實則，卽人卽天。合一猶是贅詞。）中土哲人所爲至卓絕也。西學一向尙思維。其所任之量智，非必爲性智顯發而後起之量智也。何者。反求本心。吾似未聞西哲有以此爲學者也。夫思想之用，推至其極，不眩則窮。窮與眩異者，眩則思之多端，雜亂而成惑。窮者，思能循律，而極明利。然終止乎其不可思，故窮也。思至於窮。則休乎無思，而若於理道有遇焉。此任量智之學者所自以爲體認之候也。西哲所有者，當不外此。而格以吾先哲之體認，則似之而非也。非從修養入手，則情識未淨。乘思之窮，而嘗爾似有默遇焉。非果與眞理爲一也。要之，此事難言。必其從事於儒道佛諸氏之學，而非但以見聞知解或考覈爲務者，有以眞知前哲之用心。然後知西哲自有不得同乎此者。昨臘，吾應南庠講演之請。方東美何兆清諸先生，亦斷斷致辨，謂吾薄西學不見體爲未是。及講後燕談。東美暢論西哲工夫，不外努力向外追求。吾笑謂之曰。本體是向外追求可得耶。公毋乃爲我張目乎。今縱退一步言之。如先生所說，西哲自昔卽有言體認者。然此必非西洋哲學界中主要潮流。猶如晚周各家，似亦偏尚量智。然在中土哲學界，終不生影響。可以存而不論。凡辨章同異，只約大端別異處較論而已。人與動物，同處豈少也哉。而撮舉大端，則二者不止天淵之判矣。

昨函寫就後。復有餘意未盡者。大文有云。著者體用不二之說。西洋哲學，亦非絕無所見。如柏烈得來現象與實在一書。竇嘗言之。如曰，現象無實在，不可能。因如是，則誰爲能現。而實在無現象，將爲空無。固在現象外，必無物也。是柏氏亦非外現象而求實在。即懷黑德教授歷程與實在一書。亦明此義，云云。吾不能讀西籍。向者張東蓀嘗謂新論意思。與懷黑德氏有不謀而合處。未知果然否。先生所述柏氏語。似與新論有融通之點。然骨子裏恐不必相近也。西洋學者所謂本體。畢竟由思維所構畫，而視爲外在的。新論則直指本心。通物我，內外，渾然爲一。正以孟氏所謂反身而誠者得之。非是思惟之境。柏氏是否同茲眞髓。吾不能無疑也。昨函答先生西哲自昔亦有體認之說。吾謂其似之而非者。蓋東方哲人一向用功於內。滌盡雜染。發揮自性力用。其所謂體認，是眞積力久，至脫然離繫，本體呈露時。乃自明自見。謂之體認。（莊子云，明者，非謂其明彼也，自明而已。見者，非謂其見彼也，自見而已。）故此義極爲嚴格。西洋學者從來以向外找東西的態度。探索不已。如獵者強烈追求，期有所擒獲然。故其所見之體，正是思惟中所構畫的一種境界。非果親證實在，而直與之爲一也。西洋諸哲學者，其未能的然了解實在與現象爲不二者，固是錯誤。即如柏氏藉觀想入微。似有當於吾所謂體用不二之旨。然彼之入手工夫，恐終是西洋路數。唯向外探索爲務。則彼所見之體，要非如實證見。若爾。則彼之體用不二觀，雖與吾有其相近。而骨子裏，究判若天淵。此不容不辨也。體認之意義。吾已略說如前。不獨西洋學者功力不同，未必果有此詣。即在宋明人語錄中，其於體認一詞，亦有寬泛的說法。或以尋思義理，反覆含玩。使印解益加深切。謂之體認。或則推尋至竟，豁然有省。恍悟至理畢竟不可思議。於是曠然若有默喻。以上二種意義。皆與吾前所謂自明自見者，絕不相侔。其後之一種，由推尋至竟，而返諸默喻。其所謂默喻，猶是最極微細的觀想。非即本體呈露也。本體必離繫而始顯。以探索爲功者，始終有所繫也。故彼之體認，，非吾所謂體認也。眞見體用不二者。說一眞湛寂也得。說大用流行也得。說一眞其寂卽是大用流行。說大用流行元是一眞湛寂。均無不得。此中具無上甚深微妙義。恐柏氏思解所至，未許入實際理地。

又大文云。著者認心物皆無自體，同爲一個整體不同之兩方面。此其說，最近西洋哲學同見及之。如羅素，如杜威，如懷黑德，無不同聲否認心物各有自體。心物二元論，已成過去。先生此段話，從大端趨勢上說，固無不可。然各家持論的內容，與其根本觀念，又當莫不互異。新論依本體流行，假說翕闢。復依翕闢，假名心物。隨俗諦，則不壞世間相。（心物皆許有故。）入眞諦，則於世間相，而蕩然離相。乃見一切皆眞。諸家果臻斯詣否。

又大文云。著者自認與西洋哲學不同之點，在於本體之認識，恃性智而不恃量智。此不唯與柏格森之直覺說，有相似處。卽柏烈得來亦見及之。柏氏謂思想僅能運行於有對。而不能運行於無對。思想如與實在一致，卽爲思想之自殺。是柏氏亦感覺量智不可恃。先生所引柏氏語。甚有意思。不悉中文有繙本否。先生素精於柏氏之學。何不迻譯得來。唯云與柏格森直覺說有相似處。則期期以爲不可。憶昔閱張譯創化論。柏格森之直覺，似與本能併爲一談。本能，相當新論所謂習氣。（其發現也則名習心。）習心趣境，固不待推想。然正是妄相。不得眞實。此與吾所謂本體之認識及性智云者，截然不可相蒙。此間黃艮庸黎滌玄等皆於此與吾同其所見。

病痢初痊。辭不達意。義理不厭求詳。非必欲諍一己之是也。

有難。新論，謂佛家眞如，只是無爲。不許說爲無爲無不爲。卽謂眞如是無有生化之體。此恐誤會。如金剛仙論卷三云。言一切法空者。有爲之法，無體相故空。然眞如佛性法，萬德圓滿，體是妙有。湛然常住。非是空法。據此。眞如旣是妙有。如何說無生化。答曰。瑜伽家言，眞如非有非無。以無情計所執相故，說爲非有。（所執相三字，宜深玩。哲學家談宇宙本體者，種種搆畫，只是其所執之相而已，非可與本體相應。）以本非空無故，復說非無。然此與老氏有無之旨，實不相近。須各通其全整的意思，而後可辨。吾國唐以前之佛家。多以妙有妙無之旨，談涅槃佛性。（妙有妙無，亦金剛仙論語。涅槃佛性，乃眞如之異名。）皆援老以入佛。老氏之學本於易。其言無，確非不生化之無。故至無而妙有。佛氏之空。雖本非空無之空。然其所證會，特在寂靜之方面。故雖言非無，究與老氏所云有者不似。金剛仙論，六代時盛行北土。張生德鈞，攷定爲流支後學所作，近是。蓋曾聞流支之說，而附以老子義，遂成斯論。德鈞謂其有符瑜伽正說，殊嫌朋比。窺基法師謂此論爲南地吳人浪造。非眞聖教。不可依據。其斥絕之嚴如此，蓋確守印度佛家本義故耳。基師以凡情浪作圖度，譏金剛仙論。則仙論妙有之旨，違佛經甚明。亦足證余之所說，無誤會也。

（答友人）冬來山上陰寒。老軀極不適。得來書，本不欲答。而此心此理，又似不容默然。今就來書，略爲疏通，不能細也。

一，來書云，尊新唯識論，弟所以始終不發一詞者，即在兄認心爲有實體一點上。以體用立說。建立本體，等語。弟謂吾認心爲有實體。此語，尚待商量。世學或以宇宙實體，離吾心而外在。因向外探索。新論，故指出實體即是吾之本心。此非外在。更不容向外窮索。要在反求自證。此新論之旨也。本心即是實體。而又曰有實體乎。是頭上安頭也。是妄執也。新論何曾如是乎。

二，來書云，弟認爲大乘經典。凡言心性，就心性本淨，言心即性，性即心。言如來藏，以及眞如，圓成實，乃至菩提，涅槃，都無實體可即也，等語。夫如來藏乃至涅槃，皆實體之異名耳。即此萬法實體，自其在人而言，是眞性故，含萬德故，妄法依故，曰如來藏。不可變易故，曰眞如。本來圓滿，法爾現成，遠離虛妄，曰圓成實。自性圓明，無迷闇故，曰菩提。常樂我淨，曰涅槃。此皆實體之異名。而曰都無實體可即。不知胡爲下此語也。誰教汝於頭上安頭耶。設復難云。你言本心即是實體。則本心亦實體之異名也。胡爲著一即字。答曰。吾以世之談本體者，或向外求索，不悟即自本心。故說即言，以對治妄計。何庸唐難。

吾揣弟之本意，蓋根本不承認有所謂萬法實體。故以爲如來藏乃至涅槃等名，都是虛詞。並不是實體之名，如此，則佛法竟是空見外道。然佛家諸經論，卻無處不力破空見。且曰，寧可我見如須彌山，不可空見懷增上慢。此何故耶。

弟云，經典凡言心性，就心性本淨，言心卽性，性卽心。此處甚欠妥。欲與詳說，老來卻不耐麻煩。今就所舉心性本淨一詞言之。此中心性之性字，猶云自體。謂心自體本淨也。別無他義。若心卽性云云者，乃對彼不了自心卽是與萬物同體之實性者而說。此處殊不涉及。

三，來書云，兄謂無著只談生滅，又謂其始終不見本體，不如起信論開一心為眞如生滅二門者。誠不敢聞教。何者，凡有言說，都無實義。三藏十二分教文字，無非在生滅範圍中，何僅無著。如來之所以有吾四十九年來，未曾說一字，及若謂我有所說法，是為謗佛。是人不解我所說義之言者，蓋以此耳。夫生滅者何，如幻。如幻者何，本空。本空，卽無實體（實法）可得。無體，則用又安立耶。今兄乃欲從言教中以求其本體與作用者，將何以把捉到耶。此段話。眞乃宗門所呵為葛藤也。今略提數點答之。一。吾非謂起信開一心以二門為是也。但謂其尚知有眞如心。比無著一派說賴耶等八識為賢。由無著之八識說，卽捨染得淨，而無垢識，猶是生滅法，猶是本有及新熏之無漏種子所生。此無漏種子，卻不卽是眞如。故無著無有所謂眞如心。易言之，卽其學始終不見本體。宗門多尊起信，而不依無著一派之學。豈其見地均出老弟下哉。二，弟云，凡有言說，都無實義。此眞怪極。老迂所知，佛經亦只戒執著言說以取義耳。如說有眞如心，你便把眞如心當做一件實物來推測。而不知反求諸己。此卽執言以取義。無可入道。乃羣聖之所共斥。弟所引如來四十九年未說一字云云。正對此而發。吾弟不悟斯旨。乃謂凡有言說，都無實義。然則三藏十二分教，豈不等於風聲鳥語，都無一毫實義耶。且弟來書，洋洋二千餘言，既都無實義，何故寫與我耶。吾嘗謂，佛書，若不善讀，只增長混亂。每見佛教信徒，開口談玄說妙，其論調有如俗諺所謂八方都不著脚。夫理見極時，唯是證會。誠非言說所可表。故有時說法，若八方都不容著脚者，所以遮戲論耳。但此看就何處說。若一往如此。則成大混亂，而無可救藥矣。三，弟云，生滅者何，如幻。如幻者何，本空。本空，卽無實體可得。無體則用又安立耶。此段話，乃是吾弟根本病痛所在。其與釋尊意思遠隔者正在此。新論，功能章上，談空宗處。弟向不肯降心一玩。此則無可如何耳。夫生滅者如幻。如幻者本空。此等語，從眞諦言之，皆是。但接着云，本空，卽無實體可得。斯乃空見外道之談。豈佛法哉。大般若經，無量言說，只是發明生滅如幻本空。但空者，空生滅法也。易言之，卽因世間情計，執取宇宙萬象，而不得透悟實體。故說生滅法如幻本空，令其除執，而透悟實體。譬如迷者，於麻所成繩。而執取繩相，不了其本是麻。因以種種說法，令彼得空繩相，而透悟爲麻。此乃方便善巧之極。豈可誤會實體亦空，都無所有，陷於空見外道之邪執，自招謗毁大法之罪哉。夫佛家破空見甚嚴者，非獨以其違於理實而已。將有如古詩所云，人生無根蒂，飄如陌上塵之歎。昔在舊京。與林宰平兄偶談陶詩，衆鳥欣有托，吾亦愛吾廬。余喟然曰。此二語，意義深遠極矣。人生若自識眞性，乃自得眞安穩處。可喻如廬。（孟子言，仁，人之安宅也。亦通此旨。）否則如長空孤飛無托之鳥。豈不悲哉。宰平悠然有無限之感。佛法歸於證眞。儒學極於窮理盡性至命。惡可以就空爲學哉。

四，弟謂吾欲從言教中求本體與作用。此則不知果何所謂。吾平生著述與筆札之屬，字字從胸中流出。稍有識者，當能知之。吾所爲文字，向不肯引古書。有時對流俗須徵引舊文。但此等處亦不多。老弟乃謂在言教中用功夫。亦足怪。向者師友疑吾議佛，或謂吾不曾虛懷讀書。其實，吾未嘗不虛懷也。但如漢儒所謂存其大體而已。此中之妙，誠有不可言傳者。苟非其人，道不虛行耳。泛博胡爲乎。又如陸象山云，六經皆我註脚。未可如言取義。（如言，卽執着言說之謂。）今老弟所責備者，卻又云多着言教何耶。上來就弟前一大段文字中，略提四點，稍有辨說。而第三點，主張實體非空。乃是千聖眞血脈所在。吾竭吾誠。冀垂察納。老弟年逾知命。至心求法。何忍自墮空見哉。

來書，辭甚長。吾老來氣力薄，不耐逐文詳答。唯所引諸經偈，不得不略爲疏釋，以與弟相質證也。

來書，遮撥實體。有云，兄若不謂然，弟姑引數。華嚴經云，諸法無作用。亦無有體性。是故彼一切。各各不相知。

右所引經。弟據之以駁實體。適乃證明吾義。經云諸法，首須辨清，此是專目生滅法。不攝無爲法也。

（大乘無爲法，卽實體之異名。）凡情於生滅諸法，執爲實有。卽計爲有實作用，有實體性。經故遮之。而說一切法，各各不相知。明一切無有爲能知與所知者。卽一切法皆空也。然謂華嚴持空見乎。非也。乃欲令衆生空法相之妄執，而透悟毘盧性海耳。（性海謂實體。）

楞伽云，諸法無體性，而說唯是心。不了於是心，而起於分別。此經諸法一詞，解如上。言諸法本無自性，（卽大般若之旨。）只是妄想所現。心，謂妄想。亦云妄識。（楞伽譯妄識爲妄想。）非本心也。此不可混。不了唯妄識所現，而起分別，則謂諸法有體性耳。此與上引華嚴意同。

又引楞伽云，非幻無有譬，說法性如幻，不實速如電。是故說如幻。

此經中法性一詞，非目萬法實性。（實性卽實體之異名。）乃謂諸生滅法自性也。（自性與實性二詞，絕不可混視。吾蓋嘗言之。）生滅法者，幻法也。欲明此幻法，非無有譬喩。是故說諸生滅法自性如幻者，以其全不實故，刹那不住，速滅如電。故說如幻。此亦空生滅法相，令悟實性。與前引經義並同。

來書有云，楞伽亦言及諸佛體性矣。然其所謂體性者，佛言。大慧。覺二無我，除二種障，離二種死，斷二煩惱。是佛體性。又何嘗有實體可卽耶。所以，下文又說。虛空涅槃及非擇，但有三數，本無體性。此非爲執有實體者作師子吼耶。至於大般若經，更不待說。全部破有實體。以畢竟空名涅槃。未聞於畢竟空外別有涅槃可得也。此段話，純是空見外道之談。不知老弟讀佛書，何爲至此。凡讀書法，一不可尋章摘句而解。二須得言外意。楞伽言覺二無我，乃至斷二煩惱，是佛體性者。純從破執或斷障而言。意謂吾人如能破一切迷執。斷一切障染。則實性自顯也。譬如雲霧全消，陽光自著也。豈謂執盡障亡，便一切都空，全無所有，乃云佛性耶。旣是空空，無所有，又何佛性可名耶。虛空涅槃及非擇云云，此乃對破小乘妄執耳。夫所云實體者，本無形無相。不可夾雜凡情逐境之想，將實體或涅槃當做一種境界而追求之。小乘厭生死，欣涅槃。妄以涅槃爲可欣之境，而起貪著。與外道之以妄想所現境爲涅槃者，等無有異。故般若崛興。閔小之執。而爲一切掃蕩之談。其語勢雖過。要之，密意則欲人蕩執，而自得實性。絕不與空見外道，同其癡迷。畢竟空者。謂障染本空耳。豈云實體都空。弟云，未聞於畢竟空外別有涅槃可得。老迂卻謂畢竟空，則涅槃方顯。大般若經，極不易讀。若如言取義，恐自絕慧命也。須知。般若非遮實體。只恐人於實體而作實物想。即是以妄想所現相，而認爲實體如是。則墮大迷執。般若種種斥破者以此。四卷楞伽中卷四，中明離有無，離生滅之旨，亦然。至云涅槃經說佛性義，以非常非無常爲言。似有靈於般若楞伽等語。夫涅槃言非常非無常者。離二倒故。凡情於無常法而計常，是名常倒。於眞常法而計無常，是名無常倒。（吾弟不能於幻法中見實體，由陷無常倒故。）離此二倒。眞常妙體，脫然呈顯。毘曇般若而後，方出涅槃。機勢則然。非有靈與不靈之別也。老弟既一意耽空。不悟眞常。則一經涅槃，破壞不留餘地，乃以毀之者讚之。可謂妙哉。今時了涅槃大旨者，吾見沈有鼎，可謂有朗識也。黃艮庸儘超悟。又來書，舉無我如來藏語。極贊其妙。然遮撥實體，即如來藏只是空空，全無所有而已。經中何不曰無我空，而曰無我如來藏耶。夫如來藏即圓成實。但非如外道所執之神我。故曰無我如來藏。此皆有明文可證。老弟竟玩弄名言，而不反躬自求實際何耶。寫此已倦。來書陳義猶多，不及一一作答。

唯余尚有一言者。佛家無論何宗，確非無體論。確非空見。但其顯體，只着重空寂方面，（空非空無之謂，詳新論。）而不於體上說生化。新論，功能章，已說得明白。會不易與變易而爲一者，大易其至矣哉。是新論所取正也。佛門學者，不喻徹衷。妄相醜詆。至疑爲私心立異，背師非聖。夫當仁不讓，宣聖自明所志也。吾愛吾師，吾尤愛眞理，西哲自述本懷也。吾雖不肖，忘情飢渴，矢心斯學，六十年矣。其果內無所持，而挾私逞異者哉。知我其天，聖猶興歎。見噴之烈，自昔然矣。復何怪焉。

新唯識論勘誤表

頁數	行數	字數	誤	正
五	一六	三四	目	自
二七	一八	二六	舊	舊
三五	五	四一	菊	梅
四三	一一	四五	目	自
四六	二五	四一	力	方
五三	二	一九	禮	體
七九	五	七至八	（他	他（
一二八	一〇	三二	目	自
一三三	一二	五至八	，雖相依	相，雖依
一四六	一四	四七	味	謂
一四八	七	四四	日	自
一六五	六	一	三	四
一七四	六	二八	追	薪

頁數	行數	字數	誤	正
一九七	六	四〇	幼	幻
二二九	六	四五	字	字
二三七	一七	三九	禮	體
二四五	六	二九至三〇	不是	不卽是
二五四	二〇	三四至三五	。此	。（此
二六四	二〇	一六	黎	棃
二七七	一一	四〇	王	主
三〇一	一六	二七	此	如
三〇五	二	一六	牲	性
三三〇	一八	四五	有其	其有
三三九	二〇	一	則	則字宜去
三五〇	一一	二一	良	艮

中華民國三十三年三月重慶初版
中華民國三十六年三月上海初版

(1064 滬報紙)

新唯識論一冊

定價國幣捌元伍角
印刷地點外另加運費

著作者 熊十力
主編者 中國哲學會 中國哲學研究委員會
發行人 朱經農 上海河南中路
印刷所 商務印書館印刷廠
發行所 商務印書館 各地